抚州市行政区划图

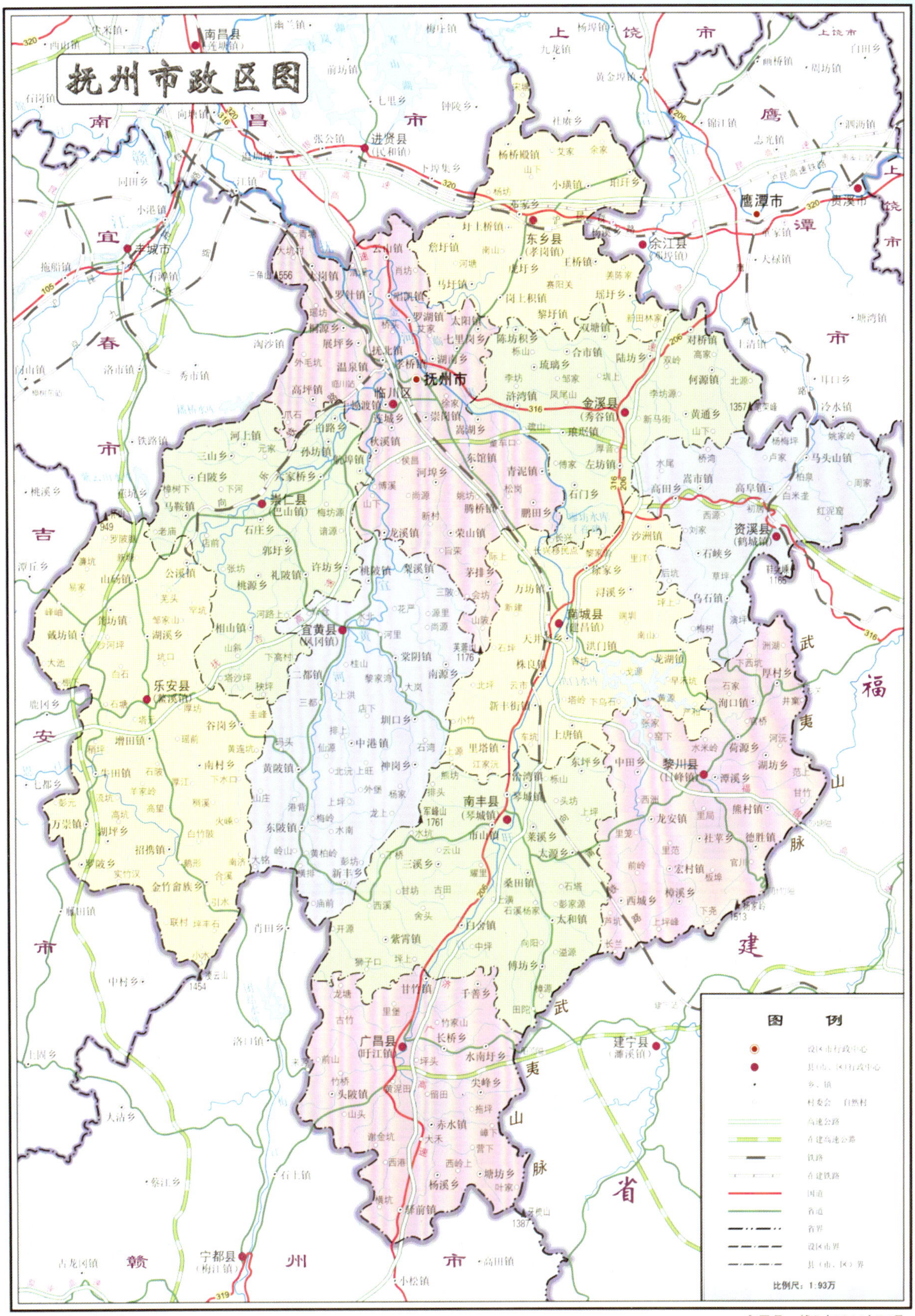

江西省地图发行站

审图号：赣S（2014）01号

抚州市城区图

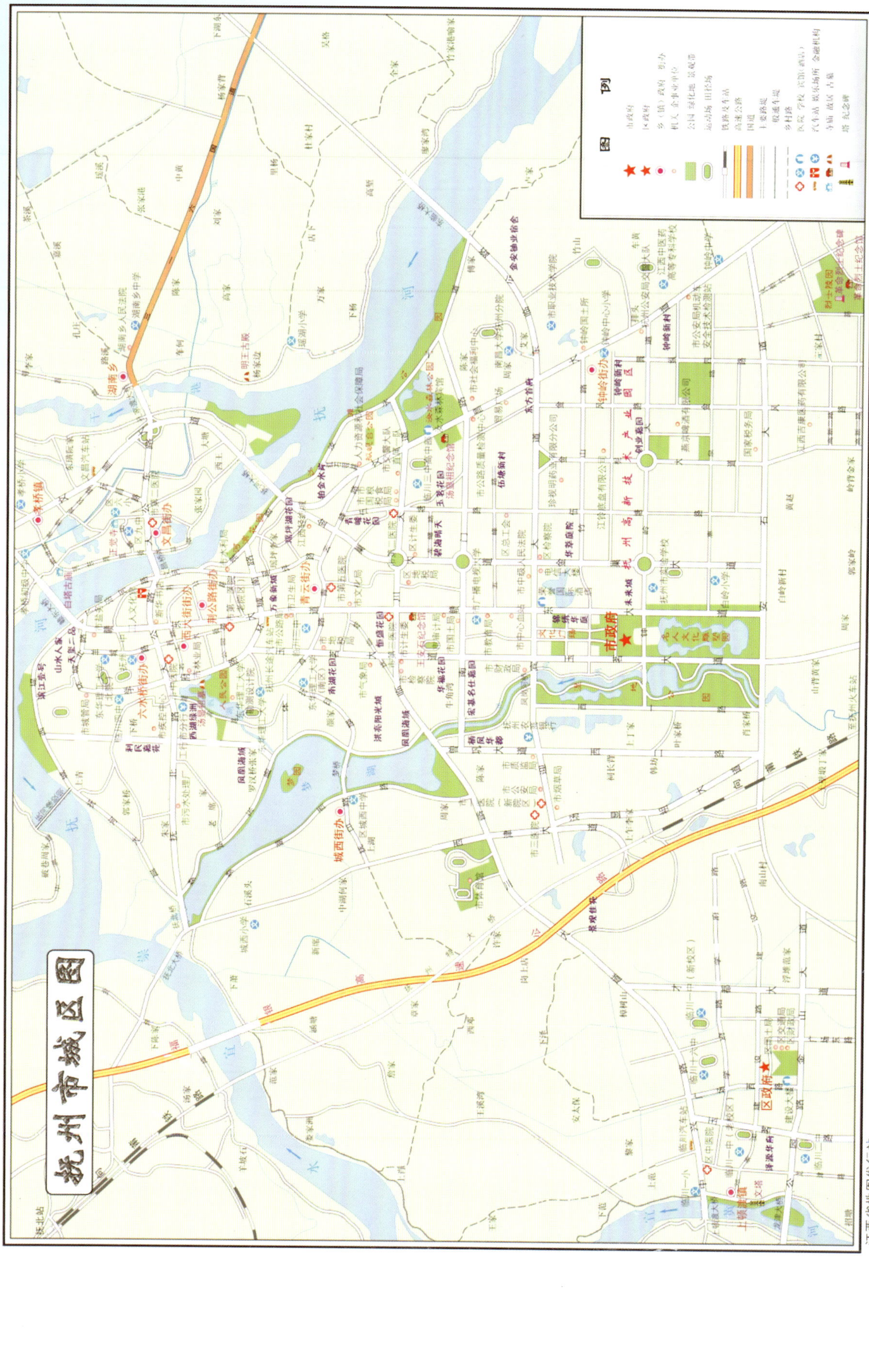

审图号：赣S（2014）01号

江西省地图发行站

抚州市交通线路图

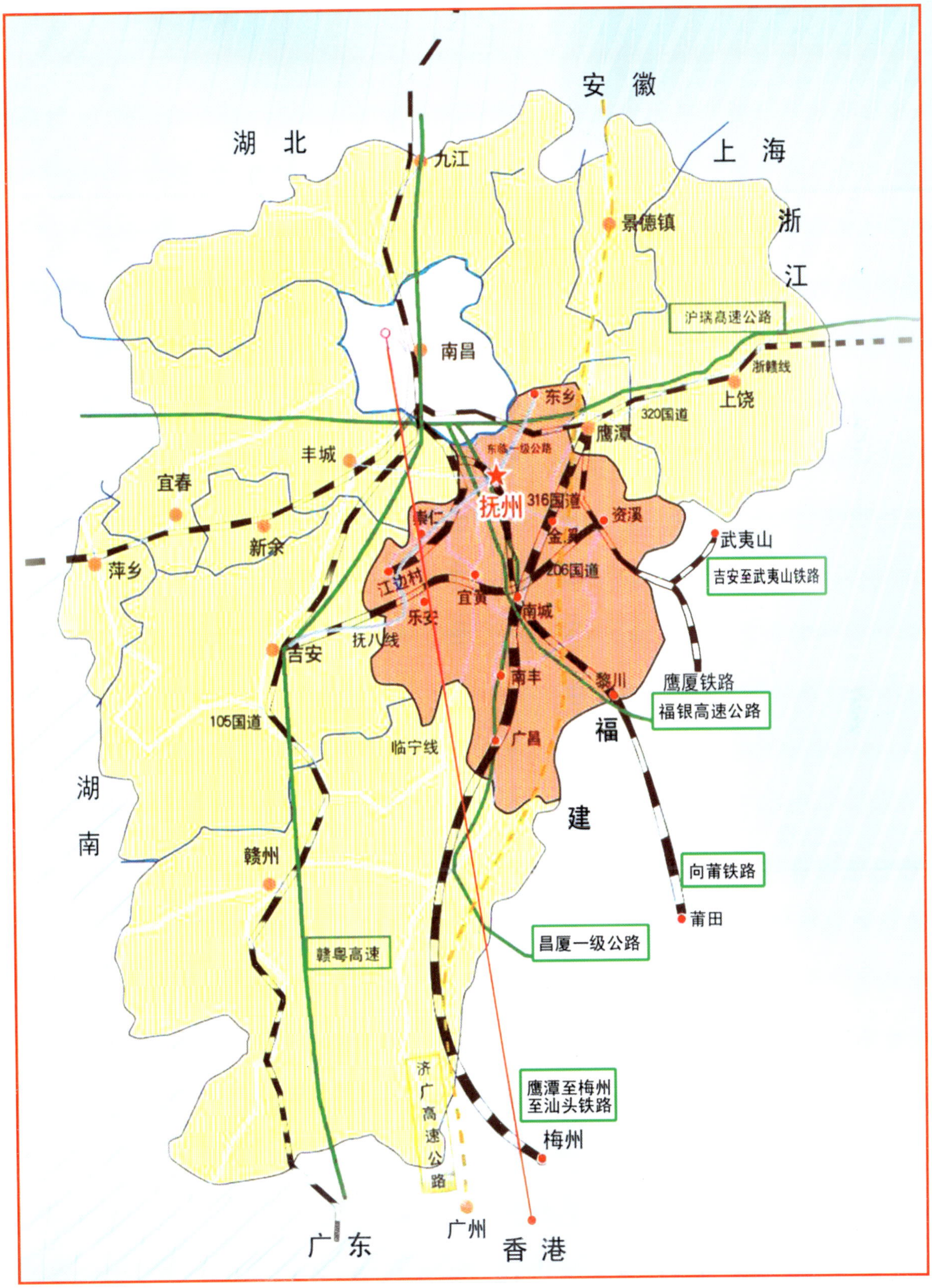
安 徽
湖 北
上 海
浙
江
九江
景德镇
沪瑞高速公路
南昌
浙赣线
东乡
上饶
320国道
鹰潭
东临一级公路
丰城
宜春
抚州
316国道
资溪
崇仁
新余
金溪
武夷山
萍乡
206国道
吉安至武夷山铁路
江边村
宜黄
南城
乐安
抚八线
吉安
南丰
黎川
鹰厦铁路
福银高速公路
105国道
福
广昌
临宁线
湖
南
建
赣州
向莆铁路
莆田
昌厦一级公路
赣粤高速
济
广
高
速
公
路
鹰潭至梅州
至汕头铁路
梅州
广 东
广州
香 港

省委书记强卫视察抚州

省长鹿心社视察抚州

市委书记肖毅视察亿企通电子商务公司

市长张鸿星调研高新区重点企业

2015 FUZHOU STATISTICAL YEARBOOK

江西江铃集团轻型汽车有限公司整车生产线

市城区保障性住房

名人雕塑园

凤岗河生态公园

经济实力（一）

生产总值

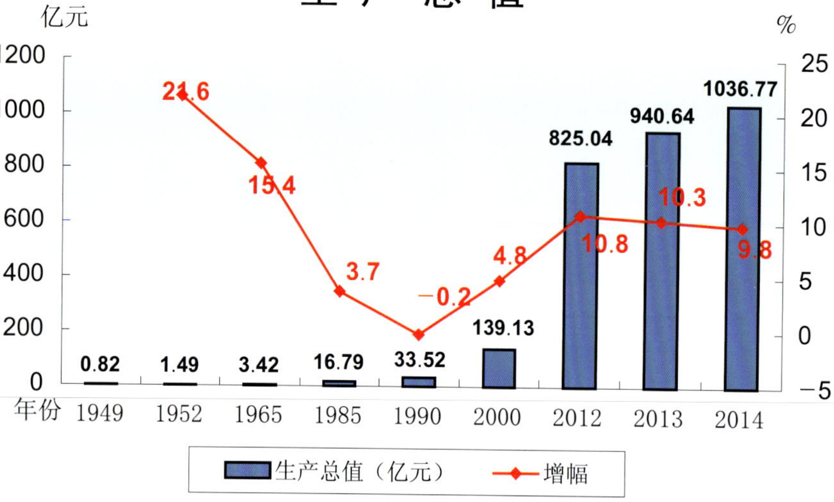

三次产业构成

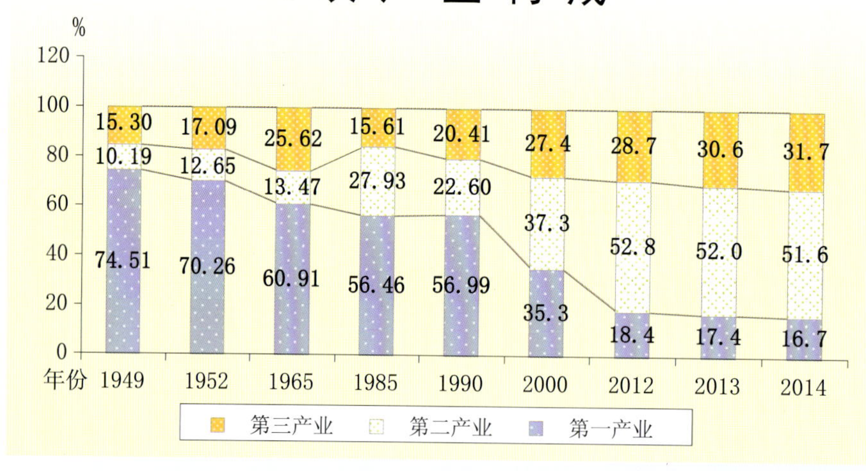

财政收支

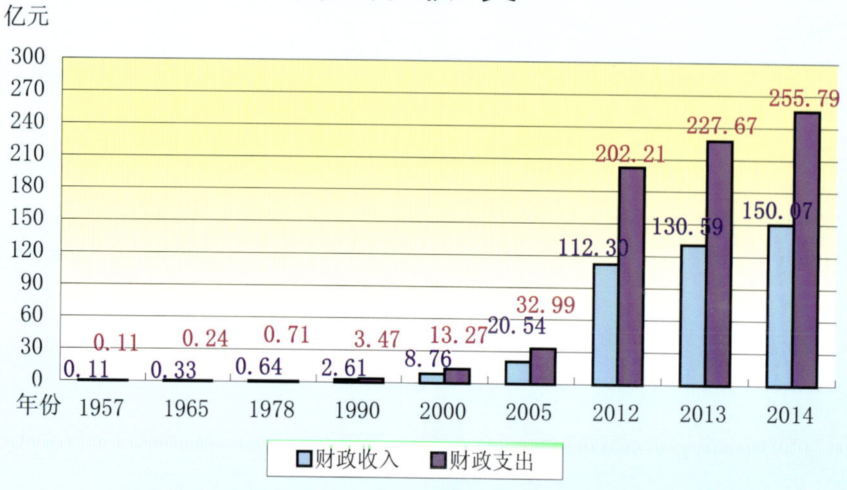

经济实力（二）

规模以上工业增加值

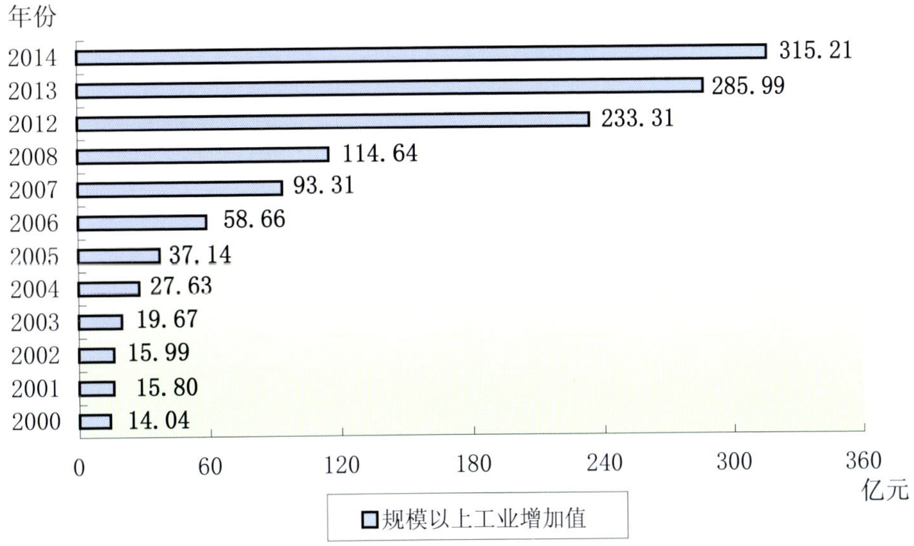

全社会固定资产投资（万元）

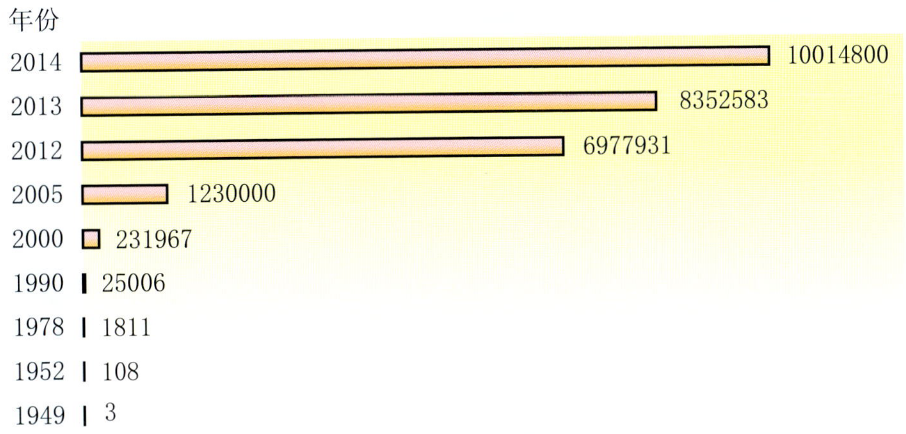

实际利用外资

人民生活

城乡居民人均可支配收入

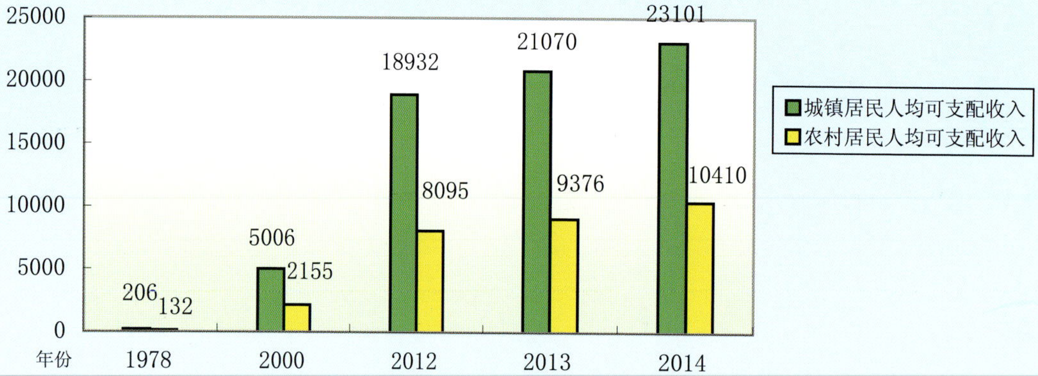

城乡居民储蓄存款年末余额（亿元）

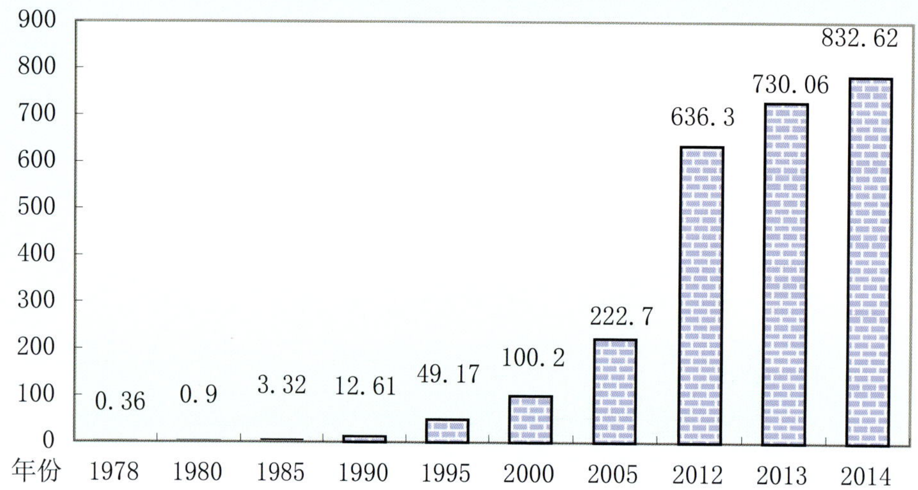

商品零售价格指数和居民消费价格指数

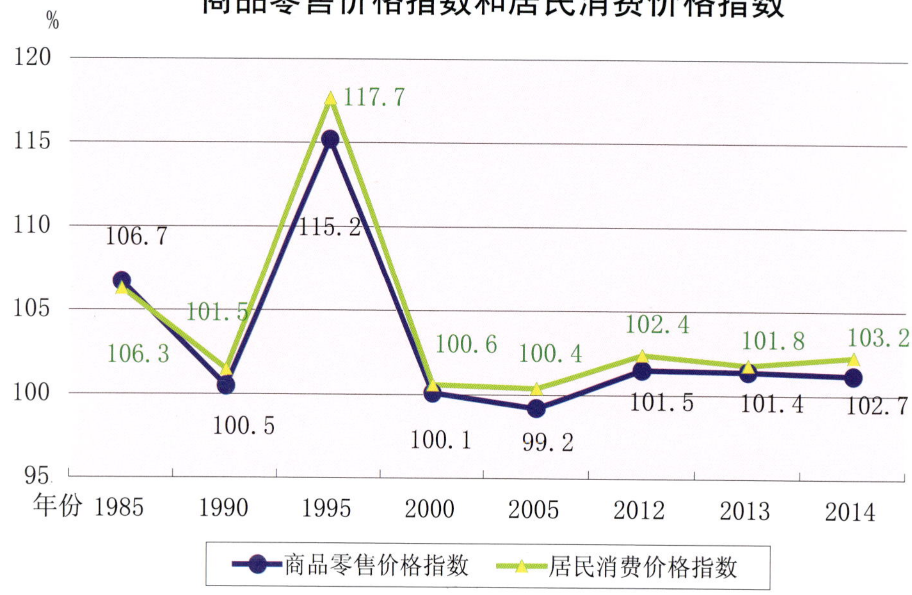

《抚州统计年鉴》编辑委员会

主　任	于秀明	市委常委、常务副市长
副主任	陶雪华	市统计局局长
	何　勇	国家统计局抚州调查队队长
	李　慷	市政府副秘书长
委　员	帅歌柳	市发改委主任
	伍　鹏	市财政局局长
	罗光华	市国土资源局局长
	蓝师龙	市工业和信息化委员会主任
	张冲林	市建设局局长
	邓长明	市环保局局长
	丁国华	市交通运输局局长
	周跃飞	市农业局局长
	杨大进	市林业局局长
	廖金平	市水利局局长
	祝文渊	市卫计委主任
	吴建发	市教育局局长
	叶莉萍	人民银行市中心支行行长
	黄厚祝	市工商局局长
	谭玉英	市文广新局局长
	曾长根	市国税局局长
	付和平	市地税局局长
	唐永文	市统计局副局长
	吴自胜	临川区政府区长

王小林	南城县政府县长
聂仕雄	黎川县政府县长
姚飞翔	南丰县政府县长
程新飞	崇仁县政府县长
吴宜文	乐安县政府县长
叶　峰	宜黄县政府常务副县长
邹裕明	金溪县政府常务副县长
吴建发	资溪县政府县长
许萍乡	东乡县政府县长
欧阳巧文	广昌县政府县长
邱建国	高新技术产业开发区管委会主任

《抚州统计年鉴》编辑工作人员

总 编 辑　陶雪华　何　勇

副总编辑　唐永文　黄福荣　邹国茂　董卫平　周平光　花志兴　吴美珍

责任编辑　张家佳　梅　岩　付海龙

编　　辑　（以姓氏笔划为序）

于文燕　艾　婧　冯　慧　安清萍　许　谞　汪　真　邹　群　李建兵　李　晶　陈有清　陈　成　刘志华　刘　娜　吴春华　吴燕芬　吴　霜　张美平　张丽萍　张文英　肖仁昌　罗克勤　周光艳　周　兵　胡　艳　唐小敏　陶小永　夏文平　黄葫荣　黄小玲　黄丹强　黄志平　黄开岚　游辉荣　熊国珍

电脑排版　张家佳　付海龙　袁　靖

编辑说明

一、2014年是我市全面深化改革的开局之年，也是实施“三大战役”、建设幸福抚州的提升之年。一年来，在市委、市政府的正确领导下，全市上下紧紧围绕建设幸福抚州的主战略，牢牢把握稳中求进的总基调，真抓实干，务求实效，保持了经济发展稳中有进的发展势头。为了方便全市各级领导和社会各届深入了解我市经济发展的总量和规模、发展的规律和内在本质、运行的质量和水平以及长远的实力后劲和综合竞争力，特编制出版《抚州统计年鉴》(2015)历史资料书。

二、全书以统计公报为开篇，之后分13个篇目，即综合，人口、就业和职工工资，农业，工业，交通运输、邮政、信息传输业和能源，固定资产投资，国内贸易，科教文卫、社会保险及社会福利，物价，财政、金融、保险，人民生活，城市建设及环境保护，省、市、县(区)基本情况。为了便于读者准确使用统计资料，每部分后面附有主要统计指标解释，部分统计表下作了简要注释。

三、本书中的符号使用："空格"表示该项统计指标数据不详；"#"表示其中的主要项，"…"表示数据不足本表最小单位数。

四、分县（区）数据中，如果没有单列抚州高新技术产业开发区数据的，则抚州高新技术产业开发区的数据包含在临川区中。

五、部分数据因四舍五入的原因，存在着与分项合计不等的情况。

本书的编纂得到各有关单位的大力支持，在此谨表谢意，因经验不足和时间所限，难免疏漏和失误，恳请提出宝贵意见，以便在今后的工作中加以克服与纠正。

目　　录

四、工　业

五、能源、服务业、交通运输和邮政

六、固定资产投资

七、国内贸易

八、科教文卫、社会保险及社会福利

九、物　价

十、财政、金融、保险

十一、人民生活

十二、城市建设及环境保护

十三、省、市、县基本情况

抚　州　市

2014年国民经济和社会发展统计公报

（2015年3月13日）

2014年是抚州市全面深化改革的开局之年，也是实施“三大战役”、建设幸福抚州的提升之年。一年来，全市上下主动适应新常态，保持战略定力，狠抓发展升级，实现了经济社会持续稳定健康发展。

一、综合

全市实现生产总值1036.77亿元，比上年增长9.8%。其中，第一产业增加值173.74亿元，增长4.9%；第二产业增加值534.89亿元，增长11.1%；第三产业增加值328.14亿元，增长10.2%。三次产业比由上年的17.4∶52.0∶30.6调整为16.7∶51.6∶31.7。规模以上工业增加值完成315.21亿元，增长11.7%；全社会固定资产投资1001.48亿元，增长19.9%；外贸出口总额153985万美元，增长23.5%；城镇化率43.5%，提高1.4个百分点。

图1　2007－2014年GDP总量及其增长速度

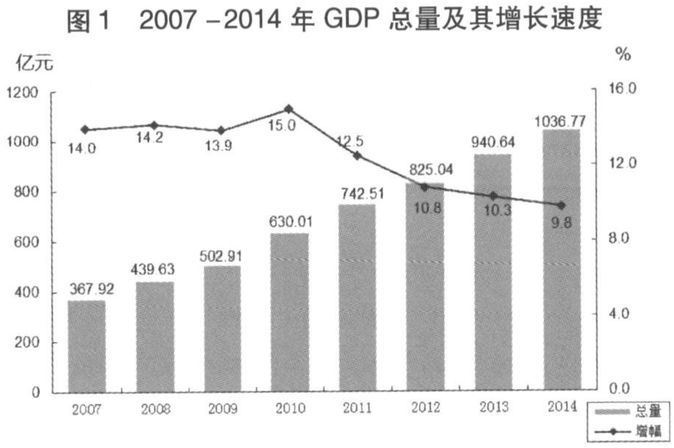

全年居民消费价格总指数（CPI）比上年增长3.2%。八大类消费品价格与上年相比呈现温和上升趋势。其中医疗保健及个人用品上涨5.4%，涨幅居首，食品类居次，上涨5.3%，衣着类上涨2.4%，娱乐教育文化用品及服务类上涨2.7%，居住类上涨1.5%，烟酒类和家庭设备用品及维修服务类分别上涨0.4%和0.3%，交通和通信类上涨0.5%。

图2　2007－2014年居民消费价格涨跌幅度

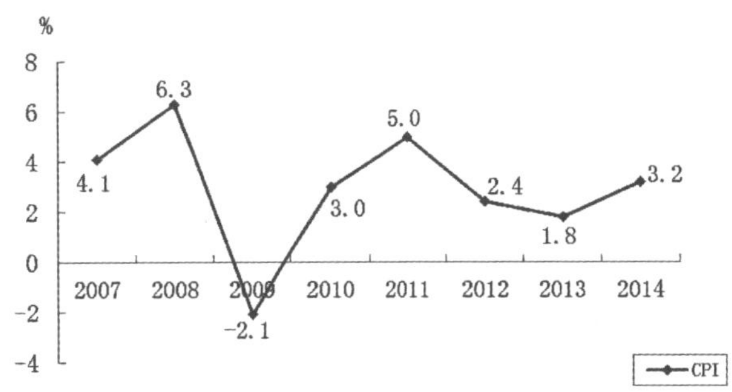

全年完成财政总收入150.07亿元，增长14.9%。其中，税收收入124.83亿元，增长16.9%；公共财政预算收入116.38亿元，增长15.8%。全年公共财政预算支出254.81亿元，增长11.7%。坚持公共财政向困难群众倾斜，向基层倾斜，向公共事业倾斜。其中：教育支出51.37亿元，增长8.2%；社会保障和就业支出31.07亿元，增长10.9%；城乡社区事务支出13.56亿元，增长23.5%；医疗卫生支出26.67亿元，增长3.4%；农林水事务支出41.32亿元，增长11.7%；住房保障支出14.23亿元，增长32.9%。

图3　2007－2014年财政总收入及其增长速度

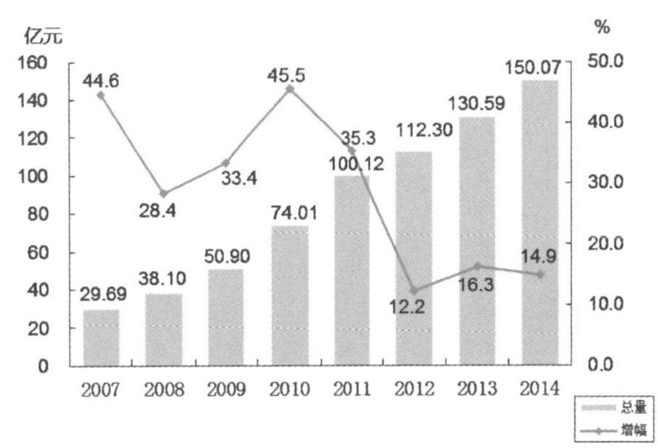

二、农业

2014年，全市粮食生产实现“十一连丰”，粮食总产量达291.49万吨，比上年增长1.9%。其中，早稻总产量110.15

万吨,增长1.0%。甘蔗产量20.03万吨,下降0.6%;油料产量5.63万吨,增长2.8%;蔬菜产量141.93万吨,增长4.0%;水果产量157.17万吨,下降1.7%;茶叶产量0.25万吨,下降2.1%;棉花产量0.35万吨,下降4.7%。肉类总产量33.69万吨,增长2.9%,其中猪肉产量23.08万吨,增长2.43%;禽肉产量9.92万吨,增长3.8%。全年水产品产量18.47万吨,增长5.2%。

全年粮食作物播种面积611.62万亩,比上年下降0.3%。甘蔗种植面积5.76万亩,下降0.3%;油料种植面积38.68万亩,下降0.5%;蔬菜种植面积97.02万亩,增长1.9%;棉花种植面积3.06万亩,下降4.8%。

农业产业化经营有了新发展。全市市级以上农业产业化龙头企业达到349家;新增农民专业合作社701家,达到3122家;新增"三品一标"农产品31个、达到360个,新增农产品地理标志登记保护产品4个;全市11个现代农业示范园区建设进展顺利。全市列入江西省农业产业集群的10个主导产业,2014年销售收入达161.32亿元,利税6.2亿元,带动农户27.43万户。

农村生产生活条件进一步改善。投入5亿元,建设685个新农村建设村点。全市151个乡镇全部完成规划或编修。投入资金18.4亿元,391个水利建设项目基本完成,高标准农田建设示范工程扩大到20万亩。完成"森林城乡、绿色通道"项目118个。

图4 2007－2014年粮食总产量及其增长速度

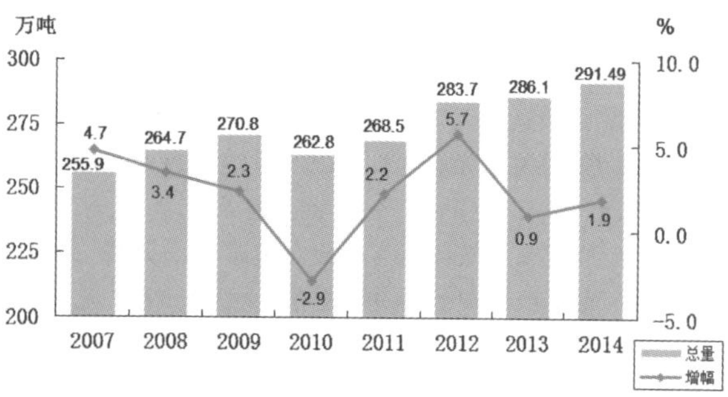

三、工业和建筑业

2014年,我市工业经济保持稳步向好态势。全市全部工业增加值443.35亿元,增长11.1%,占GDP的比重为42.8%。其中规模以上工业增加值315.21亿元,增长11.7%。国有企业0.91亿元,增长10.8%;股份制企业161.34亿元,增长12.5%;外商及港澳台投资企业20.64亿元,增长0.6%。

全市工业园区开发面积49.94平方公里,同比增长11.3%。抚州高新技术产业园区总体规划面积由1333.33公顷扩大到2148.59公顷。全市工业园区完成主营业务收入1516.09亿元,增长16.0%,其中抚州高新区工业企业主营业务收入351.22亿元,抚北工业园区主营业务收入进入"两百亿"行列,完成208.15亿元。产业集聚效应进一步显现,全市六大产业完成主营业务收入1139.24亿元,增长13.5%,其中有色金属加工产业超过三百亿元,纺织服装与化工建材突破二百亿元。全市工业园区内投产工业企业1013家,增长10.7%。全市新增规模以上工业企业63户,达到823户。

表1:2014年主要工业产品产量及其增长速度

指　　标	单位	2014年	增长%
饮料酒	千升	277469	2.9
#白酒(折65度,商品量)	千升	49	-41.4
啤酒	千升	268910	1.82
软饮料	吨	179591	15.1
纱	吨	76576	-22.6
布	万米	25243	25.0
服装	万件	9601	-81.0
机制纸及纸板	吨	148067	13.5
家具	件	3086040	-6.8
农用氮、磷、钾化学肥料	吨	29655	17.8
化学农药	吨	7955	-31.2
水泥	吨	2579033	11.6
变压器	千伏安	14628133	16.5
中成药	吨	7409	10.0
蓄电池	千伏安时	723855	-12.4
用电量	万千瓦/小时	49402	10.2

全年全市建筑业企业实现增加值91.54亿元,增长11.1%。全市具有资质等级的总承包和专业承包建筑业企业完成总产值251.34亿元,增长21.0%;建筑业劳动生产率165807元/人(按建筑业总产值计算),下降21.0%。

四、固定资产投资

全年全市建筑业企业实现增加值91.54亿元,增长11.1%。全市具有资质等级的总承包和专业承包建筑业企业完成总产值251.34亿元,增长21.0%;建筑业劳动生产率165807元/人(按建筑业总产值计算),下降21.0%。

图5 2007－2014年全社会固定资产投资总额

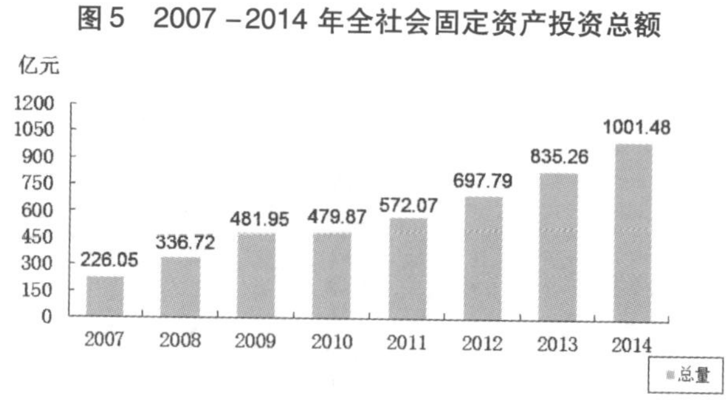

全年工业完成投资559.87亿元,增长12.7%。其中:纺织业、纺织服装及服饰业、化学原料及化学制品制造业和电气机械及器材制造业投资分别为44.85亿元、35.86亿元和25.22亿元,分别下降40.0%、13.3%和29.7%。全市全年非国有经济完成投资717.66亿元,增长11.2%,占固定资产投资的75.0%。其中,民间投资完成688.74亿元,增长10.8%。

全市基础设施建设投资226.7亿元,增长54.8%,占固定资产投资总额的比重为23.7%。

全年完成房地产开发投资98.88亿元,增长21.5%。

商品房竣工面积152.03万平方米，下降7.4%；商品房销售建筑面积295.40万平方米，下降2.7%。

五、国内贸易

市场销售平稳较快增长。2014年全市社会消费品零售总额379.50亿元，增长11.7%。分城乡看：城镇消费品市场实现零售额304.99亿元，增长11.6%；乡村消费品市场实现零售额74.51亿元，增长12.6%。分行业看，批发和零售业是社会消费品零售市场的主导力量，实现零售额335.99亿元，增长11.6%，占全市社会消费品零售总额的88.7%；住宿和餐饮业零售额43.51亿元，增长12.7%。

在限额以上批发和零售业零售额中，粮油、食品、饮料、烟酒类零售额5.96亿元，同比增长17.0%；石油及制品类43.23亿元，同比增长2.3%。

图6　2007－2014年社会消费品零售总额及其增长速度

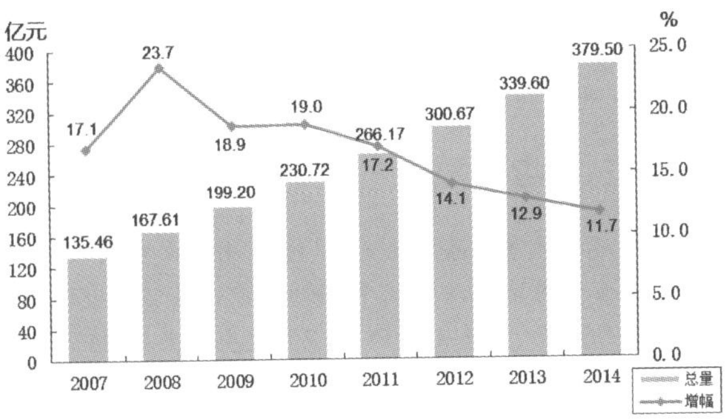

六、对外经济

2014年全市进出口总额155539万美元，增长23.4%。其中，出口总额153985万美元，增长23.5%。实际利用外商直接投资25104万美元，增长13.7%。全市新引进并已开工项目295个，其中5000万元以上工业项目285个，下降24.4%；亿元以上工业项目148个，下降31.5%。5000万元以上工业项目实际进资358.61亿元，增长12.9%；亿元以上工业项目实际进资252.09亿元，增长24.4%。

七、交通、邮政和旅游

交通邮电业平稳发展。全年交通运输、仓储和邮政业实现增加值63.04亿元，比上年增长4.8%。杭南长客专抚州段建成通车；向莆铁路货运快速班列试运行。新开建东乡—昌傅、广昌—吉安、船顶隘—广昌三条高速；抚州—金溪、资溪花山界—里木、南昌—宁都高速乐安段进展顺利。抚州电厂建设快速推进，抚州机场筹建前期工作正式启动。全年邮政企业和规模以上快递服务企业业务收入3.05亿元，业务总量完成3.12亿元，分别较比上年增长13.9%、13.8%。全市快递服务企业业务量累计569.58万件，同比增长58.6%。

全年全市接待国内旅游1650万人次，增长35.0%，入境旅游71573人次，增长1.1%；国内旅游收入133亿元，增长38.0%，旅游外汇收入2518.55万美元，增长2.4%。梦湖景区被评为国家4A级旅游景区。崇仁源野教育乐园、宜黄小红楼休闲农庄、南丰南湾农庄、广昌驿前高虎脑苏区小镇和黎川东华山水景区等5家单位被评为全省4A级乡村旅游示范点。

八、城市建设

强力推进城市建设，不断提高城市化水平。2014年，全市城镇化率由上年的42.09%提高到43.50%，上升了1.4个百分点。深入开展“四城同创”，已成功创建“国家园林城市”、“国家森林城市”和“省级卫生城市”。在市中心城区实施91个重点项目，完成投资24亿元，其中老城区改造投入近7亿元。启动城市棚户区改造8431户、面积101.82万平方米，已签订安置协议7123户，开建安置房6713套，货币安置1718户。

九、金融和保险

信贷规模实现新突破。年末全市金融机构各项贷款余额755.92亿元，比年初增加156.84亿元，同比多增32.5亿元，增长26.2%。各项存款余额1264.37亿元，比年初增加153.12亿元，同比少增20.5亿元，增长13.8%。

保险事业稳步增长。保费收入27.55亿元，比上年增长24.9%。其中，财产险保费收入8.76亿元，增长25.8%；寿险保费收入18.79亿元，增长24.4%。

十、教育和科学技术

各类教育事业持续发展。获批建设全国中小学教育质量综合评价改革实验区和抚州基础教育综合改革试验区。教育资源进一步扩大，增加中小学学位3.2万个。普通小学867所，在校生312072人；普通中学172所，在校生213869人；幼儿园474所，在园幼儿97389人。高考成绩连续十一年保持全省第一，首次包揽全省“文理科冠亚军”，录取北大清华的考生达49人。

科技事业加速发展。财政用于科技活动的经费支出3.13亿元，比上年增长36.0%。2014年，我市专利申请量1526件，授权量899件，分别比上年增长71.1%和63.5%。组织申报2014年度国家级各类科技计划项目34项，申报省级各类科技计划项目151项，共列入国家级、省级78项。组建了江西省变电设备工程技术研究中心、江西省眼健康工程技术研究中心、江西省手性药物工程技术研究中心和江西省大输液工程技术研究中心等4家省级工程技术研究中心，使全市省级工程技术研究中心达到8家，比上年翻了一番。江西创赢香精香料科技协同创新体有限公司，被列为2014年度省重点扶持培育的13个协同创新体之一。全市高新技术产业增加值62.77亿元，比上年增长21.93%，占GDP的比重6.05%。2014年，志特建筑、江西变电、伊发电力、宏特绝缘等15家企业先后被认定为高新技术企业，全市高新技术企业总数发展到43家，比上年增长42.5%。

十一、文化卫生和体育

文化生活丰富多彩。2014年全市共送戏下乡1488场，参演人次近4万人次；自办文体活动643场，参与人数7万多人次；全市博物馆、纪念馆举办各类展览活动60多个，接待参观人员150万人次；全市图书馆接待读者60万余人次，新办图书借阅卡5万余个；全市各级文化馆积极开展文化

"六进"工程,共举办文艺演出、展览近1000场,参与市民100多万人次,举办各类培训班100多期,培训人员过万人。市图书馆顺利通过国家一级馆检查验收。举办了首届抚州汤显祖国际京剧票友艺术节,引进《天鹅湖》、歌剧《洪湖赤卫队》、舞剧《秘境青海》、黄梅戏《天仙配》、《女驸马》、越剧《西厢记》等国内外高雅艺术及演出16场,丰富了全市艺术演出市场。推出书籍《汤显祖大传》、《汤显祖传奇》,电影电视剧本《汤显祖》,情景歌舞剧本《临川之笔》等一大批体现临川文化特色的作品。

卫生服务明显提高。全市参加新农合294.96万人,参合率达到99.2%,参合农民筹资标准提高到390元/人/年,全面启动新农合大病保险和意外伤害住院医疗保险补偿。全市累计建立城乡居民健康档案315.96万份,建档率达79.5%,管理重点服务对象85.03万人。深入开展"光明·微笑"工程,完成白内障手术1717例,为1783名尿毒症患者进行免费血透救治,转诊治疗儿童白血病患者14例,儿童先天性心脏病患者178例,免费救治贫困家庭重性精神病患者6057人,完成农村贫困家庭妇女乳腺癌免费手术14例、宫颈癌免费手术11例。

群众体育花红果硕。2014年,在全民健身日、全民健身周和全民健身月,以及元旦、"三八"、"五一"、国庆等节点共组织开展各种大中小型群众体育活动9000余场(次)。先后承办国际和国家级比赛各两次、省级比赛4次。门球、太极拳(剑)、广场舞、自行车定向越野、手杖操、25式关节操等项目受到广大群众欢迎。参加第14届省运会分别获得金牌、银牌和铜牌26枚、18枚和15枚,在全省设区市中列金牌总数第二名和团体总分第三名。一年来,我市新建成乡镇农民体育健身工程24个,农民体育健身工程193个,全民健身路径16条,较好地满足了广大群众日益增长的健身需求,促进了全市全民健身运动深入广泛开展。

十二、人口、人民生活和社会保障

2014年末,全市常住人口为3976568人,比上年末增加14209人。其中,城镇人口1729807人,占全市常住人口的43.50%。

人民生活水平稳步提升。2014年全市城镇居民人均可支配收入23101元,增长9.6%;城镇居民人均消费性支出为13459元,增长9.0%。农村居民人均可支配收入10410元,增长11.0%;农村居民人均生活消费支出6678元,增长10.6%。

民生工程积极实施。全市用于教育、科技、社会保障和就业、医疗卫生等民生方面的支出达到175.20亿元,占公共预算支出68.8%。全面完成省政府下达的50件民生实事。新增城镇就业4.58万人,转移农村劳动力6.59万人。推进城乡居民养老保险制度并轨,开展最低生活保障资金城乡统筹试点,启动了全国养老服务业综合改革试点。新建公租房开工6970套,基本建成1669套;新建廉租房开工2224套,基本建成618套。启动国有林场危旧房改造968户、垦区危房改造1965户和国有工矿棚户区改造584户。

2014年,全市投入救助资金6.9亿元,其中保障城市低保对象8.2万人,保障农村低保对象11.9万人,保障标准城市和农村分别达到每人每月430元、220元;救助城乡医疗对象5.82万人次,发放城乡救助资金6385.8万元;保障农村五保对象1.8万人,供养标准集中和分散分别达到每人每月336元、260元;临时救助1622人次,发放临时救助资金354.7万元。"三无"对象供养标准提高至600元。孤儿集中供应标准提高至每人每月1100元,城乡散居孤儿保障标准提高至每人每月700元,全市3146名孤儿增加保障资金579.5万元。2014年市慈善总会筹集善款350.1万元,发放救助资金331.7万元,直接受惠困难对象1.6万多人。抚州荣获2014年江西省唯一的"慈善五星城市"殊荣。

十三、环境

人居环境显著改善。全市12个监测断面水质良好,集中式饮用水水源地水质达标率100%,市城区环境空气质量优良天数362天,占总天数的99.2%。全市共有84个减排计划项目发挥减排效益。经国家环保部核定,化学需氧量,氨氮、氮氧化物和二氧化硫分别比2013年下降了1%、1.5%、7.3%和0.2%。

注释:

[1][1]本公报中数据均为初步统计数。部分数据因四舍五入的原因,存在着与分项合计不等的情况。

[2]国内生产总值、各产业增加值按现价计算,增长速度按可比价计算。

[3]根据《国民经济行业分类》(GB/T 4754-2011),从2013年开始工业行业不再使用"轻工业"、"重工业"分类,而以采矿业、制造业、电力热力燃气及水生产和供应业的标准行业分类代替。

[4]房地产业投资除房地产开发投资外,还包括建设单位自建房屋以及物业管理、中介服务和其他房地产投资。

[5]根据《国民经济行业分类》(GB/T 4754-2011),2013年对三次产业划分进行了修订,将"农、林、牧、渔业"中的"农、林、牧、渔服务业","采矿业"中的"开采辅助活动","制造业"中的"金属制品、机械和设备修理业"等三个大类调入第三产业。

综　合　1

GENERAL SURVEY

- 2014 年，全市土地面积 18799 平方公里，人口密度 212 人/平方公里。
- 2000 年 10 月，抚州撤地设市，辖 1 区 10 县。
- 2012 年 12 月经江西省人民政府批准抚州金巢经济开发区更名为江西抚州高新技术产业园区。2015 年 3 月 6 日国务院批复，同意抚州高新技术产业园区升级为国家高新技术产业开发区。
- 2014 年，抚州市生产总值 1036.8 亿元，比上年增长 9.8%。

本篇章

资料整理

张家佳　梅　岩

付海龙

1－1 土地面积与乡镇名称

(2014年)

县(区)别	土地面积(平方公里)	乡 镇 名 称
抚州市	**18799**	
临川区	2125	青云街道办事处,六水桥街道办事处,文昌街道办事处,荆公路街道办事处,西大街街道办事处,抚北镇,上顿渡镇,唱凯镇,温泉镇,高坪镇,腾桥镇,龙溪镇,孝桥镇,罗针镇,云山镇,罗湖镇,大岗镇,青泥镇,太阳镇,秋溪镇,东馆镇,荣山镇,河埠乡,茅排乡,湖南乡,七里岗乡,鹏田乡,连城乡,嵩湖乡,展坪乡,桐源乡
高新技术产业开发区		城西街道办事处,钟岭街道办事处,崇岗镇
南城县	1713	建昌镇,上唐镇,洪门镇,株良镇,里塔镇,龙湖镇,沙洲镇,新丰街道,万坊镇,天井源乡,浔溪乡,徐家镇
黎川县	1709	日峰镇,宏村镇,洵口镇,熊村镇,德胜镇,龙安镇,潭溪乡,荷源乡,厚村乡,湖坊乡,中田乡,樟溪乡,西城乡,社苹乡
南丰县	1913	琴城镇,太和镇,白舍镇,洽湾镇,桑田镇,市山镇,紫霄镇,华山镇,三溪乡,东坪乡,莱溪乡,太源乡,傅坊乡
崇仁县	1520	巴山镇,相山镇,航埠镇,孙坊镇,河上镇,礼陂镇,马鞍镇,石庄乡,六家桥乡,白路乡,三山乡,白陂乡,桃源乡,许坊乡,郭圩乡
乐安县	2410	鳌溪镇,公溪镇,戴坊镇,牛田镇,招携镇,龚坊镇,山砀镇,增田镇,万崇镇,湖溪乡,罗陂乡,湖坪乡,金竹畲族乡,南村乡,谷岗乡,大马头乡
宜黄县	1937	凤岗镇,棠阴镇,黄陂镇,东陂镇,梨溪镇,二都镇,中港镇,桃陂镇,新丰乡,神冈乡,圳口乡,南源乡
金溪县	1353	秀谷镇,浒湾镇,双塘镇,何源镇,合市镇,琅琚镇,左坊镇,对桥镇,黄通乡,陆坊乡,陈坊积乡,琉璃乡,石门乡
资溪县	1248	鹤城镇,马头山镇,高阜镇,嵩市镇,乌石镇,高田乡,石峡乡
东乡县	1268	孝岗镇,小璜镇,圩上桥镇,马圩镇,詹圩镇,岗上积镇,杨桥殿镇,王桥镇,黎圩镇,珀玕乡,邓家乡,虎圩乡,瑶圩乡
广昌县	1603	盱江镇,头陂镇,赤水镇,驿前镇,甘竹镇,千善乡,水南圩乡,长桥乡,杨溪乡,尖峰乡,塘坊乡

注:高新技术产业开发区辖城西、钟岭街办和崇岗镇,管辖面积158.6平方公里。

1－2 行政区划

(2014年)

县(区)别	县(区)级		乡(镇)级				村民委员会	居民居委会
	县级区	县	街道办事处	乡镇合计	乡	镇		
抚州市	**1**	**10**	**7**	**153**	**60**	**93**	**1810**	**216**
临川区	1		7	27	9	18	422	65
南城县		1		13	3	10	150	22
黎川县		1		15	8	7	108	26
南丰县		1		12	5	7	172	9
崇仁县		1		15	8	7	151	16
乐安县		1		15	6	9	176	22
宜黄县		1		12	4	8	139	12
金溪县		1		13	5	8	150	11
资溪县		1		7	2	5	70	8
东乡县		1		13	4	9	143	12
广昌县		1		11	6	5	129	12

注:临川数据包括高新技术产业开发区所辖的2街道1镇,10个居委会,19个村委会。

1-3 国民经济

指　标	单 位	1978 年	1980 年	1985 年	1990 年	1995 年
一、年末总人口(抽样调查)	**万 人**				**335.22**	**358.52**
年平均人口(抽样调查)	万 人	279.52			323.87	356.29
年末总人口(公安人口)	万 人	282.50	288.09	300.94	326.91	340.85
#农业人口	万 人	242.78	244.96	252.31	270.59	274.61
二、年末社会从业人数	**万 人**	**101.81**	**107.50**	**143.05**	**155.54**	**174.60**
#职工人数	万 人	12.38	15.33	23.63	25.87	27.89
三、生产总值	**亿 元**	**7.66**	**9.45**	**16.79**	**33.52**	**84.87**
第一产业	亿 元	4.00	5.28	9.48	19.10	40.22
第二产业	亿 元	2.24	2.67	4.69	7.58	25.89
第三产业	亿 元	1.42	1.50	2.62	6.84	18.76
四、农　业						
1. 农业牧渔业总产值	万 元	53351	161478	252326	333149	483116
农业产值	万 元	40397	111815	156443	176370	242140
林业产值	万 元	2055	12065	20172	23778	51664
牧业产值	万 元	6065	21560	46916	82653	164579
渔业产值	万 元	242	2450	4707	8225	24733
农林牧渔服务业产值	万 元					
2. 主要农产品产量						
粮　食	万 吨	124.04	146.73	194.19	216.34	209.117
棉　花	吨	1541	1651	1107	1930	5928
甘　蔗	万 吨	4.87	6.02	17.05	17.19	4107
麻　类	吨	5035	3436	8290	5394	3345
茶　叶	吨	173	260	394	634	753
水　果	万吨	0.6	0.9	2.6	4.8	3.6
#柑　桔	万吨	0.5	0.8	2.3	4.5	2.7
水 产 品	万吨	0.3	0.6	1.3	2.3	5.2
生猪年末存栏	万 头	126.09	115.29	144.11	183.59	237.18
生猪当年出栏	万 头	59.34	61.99	88.75	167.20	311.15

注:①1993 年－2008 年 GDP 数据按 2008 年经济普查数据平滑调整(下同)

②根据《国家统计局关于布置 2007 年统计年报和 2008 年定期统计报表制度的通知》的要求,我省取消了"农林牧渔业总的数据。

主要指标

2000年	2008年	2009年	2010年	2011年	2012年	2013年	2014年	2014年比2013年增长(%)
366.40	**386.77**	**389.33**	**391.66**	**393.78**	**394.89**	**396.24**	**397.66**	**0.4**
364.80	385.50	388.05	390.49	392.72	394.33	395.56	396.95	0.4
360.49	393.06	399.14	405.91	411.99	417.82	419.58	427.50	1.9
285.49	298.06	301.67	307.73	312.61	318.90	315.42	327.92	3.9
175.60	**202.90**	**205.64**	**208.71**	**212.36**	**215.82**	**218.63**	**221.89**	**1.5**
22.39	20.35	20.45	20.08	22.00	28.23	34.36	35.72	4.0
139.13	**434.05**	**502.91**	**630.01**	**742.51**	**825.04**	**940.64**	**1036.77**	**9.8**
49.15	96.35	109.23	119.84	136.89	152.00	163.48	173.73	4.9
51.92	208.24	237.76	314.74	395.61	435.93	489.02	534.89	11.1
38.06	129.46	155.92	195.70	210.01	237.11	288.14	328.16	10.2
550169	1800492	1949112	2193137	2527007	2813438	2962389	3131351	5.7
303852	994032	1083065	1232744	1436911	1624611	1711992	1835592	7.2
53878	93707	101615	113145	110468	127741	137443	138793	1.0
138019	519325	553954	615122	729877	778662	806427	817166	1.3
54420	165715	176395	188203	206742	230866	248824	272578	9.5
	27712	34083	43923	43009	51558	57703	67222	16.5
192.58	264.71	270.8	262.82	268.49	283.7125	286.13	291.49	1.9
4974	3697	4215	4142	3858	3599	3685	3513	-4.7
37.2	20.45	20.45	18.98	19.79	19.04	20.14	20.03	-0.6
1102	653	547	537	578	563	552	521	-5.6
626	2075	2231	2500	2456	2511	2619	2534	-2.1
6.4	86.4	104.7	82.2	139.17	121.4037	159.93	157.17	-1.7
4.4	80.2	98.6	76.4	133.6	115.4208	153.72	150.68	-2.0
9.0	14.9	15.4	15.5	15.99	16.835	17.56	18.47	5.2
164.42	155.05	162.37	166.04	172.56	176.34	181.42	183.56	1.2
227.81	257.39	269.72	281.12	273.90	276.22	285.04	291.35	2.2

产值和商品产值”中按1990年不变价格计算的总产值，所以本书中“农林牧渔业总产值”从2007年和开始为按当年价格计算

1－3 续表 1

指　　标	单　位	1978 年	1980 年	1985 年	1990 年	1995 年
五、工　业						
1. 工业总产值	万 元	40613	98615	154811	262624	540391
轻工业产值	万 元	27689	56678	95142	134933	293858
重工业产值	万 元	12924	21993	3620	92854	203237
2. 主要工业产品产量						
布	万　米	3355	5140	4946	5534	6526
饮料酒	千 升	3378	3161	9622	16680	19379
机制纸及纸板	吨	3537	7549	18600	15828	61769
水　泥	万 吨	5.17	5.24	12.08	13.3	25.6
3. 工业企业财务指标						
主营业务收入	万元					
利润总额	万元	3717	6266	7706	8686	18174
六、运输、邮电						
1. 公路货物周转量	万吨公里	7089	12164	9132	86235	87456
2. 公路旅客周转量	万人公里	14370	23077	50002	91867	107549
七、国内外贸易						
1. 社会消费品零售总额	万 元	25520	35137	71239	122785	335727
2. 实际利用外资	万美元			345	45	727

注:2002 年及以后年份的工业总产值及分类是规模以上工业数据。

2000年	2008年	2009年	2010年	2011年	2012年	2013年	2014年	2014年比2013年增长(%)
1151228	4063911	5087579	7364518	8139521	10283391	12479053	14641030	17.3
694214	1664385	2027259	3060681	3376380	4327288	5165396	6054209	17.2
402328	2399526	3058320	4303837	4763140.6	5956103	7313657	8586821	17.4
4503	33769	16134	7649	10157	20884	18095	25243	39.5
33324	119689	133785	332283	373110	191401	270970	277469	24.0
	134091	75918	64035	86946	163847	130436	148067	13.5
53.3	102.2	94.1	122.6	176.0	245.3	231.2	257.9	11.5
374763	3980746	5066868	7316815	8068089	10151818	12453535	14733639	18.3
6590	274975	311623	543396	594677	692900	773790	888079	14.8
210708	2432340	2506537	2986087	3226403	3871683	4646644	5571326	19.9
180678	191378	208213	256807	274213	281553	288141	311769	8.2
636049	1676092	1939500	2271100	2661700	3022508	3414562	3794962	11.1
3323	15164	18094	20443	23123	26807	29149	33783	15.9

1－3 续表 2

指　　标	单　位	1978 年	1980 年	1985 年	1990 年	1995 年
八、固定资产投资额						
全社会固定资产投资	万 元	1811	4444	10483	25006	96307
#房地产开发投资	万 元					8099
九、财　　政						
财政总收入	万 元	6366	9485	12630	26117	61570
财政支出	万 元	7058	9975	20482	34698	65867
十、教育卫生						
普通中学校数	所		283	244	249	246
高等学校在校学生	人	941	1811	1510	2741	3077
中等专业学校在校学生	人	2637	3270	3787	3742	1681
普通中学在校学生	万 人	15.06	15.58	14.44	17.51	18.29
小学生在校学生	万 人	52.97	56.44	51.17	41.25	39.4
卫生机构数	个	5164	519	520	531	501
卫生技术人员	人	5702	6378	8483	9161	9262
#医生	人	1498	2732	3605	4093	4149
病床数	张	5164	5757	6360	6511	6170
#医院病床数	张	4920	5482	6087	6251	5551
十一、人民生活						
全部职工年平均工资	元	519	665	879	1549	3649
#国有单位	元	519	675	921	1640	3798
集体所有单位	元	472	587	768	1239	2823
城镇居民人均年可支配收入	元	206	244	535	999	2774
城乡居民储蓄存款余额	万 元	3610	8962	33196	125825	491749
农村居民人均可支配收入	元	132	266	478	728	1608

2000年	2008年	2009年	2010年	2011年	2012年	2013年	2014年	2014年比2013年增长(%)
231967	3367200	4819516	4798700	5720736	6977931	8352583	10014800	19.9
23790	568006	629909	746339	838684	660855	813592	988831	21.5
87643	381174	508550	740141	1001203	1122972	1305866	1500709	14.9
132668	807529	1051513	1394453	1786658	2022092	2276705	2557888	12.4
248	217	215	213	202	209	212	218	2.8
2631		39856	45939	50014	24495	24921	28728	15.3
6696		30456	39558	32353	26701	17002	14747	-13.3
23.03	23.8	24.57	25.46	26.29	26.51	23.09	23.08	-0.1
39.01	39.91	40.46	40.7	41.52	41.38	34.29	34.10	-0.6
302	459	457	2282	2272	2281	2313	2310	-0.01
11850	9760	10216	10887	11341	11827	12349	13068	5.8
4506	4052	4027	4202	4395	4582	4720	4980	5.5
6857	7192	9192	9419	7829	8642	9676	10318	6.6
4970	4942	4844	4956	5092	6069	6819	7352	7.8
6094	15356	18203	21426	26895	32642	40011	44832	12.0
6299	16562	19836	22964	27254	31692	37229	42507	14.2
4681	11541	14852	17551	22208	29874	27327	32519	19.0
5006	12293	13119	14445	16633	18932	21070	23101	9.6
1002499	3163113	3744122	4363029	5235260	6363271	7300573	8326235	14.0
2155	4718	5117	5848	7050	8095	9376	10410	11.0

1－4　主要指标

指　　标	单　位	1978 年	1980 年	1985 年	1990 年	1995 年
一、生产总值	**元**	**274**	**330**	**560**	**1035**	**2382**
第一产业	元	143	184	316	590	1129
第二产业	元	80	93	156	234	727
第三产业	元	51	52	87	211	527
二、财政总收入	**元**	**23**	**33**	**42**	**81**	**182**
三、年末居民储蓄存款余额	**元**	**13**	**31**	**111**	**389**	**1450**
四、主要农产品产量						
粮　食	公斤	443.76	511.74	647.83	667.98	616.80
棉　花	公斤	0.55	0.57	0.36	0.60	1.75
油料折油	公斤	0.69	1.12	1.72	3.19	8.28
甘　蔗	公斤	17.42	21.00	56.88	53.08	121.14
水　果	公斤	2.24	3.17	8.54	14.92	10.52
水产品	公斤	1.18	2.21	4.39	7.07	15.40
五、主要工业产品产量						
布	米	12	17.92	16.5	17.09	19.25
饮料酒	升	1.2	1.1	3.21	5.15	5.72
机制纸及纸板	公斤	1.3	2.63	6.21	4.89	18.22
水　泥	公斤	18.50	18.28	40.3	41.07	75.63
六、主要消费品消费量						
1. 农民生活消费量						
粮　食	千克			369.85	388.25	411.62
植物油	千克				1.77	2.42
家　禽	千克			2.21	1.2	1.49
蛋　类	千克			4.01	2.02	2.41
水产品	千克					
2. 城镇居民购买量						
粮　食	千克				146.8	103.4
植物油	千克				3.5	4.8
家　禽	千克				3.5	3.9
鲜　蛋	千克				3.4	6.3

每人年平均水平

2000 年	2009 年	2010 年	2011 年	2012 年	2013 年	2014 年
3814	**12960**	**16134**	**18907**	**20922**	**23780**	**26119**
1347	2815	3069	3486	3855	4133	4378
1423	6127	8053	10074	11055	12363	13475
1043	4018	5012	5348	6013	7284	8267
237	**1311**	**1895**	**2549**	**2848**	**3301**	**3781**
2708	**9649**	**11173**	**13331**	**16153**	**18468**	**20981**
520.24	695.79	673.05	683.67	719.47	723.34	734.33
1.34	1.08	1.06	0.98	0.91	0.93	0.89
5.72	5.34	5.27				
100.49	52.78	48.61	50.39	48.28	50.92	50.45
17.18	269.12	210.50	354.38	307.87	404.32	395.95
24.19	39.67	39.69	40.72	42.69	44.38	46.53
12.16	41.5	20.86	25.86	52.96	45.75	63.59
9	34.4	90.29	95.01	48.54	68.50	69.90
	19.5	20.36	22.14	41.55	32.97	37.30
143.93	241.79	338.8	448.05	622.08	584.48	649.72
342.51	258.75	253.52	187.44	202.59	231.56	193.35
3.86	4.5	4.52	6.9	6.7	9.82	10.06
1.99	2.95	3.15	3.28	3.37	5.25	6.27
2.68	3.68	3.03	4.23	3.76	5.57	6.51
3.61	5.82	5.88	6.06	6.3	7.00	7.71
95.5	90.61	129.87	102.08	78.06	79.69	75.87
9.4	10.36	12.03	12.38	12.1	10.50	10.99
10.2	10.89	14.51			7.06	8.50
8.2	11.18	13.3	10.05	9.01	6.08	7.05

1-5 国民经济主要比例关系

单位:%

指 标	1978年	1980年	1985年	1990年	1995年	2000年	2008年	2009年	2010年	2011年	2012年	2013年	2014年
生产总值中													
第一产业	52.2	55.9	56.5	57.0	47.4	35.3	21.9	21.7	19.0	18.4	18.4	17.4	16.7
第二产业	29.2	28.2	27.9	22.6	30.5	37.3	47.4	47.3	49.9	53.3	52.8	52.0	51.6
第三产业	18.6	15.9	15.6	20.4	22.1	27.4	30.7	31.0	31.1	28.3	28.7	30.6	31.7
支出法生产总值中													
最终消费中													
居民消费						69.5	74.4	74.2	72.2	73.2	75.6	77.2	77.7
政府消费						30.5	25.6	25.8	27.8	26.8	24.4	22.8	22.3
资本形成中													
固定资本形成					92.2	80.3	74.4	75.2	75.0	74.1	73.0	73.8	72.1
存货增加					7.8	19.7	25.6	24.8	25.0	25.9	27.0	26.2	27.9
总人口中													
农业人口	86.0	85.0	83.8	82.8	80.6	79.2	75.8	75.6	75.8	75.9	76.3	75.2	76.6
非农业人口	14.0	15.0	16.2	17.2	19.4	20.8	24.2	24.4	24.2	24.1	23.7	24.8	23.4
社会就业人员中													
第一产业	82.4	82.3	72.3	71.4	61.8	60.1	45.1	44.3	43.4	42.6	42.1	39.1	41.0
第二产业	9.6	9.6	15.6	14.7	15.4	14.3	20.4	20.7	20.6	20.7	20.5	21.9	20.8
第三产业	8.0	8.1	12.1	13.9	22.8	25.6	34.6	35.0	36.0	36.7	37.4	39.0	38.2
农业总产值中													
农 业	80.0	74.5	68.0	60.9	50.1	55.2	55.2	55.6	56.2	58.0	57.7	57.8	59.1
林 业	7.0	10.6	11.5	11.8	10.7	9.8	5.2	5.2	5.2	4.3	4.5	4.6	4.7
牧 业	12.0	13.4	18.6	24.8	34.1	25.1	28.9	28.4	28.0	27.5	27.7	27.3	24.7
渔 业	1.0	1.5	1.9	2.5	5.1	9.9	9.2	9.1	8.6	8.4	8.2	8.4	9.5
服务业							1.5	1.7	2.0	1.8	1.8	1.9	1.9
规模以上工业增加值中													
轻工业	68.0	72.0	72.4	59.2	59.1	63.3	41.0	39.9	47.2	45.4	46.2	45.0	44.4
重工业	32.0	28.0	27.6	40.8	40.9	36.7	59.0	60.1	52.8	54.6	53.8	55.0	55.6
全社会固定资产投资中													
房地产开发					8.4	10.3	16.9	13.1	11.5	15.0	9.5	9.7	12.3

1-6 近几年全市主要经济指标

指标	单位	2008年	2009年	2010年	2011年	2012年	2013年	2014年
生产总值	亿元	439.63	502.91	630.01	742.51	825.04	940.64	1036.77
财政总收入	亿元	38.12	50.86	74.01	100.12	112.3	130.59	150.07
公共财政预算收入	亿元	26	35.6	55.43	75.99	87.25	100.48	116.38
人均公共财政预算收入	元	673	915	1419	1935	2213	2540	2932
规模以上工业增加值	亿元	114.64	133.6	160.15	174.267	233.31	285.99	315.21
全社会固定资产投资	亿元	336.72	482	517.24	595.34	697.79	835.26	1001.48
社会消费品零售总额	亿元	167.61	199.2	230.72	266.17	302.25	341.46	379.50
人均社会商品零售额	元	4338	5119	5908	6778	7625	8632	9560
海关出口额	万美元	26705	47444	54512	94769	104534	124666	153985
外商直接投资额	万美元	15164	18094	20443	17630	19625	22089	25104
金融机构存款余额	亿元	432.09	439.13	656.07	786.97	937.62	1111.24	1264.37
金融机构贷款余额	亿元	191.93	252.62	325.29	380.04	474.74	599.08	755.92
城镇居民人均可支配收入	元	12293	13119	14445	16633	18932	21070	23101
农村居民人均可支配收入	元	4718	5117	5848	7050	8095	9376	10410
人均耕地面积拥有量	亩	0.91	0.89	0.89	0.92	0.94	0.93	0.92
用电量	万千瓦时	186291	257990	294800	359667	401286	458660	488336
商品零售价格指数	以上年为100	105.4	96.8	101.7	104.4	101.5	101.4	102.7
居民消费价格指数	以上年为100	106.3	97.9	103.0	104.4	102.4	101.8	103.2

1－7 抚州市生产总值及构成

单位:万元

指　标	2013 年	2014 年	2014 年比 2013 年增长(%)	2014 年生产总值构成(%)
总　计	9406413	10367713	9.8	100.0
第一产业	1634797	1737371	4.9	16.7
农林牧渔业	1634797	1737371	4.9	16.7
第二产业	4890218	5348925	11.1	51.6
工业	4080322	4433507	11.1	42.8
建筑业	809896	915418	11.1	8.8
第三产业	2881398	3281417	10.2	31.7
交通运输、仓储和邮政业	599078	630424	4.8	6.1
批发和零售业	472761	516312	7.9	5.0
批发业	276823	302556	8.0	3.0
零售业	195938	213756	7.8	2.0
住宿和餐饮业	205368	230023	5.9	2.2
住宿业	26455	28729	6.0	0.3
餐饮业	178913	201294	5.9	1.9
金融保险业	81951	141944	21.7	1.4
房地产业	341984	397896	13.0	3.8
其他营利性服务业	376551	422973	9.9	4.1
非营利性服务业	803705	941845	14.6	9.1

1-8 主要年份生产总值

单位:万元

年 份	生产总值	第一产业	第二产业	第三产业	人均生产总值(元)
1978 年	76600	39962	22427	14211	274
1980 年	94541	52800	26700	15041	330
1985 年	167900	94800	46900	26200	560
1990 年	335153	190989	75748	68416	1035
1994 年	703972	332902	240988	130081	1800
1995 年	848770	402188	258962	187621	2382
1996 年	1017740	453353	330714	233673	2539
1997 年	1218302	513654	411636	293015	3007
1998 年	1287982	482832	468293	336857	3147
1999 年	1337819	495973	486090	355756	3234
2000 年	1391336	494524	519172	386040	3814
2001 年	1507831	511431	578535	417866	4096
2002 年	1658814	534860	666385	457569	4465
2003 年	1872403	535922	800511	535970	5003
2004 年	2270043	652101	875111	742831	6028
2005 年	2620040	701902	1058610	859528	6916
2006 年	3135607	746922	1388934	999751	8230
2007 年	3679225	800905	1719429	1158891	9602
2008 年	4396336	963536	2085900	1346900	11404
2009 年	5029103	1092340	2377582	1559181	12960
2010 年	6300124	1198396	3144701	1957027	16134
2011 年	7425067	1368900	3956089	2100078	18907
2012 年	8250400	1519973	4359294	2371133	20922
2013 年	9406413	1634797	4890218	2881398	23780
2014 年	10367713	1737371	5348925	3281417	26119

注:1993 年 -2008 年 GDP 数据按 2008 年经济普查数据平滑调整。

1－9　主要年份按支出法计算的生产总值

（按当年价计算）　　　　单位:万元

年　份	生产总值	最终消费	居民消费			政府消费	资本形成总额			货物和服务净出口
				农村居民	城镇居民			固定资本形成总额	存货增加	
1997 年	1218302	874663	794621	575532	219089	80042	300195	275406	24789	43444
1998 年	1287982	922091	838047	601430	236617	84045	347876	289507	58369	18013
1999 年	1337819	973254	885882	635069	250813	87372	350090	282609	67481	14475
2000 年	1391336	986621	895754	622368	273386	90867	378146	303523	74623	26569
2001 年	1507831	1077090	983499	684604	298894	96592	406467	321312	85155	24273
2002 年	1658814	1138107	1040772	711988	328784	97335	486724	443410	43314	33982
2003 年	1872403	1216509	1113355	758267	355088	103153	698615	671753	26862	－42721
2004 年	2270043	1592205	1223562	616492	607069	368644	874257	714970	159287	57383
2005 年	2620040	1755484	1369869	721349	648518	385615	1134304	941010	193294	23187
2006 年	3135607	1889652	1474565	776480	698084	415087	1220996	1012929	208067	76575
2007 年	3679225	2204771	1736553	919771	816782	468218	1445747	1196380	249367	28707
2008 年	4396336	2095179	1558581	840071	718510	536598	2271488	1647371	624117	29669
2009 年	5029103	2101533	1558495	845963	712832	543038	2897068	2179163	717905	30502
2010 年	6300124	2345133	1692095	905163	786932	653038	3898489	2922584	975905	56502
2011 年	7425067	2778125	2033303	1009570	1023733	744822	4581964	3393782	1188182	64978
2012 年	8250400	3137849	2372030	1135322	1236708	765819	5031208	3673775	1357433	81343
2013 年	9406413	3518434	2717018	1297299	1419719	801416	5780158	4263821	1516337	107821
2014 年	10367713	3800481	2953806	1405723	1548083	846675	6314656	4554526	1760130	252576

注:1994 年－2008 年按支出法计算的生产总值根据 2008 年经济普查数据平滑调整。

1－10　主要年份生产总值指数

（以上年为 100，按可比价计算）　　单位：%

年　份	生产总值	第一产业	第二产业	第三产业
1980 年	106.6	108.4	115.6	86.9
1985 年	103.7	105.5	103.3	98.3
1990 年	99.8	101.3	106.8	90.1
1998 年	108.0	98.4	114.4	115.1
1999 年	104.5	103.0	105.0	106.0
2000 年	104.8	101.6	106.1	107.4
2001 年	108.4	103.6	111.7	110.0
2002 年	110.0	102.6	113.6	114.2
2003 年	112.6	102.0	120.3	113.9
2004 年	113.6	111.0	117.8	109.9
2005 年	113.0	106.5	119.0	111.7
2006 年	113.3	104.8	121.8	109.8
2007 年	114.0	106.1	120.4	111.5
2008 年	114.2	109.3	124.1	103.1
2009 年	113.9	108.5	114.2	117.2
2010 年	115.0	105.1	118.9	115.7
2011 年	112.5	104.4	113.4	116.0
2012 年	110.8	104.6	113.3	110.2
2013 年	110.3	104.9	112.9	109.0
2014 年	109.8	104.9	111.1	110.2

1－11 各县

（2014年，按

指标	临川区	南城县	黎川县	南丰县
一、生产总值（万元）	**3233793**	**984055**	**569551**	**979436**
第一产业	394835	157607	94235	285775
农林牧渔业	394835	157607	94235	285775
第二产业	1827247	481088	295542	322109
工业	1300572	434367	266081	280715
建筑业	526675	46721	29461	41394
第三产业	1011711	345360	179774	371552
交通运输、仓储和邮政业	190000	128448	7103	49743
批发和零售业	214549	33861	19847	79720
批发业	153068	11135	8799	40706
零售业	61481	22726	11048	39014
住宿和餐饮业	89564	16440	12103	20137
住宿业	9493	2611	915	7371
餐饮业	80071	13829	11188	12766
金融保险业	106303	2874	23403	46889
房地产业	91644	58568	32864	70181
其他营利性服务业	165743	27785	28031	28707
非营利性服务业	153908	77384	56423	76175
二、生产总值构成（%）				
第一产业	12.2	16.0	16.5	29.2
第二产业	56.5	48.9	51.9	32.9
工业	40.2	44.1	46.7	28.7
建筑业	16.1	4.8	5.2	4.2
第三产业	31.3	35.1	31.6	37.9
三、人均生产总值（元）	**29228**	**31707**	**24389**	**33542**

(区)生产总值

当年价格计算)

崇仁县	乐安县	宜黄县	金溪县	资溪县	东乡县	广昌县
907359	**471005**	**543939**	**673539**	**293502**	**1244732**	**470187**
218789	88767	82458	107480	34665	188306	84455
218789	88767	82458	107480	34665	188306	84455
451756	194384	314971	323005	142499	756715	226721
401703	167599	291248	286569	110934	684972	195859
50053	26785	23723	36436	31565	71743	30862
236814	187854	146510	243054	116338	299711	159011
31220	10400	36898	20920	14579	49299	29267
46918	30389	47272	44106	18030	95062	24012
33909	7474	2569	17492	6858	59036	1093
13009	22915	44703	26614	11172	36026	22919
4128	11255	4327	8772	10462	48565	19010
1649	2097	1087	4043	3082	4958	1088
2479	9158	3240	4729	7380	43607	17922
33076	40871	6477	8992	5483	23900	9958
40523	27530	12448	64970	8247	24661	20913
40703	16790	9038	40187	11495	22321	18864
40246	50619	30050	55107	48042	35903	36987
24.1	18.8	15.2	15.9	11.8	15.1	18.0
49.8	41.3	57.9	48.0	48.6	60.8	48.2
44.3	35.6	53.5	42.5	37.8	55.0	41.7
5.5	5.7	4.4	5.5	10.8	5.8	6.5
26.1	39.9	26.9	36.1	39.6	24.1	33.8
25680	**13419**	**23959**	**22491**	**25887**	**28004**	**19715**

1－12 抚州市及各县

指标	单位	抚州市		临川区	
		绝对值	增长(%)	绝对值	增长(%)
生产总值(GDP)	万元	10367713	9.8	3233793	9.5
第一产业	万元	1737371	4.9	394835	4.1
第二产业	万元	5348925	11.1	1827247	10.9
#工　业	万元	4433507	11.1	1300572	10.8
第三产业	万元	3281417	10.2	1011711	8.7
人均生产总值	元	26119	9.4	29228	9.3
高新技术产业增加值	万元	627654	21.9	218201	41.7
文化产业增加值	万元	252566	11.1	38004	-33.5
财政总收入	万元	1500709	14.9	190678	13.7
公共财政预算收入	万元	1163784	15.8	151583	20.5
公共财政预算支出	万元	2557888	12.4	400908	15.2
税收收入	万元	1248338	16.9	151292	10.6
工业税收收入	万元	418009	28.5	63394	7.3
农业总产值	万元	3131351	4.8	708664	4.0
常用耕地面积	公顷	244744	-0.4	49949	0
粮食总产量	吨	2914897	1.9	640862	-0.9
规模以上工业增加值	万元	3152070	11.7	413103	11.4
规模以上工业主营业务收入	亿元	1473.36	14.8	513.2	13.3
规模以上工业利税	亿元	159.87	19.5	61.12	13.2
500万元以上项目固定资产投资	万元	9572481	20.5	1733806	20.4
社会消费品零售总额	万元	3794962	11.7	1364098	11.5
出口总额	万美元	153985	23.5	16477	24.5
实际利用外资	万美元	33783	13.9	3479	14.2
金融机构人民币存款余额	万元	12643677	13.8	5078731	14.8
#居民储蓄存款余额	万元	8326235	14.0	2953161	13.1
金融机构人民币贷款余额	万元	7559238	26.2	3326027	33.7
农村居民人均可支配收入	元	10410	11.0	12531	10.8
年末总人口(公安人口)	人	4274971	1.9	1199410	1.6
年末总人口(常住)	人	3976568	0.4	1108337	0.4
城镇	人	1729807	3.7	555044	3.2
乡村	人	2246761	-2.1	553293	-2.3
年末城镇在岗职工人数	人	355561	5.0	124983	-14.9
城镇在岗职工工资总额	千元	15940502	16.1	7084812	16.3
城镇在岗职工平均工资	元	44832	12.0	56686	30.5
城镇化率	%	43.50	1.41	50.08	1.38

(区)主要经济指标

南城县		黎川县		南丰县		崇仁县	
绝对值	增长(%)	绝对值	增长(%)	绝对值	增长(%)	绝对值	增长(%)
984055	9.7	569551	10.3	979436	9.9	907359	9.6
157607	5	94235	4.1	285775	5.8	218789	4.9
481088	11.2	295542	10.8	322109	10.9	451756	11.0
434367	11.1	266081	10.9	280715	10.8	401703	11.1
345360	9.7	179774	13.7	371552	12.8	236814	13.0
31707	9.9	24389	9.9	33542	10.4	25680	9.2
32562	13.2	15717	19.0	30089	14.1	158914	31.1
22611	69.9	10876	36.9	19111	153.7	7803	14.6
130003	13.1	100379	16.0	105293	13.0	101169	13.0
99486	9.9	84206	20.6	86365	17.1	79428	10.4
202488	14.4	170801	9.5	179028	13.1	195202	6.3
112601	19.2	86515	15.7	91236	20.3	78085	20.3
50890	62.4	19840	-1.1	24397	70.5	30082	43.7
281757	4.9	172499	4.3	530609	5.7	338976	4.7
21730	0	15866	0.2	17705	0.01	22516	0.01
283598	0.2	166394	6.0	224265	0.3	299584	2.7
254511	12.3	218288	11.2	186682	11.7	307333	11.9
117.5	17.8	87.2	14.6	76.4	23.9	167.6	12.6
12.3	17.8	10.02	-10.3	6.34	10.2	21.7	36.3
1125805	22.4	618299	19.1	659904	22.0	1004718	20.1
330617	12.6	193803	12.2	356551	11.6	226410	12.1
19119	15.0	88	21.0	15274	56.0	17802	10.6
3186	13.4	2358	11.2	2900	10.2	3320	15.2
846434	16.5	653838	13.7	701915	8.8	858625	9.8
608612	16.0	441724	15.5	479733	12.3	630012	13.0
465181	11.3	361127	25.1	578008	17.3	406599	19.1
11749	11.1	9924	10.9	15688	10.0	12530	10.8
339247	1.7	250774	-0.1	315146	3.5	377585	2.5
310938	0.4	233913	0.3	292501	0.3	353950	0.3
153452	3.4	108437	3.4	110004	4.2	136627	4.3
157486	-2.4	125476	-2.1	182497	-1.9	217323	-2.0
62500	235.2	22727	39.5	7376	-56.1	32682	43.6
2422699	240.5	867782	41.2	318905	-53.0	1226278	57.4
38763	2.3	38183	1.3	43233	7.5	37521	11.8
49.35	1.43	46.36	1.36	37.61	1.41	38.60	1.46

1－12 续表

指　标	单位	乐安县		宜黄县	
		绝对值	增长(%)	绝对值	增长(%)
生产总值(GDP)	万元	471005	7.0	543939	10.0
第一产业	万元	88767	4.8	82458	5.3
第二产业	万元	194384	9.2	314971	11.2
# 工　业	万元	167599	9.2	291248	11.2
第三产业	万元	187854	5.7	146510	10.7
人均生产总值	元	13419	6.3	23959	10.5
高新技术产业增加值	万元	8518	2.8	11453	-21.9
文化产业增加值	万元	9970	48.7	22941	-4.6
财政总收入	万元	60605	15.2	80007	16.4
公共财政预算收入	万元	48218	14.1	64473	19.9
公共财政预算支出	万元	181151	5.1	143029	20.6
税收收入	万元	53009	20.8	70281	19.5
工业税收收入	万元	9692	8.9	23590	37
农业总产值	万元	156886	4.8	138185	5.3
常用耕地面积	公顷	22622	0.1	19323	0
粮食总产量	吨	27720	1.31	174763	2.08
规模以上工业增加值	万元	44311	10.8	222868	11.8
规模以上工业主营业务收入	亿元	16.5	-14.6	100.4	18
规模以上工业利税	亿元	0.78	-13.30	5.53	-4.60
500 万元以上项目固定资产投资	万元	346476	18.3	544504	21.4
社会消费品零售总额	万元	243054	10.6	161057	11.3
出口总额	万美元	7390	25.4	7348	17.8
实际利用外资	万美元	2044	3.9	2588	12.4
金融机构人民币存款余额	万元	975009	16.4	569714	15.9
# 居民储蓄存款余额	万元	711126	17.2	380122	12.6
金融机构人民币贷款余额	万元	311151	15.0	325064	20.9
农村居民人均可支配收入	元	5559	15.5	9969	10.9
年末总人口(公安人口)	人	389310	3.1	238830	3.0
年末总人口(常住)	人	351645	0.4	227435	0.4
城镇	人	128604	4.3	75508	5.3
乡村	人	223041	-1.8	151927	-1.9
年末城镇在岗职工人数	人	11423	-31.3	29315	89.7
城镇在岗职工工资总额	千元	466485	-15.6	928212	73.4
城镇在岗职工平均工资	元	40838	23.9	31663	-7.4
城镇化率	%	36.57	1.39	33.20	1.56

金溪县		资溪县		东乡县		广昌县	
绝对值	增长(%)	绝对值	增长(%)	绝对值	增长(%)	绝对值	增长(%)
673539	10.2	293502	8.5	1244732	10.8	471087	9.8
107480	5.5	34665	2.1	188306	5.3	84455	5.0
323005	11.2	142499	10.2	756715	12.3	226721	11.2
286569	11.1	110934	10.4	684972	12.2	195859	11.3
243054	11.1	116338	8.5	299711	9.9	159011	9.9
22491	10.1	25887	8.5	28004	9.6	19715	12.5
23966	16.7	1809	17.5	121126	0.0	5300	5.7
28110	19.0	5239	12.8	47025	15.7	40877	17.2
91188	13.1	60001	0.0	200618	16.4	81300	15.8
71378	13.1	51511	1.0	147768	13.7	57931	15.9
168330	17.0	101166	1.0	280375	11.8	156436	10.5
82913	18.5	47561	-3.9	161871	17.4	70853	19.8
29766	30.1	10517	27.4	69103	29.4	22925	17.0
205516	5.4	60686	2.6	355604	5.3	150468	4.8
28171	0	4861	0	25686	-3.2	14138	0
353208	5.0	35629	-3.0	314619	33.4	115211	-7.7
198565	11.7	35766	12.2	444475	12.6	155606	12.0
91	14.4	14	15.4	218	17.0	71.5	16.3
8.81	12.10	0.86	-16.60	26.70	61.40	5.75	31.00
669378	23.2	286249	2.2	1500781	23.5	424501	20.4
214909	12.7	99629	11.4	491346	11.7	113488	12.6
11488	15.7	7273	-1.1	12357	25.9	9683	23.5
2453	13.2	2010	2.3	3193	13.3	2102	14.2
741575	13.1	379489	8.0	1177616	14.5	660731	11.0
518029	14.7	287620	10.9	880973	15.1	435123	15.8
470128	39.5	211578	12.7	767380	26.0	336993	16.5
10425	10.9	9831	10.7	12163	10.2	5756	14.0
316833	0.7	116439	-0.1	481981	2.4	249416	1.4
300031	0.4	113576	0.3	445298	0.4	238944	0.4
104144	4.5	58205	3.1	202482	3.7	97300	4.0
195887	-1.7	55371	-2.4	242816	-2.2	141644	-1.9
151372	787.0	16819	46.6	22980	-4.3	13538	13.2
6234115	867.4	565372	46.9	931571	6.4	494788	17.8
41184	10.2	33616	1.3	40538	11.2	36549	4.4
34.71	1.38	51.25	1.35	45.47	1.44	40.72	1.40

1－13　按地区和登记注册

县(区)别	企业单位数	内资企业	国有企业	集体企业	股份合作企业	国有联营企业	集体联营企业	国有与集体联营	其他联营	国有独资公司	其他有限责任公司	股份有限公司
抚州市	17892	17777	421	247	145	16	25	3	25	19	2529	500
临川区	5226	5195	135	59	33	8	6	1	8	6	912	145
南城县	1926	1918	23	16	11		2			1	99	30
黎川县	1149	1135	37	33	22		1				41	34
南丰县	1357	1353	18	14	20				1	4	108	56
崇仁县	1237	1224	51	32	9		5		7	1	491	58
乐安县	868	863	27	10	14	1	3	1	3		97	30
宜黄县	1083	1080	24	22	6	1	1		1		144	16
金溪县	1305	1299	44	15	9	2	1		2	3	281	22
资溪县	887	882	20	15	6				1	2	96	9
东乡县	1733	1719	14	4	5	3	3	1	1	1	133	9
广昌县	1121	1109	28	27	10	1	3		1	1	127	91

类型分组的企业法人单位数

私营独资	私营合伙	私营有限责任公司	私营股份有限公司	其他	港澳台商投资企业	与港澳台商合资经营	与港澳台商合作经营	港澳台商独资	港澳台商投资股份有限公司	外商投资企业	中外合资经营	中外合作经营	外资企业	外商投资股份有限公司
4791	1928	3655	634	2839	75	14		57	3	40	13		15	2
831	302	1711	257	781	17	4		12	1	14	7		5	
919	216	429	31	141	5	1		4		3	2		1	
361	184	140	17	265	11			10	1	3	2		1	
134	151	262	66	519	2	1		1		2			1	
206	176	67	5	116	9	2		6		4	1		3	
135	135	206	104	97	4	1		3		1				1
180	321	151	54	159	2			1	1	1			1	
461	149	224	9	77	3			3		3			1	1
202	106	70	2	353	4			4		1				
1087	53	274	24	107	7	4		3		7	1		1	
275	135	121	65	224	11	1		10		1			1	

1－14　按地区、机构类型分组的法人单位数

单位:个

县(区)别	法人单位数	企　业	事业单位	机　关	社会团体	民办非企业单　位	其　他
合　计	29010	17892	3789	1158	1343	767	4061
临川区	8190	5226	1048	230	497	276	913
南城县	2802	1926	342	66	83	92	293
黎川县	2067	1149	275	93	122	20	408
南丰县	1996	1357	177	72	50	18	322
崇仁县	2120	1237	430	97	71	30	255
乐安县	1898	868	343	92	59	182	354
宜黄县	1971	1083	255	160	88	53	332
金溪县	2265	1305	274	109	127	29	421
资溪县	1424	887	179	70	150	1	137
东乡县	2366	1733	185	81	42	41	284
广昌县	1911	1121	281	88	54	25	342

1－15　按行业分组的法人单位和产业活动单位数

单位:个

项　　目	法人单位数				产业活动单位数	
	合计	单产业法人单位	多产业法人单位	其中:规模、资质或限额以上单位	合计	多产业法人所属的产业活动单位
合　　计	**29010**	**28007**	**1003**	**1511**	**35339**	**7332**
按国民经济行业分组	29010	28007	1003	1511	35339	7332
农、林、牧、渔业	**3014**	**3003**	**11**		**3061**	**58**
农业	1189	1186	3		1192	6
林业	402	399	3		414	15
畜牧业	695	694	1		698	4
渔业	250	250			251	1
农、林、牧、渔服务业	478	474	4		506	32
采矿业	**261**	**260**	**1**	**9**	**266**	**6**
煤炭开采和洗选业	1	1			2	1
黑色金属矿采选业	8	8		4	8	
有色金属矿采选业	34	33	1	3	35	2
非金属矿采选业	194	194		2	194	
开采辅助活动	10	10			13	3
其他采矿业	14	14			14	
制造业	**5087**	**5052**	**35**	**857**	**5119**	**67**
农副食品加工业	407	404	3	41	411	7
食品制造业	99	99		14	99	
酒、饮料和精制茶制造业	109	107	2	7	110	3
纺织业	220	220		64	221	1
纺织服装、服饰业	594	591	3	79	598	7
皮革、毛皮、羽毛及其制品和制鞋业	110	109	1	23	112	3
木材加工和木、竹、藤、棕、草制品业	334	333	1	36	336	3
家具制造业	124	120	4	12	124	4
造纸和纸制品业	124	122	2	39	127	5
印刷和记录媒介复制业	103	102	1	9	103	1
文教、工美、体育和娱乐用品制造业	240	237	3	25	240	3
石油加工、炼焦和核燃料加工业	7	7		1	7	
化学原料和化学制品制造业	413	406	7	100	421	15
医药制造业	81	80	1	33	81	1
化学纤维制造业	5	5		1	5	
橡胶和塑料制品业	266	265	1	86	267	2
非金属矿物制品业	625	624	1	56	626	2
黑色金属冶炼和压延加工业	20	20		3	20	
有色金属冶炼和压延加工业	104	104		43	104	
金属制品业	212	211	1	31	212	1
通用设备制造业	126	126		17	127	1
专用设备制造业	94	94		13	95	1
汽车制造业	139	137	2	43	138	1
铁路、船舶、航空航天和其他运输设备制造	30	30		6	30	
电气机械和器材制造业	184	182	2	47	186	4

1－15 续表 1

单位:个

项 目	法人单位数				产业活动单位数	
	合计	单产业法人单位	多产业法人单位	其中:规模、资质或限额以上单位	合计	多产业法人所属的产业活动单位
计算机、通信和其他电子设备制造业	96	96		16	96	
仪器仪表制造业	22	22		6	22	
其他制造业	148	148		5	149	1
废弃资源综合利用业	33	33		1	34	1
金属制品、机械和设备修理业	18	18			18	
电力、热力、燃气及水生产和供应业	**493**	**470**	**23**	**22**	**633**	**163**
电力、热力生产和供应业	382	364	18	15	512	148
燃气生产和供应业	30	29	1	4	30	1
水的生产和供应业	81	77	4	3	91	14
建筑业	**650**	**612**	**38**	**115**	**750**	**138**
房屋建筑业	238	212	26	77	286	74
土木工程建筑业	125	115	10	31	146	31
建筑安装业	48	47	1		64	17
建筑装饰和其他建筑业	239	238	1	7	254	16
批发和零售业	**4284**	**4199**	**85**	**129**	**5179**	**980**
批发业	2229	2194	35	49	2481	287
零售业	2055	2005	50	80	2698	693
交通运输、仓储和邮政业	**1394**	**1351**	**43**	**129**	**1725**	**374**
铁路运输业	1	1			2	1
道路运输业	1142	1111	31	115	1227	116
水上运输业	38	33	5	7	38	5
航空运输业	1	1			1	
管道运输业	1	1			1	
装卸搬运和运输代理业	84	81	3	1	91	10
仓储业	69	68	1	5	81	13
邮政业	58	55	3	1	284	229
住宿和餐饮业	**224**	**224**		**32**	**244**	**20**
住宿业	130	130		20	139	9
餐饮业	94	94		12	105	11
信息传输、软件和信息技术服务业	**216**	**208**	**8**	**3**	**570**	**362**
电信、广播电视和卫星传输服务	35	27	8	3	381	354
互联网和相关服务	90	90			94	4
软件和信息技术服务业	91	91			95	4
金融业	**198**	**157**	**41**		**1037**	**880**
货币金融服务	87	64	23		732	668
资本市场服务	57	57			78	21
保险业	33	15	18		201	186
其他金融业	21	21			26	5
房地产业	**698**	**646**	**52**	**162**	**801**	**155**
房地产业	698	646	52	162	801	155
租赁和商务服务业	**1555**	**1533**	**22**	**20**	**1657**	**124**
租赁业	155	154	1	3	155	1
商务服务业	1400	1379	21	17	1502	123

1－15 续表 2

单位:个

项　　目	法人单位数				产业活动单位数	
	合计	单产业法人单位	多产业法人单位	其中:规模、资质或限额以上单位	合计	多产业法人所属的产业活动单位
科学研究和技术服务业	**595**	**580**	**15**	**6**	**750**	**170**
研究和试验发展	47	46	1	1	50	4
专业技术服务业	319	309	10	5	424	115
科技推广和应用服务业	229	225	4		276	51
水利、环境和公共设施管理业	**253**	**248**	**5**		**285**	**37**
水利管理业	90	88	2		111	23
生态保护和环境治理业	22	21	1		29	8
公共设施管理业	141	139	2		145	6
居民服务、修理和其他服务业	**442**	**437**	**5**	**16**	**466**	**29**
居民服务业	140	137	3	12	154	17
机动车、电子产品和日用产品修理业	148	148		4	154	6
其他服务业	154	152	2		158	6
教育	**1132**	**980**	**152**	**2**	**2379**	**1399**
教育	1132	980	152	2	2379	1399
卫生和社会工作	**1311**	**1249**	**62**	**3**	**1915**	**666**
卫生	1140	1078	62	3	1712	634
社会工作	171	171			203	32
文化、体育和娱乐业	**514**	**513**	**1**	**6**	**534**	**21**
新闻和出版业	12	11	1		14	3
广播、电视、电影和影视录音制作业	59	59		1	72	13
文化艺术业	117	117		3	120	3
体育	33	33			33	
娱乐业	293	293		2	295	2
公共管理、社会保障和社会组织	**6689**	**6285**	**404**		**7968**	**1683**
中国共产党机关	144	135	9		159	24
国家机构	2697	2385	312		3918	1533
人民政协、民主党派	20	19	1		21	2
社会保障	46	46			64	18
群众团体、社会团体和其他成员组织	1745	1740	5		1767	27
基层群众自治组织	2037	1960	77		2039	79

主要统计指标解释

生产总值 生产总值是指按市场价格计算的一个国家(或地区)所有常住单位在一定时期内生产活动的最终成果。生产总值有三种表现形态,价值形态、收入形态和产品形态。从价值形态看,它是所有常住单位在一定时期内所生产的全部货物和服务价值超过同期投入的全部非固定资产货物和服务价值的差额,即所有常住单位的增加值之和;从收入形式看,它是所有常住单位在一定时期内所创造并分配给常住单位和非常住单位的初次分配收入之和;从产品形态看,它是最终使用的货物和服务减去进口货物和服务。在核算中,生产总值的三种表现形态表现为三种计算方法,即生产法,收入法和支出法。三种方法分别从不同的方面反映生产总值及其构成。

国民生产总值 国民生产总值是指我国所有常住单位在一定时期内收入初次分配的最终成果,它等于生产总值加上来自国外的劳动者报酬和财产收入减支付给国外的劳动者报酬和财产收入,与生产总值不同,生产总值是一个生产概念,而国民生产总值是一个收入概念。

当年价格 指报告期的实际价格,如工厂的出厂价格,农产品的收购价格,商业的零售价格等。按当年价格计算,是指一些以货币表现的物量指标如社会总产值、工农业总产值、国民收入、生产总值等,按照当年的实际价格来计算总量。使用当年价格计算的数字,是为了使国民经济各项指标互相衔接,便于考察当年经济效益,便于对生产和流通、生产和分配、生产和消费经济核算和综合平衡。按当年价格计算的价值指标,在不同年份之间进行对比时,因为包含有各年间价格变动因素,不能确切地反映实物量的增减变动。必须消除价格变动因素后,才能真实反映经济发展动态。因此,在计算增长速度时都使用按可比价格计算的数字。

可比价格 指在不同时期的价值指标对比时,扣除了价格变动的因素,以确切表示物量的变化。按可比价格计算有两种方法:一种是直接按产品产量乘其不变价格计算,一种是用物价指数换算。

不变价格 用某一时期的同类产品的平均价格作为固定价格,来计算各个时期的产品价值。新中国成立后,随着工农业产品价格水平的变化。国家统计局先后五次制定了全国统一的工业产品不变价格和农业产品不变价格。

平均增长速度 平均增长速度表明社会经济现象在一个较长的时期内逐期平均增长变化的程度,它不能根据各个环比增长速度直接求得,但与平均发展速度之间存在着一定的数量关系:平均增长速度 = 平均发展速度 - 1。

平均发展速度 是一种根据环比发展速度计算的序时平均数,由于各时期对比的基础不同,所以计算平均发展速度不能采用一般的序时平均数的计算方法,计算方法分为水平法和累计法。水平法,又称几何平均法,即将环比发展速度按连乘法用几何平均数公式计算。累计法,也称方程法,根据一段时期内各年发展水平总和与基期水平的关系,列出方程式计算平均发展速度。水平法着重考虑最后一年所达到的发展水平;累计法着重考虑整个时期累计发展水平的总量。

支出法生产总值 是指从最终使用的角度反映一个国家(或地区)一定时期内生产活动最终成果的一种方法,包括最终支出、资本形成总额及货物和服务净出口三部分。计算公式为:

支出法生产总值 = 最终消费支出 + 资本形成总额 + 货物和服务净出口

最终消费支出 指常住单位为满足物质、文化和精神生活的需要,从本国经济领土和国外购买的货物和服务的支出。它不包括非常住单位在本国经济领土内的消费支出。最终消费分为居民消费和政府消费。

(一)居民消费支出:指常住住户在一定时期内对于货物和服务的全部最终消费支出。居民关于货物的最终消费支出在货物的所有权发生变化时记录,关于服务的最终消费支出在服务提供的时候记录。居民消费支出按市场格计算,即按居民支付价格计算,货物的购买者价格是购买者取得交货所支付的价格,它包括购买者支付的运输和商业费用。居民消费支出除了直接以货币形式购买的货物和服务的消费支出外,还包括以其他方式获得的货物和服务的消费支出,即所谓的虚拟消费支出。居民虚拟消费支出包括如下几种类型:单位以实物报酬及实物转移的形式提供给劳动者的货物和服务;住户生产并由本住户消费了的货物和服务,其中的服务仅指住户的自有住房服务;金融机构提供的金融媒介服务;保险公司提供的保险服务。

(二)政府消费支出:指政府部门为全社会提供的公共服务的消费支出和免费或以较低的价格向居民住户提供的货物和服务的净支出,前者等于政府服务的产出价值减去政府单位所获得的经营收入的价值,政府服务的产出价值等于它的经常性业务支出加上固定资产折旧;后者等于政府部门向居民住户提供的货物和服务的市场价值减去向居民住户收取的价值。

资本形成总额 指常住单位在一定时期内获得减去处置的固定资本和存货的净额,包括固定资本形成总额和存货增加两项。

(一)固定资本形成总额:指常住单位在一定时期内购置、转入和自产自用的固定资本价值,扣除固定资本的销售和转出后的价值。可分为有形固定资本形成总额和无形固定资本形成总额。有形固定资本形成总额包括一定时期内完成的建筑工程、安装工程和设备器具购置(减处置)价值,以及土地改良、新增畜、种、奶、毛、娱乐用牲畜和新增经济林木价值。无形固定资本形成总额包括矿藏的勘探、计算机软件、娱乐和文学作品原件等。

(二)存货增加:指常住单位在一定时期内存货实物量变动的市场价值即期末价值的差额。存货增加可以是正值,也可以是负值,正值表示存货上升,负值表示存货下降。它包括生产单位购进的原材料、燃料和储备物资等存货,以及生产单位生产的产成品、在制品和半产品等存货等。

三次产业 根据社会生产活动历史发展的顺序对产业结构的划分,产品直接取自自然界的部门称为第一产业,对初级产品进行再加工的部门称为第二产业,为生产和消费提供各种服务的部门称为第三产业。它是世界上通用的产业结构分类,但各国的划分不尽一致。我国的三次产业划分是:

第一产业:农业(包括种植业、林业、牧业、副业和渔业、农林牧渔服务业)。

第二产业:工业(包括采掘工业、制造业、自来水、电力、蒸气、热水、煤气)和建筑业。

第三产业:除第一、第二产业以外的其他各业。

固定资产折旧 指一定时期内为弥补固定资产损耗而应提取的补偿价值,它反映了全部固定资产在本期生产中的资产转移价值。各类企业的固定资产折旧是指从成本费用中提取的折旧费。对不计提折旧的单位,如政府机关、事业单位、学校医院、部队和居民住房则应进行虚拟折旧。

劳动者报酬 指劳动者为常住单位提供劳务而获得的各种报酬,它反映劳动者参与增加值创造而获得的原始收入。具体包括从各种来源开支的货币工资和实物工资,即单位以工资、福利、社会保险等形式,从成本、费用和利润中为劳动者支付的各种开支,以及个体和其他劳动者通过参加社会生产活动所获得的各种劳动报酬。

生产税净额 指生产税与补贴之差,它反映政府从本期创造的增加值中所得到的原始收入份额。生产税是指政府对生产单位的生产经营活动所征收的各种税、附加和规费,具体包括销售(营业)税金及附加、增值税、管理费开支的税、应缴纳的养路费、排污费和水电附加等,以及烟酒专卖上缴政府的专项收入。补贴与生产税相反,是政府对生产单位的单方面收入转移,因此视为负税处理,包括政策亏损补贴、粮食系统价格补贴、外贸企业出口退税收入等。

营业盈余 指常驻单位创造的增加值扣除劳动者报酬、生产税净额和固定资产折旧后的余额。它相当于企业的营业利润加上生产补贴,但要扣除从利润中开支的工资和福利以及从税后利润中提取的公益金等。

计划时期 "计划时期"代表的年份如下:恢复时期为1950年到1952年;第一个五年计划时期(简称一五时期)为1953年到1957年;第二个五年计划时期(简称二五时期)为1958年到1962年;第三个

五年计划时期（简称三五时期）为 1966 年到 1970 年；第四个五年计划时期（简称四五时期）为 1971 年到 1975 年；第五个五年计划时期（简称五五时期）为 1976 年到 1980 年；第六个五年计划时期（简称六五时期）为 1981 年到 1985 年；第七个五年计划时期（简称七五时期）为 1986 年到 1990 年；第八个五年计划时期（简称八五时期）为 1991 年到 1995 年。

倍数与翻番　倍数和翻番都是描述数量增加的一种抽象化的表现形式，但二者的涵义和计算方法截然不同。

倍数是由两个有联系的指标对比，将对比的基数抽象化为 1 而计算出来的相对数，常常用于比数（分子）远大于基数（分母）的场合。如，某城市 2000 年人均住房使用面积达到 14.8 平方米，为 1978 年 3.8 平方米的 3.9 倍（14.8 ÷ 3.8 = 3.9 倍）。再如，甲地人均国内生产总值 8000 元，为乙地 3000 元的 2.7 倍（8000 ÷ 3000 = 2.7 倍）。

翻番是指数量加倍。如 1 变为 2（1 × 2），2 变为 4（2 × 2），3 变为 6（3 × 2）……A 变为 A × 2，翻两番为（A × 2）× 2 = A × 22，是指原基数在翻一番的基础上再翻一番。例如十六大报告中提出的全面建设小康社会的目标，即在优化结构和提高效益的基础上，国内生产总值到 2020 年力争比 2000 年翻两番，综合国力和国际竞争力明显增强。也就是说 2020 年我国的国内生产总值将是 2000 年的 4 倍。

翻番和倍数有一定联系，2n 即翻番后的水平相当于原基数的倍数，如原基数是 5，翻三番为 5 × 23，翻三番后达到的水平为 40，相当于基数 5 的 23 倍，即 8 倍。可见“番”是按几何级数计算的，“倍”是按算术级数计算的。

百分点　是指不同时期以百分数形式表示的相对指标（如速度、指数、构成等）的变动幅度。

例如：我国国内生产总值中，第一产业占的比重由 1992 年的 23.8% 下降到 1993 的 21.2%。从上述资料中，我们可以说：国内生产总值中，第一产业占的比重，1993 年比 1992 年下降 2.6 个百分点（21.2 − 23.8 = −2.6）；但不能说下降 2.6%。

人口、就业和职工工资 2

POPULATION,EMPLOYMENT AND WAGE

- 2014 年全市总户数 139.15 万户，户籍人口 427.50 万人，常住人口 397.66 万人。
- 2014 年全市人口出生率 13.29‰，死亡率 6.25‰，自然增长率 7.04‰。
- 2014 年，全社会从业人员 221.89 万人。
- 2014 年，全市在岗职工年平均工资 44832 元。

本篇章

资料整理

夏文平　张文英

2－1 各县(区)计划生育情况

(2014年)

县(区)别	现有一孩育龄妇女人数(人)	现有一孩育龄妇女占已婚育龄妇女比重(%)	领取独生子女证人数占一孩育龄妇女比重(%)	计划生育率(%)	已婚育龄妇女人数(人)	采取节育措施育龄妇女人数	节育率(%)
抚州市	**328349**	**35.76**	**42.36**	**72.61**	**918195**	**786037**	**85.61**
临川区	97677	36.95	33.97	73.62	264380	228181	86.31
南城县	27225	38.30	43.85	79.38	71078	61980	87.20
黎川县	24064	42.56	34.40	73.12	56543	48340	85.49
南丰县	28298	40.92	50.02	78.05	69152	56995	82.42
崇仁县	23059	27.79	45.97	68.63	82989	71384	86.02
乐安县	22680	28.70	42.16	67.54	79037	68467	86.63
宜黄县	18612	36.54	46.26	78.41	50940	43363	85.13
金溪县	24305	36.75	51.84	66.88	66137	54283	82.08
资溪县	10768	42.26	51.30	77.36	25483	21887	85.89
东乡县	34752	34.57	51.99	71.56	100527	86598	86.14
广昌县	16909	32.56	38.79	71.66	51929	44559	85.81

2－2 各县(区)年末总人口

(2014年,根据人口抽样调查数据推算)

县(区)别	总人口(人)	年平均人口(人)	出生率(‰)	死亡率(‰)	自然增长率(‰)	城镇化率(%)
抚州市	**3976568**	**3969464**	**13.29**	**6.25**	**7.04**	**43.50**
临川区	1108337	1106404	13.25	6.38	6.87	50.08
南城县	310938	310360	13.43	6.10	7.33	49.35
黎川县	233913	233524	13.03	6.47	6.56	46.36
南丰县	292501	292003	13.15	6.45	6.70	37.61
崇仁县	353950	353338	13.05	6.24	6.81	38.60
乐安县	351645	350988	13.54	6.17	7.37	36.57
宜黄县	227435	227029	13.06	6.03	7.03	33.20
金溪县	300031	299466	13.51	6.10	7.41	34.71
资溪县	113576	113379	13.28	6.44	6.84	51.25
东乡县	445298	444478	13.39	6.13	7.26	45.47
广昌县	238944	238495	13.45	6.04	7.41	40.72

2-3 各县(区)户数和人口数

(2014年公安年报)

单位:人

县(区)别	年末总户数(户)	年末总人口	女性	年平均人口	出生人口	死亡人口
抚州市	**1391458**	**4274971**	**2011506**	**4235392**	**96641**	**17310**
临川区	407947	1199410	561294	1190249	18630	4499
南城县	95399	339247	162318	336363	5935	1255
黎川县	86062	250774	117950	250885	4981	1152
南丰县	98799	315146	149933	309857	8934	1480
崇仁县	103262	377585	174844	373057	5132	1274
乐安县	142086	389310	182233	383432	13295	1094
宜黄县	71582	238830	113904	235365	4640	599
金溪县	103328	316833	149095	315772	11067	889
资溪县	41579	116439	55804	116469	3641	2725
东乡县	160649	481981	226605	476303	12282	1325
广昌县	80765	249416	117526	247640	8104	1018

2-4 各县(区)年末人口分类情况

(2014年公安年报)

单位:人

县(区)别	年末总人口	农业人口	非农业人口
抚州市	**4274971**	**3276492**	**998479**
临川区	1199410	840045	359365
南城县	339247	264627	74620
黎川县	250774	190954	59820
南丰县	315146	251972	63174
崇仁县	377585	306113	71472
乐安县	389310	321356	67954
宜黄县	238830	198177	40653
金溪县	316833	256154	60679
资溪县	116439	88606	27833
东乡县	481981	363177	118804
广昌县	249416	195311	54105

2－5　人口变动情况

（2014 年公安年报）

县(区)别	年末总户数（户）	年末总人口(人)								
		合计	合计中		性别		年　龄			
			非农业人　口	未落常住户口人员	男	女	18 岁以下	18－35 岁	35－60 岁	60 岁以上
抚 州 市	**1391458**	**4274971**	**998479**	**9910**	**2263465**	**2011506**	**1089381**	**1078555**	**1541456**	**565579**
临 川 区	407947	1199410	359365	8973	638116	561294	317205	296190	423806	162209
南 城 县	95399	339247	74620	8	176929	162318	81267	84775	128940	44265
黎 川 县	86062	250774	59820		132824	117950	57718	63000	97663	32393
南 丰 县	98799	315146	63174	1	165213	149933	76407	82894	117825	38020
崇 仁 县	103262	377585	71472	674	202741	174844	106263	101715	126085	43522
乐 安 县	142086	389310	67954		207077	182233	103916	99057	134406	51931
宜 黄 县	71582	238830	40653	237	124926	113904	55220	60020	92194	31396
金 溪 县	103328	316833	60679	15	167738	149095	79598	80730	115841	40664
资 溪 县	41579	116439	27833		60635	55804	26945	25942	46420	17132
东 乡 县	160649	481981	118804		255376	226605	124833	117467	170945	68736
广 昌 县	80765	249416	54105	2	131890	117526	60009	66765	87331	35311

县(区)别	本年度人口变动(人)									
	出　生			死　亡			迁　入		迁　出	
	合计	男	女	合计	男	女	省内迁入	省外迁入	迁往省内	迁往省外
抚 州 市	**96641**	**51477**	**45164**	**17310**	**10227**	**7083**	**26509**	**17073**	**27433**	**17389**
临 川 区	18630	10210	8420	4499	2831	1668	12305	4099	9681	6213
南 城 县	5935	3319	2616	1255	680	575	1307	517	2784	1381
黎 川 县	4981	2607	2374	1152	635	517	1599	377	1623	803
南 丰 县	8934	4821	4113	1480	811	669	1026	483	999	720
崇 仁 县	5132	2710	2422	1274	827	447	1341	1001	1382	1877
乐 安 县	13295	6880	6415	1094	664	430	1447	678	2530	1185
宜 黄 县	4640	2491	2149	599	401	198	673	436	808	912
金 溪 县	11067	5984	5083	889	563	326	1573	775	1957	967
资 溪 县	3641	1875	1766	2725	1352	1373	459	296	813	918
东 乡 县	12282	6331	5951	1325	850	475	3354	1876	3392	1438
广 昌 县	8104	4249	3855	1018	613	405	1425	6535	1464	975

2-6 临川区城镇人口

（2014 年公安年报）

单位：人

乡、镇、街道	年末总户数（户）	年末总人口								
		合计	非农业人口	农业人口	性别		年龄			
					男	女	18 岁以下	18－35 岁	35－60 岁	60 岁以上
临川区	**407947**	**1199410**	**359365**	**840045**	**638116**	**561294**	**317205**	**296190**	**423806**	**162209**
青云街办	22702	59662	59630	32	30133	29529	14949	12897	23106	8710
六水桥街办	15864	40478	40478		20376	20102	9929	8642	16235	5672
文昌街办	12347	28735	14640	14095	14606	14129	5093	7148	11389	5105
荆公路街办	18569	43674	43674		22084	21590	12198	10399	15969	5108
西大办街街办	24671	50422	50422		25422	25000	10070	18016	18306	4030
城西街办	7039	15664	4012	11652	8399	7265	4202	4108	5174	2180
钟岭街办	13349	34091	16976	17115	17465	16626	8807	9149	10517	5618
抚北镇	4165	10186	3055	7131	5490	4696	2204	2190	3929	1863
上顿渡镇	47785	138449	78781	59668	73536	64913	43288	34469	46532	14160
唱凯镇	15315	61254	7168	54086	32500	28754	14767	16394	16864	13229
温泉镇	10359	37520	2540	34980	20268	17252	10387	9458	13149	4526
高坪镇	9932	38244	1496	36748	20891	17353	10924	9383	13037	4900
腾桥镇	9467	30272	2306	27966	16508	13764	8142	6698	11066	4366
龙溪镇	7985	21824	1913	19911	11933	9891	6664	5102	7478	2580
孝桥镇	10303	28693	1304	27389	15423	13270	6607	6617	10800	4669
崇岗镇	8721	29682	1155	28527	15820	13862	8783	7093	10145	3661
罗针镇	21577	53205	2749	50456	28904	24301	12935	12974	19225	8071
云山镇	12309	41893	3636	38257	22422	19471	12285	9533	15140	4935
大岗镇	10293	32160	2088	30072	17525	14635	8467	7507	11652	4534
罗湖镇	20595	60217	3926	56291	32219	27998	15987	13562	20983	9685
青泥镇	9334	32048	1204	30844	17585	14463	10010	6541	11709	3788
太阳镇	7828	25340	1213	24127	13531	11809	7120	6202	8760	3258
秋溪镇	9153	29217	1291	27926	16060	13157	8980	6486	9769	3982
东馆镇	5565	20776	1193	19583	11344	9432	5871	4735	7502	2668
荣山镇	8268	26769	2130	24639	14653	12116	7225	6485	9854	3205
河埠镇	4315	13012	785	12227	7072	5940	3267	3240	4764	1741

2－7　抚州市劳动力资源情况

（2014年）　　　　单位：万人

指　标	合计	城镇	乡村
一、年末劳动力资源	**250.98**	**81.13**	**169.85**
#当年新增的劳动力资源	8.35	2.25	6.10
1.年末16岁以上全部人口	263.59	82.50	181.09
#不计入劳动力资源的人数	10.72	2.41	8.31
2.机械变动差额跨地区调整数（+，-）	0.55	0.26	0.29
二、从业人员	**221.89**	**80.25**	**141.64**
国有经济	14.84	14.84	
集体经济	1.50	1.50	
股份合作	0.06	0.06	
私营经济	22.46	6.46	16.00
个体经济	15.56	9.94	5.62
股份制经济	2.04	2.04	
有限责任公司	18.16	18.16	
外商投资	0.49	0.49	
港澳台投资	1.08	1.08	
其它经济	145.69	25.67	120.02

2－8　全社会从业人员

（2014年）　　单位:万人

指　　标	合计	城镇	乡村
总　　计	**221.89**	**80.25**	**141.64**
一、按国民经济行业分			
农、林、牧、渔业	90.94	1.15	89.79
采掘业	0.69	0.40	0.29
制造业	25.94	10.94	15.00
电力、燃气及水的生产和供应业	0.91	0.73	0.18
建筑业	18.68	4.06	14.62
交通运输、仓储及邮政业	6.53	2.40	4.13
信息传输、计算机服务和软件业	1.09	0.34	0.75
批发和零售业	20.37	10.98	9.39
住宿和餐饮业	7.35	3.40	3.95
金融业	0.83	0.83	
房地产业	0.57	0.42	0.15
租赁和商务服务业	0.61	0.61	
科学研究、技术服务和地质勘查业	0.20	0.20	
水利、环境和公共设施管理业	0.48	0.48	
居民服务和其它服务业	6.27	4.64	1.63
教　　育	4.99	4.99	
卫生、社会保障和社会福利业	1.50	1.50	
文化、体育和娱乐业	0.72	0.55	0.17
公共管理和社会组织	4.55	4.55	
其　　它	28.67	27.08	1.59
二、按三大产业分			
第一产业	90.94	1.15	89.79
第二产业	46.22	16.13	30.09
第三产业	84.73	62.97	21.76

2－9　国有经济单位从业人员

（2014 年）　　　　单位:人

指　　标	合计	女性	在岗职工	其它从业人员
总　　计	**148437**	**50665**	**140050**	**6788**
一、按隶属关系分				
中央、省属单位	15793	5141	14317	934
市县(区)属单位	131993	45233	125106	5830
二、按企业、事业机关分				
企　　业	26735	7136	24003	1342
事业、机关	121702	43529	116047	5446
三、按国民经济行业分				
农、林、牧、渔业	3220	843	3017	203
采掘业	1697	297	1692	5
制造业	128	34	124	4
电力、燃气及水的生产和供应业	1495	486	1308	187
建筑业	11242	1166	10945	
交通运输、仓储及邮政业	3606	1489	2820	77
信息传输、计算机服务和软件业	363	122	345	18
批发和零售业	3907	1099	3414	443
住宿和餐饮业	344	251	320	24
金融业	4604	2411	3743	455
房地产业	648	257	628	20
租赁和商务服务业	83	24	76	5
科学研究、技术服务和地质勘查业	1963	398	1932	13
水利、环境和公共设施管理业	3943	1390	3246	697
居民服务和其它服务业	115	33	115	
教　　育	49814	21186	48763	1014
卫生、社会保障和社会福利业	14097	6675	12835	1262
文化、体育和娱乐业	1668	678	1639	29
公共管理和社会组织	45500	11826	43088	2332

2-10 城镇集体单位从业人员

（2014年） 单位：人

指　　标	合计	女性	在岗职工	其它从业人员
总　　计	**15047**	**2359**	**13040**	**1986**
一、按隶属关系分				
市县(区)属单位	15047	2359	13040	1986
二、按企业、事业机关分				
企　　业	13008	1636	11335	1652
事业、机关	2039	723	1705	334
三、按国民经济行业分				
农、林、牧、渔业	197	39	197	
采掘业				
制造业	4	3	4	
建筑业	11835	1092	10248	1587
交通运输、仓储及邮政业	98	6	98	
批发和零售业	168	42	168	
住宿和餐饮业				
金融业	1462	600	1376	65
租赁和商务服务业	40	1	12	28
水利、环境和公共设施管理业	887	423	581	306
居民服务和其它服务业				
卫生、社会保障和社会福利业	314	122	314	
公共管理和社会组织	30	28	30	

2－11 全部在岗职工人数

（2014 年）　　单位：人

指　　标	合计	国有经济单位	城镇集体单位	其它所有制单　　位
总　　计	**357248**	**140050**	**13040**	**204158**
一、按隶属关系分				
中央、省属单位	14317	14317		
市县(区)属单位	342931	125733	13040	204158
二、按企业、事业机关分				
企业	239516	24003	11355	204158
事业	78887	77212	1675	
机关	38865	38835	30	
民间非盈利组织				
其他				
三、按国民经济行业分				
农、林、牧、渔业	3214	3017	197	
采掘业	2416	1692		724
制造业	82792	124	4	82664
电力、燃气及水的生产和供应业	4322	1308		3014
建筑业	114171	10945	10248	92978
交通运输、仓储及邮政业	12478	2820	98	9560
信息传输、计算机服务和软件业	1553	345		1208
批发和零售业	6204	3414	168	2622
住宿和餐饮业	1912	320		1592
金融业	7074	3743	1376	1955
房地产业	4989	628		4361
租赁和商务服务业	1036	76	12	948
科学研究、技术服务和地质勘查业	1994	1932	12	50
水利、环境和公共设施管理业	3827	3246	581	
居民服务和其它服务业	1862	115		1747
教　　育	48867	48763		104
卫生、社会保障和社会福利业	13741	12835	314	592
文化、体育和娱乐业	1678	1639		39
公共管理和社会组织	43118	43088	30	

2－12 各行业在岗职工工资总额

（2014年） 单位：万元

指　　标	合计	国有经济单位	城镇集体单位	其它所有制单位
总　　计	**1581073**	**612289**	**41343**	**927441**
一、按隶属关系分				
中央、省属单位	83063	83063		
市县(区)属单位	1496806	528022	41343	927441
二、按企业、事业机关分				
企业	1074991	110763	36787	927441
事业	329301	324772	4529	
机关	176781	176755	26	
民间非盈利组织				
其他				
三、按国民经济行业分				
农、林、牧、渔业	7695	7113	582	
采掘业	10826	6619		4207
制造业	409401	367	6	409028
电力、燃气及水的生产和供应业	23581	3329		20252
建筑业	456233	49795	29959	376479
交通运输、仓储及邮政业	60813	12719	216	47878
信息传输、计算机服务和软件业	11179	1343		9836
批发和零售业	23057	18339	359	4359
住宿和餐饮业	4963	605		4358
金融业	42582	22347	7836	12399
房地产业	19363	2147		17216
租赁和商务服务业	2614	277	71	2266
科学研究、技术服务和地质勘查业	9209	9142	49	18
水利、环境和公共设施管理业	11566	10233	1333	
居民服务和其它服务业	8769	496		8273
教　　育	210768	210443		325
卫生、社会保障和社会福利业	61177	58047	905	2225
文化、体育和娱乐业	7749	7607		142
公共管理和社会组织	191347	191321	26	

2－13 各县(区)国有经济单位分行业在岗职工人数

(2014 年)　　　　单位:人

县(区)别	总计	农、林、牧、渔业	采掘业	制造业	电力、燃气及水的生产和供应业	建筑业	交通运输、仓储及邮政业	信息传输计算机服务和软件业	批发和零售业	住宿和餐饮业	金融业
抚州市	**140050**	**3017**	**1692**	**124**	**1308**	**10945**	**2820**	**345**	**3414**	**320**	**3743**
临川区	36872	113		22	314	10914	1270		1166	219	1744
南城县	10316	159			235		166		449		188
黎川县	6888	196			142		167		259		171
南丰县	8787	2		32	163			115			39
崇仁县	9930	540	52	12	118		514	40	132		133
乐安县	14190	229	1640		87	31	194	78	198	75	186
宜黄县	7379	117			88		128		279		162
金溪县	8534	193		58	125		126	30	272	26	125
资溪县	5427	654			36		107	26	135		86
东乡县	14337	530					126		305		777
广昌县	6337	284					22	56	219		132

县(区)别	房地产业	租赁和商务服务业	科学研究、技术服务和地质勘查业	水利环境和公共设施管理业	居民服务和其它服务业	教育	卫生、社会保障和社会福利业	文化、体育和娱乐业	公共管理和社会组织
抚州市	**628**	**76**	**1932**	**3246**	**115**	**48763**	**12835**	**1639**	**43088**
临川区			1082	730	64	15965	4201	711	9410
南城县	73		141	690		3213	1130	173	3699
黎川县	69		29	107		2258	13	101	3376
南丰县		11	151	302	19	2805	817	35	4296
崇仁县	236		161	225		3911	686	87	3083
乐安县	56			12		5899	1537	83	3885
宜黄县	57		82			2973	803	87	2603
金溪县	12	12	58	448		3246	923	64	2816
资溪县	36	8	107	142	2	1348	457	71	2212
东乡县		22	10	464		5258	1464	163	5218
广昌县	89	23	111	126	30	1887	804	64	2490

2-14 各县(区)城镇集体单位分行业在岗职工人数

(2014年)

单位:人

县(区)别	合计	农、林、牧、渔业	采掘业	制造业	建筑业	交通运输、仓储及邮政业	批发和零售贸易、餐饮业
抚州市	**13040**	**197**		**4**	**10248**	**98**	**168**
临川区	4602				4602		
南城县	1311			4	1145		2
黎川县	372				160		16
南丰县	20	20					
崇仁县	1242				490		62
乐安县	831				437		
宜黄县	635				328		
金溪县	492				131	98	88
资溪县	1515				1364		
东乡县	1858	177			1591		
广昌县	162						

县(区)别	房地产业	金融业	租赁和商务服务业	水利、环境和公共设施管理业	卫生体育和社会福利业	公共管理和社会组织
抚州市		**1376**	**12**	**581**	**314**	**30**
临川区						
南城县		160				
黎川县		171		25		
南丰县						
崇仁县		177		409	104	
乐安县		186	12		196	
宜黄县		162		115		30
金溪县		175				
资溪县		151				
东乡县		32		32	14	
广昌县		162				

2－15　各县(区)在岗职工年平均工资

(2014 年,含中央省属单位)　　单位:元

县(区)别	全部职工	国有经济单位	城镇集体单位	其它所有制单位
抚州市	**45714**	**44104**	**32519**	**47669**
临川区	47603	55303	23822	44959
南城县	43492	39978	38535	49604
黎川县	43250	32043	49008	52189
南丰县	42053	42347	27600	41745
崇仁县	43509	38275	40565	46610
乐安县	39107	40719	28440	33169
宜黄县	38989	31421	27118	48172
金溪县	43887	39156	52381	48590
资溪县	33968	33140	39017	33305
东乡县	41707	42565	33935	41919
广昌县	37219	33164	38827	40977

2－16　各县(区)在岗职工年平均工资

(2014 年,不含中央省属单位)　　单位:元

县(区)别	全部职工	国有经济单位	城镇集体单位	其它所有制单位
抚州市	**44832**	**42507**	**32519**	**47669**
临川区	56686	52064	23822	44959
南城县	38763	39759	38535	49604
黎川县	38183	30980	49008	52189
南丰县	43233	42208	27600	41745
崇仁县	37521	37712	40565	46610
乐安县	40838	42066	28440	33169
宜黄县	31663	30380	27118	48172
金溪县	41184	38789	52381	48590
资溪县	33616	32245	39017	33305
东乡县	40538	42637	33935	41919
广昌县	36549	33517	38827	40977

主要统计指标解释

人口数 指一定时点，一定地区范围内的有生命的个人的总和。年度统计的年末人口数，是指每年 12 月 31 日 24 时的人口数。

城镇人口和乡村人口 城镇人口是指居住在城镇范围内的全部常住人口；乡村人口是除上述人口以外的全部人口。

农业人口与非农业人口 是按在业人口所从事的工作性质划分，包括其抚养的家属。

农业人口 指凡在农村从事农、林、牧、副、渔的劳动者以及乡（不包括乡）以下，不直接从事农业生产的各种人员及其抚养的家属。

非农业人口 指从事农、林、牧、副、渔业以外各种行业的人员，包括国营的农、林、牧、副、渔、园艺场、拖拉机站、抽水机站等，在编的行政管理人员，文教卫生、财贸、邮电等人员，以及附属的独立核算的工业企业中常年不从事农业生产的国家职工，包括抚养的家属。

市 是指经国家批准成立"市"建制的城市。

镇 是指经省正式批准了行政建制的城镇。其标准，1963 年以前为常住人口在 2000 人以上，非农业人口占 50% 以上的。1964 年起改为常住人口在 3000 人以上，非农业人口占 70% 以上，或常住人口在 2500 人以上，不满 3000 人，非农业人口占 85% 以上的。1984 年后又调整为，凡县级地方国家机关所在地；或总人口在 20000 人以下的乡，乡政府驻地非农业人口超过 2000 人的，或总人口在 20000 人以上的乡，乡政府驻地非农业人口占全乡人口 10% 以上，或少数民族地区，人口稀少的边远地区，山区和小型工矿区、小港口、风景旅游、边境口岸等地，非农业人口虽不足 2000 人，确有必要，也可建镇。

人口密度 指一定时点一定地区的人口数与该地区的面积数之比，即一定时点的单位土地面积上的人口数，通常以每平方公里的居住人数来表示：

$$人口密度=\frac{该地区的人口数}{一定地区的土地面积}$$

性别比 指在总人口中或在各组年龄人口中，男性人数与女性人数之比。计算公式：

$$性别比=\frac{男性人口数}{女性人口数}\times 100$$

出生率 （又称总出生率或粗出生率）指在一定时期内（通常为在一年内）出生人数与同期人口总数之比。它反映人口的出生水平，一般以千分率即平均每千人口所出生的人数来表示，计算公式为：

$$出生率=\frac{年出生人数}{年平均人口数}\times 1000‰$$

死亡率 指在一定时期内（通常为在一年内）一定地区的死亡人数与同期平均人口数（或期中人口数）之比。一般以千分率表示。计算公式为：

$$死亡率=\frac{年死亡人数}{年平均人口数}\times 1000‰$$

人口自然增长率 指在一定时期内（通常为在一年内）一定地区人口自然增加数（即出生人数减死亡人数）与平均人口数（或期中人口数）之比，一般以千分率表示。计算公式为：

$$人口自然增长率=\frac{本年出生人口数-本年死亡人口数}{年平均人口数}\times 1000‰$$

也可直接用出生率减死亡率求得。

人口预期寿命 指在一定年龄组死亡率水平下，对某一确定的年龄日后平均还能继续生存的年数（或该年龄组未来的平均寿命）。

总抚养比 也称总负担系数。指人口总体中非劳动年龄人口数与劳动年龄人口数之比。通常用百分比表示。说明每 100 名劳动年龄人口大致要负担多少名非劳动年龄人口。用于从人口角度反映人口与经济发展的基本关系。

经济活动人口 指在16周岁及以上,有劳动能力,参加或要求参加社会经济活动的人口。包括就业人员和失业人员。

从业人员 指从事一定社会劳动并取得劳动报酬或经营收入的人员。包括(1)职工;(2)再就业的离退休人员;(3)私营业主;(4)个体户主;(5)私营企业和个体从业人员;(6)乡镇企业从业人员;(7)农村从业人员;(8)其他从业人员。

单位从业人员 各单位的从业人员是指在各级国家机关、政党机关、社会团体及企业、事业单位中工作,取得工资或其他形式的劳动报酬的全部人员。包括职工、再就业的离退休人员、民办教师以及在各单位中工作的外方人员和港澳台方人员、兼职人员、借用的外单位人员和第二职业者。不包括离开本单位仍保留劳动关系的职工。

在岗职工 指在本单位工作并由单位支付工资的人员,以及有工作岗位,但由于学习、病伤产假等原因暂未工作,仍由单位支付工资的人员。

离开本单位仍保留劳动关系的职工 指由于各种原因,已离开本人的生产或工作岗位,并已不在本单位从事其他工作,仍与用人单位保留劳动关系的职工。

内部退养职工 指接近正常退休年龄,但由于各种原因退出工作岗位,并办理了内退手续,在办理正式退休手续前由单位按月发给一定生活费的职工。

长期职工 指实行劳动合同制之前的固定职工和实行劳动合同制后合同期限在一年或一年以上的职工。

临时职工 指合同期限不到一年的职工。

派遣务工人员 指用工单位通过各类劳务派遣或劳务中介机构聘用,且不与这部分人员直接签定劳动合同的就业人员。

增加人数 指在报告期内,本单位招收、录用和调入的全部人员数。

聘用的离退休人员 指聘用的已正式办理了离退休手续的人员。

其他 指除上述四类人员以外,在本单位工作并领取工资的人员。如聘用的非全日制人员、外单位下岗职工、兼职人员等。

录用的退伍军人 指从部队复员和转业后,直接由单位或职业介绍所录用的人员。

录用的大、中专、技工学校毕业生 指在大、专院校、研究生院(部)以及中专和技工学校毕业后,直接由单位或职业介绍所录用的人员。

单位从业人员劳动报酬 指各单位在一定时期内直接支付给本单位全部从业人员的劳动报酬总额。包括在岗职工工资总额和本单位其他从业人员劳动报酬两部分。

工资总额 根据1990年国家统计局1号令《关于工资总额组成的规定》,工资总额是指各单位在一定时期内直接支付给本单位全部职工的劳动报酬总额。

工资总额的计算应以直接支付给职工的全部劳动报酬为根据。各单位支付给职工的劳动报酬以及其他根据有关规定支付的工资,不论资金来源,不论是否计入成本,不论以何种形式支付,均应列入工资总额的计算范围。

工资总额应为各类单位在代扣代缴本单位就业人员应缴纳的各种税费款及各种社会保险费用之前的全部工资总额。

国统办字(1999)106号《关于印发1999年劳动统计年报新增指标解释及问题解答的通知》中规定,单位以各种名义发放的现金和实物,只要属于劳动报酬性质并且现行统计制度未明确规定不统计为工资的都应纳入工资统计。

津贴和补贴 包括:(1)补偿职工特殊额外劳动消耗的津贴及岗位性津贴;(2)保健性津贴;(3)技术性津贴;(4)年功性津贴;(5)地区津贴;(6)其他津贴包括伙食补贴、上下班交通补贴、洗 理卫生费、书报费等。以及为保证职工工资不受物价上涨或变动影响而支付的各种补贴，如副食价格补贴（含肉类等价格补贴）、粮油、蔬菜等价格补贴，煤价补贴、房贴、水电贴、房改补贴等。

离开本单位仍保留劳动关系职工的生活费 指离开本单位仍保留劳动关系职工在离开本单位仍保留劳动关系期间从本单位领取的生活费用。

城镇登记失业人员 指有非农业户口，在一定的劳动年龄内（16 周岁至退休年龄），有劳动能力，无业而要求就业，并在当地就业服务机构进行求职登记的人员。

城镇登记失业率 城镇登记失业人员与城镇单位就业人员（扣除使用的农村劳动力、聘用的离退休人员、港澳台及外方人员）、城镇单位中的不在岗职工、城镇私营业主、个体户主、城镇私营企业和个体就业人员、城镇登记失业人员之和的比。

社会负担系数 指社会劳动人口与被抚养人口的比例。

农　业

3

AGRICULTURE

●2014 年，乡（村）总户数 81.82 万户，乡村总人口 320.17 万人，乡村从业人员 160.05 万人。

●2014 年，农林牧渔业总产值 313.14 亿元，其中林、牧、渔业产值占 39.2%。

●2014 年，农林牧渔业商品产值 239.03 亿元，农林牧渔业商品率为 76.3%。

●2014 年，粮食总产量 291.49 万吨，棉花产量 3513 吨，油料 5.63 万吨，肉类总产量 33.69 万吨。

本篇章

资料整理

张美平　许　谓

3-1 农村基本情况和农业生产条件

指 标	单位	2013年	2014年	2014年比2013年	
				增加数	增长(%)
一、农村基层组织情况					
1. 乡镇个数	个	151	153	2	1.3
其中:镇个数	个	91	93	2	2.2
2. 村民委员会	个	1797	1802	5	0.3
3. 村民小组	个	17269	17308	39	0.2
二、农村基础设施					
1. 自来水受益村	个	1096	1141	45	4.1
2. 通有线电视的村	个		1691	1691	
3. 通宽带的村	个		1677	1677	
三、乡村人口与从业人员					
1. 乡村总户数	户	808748	818243	9495	1.2
2. 乡村总人口	人	3160497	3201726	41229	1.3
(1)男	人	1664865	1686391	21526	1.3
(2)女	人	1495632	1515335	19703	1.3
3. 乡村劳动力资源数	人	1837473	1854443	16970	0.9
(1)男	人	982315	994952	12637	1.3
(2)女	人	855158	859491	4333	0.5
4. 乡村从业人员	人	1575156	1600485	25329	1.6
(1)男	人	840370	856631	16261	1.9
其中:农业从业人员	人		457610		
(2)女	人	734786	743854	9068	1.2
其中:农业从业人员	人		398454		

3－1续表

指　　标	单位	2013年	2014年	2014年比2013年	
				增加数	增长(%)
5. 外出(离乡)的从业人员	人	795740	789959	－5781	－0.7
其中:出省从业的	人	493609	493876	267	0.1
四、农业用地情况					
耕地	亩	3685407	3671160	－14247	－0.4
五、农村主要能源及物耗					
1. 农村用电量	万千瓦时	49724	52149	2425	4.9
2. 农用化肥施用量(实物量)	吨	530288	533899	3611	0.7
(1)氮　肥	吨	155423	155141	－282	－0.2
(2)磷　肥	吨	110070	109942	－128	－0.1
(3)钾　肥	吨	65450	65914	464	0.7
(4)复合肥	吨	199345	202902	3557	1.8
3. 农用化肥施用量(折纯量)	吨	191028	184464	－6564	－3.4
(1)氮　肥	吨	61928	59269	－2659	－4.3
(2)磷　肥	吨	33202	31631	－1571	－4.7
(3)钾　肥	吨	26665	25600	－1065	－4.0
(4)复合肥	吨	69233	67964	－1269	－1.8
4. 农用塑料薄膜使用量	吨	6590	6844	254	3.9
其中:地膜使用量	吨	3956	4233	277	7.0
地膜覆盖面积	亩	237802	263005	25203	10.6
5. 农用柴油使用量	吨	22664	23441	777	3.4
6. 农药使用量	吨	14713	14613	－100	－0.7

3－2　各县(区)农业基本情况和农业生产条件

(2014年)

指　　标	单位	抚州市	临川区	南城县	黎川县	南丰县	崇仁县	乐安县
一、农村基层组织情况								
1. 乡镇个数	个	153	26	12	15	12	15	16
其中:镇个数	个	93	17	10	7	7	7	9
2. 村民委员会	个	1802	386	150	108	172	151	176
3. 村民小组	个	17308	3121	1592	1356	1332	1551	1769
二、农村基础设施								
1. 自来水受益村	个	1141	169	101	106	120	92	108
2. 通有线电视的村	个	1691	356	142	108	166	151	162
3. 通宽带的村	个	1677	370	138	108	172	134	162
三、乡村人口与从业人员								
1. 乡村总户数	户	818243	188970	64086	53512	65969	71258	78128
2. 乡村总人口	人	3201726	728835	255504	203027	248045	298861	303679
(1)男	人	1686391	385624	131919	106748	131960	157458	159133
(2)女	人	1515335	343211	123585	96279	116085	141403	144546
3. 乡村劳动力资源数	人	1854443	401853	159499	122966	146646	163003	174630
(1)男	人	994952	213465	84983	69028	79480	85962	95164
(2)女	人	859491	188388	74516	53938	67166	77041	79466
4. 乡村从业人员	人	1600485	370702	122160	101681	128357	144938	152027
(1)男	人	856631	196352	65020	59255	67652	76506	82532
其中:农业从业人员	人	457610	94420	38081	19974	48417	50669	54920
(2)女	人	743854	174350	57140	42426	60705	68432	69495
其中:农业从业人员	人	398454	88223	30664	14091	43901	42174	45644

3－2 续表1

指　　标	单位	抚州市	临川区	南城县	黎川县	南丰县	崇仁县	乐安县
5. 外出（离乡）的从业人员	人	789959	221707	49456	48687	29081	64475	69047
其中：出省从业的	人	493876	97468	35471	37083	16367	51437	56602
四、农业用地情况								
耕地	亩	3671160	749241	325951	237991	265573	337742	339335
五、农村主要能源及物耗								
1. 农村用电量	万千瓦时	52149	11657	5586	2970	6326	3686	3701
2. 农用化肥施用量（实物量）	吨	533899	106180	32836	25177	79554	64182	36334
（1）氮　肥	吨	155141	38101	11096	7449	17142	20630	9189
（2）磷　肥	吨	109942	24483	6325	5800	12351	11821	6687
（3）钾　肥	吨	65914	14185	2862	3107	12349	9172	3822
（4）复合肥	吨	202902	29411	12553	8821	37712	22559	16636
3. 农用化肥施用量（折纯量）	吨	184464	37655	10513	8283	28222	22789	10757
（1）氮　肥	吨	59269	13396	4005	3036	7584	7477	2914
（2）磷　肥	吨	31631	6292	1406	1280	5522	4213	1908
（3）钾　肥	吨	25600	6972	668	1234	5566	3033	1144
（4）复合肥	吨	67964	10995	4434	2733	9550	8066	4791
4. 农用塑料薄膜使用量	吨	6844	1935	297	573	536	478	454
其中：地膜使用量	吨	4233	827	149	429	165	370	314
地膜覆盖面积	亩	263005	40376	5300	36341	5442	15470	38320
5. 农用柴油使用量	吨	23441	4556	1283	549	4908	1954	1998
6. 农药使用量	吨	14613	3100	906	1824	3689	1077	372

3－2 续表 2

指　　标	单位	宜黄县	金溪县	资溪县	东乡县	广昌县	高新区
一、农村基层组织情况							
1. 乡镇个数	个	12	13	7	13	11	1
其中:镇个数	个	8	8	5	9	5	1
2. 村民委员会	个	139	150	70	143	129	28
3. 村民小组	个	1105	1446	655	1682	1375	324
二、农村基础设施							
1. 自来水受益村	个	113	86	67	49	109	21
2. 通有线电视的村	个	125	142	60	129	122	28
3. 通宽带的村	个	124	117	61	134	129	28
三、乡村人口与从业人员							
1. 乡村总户数	户	49886	61978	24340	86162	52891	21063
2. 乡村总人口	人	197996	250523	85225	351874	208500	69657
(1)男	人	105173	131372	45170	185871	108827	37136
(2)女	人	92823	119151	40055	166003	99673	32521
3. 乡村劳动力资源数	人	121113	146429	51136	197914	129957	39297
(1)男	人	63844	77252	27614	107376	69057	21727
(2)女	人	57269	69177	23522	90538	60900	17570
4. 乡村从业人员	人	98582	124696	41760	175216	104780	35586
(1)男	人	52500	66474	22549	93977	54864	18950
其中:农业从业人员	人	32647	36154	6764	41171	25659	8734
(2)女	人	46082	58222	19211	81239	49916	16636
其中:农业从业人员	人	28826	36769	5764	34160	21735	6503

3－2 续表 3

指　　标	单位	宜黄县	金溪县	资溪县	东乡县	广昌县	高新区
5. 外出(离乡)的从业人员	人	46820	75954	27145	95096	52892	9599
其中:出省从业的	人	33805	52115	21716	61660	24530	5622
四、农业用地情况							
耕地	亩	289843	422558	72910	385293	212070	32653
五、农村主要能源及物耗							
1. 农村用电量	万千瓦时	2852	5034	978	5456	3212	691
2. 农用化肥施用量(实物量)	吨	22173	71794	5653	62438	21772	5806
(1)氮　肥	吨	6175	13771	2532	17403	10359	1294
(2)磷　肥	吨	3247	18829	1578	13163	4233	1425
(3)钾　肥	吨	2536	8845	407	5957	1630	1042
(4)复合肥	吨	10215	30349	1136	25915	5550	2045
3. 农用化肥施用量(折纯量)	吨	6679	24439	2029	23219	8031	1848
(1)氮　肥	吨	1860	5643	938	7650	4218	548
(2)磷　肥	吨	978	4658	396	3327	1356	295
(3)钾　肥	吨	764	2947	183	2161	551	377
(4)复合肥	吨	3077	11191	512	10081	1906	628
4. 农用塑料薄膜使用量	吨	302	549	67	570	1079	4
其中:地膜使用量	吨	183	441	35	319	1000	1
地膜覆盖面积	亩	20074	25916	9220	32753	33693	100
5. 农用柴油使用量	吨	1537	3612	350	1912	734	48
6. 农药使用量	吨	895	1064	52	1207	358	69

3－3　农林牧渔业总产值

（按现行价格计算）　　　　单位：万元

指　　标	2013 年	2014 年	2014 年比 2013 年	
			增加数	增长（%）
农林牧渔业总产值	**2962389**	**3131351**	**168962**	**5.7**
一、农业产值	**1711992**	**1835592**	**123600**	**7.2**
（一）谷物及其他作物	909059	959076	50017	5.5
1. 谷物	685962	708925	22963	3.3
其中：小　麦	17	7	－10	－58.8
稻　谷	681792	704618	22826	3.3
玉　米	2800	2962	162	5.8
2. 薯类	25820	24221	－1599	－6.2
其中：马铃薯	790	1849	1059	
3. 油料	35548	37036	1488	4.2
其中：花　生	24659	24316	－343	－1.4
油菜籽	10133	11051	918	9.1
4. 豆类	21758	23733	1975	9.1
其中：大　豆	14561	18987	4426	30.4
5. 棉花	4979	4898	－81	－1.6
6. 生麻	296	31	－265	－89.5
7. 糖类	22831	26220	3389	14.8
8. 烟草	31770	37761	5991	18.9
9. 其他农作物	80095	96251	16156	20.2
其中：饲料作物	3656	10426	6770	185.2
（二）蔬菜、食用菌及花卉盆景园艺产品	357540	387500	29960	8.4
1. 蔬菜（含菜用瓜）	272737	287867	15130	5.5
2. 食用菌	35168	40526	5358	15.2
3. 花　卉	3479	10385	6906	198.5
4. 盆景园艺	46156	48722	2566	5.6
（三）水果、坚果、茶、饮料和香料	433311	476536	43225	10.0
1. 水果	427076	470033	42957	10.1
其中：梨	9476	9931	455	4.8
柑桔	337452	373741	36289	10.8
2. 坚果	2485	2472	－13	－0.5
其中：核桃				
板栗	1551	1649	98	6.3
松子	446	248	－198	－44.4
3. 茶及饮料原料	3750	4031	281	7.5
其中：茶叶	3750	3462	－288	－7.7
4. 香料作物				
其中：花椒				
八角				
（四）中草药材	12082	12480	398	3.3

3－3续表 单位:万元

指　　标	2013年	2014年	2014年比2013年	
			增加数	增长(%)
二、林业产值	**137443**	**138793**	**1350**	**1.0**
(一)林木的培育和种植	42380	49920	7540	17.8
1.育种育苗	2529	2578	49	1.9
2.造　林	20065	26423	6358	31.7
3.抚育和管理	19786	20919	1133	5.7
(二)竹木采运	59417	46046	－13371	－22.5
其中:村及村以下	28580	23489	－5091	－17.8
(三)林产品	35646	42827	7181	20.1
三、牧业产值	**806427**	**817166**	**10739**	**1.3**
(一)牲畜饲养	40911	50452	9541	23.3
1.牛的饲养	24816	30362	5546	22.3
2.羊的饲养	1143	1166	23	2.0
3.其他牲畜饲养	7466	7839	373	5.0
4.奶产品	5374	8914	3540	65.9
其中:牛奶	5374	8914	3540	65.9
5.毛绒产品				
其中:羊毛				
6.其他牲畜副产品	2112	2171	59	2.8
(二)猪的饲养	519816	515148	－4668	－0.9
(三)家禽的饲养	231205	235148	3943	1.7
1.肉禽	160627	159709	－918	－0.6
2.禽蛋	70578	75439	4861	6.9
(四)狩猎和捕捉动物	4106	4242	136	3.3
(五)其他畜牧业	10389	12176	1787	17.2
其中:蚕茧	1914	2531	617	32.2
兔	76	212	136	178.9
四、渔业产值	**248824**	**272578**	**23754**	**9.5**
其中:养殖	214613	222095	7482	3.5
(一)鱼　类	200978	204652	3674	1.8
(二)虾蟹类	9056	12368	3312	36.6
(三)贝　类	4140	4585	445	10.7
(四)其　他	34650	50973	16323	47.1
五、农林牧渔服务业产值	**57703**	**67222**	**9519**	**16.5**

3-4 农林牧渔业总产值

（按可比价格计算） 单位：万元

指 标	2013年	2014年	2014年比2013年	
			增加数	增长（%）
农林牧渔业总产值	**2962389**	**3104595**	**142206**	**4.8**
一、农业产值	**1711992**	**1807917**	**95925**	**5.6**
（一）谷物及其他作物	909059	946368	37309	4.1
1. 谷物	685962	704362	18400	2.7
其中：小 麦	17	7	-10	-58.8
稻 谷	681792	700104	18312	2.7
玉 米	2800	2920	120	4.3
2. 薯类	25820	23501	-2319	-9.0
其中：马铃薯	790	1782	992	
3. 油料	35548	35991	443	1.2
其中：花 生	24659	24032	-627	-2.5
油菜籽	10133	10382	249	2.5
4. 豆类	21758	23254	1496	6.9
其中：大 豆	14561	18564	4003	27.5
5. 棉花	4979	4797	-182	-3.7
6. 生麻	296	31	-265	-89.5
7. 糖类	22831	23958	1127	4.9
8. 烟草	31770	35900	4130	13.0
9. 其他农作物	80095	94574	14479	18.1
其中：饲料作物	3656	8946	5290	144.7
（二）蔬菜、食用菌及花卉盆景园艺产品	357540	382543	25003	7.0
1. 蔬菜（含菜用瓜）	272737	285123	12386	4.5
2. 食用菌	35168	39562	4394	12.5
3. 花 卉	3479	10583	7104	204.2
4. 盆景园艺	46156	47275	1119	2.4
（三）水果、坚果、茶、饮料和香料	433311	466577	33266	7.7
1. 水果	427076	460400	33324	7.8
其中：梨	9476	9218	-258	-2.7
柑桔	337452	367822	30370	9.0
2. 坚果	2485	2259	-226	-9.1
其中：核桃				
板栗	1551	1471	-80	-5.2
松子	446	248	-198	-44.4
3. 茶及饮料原料	3750	3918	168	4.5
其中：茶叶	3750	3356	-394	-10.5
4. 香料作物				
其中：花椒				
八角				
（四）中草药材	12082	12429	347	2.9

3－4续表

单位:万元

指　　标	2013年	2014年	2014年比2013年	
			增加数	增长%
二、林业产值	**137443**	**138693**	**1250**	**0.9**
(一)林木的培育和种植	42380	48714	6334	14.9
1. 育种育苗	2529	2528	－1	0.0
2. 造　林	20065	25188	5123	25.5
3. 抚育和管理	19786	20998	1212	6.1
(二)竹木采运	59417	47205	－12212	－20.6
其中:村及村以下	28580	22922	－5658	－19.8
(三)林产品	35646	42774	7128	20.0
三、牧业产值	**806427**	**826853**	**20426**	**2.5**
(一)牲畜饲养	40911	46711	5800	14.2
1. 牛的饲养	24816	28975	4159	16.8
2. 羊的饲养	1143	1149	6	0.5
3. 其他牲畜饲养	7466	7725	259	3.5
4. 奶产品	5374	6693	1319	24.5
其中:牛奶	5374	6693	1319	24.5
5. 毛绒产品				
其中:羊毛				
6. 其他牲畜副产品	2112	2169	57	2.7
(二)猪的饲养	519816	533346	13530	2.6
(三)家禽的饲养	231205	230576	－629	－0.3
1. 肉禽	160627	158056	－2571	－1.6
2. 禽蛋	70578	72520	1942	2.8
(四)狩猎和捕捉动物	4106	4176	70	1.7
(五)其他畜牧业	10389	12044	1655	15.9
其中:蚕茧	1914	2455	541	28.3
兔	76	183	107	140.8
四、渔业产值	**248824**	**266732**	**17908**	**7.2**
其中:养殖	214613	217382	2769	1.3
(一)鱼　类	200978	201141	163	0.1
(二)虾蟹类	9056	11786	2730	30.1
(三)贝　类	4140	4128	－12	－0.3
(四)其　他	34650	49677	15027	43.4
五、农林牧渔服务业产值	**57703**	**64400**	**6697**	**11.6**

3－5 各县(区)农林牧渔业总产值

(2014 年,按现行价格计算) 单位:万元

指　　标	抚州市	临川区	南城县	黎川县	南丰县	崇仁县	乐安县
农林牧渔业总产值	**3131351**	**708664**	**281757**	**172499**	**530609**	**338976**	**156886**
一、农业产值	**1835592**	**440508**	**136317**	**73509**	**447062**	**153828**	**103836**
(一)谷物及其他作物	959076	227194	77981	41917	83753	118370	89508
1. 谷物	708925	154553	68784	33324	54319	81838	72939
其中:小　麦	7						
稻　谷	704618	154403	67297	33039	53157	81774	72909
玉　米	2962	150	156	278	1162	64	30
2. 薯类	24221	3682	1896	1089	3943	3319	677
其中:马铃薯	1849			86	575		198
3. 油料	37036	7205	1696	1134	5473	11771	986
其中:花 生	24316	4022	1476	1016	4955	6531	871
油菜籽	11051	3028	60	45		5170	103
4. 豆类	23733	3841	3752	840	4186	3356	951
其中:大　豆	18987	3293	2250	551	3625	3316	453
5. 棉花	4898	2797	197			1868	
6. 生麻	31						
7. 糖类	26220	11176	711	1095	3137	5162	301
8. 烟草	37761			4435	1643	4548	12151
9. 其他农作物	96251	43940	945		11052	6508	1503
其中:饲料作物	10426	52	708		326	6508	5
(二)蔬菜、食用菌及花卉盆景园艺产品	387500	147804	29210	23193	39866	26053	10857
1. 蔬菜(含菜用瓜)	287867	95994	28900	16092	38646	26053	9833
2. 食用菌	40526	2716	72	7101	1220		897
3. 花　卉	10385	1665	238				14
4. 盆景园艺	48722	47429					113
(三)水果、坚果、茶、饮料和香料	476536	57935	28604	7911	323443	9405	3470
1. 水果	470033	57152	28450	7595	323429	8905	3398
其中:梨	9931	939	247	373	719	320	546
柑桔	373741	17952	22714	2473	315385	1589	534
2. 坚果	2472	590	85	265			37
其中:核桃							
板栗	1649	316	85				37
松子	248						
3. 茶及饮料原料	4031	193	69	51	14	500	35
其中:茶叶	3462	193		51	14		35
4. 香料作物							
其中:花椒							
八角							
(四)中草药材	12480	7575	522	488			1

3－5续表1

单位:万元

指　　标	宜黄县	金溪县	资溪县	东乡县	广昌县	高新区
农林牧渔业总产值	**138185**	**205516**	**60686**	**355604**	**150468**	**31501**
一、农业产值	**83517**	**125505**	**22548**	**127282**	**104357**	**17323**
（一）谷物及其他作物	57565	87771	12424	89385	62376	10832
1. 谷物	41692	81073	9431	71848	29525	9599
其中:小　麦		7				
稻　谷	41420	80629	9431	71599	29361	9599
玉　米	272	437		249	164	
2. 薯类	4083	544	114	2631	2078	165
其中:马铃薯	196	150		644		
3. 油料	863	2503	43	4591	450	321
其中:花 生	703	1863	43	2284	446	106
油菜籽	113	603		1710	4	215
4. 豆类	996	2865	37	1867	772	270
其中:大 豆	848	2412	37	1439	493	270
5. 棉花	32			4		
6. 生麻		31				
7. 糖类	642	394	195	2930		477
8. 烟草	5335		2333		7316	
9. 其他农作物	3922	361	271	5514	22235	
其中:饲料作物	136	178		2513		
（二）蔬菜、食用菌及花卉盆景园艺产品	21801	13869	8184	26720	35817	4126
1. 蔬菜（含菜用瓜）	17372	12662	8184	17632	12373	4126
2. 食用菌	3248	1207		621	23444	
3. 花　卉	1			8467		
4. 盆景园艺	1180					
（三）水果、坚果、茶、饮料和香料	4095	22213	1940	10801	4354	2365
1. 水果	3487	20667	274	10145	4166	2365
其中:梨	122	4746		1718	166	35
柑桔	450	7437	31	787	2059	2330
2. 坚果	488	260		631	116	
其中:核桃						
板栗	204	260		631	116	
松子	248					
3. 茶及饮料原料	120	1286	1666	25	72	
其中:茶叶	120	1286	1666	25	72	
4. 香料作物						
其中:花椒						
八角						
（四）中草药材	56	1652		376	1810	

3－5 续表 2　　单位:万元

指　　标	抚州市	临川区	南城县	黎川县	南丰县	崇仁县	乐安县
二、林业产值	**138793**	**21979**	**7370**	**15768**	**11386**	**7212**	**11276**
(一)林木的培育和种植	49920	3395	1155	13858	5119	1020	1308
1. 育种育苗	2578	860	3	41	349	140	117
2. 造　林	26423	2118	88	1964	3570	650	1024
3. 抚育和管理	20919	417	1064	11853	1200	230	167
(二)竹木采运	46046	9438	4228	362	6267	4292	539
其中:村及村以下	23489	7735				1580	297
(三)林产品	42827	9146	1987	1548		1900	9429
三、牧业产值	**817166**	**176251**	**62078**	**49047**	**42288**	**157023**	**26432**
(一)牲畜饲养	50452	18552	2374	1684	2130	3913	2336
1. 牛的饲养	30362	7522	2313	613	2006	3913	2303
2. 羊的饲养	1166	165	44	71	81		12
3. 其他牲畜饲养	7839	7799					
4. 奶产品	8914	895	17	1000	43		21
其中:牛奶	8914	895	17	1000	43		21
5. 毛绒产品							
其中:羊毛							
6. 其他牲畜副产品	2171	2171					
(二)猪的饲养	515148	103614	36654	32526	26469	44044	16816
(三)家禽的饲养	235148	42180	23048	14833	13644	109066	5976
1. 肉禽	159709	13732	10655	12409	8381	96690	4492
2. 禽蛋	75439	28448	12393	2424	5263	12376	1484
(四)狩猎和捕捉动物	4242	4241					
(五)其他畜牧业	12176	7664	2	4	45		1304
其中:蚕茧	2531						1066
兔	212		1		45		
四、渔业产值	**272578**	**53173**	**54696**	**30164**	**26493**	**17463**	**12640**
其中:养殖	222095	27868	54386	27750	15703	14560	12058
(一)鱼　类	204652	45151	50095	23468	6509	12110	10428
(二)虾蟹类	12368	5042	600	2490	104	340	205
(三)贝　类	4585	2083	546	80	25	465	104
(四)其　他	50973	897	3455	4126	19855	4548	1903
五、农林牧渔服务业产值	**67222**	**16753**	**21296**	**4011**	**3380**	**3450**	**2702**

3－5 续表 3

单位：万元

指　　标	宜黄县	金溪县	资溪县	东乡县	广昌县	高新区
二、林业产值	**15617**	**7558**	**14437**	**6637**	**19355**	**198**
（一）林木的培育和种植	3819	6540	1466	6012	6164	64
1. 育种育苗	56	225	369	288	130	
2. 造　林	3386	3095	780	5199	4522	27
3. 抚育和管理	377	3220	317	525	1512	37
（二）竹木采运	7888	530	11442	243	731	86
其中：村及村以下	6793		6865	108	111	
（三）林产品	3910	488	1529	382	12460	48
三、牧业产值	**23746**	**48393**	**7938**	**202654**	**13446**	**7870**
（一）牲畜饲养	921	5780	336	10352	1476	598
1. 牛的饲养	911	5085	304	3691	1353	348
2. 羊的饲养		403	32	235	123	
3. 其他牲畜饲养				40		
4. 奶产品	10	292		6386		250
其中：牛奶	10	292		6386		250
5. 毛绒产品						
其中：羊毛						
6. 其他牲畜副产品						
（二）猪的饲养	21041	36521	6901	178229	7784	4549
（三）家禽的饲养	1574	4917	701	12396	4090	2723
1. 肉禽	793	2603	268	5302	3354	1030
2. 禽蛋	781	2314	433	7094	736	1693
（四）狩猎和捕捉动物		1				
（五）其他畜牧业	210	1174		1677	96	
其中：蚕茧	75	1143		247		
兔		31		39	96	
四、渔业产值	**10886**	**22965**	**15043**	**15892**	**9080**	**4083**
其中：养殖	7584	20536	14927	13840	8955	3928
（一）鱼　类	6740	18813	6037	12977	8241	4083
（二）虾蟹类	295	1811	120	1155	206	
（三）贝　类	52	416	19	600	195	
（四）其　他	3799	1925	8867	1160	438	
五、农林牧渔服务业产值	**4419**	**1095**	**720**	**3139**	**4230**	**2027**

3－6　各县(区)农林牧渔业总产值

(2014年,按可比价格计算)　　　　单位:万元

指　　标	抚州市	临川区	南城县	黎川县	南丰县	崇仁县	乐安县
农林牧渔业总产值	**3104595**	**702737**	**279406**	**171072**	**526171**	**336141**	**155553**
一、农业产值	**1807917**	**438030**	**133575**	**73037**	**440211**	**152014**	**101903**
(一)谷物及其他作物	946368	227034	76462	42398	82382	116928	87748
1. 谷物	704362	154491	67470	33317	53501	81836	72938
其中:小　麦	7						
稻　谷	700104	154342	65983	33039	52364	81774	72909
玉　米	2920	149	156	278	1137	62	29
2. 薯类	23501	3680	1826	1089	3906	3130	591
其中:马铃薯	1782			83	566		165
3. 油料	35991	7172	1660	1094	5236	11335	966
其中:花生	24032	4006	1443	985	4731	6445	871
油菜籽	10382	3012	59	43		4825	84
4. 豆类	23254	3832	3688	865	4101	3161	944
其中:大　豆	18564	3289	2212	551	3550	3161	450
5. 棉花	4797	2781	193			1786	
6. 生麻	31						
7. 糖类	23958	11165	695	1048	3076	4938	282
8. 烟草	35900			4985	1556	4383	10525
9. 其他农作物	94574	43913	930		11006	6359	1502
其中:饲料作物	8946	49	698		321	6359	5
(二)蔬菜、食用菌及花卉盆景园艺产品	382543	145549	28833	22271	39673	25961	10769
1. 蔬菜(含菜用瓜)	285123	95197	28533	15871	38499	25961	9753
2. 食用菌	39562	2715	71	6400	1174		896
3. 花　卉	10583	1649	229				13
4. 盆景园艺	47275	45988					107
(三)水果、坚果、茶、饮料和香料	466577	57880	27766	7880	318156	9125	3385
1. 水果	460400	57102	27618	7607	318143	8630	3316
其中:梨	9218	936	236	373	718	300	515
柑桔	367822	17947	22240	2370	310371	1423	529
2. 坚果	2259	585	81	235			36
其中:核桃							
板栗	1471	316	81				36
松子	248						
3. 茶及饮料原料	3918	193	67	38	13	495	33
其中:茶叶	3356	193		38	13		33
4. 香料作物							
其中:花椒							
八角							
(四)中草药材	12429	7567	514	488			1

3－6 续表 1

单位：万元

指　　标	宜黄县	金溪县	资溪县	东乡县	广昌县	高新区
农林牧渔业总产值	**137030**	**203803**	**60159**	**352237**	**149210**	**31076**
一、农业产值	**82164**	**124702**	**22172**	**119571**	**103449**	**17089**
（一）谷物及其他作物	56537	87888	12280	84137	61888	10686
1. 谷物	41468	81262	9293	70089	29227	9470
其中：小　麦		7				
稻　谷	41196	80822	9293	69843	29069	9470
玉　米	272	433		246	158	
2. 薯类	3953	539	114	2441	2070	162
其中：马铃薯	186	148		634		
3. 油料	834	2482	41	4411	444	316
其中：花　生	674	1848	41	2444	440	104
油菜籽	113	598		1432	4	212
4. 豆类	995	2825	36	1775	764	268
其中：大　豆	848	2370	36	1341	488	268
5. 棉花	32			5		
6. 生麻		31				
7. 糖类	497	391	182	1214		470
8. 烟草	4836		2343		7272	
9. 其他农作物	3922	358	271	4202	22111	
其中：饲料作物	136	177		1201		
（二）蔬菜、食用菌及花卉盆景园艺产品	21669	13405	8020	26755	35567	4071
1. 蔬菜（含菜用瓜）	17294	12208	8020	17456	12260	4071
2. 食用菌	3194	1197		608	23307	
3. 花　卉	1			8691		
4. 盆景园艺	1180					
（三）水果、坚果、茶、饮料和香料	3902	21771	1872	8303	4205	2332
1. 水果	3318	20259	255	7798	4022	2332
其中：梨	122	4470		1350	163	35
柑桔	450	7375	31	754	2035	2297
2. 坚果	488	236		486	112	
其中：核桃						
板栗	204	236		486	112	
松子	248					
3. 茶及饮料原料	96	1276	1617	19	71	
其中：茶叶	96	1276	1617	19	71	
4. 香料作物						
其中：花椒						
八角						
（四）中草药材	56	1638		376	1789	

3－6 续表2

单位:万元

指　　标	抚州市	临川区	南城县	黎川县	南丰县	崇仁县	乐安县
二、林业产值	**138693**	**21808**	**7260**	**15651**	**12525**	**6920**	**11936**
(一)林木的培育和种植	48714	3389	1133	13853	5026	900	1308
1. 育种育苗	2528	857	3	41	350	120	117
2. 造　林	25188	2116	88	1959	3524	580	1024
3. 抚育和管理	20998	416	1042	11853	1152	200	167
(二)竹木采运	47205	9395	4221	398	7499	4210	556
其中:村及村以下	22922	7700				1560	308
(三)林产品	42774	9024	1906	1400		1810	10072
三、牧业产值	**826853**	**175658**	**63779**	**48317**	**44361**	**156805**	**26702**
(一)牲畜饲养	46711	18415	2366	1675	2183	3826	2312
1. 牛的饲养	28975	7510	2305	605	2082	3826	2279
2. 羊的饲养	1149	163	44	70	62		12
3. 其他牲畜饲养	7725	7685					
4. 奶产品	6693	888	17	1000	39		21
其中:牛奶	6693	888	17	1000	39		21
5. 毛绒产品							
其中:羊毛							
6. 其他牲畜副产品	2169	2169					
(二)猪的饲养	533346	103614	39154	31875	28684	43825	17355
(三)家禽的饲养	230576	41828	22257	14763	13464	109154	5816
1. 肉禽	158056	13577	10439	12412	8346	96959	4361
2. 禽蛋	72520	28251	11818	2351	5118	12195	1455
(四)狩猎和捕捉动物	4176	4175					
(五)其他畜牧业	12044	7626	2	4	30		1219
其中:蚕茧	2455						984
兔	183		1		30		
四、渔业产值	**266732**	**52147**	**53535**	**30106**	**25874**	**17052**	**12356**
其中:养殖	217382	27580	52783	27697	15193	14220	11792
(一)鱼　类	201141	44269	48998	23485	6525	11709	10197
(二)虾蟹类	11786	4990	598	2450	100	355	211
(三)贝　类	4128	2001	494	80	25	460	101
(四)其　他	49677	887	3445	4091	19224	4528	1847
五、农林牧渔服务业产值	**64400**	**15094**	**21257**	**3961**	**3200**	**3350**	**2656**

3-6 续表3 单位:万元

指　　标	宜黄县	金溪县	资溪县	东乡县	广昌县	高新区
二、林业产值	**15364**	**7550**	**14633**	**5706**	**19145**	**195**
(一)林木的培育和种植	3819	6540	1429	5094	6160	63
1. 育种育苗	56	223	359	276	126	
2. 造　林	3386	3070	760	4133	4522	26
3. 抚育和管理	377	3247	310	685	1512	37
(二)竹木采运	7562	526	11724	312	717	85
其中:村及村以下	6079		7034	132	109	
(三)林产品	3983	484	1480	300	12268	47
三、牧业产值	**24370**	**47694**	**7909**	**209942**	**13552**	**7764**
(一)牲畜饲养	895	5736	335	6935	1443	590
1. 牛的饲养	885	5046	304	2468	1322	343
2. 羊的饲养		400	31	246	121	
3. 其他牲畜饲养				40		
4. 奶产品	10	290		4181		247
其中:牛奶	10	290		4181		247
5. 毛绒产品						
其中:羊毛						
6. 其他牲畜副产品						
(二)猪的饲养	21676	35881	6901	191868	8025	4488
(三)家禽的饲养	1552	4912	673	9480	3991	2686
1. 肉禽	771	2617	256	4017	3285	1016
2. 禽蛋	781	2295	417	5463	706	1670
(四)狩猎和捕捉动物		1				
(五)其他畜牧业	247	1164		1659	93	
其中:蚕茧	73	1133		265		
兔		30		29	93	
四、渔业产值	**10835**	**22765**	**14745**	**14447**	**8842**	**4028**
其中:养殖	7457	20364	14633	13136	8652	3875
(一)鱼　类	6728	18648	5919	12586	8049	4028
(二)虾蟹类	276	1796	118	689	203	
(三)贝　类	32	413	18	309	195	
(四)其　他	3799	1908	8690	863	395	
五、农林牧渔服务业产值	**4297**	**1092**	**700**	**2571**	**4222**	**2000**

3-7 农林牧渔业商品产值

（按当年价格计算） 单位:万元

指　　标	2013年	2014年	2013年比2014年	
			增加数	增长(%)
农林牧渔业商品产值	**2261194**	**2390297**	**129103**	**5.7**
一、农业产值	**1233788**	**1336328**	**102540**	**8.3**
(一)谷物及其他作物	669284	692117	22833	3.4
1.谷物	481516	489085	7569	1.6
其中:小　麦	12	5	-7	-58.3
稻　谷	479528	485333	5805	1.2
玉　米	1956	1996	40	2.0
2.薯类	20597	15950	-4647	-22.6
其中:马铃薯	627	1386	759	
3.油料	30314	31065	751	2.5
其中:花　生	20668	19931	-737	-3.6
油菜籽	8500	9135	635	7.5
4.豆类	17608	17494	-114	-0.6
其中:大 豆	11903	14279	2376	20.0
5.棉花	4775	4513	-262	-5.5
6.生麻	228	23	-205	-89.9
7.糖类	14527	17931	3404	23.4
8.烟草	29564	35160	5596	18.9
9.其他农作物	70155	80896	10741	15.3
其中:饲料作物	1443	6265	4822	334.2
(二)蔬菜、食用菌及花卉盆景园艺产品	265395	287462	22067	8.3
1.蔬菜(含菜用瓜)	186414	195446	9032	4.8
2.食用菌	31730	35405	3675	11.6
3.花　卉	3298	10216	6918	209.8
4.盆景园艺	43953	46395	2442	5.6
(三)水果、坚果、茶、饮料和香料	289273	346610	57337	19.8
1.水果	283581	341003	57422	20.2
其中:梨	7703	7757	54	0.7
柑桔	219588	276350	56762	25.8
2.坚果	2117	2061	-56	-2.6
其中:核桃				
板栗	1338	1394	56	4.2
松子	396	216	-180	-45.5
3.茶及饮料原料	3575	3546	-29	-0.8
其中:茶叶	3575	3077	-498	-13.9
4.香料作物				
其中:花椒				
八角				
(四)中草药材	9836	10139	303	3.1

3－7 续表 单位:万元

指　　标	2013 年	2014 年	2014 年比 2013 年	
			增加数	增长(%)
二、林业产值	**95905**	**97989**	**2084**	**2.2**
(一)林木的培育和种植	13974	23103	9129	65.3
1. 育种育苗	1043	1173	130	12.5
2. 造　林	5286	9109	3823	72.3
3. 抚育和管理	7645	12821	5176	67.7
(二)竹木采运	49634	37604	－12030	－24.2
其中:村及村以下	21409	17804	－3605	－16.8
(三)林产品	32297	37282	4985	15.4
三、牧业产值	**673053**	**678856**	**5803**	**0.9**
(一)牲畜饲养	38290	45341	7051	18.4
1. 牛的饲养	23236	26662	3426	14.7
2. 羊的饲养	1114	974	－140	－12.6
3. 其他牲畜饲养	7001	7353	352	5.0
4. 奶产品	5164	8527	3363	65.1
其中:牛奶	5164	8527	3363	65.1
5. 毛绒产品				
其中:羊毛				
6. 其他牲畜副产品	1775	1825	50	2.8
(二)猪的饲养	442136	431312	－10824	－2.4
(三)家禽的饲养	179171	186919	7748	4.3
1. 肉禽	117850	124196	6346	5.4
2. 禽蛋	61321	62723	1402	2.3
(四)狩猎和捕捉动物	3646	3768	122	3.3
(五)其他畜牧业	9810	11516	1706	17.4
其中:蚕茧	1849	2242	393	21.3
兔	57	190	133	233.3
四、渔业产值	**214762**	**231695**	**16933**	**7.9**
其中:养殖	181109	185674	4565	2.5
(一)鱼　类	178255	176398	－1857	－1.0
(二)虾蟹类	8019	10174	2155	26.9
(三)贝　类	3847	4013	166	4.3
(四)其　他	24641	41110	16469	66.8
五、农林牧渔服务业产值	**43686**	**45429**	**1743**	**4.0**

3－8　农林牧渔业商品产值及构成

（按现行价格计算）

指　　标	绝对值（万元）		构成（%）	
	2013 年	2014 年	2013 年	2014 年
农林牧渔业商品产值	**2261194**	**2390297**	**100**	**100**
农业产值	1233788	1336328	54.6	55.9
林业产值	95905	97989	4.2	4.1
牧业产值	673053	678856	29.8	28.4
渔业产值	214762	231695	9.5	9.7
农林牧渔服务业产值	43686	45429	1.9	1.9

3－9　各县（区）农林牧渔业商品产值

（2014 年，按现行价格计算）　　单位：万元

县（区）别	农林牧渔业总产值	农林牧渔业商品产值	商品率（%）
抚州市	**3131351**	**2390297**	**76.3**
临川区	708664	537468	75.8
南城县	281757	214092	76.0
黎川县	172499	121126	70.2
南丰县	530609	387132	73.0
崇仁县	338976	273380	80.6
乐安县	156886	122169	77.9
宜黄县	138185	99287	71.9
金溪县	205516	153519	74.7
资溪县	60686	42601	70.2
东乡县	355604	293664	82.6
广昌县	150468	122433	81.4
高新区	31501	23426	74.4

3-10 各县(区)农林牧渔业总产值及构成

(2014年,按现行价格计算)

县(区)别	农林牧渔业			占总产值比重(%)	
		粮食作物产值	多种经营产值	粮食作物产值	多种经营产值
抚州市	**3131351**	**756879**	**2374472**	**24.2**	**75.8**
临川区	708664	162076	546588	22.9	77.1
南城县	281757	74432	207325	26.4	73.6
黎川县	172499	35253	137246	20.4	79.6
南丰县	530609	62448	468161	11.8	88.2
崇仁县	338976	88513	250463	26.1	73.9
乐安县	156886	74567	82319	47.5	52.5
宜黄县	138185	46771	91414	33.8	66.2
金溪县	205516	84482	121034	41.1	58.9
资溪县	60686	9582	51104	15.8	84.2
东乡县	355604	76346	279258	21.5	78.5
广昌县	150468	32375	118093	21.5	78.5
高新区	31501	10034	21467	31.9	68.1

3－11　各县(区)农林牧渔业商品产值

(2014年,按当年价格计算)　　　　单位:万元

指　　标	抚州市	临川区	南城县	黎川县	南丰县	崇仁县	乐安县
农林牧渔业商品产值	**2390297**	**537468**	**214092**	**121126**	**387132**	**273380**	**122169**
一、农业产值	**1336328**	**333925**	**93157**	**49106**	**320976**	**123912**	**78771**
(一)谷物及其他作物	692117	165560	51083	30292	60007	95546	68535
1. 谷物	489085	101445	46097	24161	39164	66288	54140
其中:小　麦	5						
稻　谷	485333	101369	44288	23999	38456	66237	54120
玉　米	1996	76	109	162	708		20
2. 薯类	15950	2078	1100	300	3005	2688	473
其中:马铃薯	1386			17	462		138
3. 油料	31065	6271	1452	883	4872	9417	841
其中:花　生	19931	3532	1282	702	3992	5225	751
油菜籽	9135	2596	52	10		4136	80
4. 豆类	17494	3000	1755	388	3601	2685	722
其中:大 豆	14279	2564	928	319	3189	2653	344
5. 棉花	4513	2797	187			1494	
6. 生麻	23						
7. 糖类	17931	6486	492	862	1869	4130	208
8. 烟草	35160			3698	795	3638	12151
9. 其他农作物	80896	43483			6701	5206	
其中:饲料作物	6265	50			97	5206	
(二)蔬菜、食用菌及花卉盆景园艺产品	287462	117992	17915	14466	32485	20842	7253
1. 蔬菜(含菜用瓜)	195446	69018	17620	9527	31552	20842	6391
2. 食用菌	35405	2335	57	4939	933		736
3. 花　卉	10216	1497	238				13
4. 盆景园艺	46395	45142					113
(三)水果、坚果、茶、饮料和香料	346610	44418	23637	4065	228484	7524	2982
1. 水果	341003	43731	23501	3854	228475	7124	2920
其中:梨	7757	784	184	191	474	256	442
柑桔	276350	14995	19920	1452	228001	1271	470
2. 坚果	2061	505	67	173			30
其中:核桃							
板栗	1394	253	67				30
松子	216						
3. 茶及饮料原料	3546	182	69	38	9	400	32
其中:茶叶	3077	182		38	9		32
4. 香料作物							
其中:花椒							
八角							
(四)中草药材	10139	5955	522	283			1

3－11 续表 1

单位:万元

指　　标	宜黄县	金溪县	资溪县	东乡县	广昌县	高新区
农林牧渔业商品产值	**99287**	**153519**	**42601**	**293664**	**122433**	**23426**
一、农业产值	**57931**	**93751**	**8493**	**78294**	**85298**	**12714**
(一)谷物及其他作物	37676	65564	4543	52545	52815	7951
1. 谷物	26311	60561	1973	41139	20760	7046
其中:小　麦		5				
稻　谷	26095	60230	1973	40890	20630	7046
玉　米	216	326		249	130	
2. 薯类	2371	406	50	1910	1448	121
其中:马铃薯	39	112		618		
3. 油料	521	1870	32	4362	309	235
其中:花 生	471	1392	32	2169	305	78
油菜籽	25	450		1625	4	157
4. 豆类	550	2140	35	1681	752	185
其中:大　豆	490	1802	35	1295	475	185
5. 棉花	31			4		
6. 生麻		23				
7. 糖类	411	294	120	2695		364
8. 烟草	5229		2333		7316	
9. 其他农作物	2252	270		754	22230	
其中:饲料作物	25	133		754		
(二)蔬菜、食用菌及花卉盆景园艺产品	16983	10360	2040	17015	27083	3028
1. 蔬菜(含菜用瓜)	14044	9459	2040	7933	3992	3028
2. 食用菌	1798	901		615	23091	
3. 花　卉	1			8467		
4. 盆景园艺	1140					
(三)水果、坚果、茶、饮料和香料	3222	16593	1910	8358	3682	1735
1. 水果	2699	15438	244	7752	3530	1735
其中:梨	106	3545		1615	135	25
柑桔	341	5555	20	702	1913	1710
2. 坚果	415	194		581	96	
其中:核桃						
板栗	173	194		581	96	
松子	216					
3. 茶及饮料原料	108	961	1666	25	56	
其中:茶叶	108	961	1666	25	56	
4. 香料作物						
其中:花椒						
八角						
(四)中草药材	50	1234		376	1718	

3－11 续表2　　　　　　　　　　　　　　　　　　　　　　　　　　单位:万元

指　　标	抚州市	临川区	南城县	黎川县	南丰县	崇仁县	乐安县
二、林业产值	**97989**	**14798**	**4920**	**10702**	**9614**	**5770**	**7884**
(一)林木的培育和种植	23103	357		9101	3347	816	
1. 育种育苗	1173	92			168	112	
2. 造　林	9109	265			2607	520	
3. 抚育和管理	12821			9101	572	184	
(二)竹木采运	37604	6629	2933	295	6267	3434	507
其中:村及村以下	17804	5669				1264	292
(三)林产品	37282	7812	1987	1306		1520	7377
三、牧业产值	**678856**	**130372**	**50758**	**33596**	**35953**	**126968**	**21810**
(一)牲畜饲养	45341	17628	1871	1034	1928	3130	2146
1. 牛的饲养	26662	7443	1820	237	1809	3130	2116
2. 羊的饲养	974	161	35	27	76		11
3. 其他牲畜饲养	7353	7313					
4. 奶产品	8527	886	16	770	43		19
其中:牛奶	8527	886	16	770	43		19
5. 毛绒产品							
其中:羊毛							
6. 其他牲畜副产品	1825	1825					
(二)猪的饲养	431312	68160	30530	24571	22613	35235	13470
(三)家禽的饲养	186919	33362	18355	7989	11369	88603	5003
1. 肉禽	124196	8082	8799	6085	7145	78702	3742
2. 禽蛋	62723	25280	9556	1904	4224	9901	1261
(四)狩猎和捕捉动物	3768	3767					
(五)其他畜牧业	11516	7455	2	2	43		1191
其中:蚕茧	2242						1066
兔	190		1		43		
四、渔业产值	**231695**	**51836**	**43961**	**24390**	**18439**	**13970**	**11488**
其中:养殖	185674	27282	42551	22194	10809	11648	10968
(一)鱼　类	176398	44239	40153	20001	4558	9688	9400
(二)虾蟹类	10174	4896	345	1470	13	272	178
(三)贝　类	4013	1849	475	56	16	372	93
(四)其　他	41110	852	2988	2863	13852	3638	1817
五、农林牧渔服务业产值	**45429**	**6537**	**21296**	**3332**	**2150**	**2760**	**2216**

3－11 续表 3

单位:万元

指　　标	宜黄县	金溪县	资溪县	东乡县	广昌县	高新区
二、林业产值	**13676**	**5646**	**11621**	**913**	**12299**	**146**
(一)林木的培育和种植	3797	4885	465	288		47
1. 育种育苗	45	168	300	288		
2. 造　林	3386	2312				19
3. 抚育和管理	366	2405	165			28
(二)竹木采运	6473	396	9676	243	689	62
其中:村及村以下	4596		5806	108	69	
(三)林产品	3406	365	1480	382	11610	37
三、牧业产值	**18343**	**36150**	**6948**	**198883**	**12947**	**6128**
(一)牲畜饲养	814	4317	336	10312	1387	438
1. 牛的饲养	807	3798	304	3654	1288	256
2. 羊的饲养		301	32	232	99	
3. 其他牲畜饲养				40		
4. 奶产品	7	218		6386		182
其中:牛奶	7	218		6386		182
5. 毛绒产品						
其中:羊毛						
6. 其他牲畜副产品						
(二)猪的饲养	16000	27281	6004	176447	7661	3340
(三)家禽的饲养	1344	3674	608	10447	3815	2350
1. 肉禽	677	1945	222	4772	3235	790
2. 禽蛋	667	1729	386	5675	580	1560
(四)狩猎和捕捉动物		1				
(五)其他畜牧业	185	877		1677	84	
其中:蚕茧	75	854		247		
兔		23		39	84	
四、渔业产值	**9337**	**17154**	**14889**	**15574**	**7659**	**2998**
其中:养殖	6165	15340	14802	13563	7470	2882
(一)鱼　类	5835	14053	5883	12717	6873	2998
(二)虾蟹类	209	1353	120	1132	186	
(三)贝　类	39	311	19	588	195	
(四)其　他	3254	1437	8867	1137	405	
五、农林牧渔服务业产值		**818**	**650**		**4230**	**1440**

3－12　农林牧渔业物质消耗

单位:万元

指　　标	2013 年	2014 年	2014 年比 2013 年	
			增加数	增长(%)
农林牧渔业中间消耗总计	**1324059**	**1393980**	**69921**	**5.3**
一、农业中间消耗合计	**774837**	**819070**	**44233**	**5.7**
(一)物质消耗	662588	705573	42985	6.5
1. 用种量	144819	155100	10281	7.1
2. 役畜用饲料、饲草	38230	39520	1290	3.4
3. 肥料	208204	222543	14339	6.9
4. 燃料	21631	22795	1164	5.4
5. 农药	115360	121971	6611	5.7
6. 农用塑料薄膜	33905	36234	2329	6.9
7. 用电量	22197	23424	1227	5.5
8. 小农具购置	23953	24859	906	3.8
9. 办公用品购置	5798	5653	－145	－2.5
10. 其他	48491	53474	4983	10.3
(二)生产服务支出	112249	113497	1248	1.1
二、林业中间消耗合计	**50307**	**51203**	**896**	**1.8**
(一)物质消耗	35532	36086	554	1.6
1. 用种量	10404	10368	－36	－0.3
2. 肥料	8537	9140	603	7.1
3. 燃料	2847	2815	－32	－1.1
4. 农药	3042	3092	50	1.6
5. 用电量	1106	1091	－15	－1.4
6. 小农具购置	2841	2892	51	1.8
7. 办公用品购置	1054	1046	－8	－0.8
8. 其他	5701	5642	－59	－1.0
(二)生产服务支出	14775	15117	342	2.3
三、牧业中间消耗合计	**370215**	**378835**	**8620**	**2.3**
(一)物质消耗	354216	363526	9310	2.6
1. 用种量	83873	84600	727	0.9
2. 饲料、饲草	237355	244507	7152	3.0
3. 燃料	9691	9916	225	2.3
4. 用电量	1953	2014	61	3.1
5. 畜牧用药品	12133	12742	609	5.0
6. 其他	9211	9747	536	5.8
(二)生产服务支出	15999	15309	－690	－4.3
四、渔业中间消耗合计	**107541**	**120295**	**12754**	**11.9**
(一)物质消耗	95644	106513	10869	11.4
1. 饲料	65590	74026	8436	12.9
2. 燃料	5505	5867	362	6.6
3. 用电量	2714	3096	382	14.1
4. 办公用品购置	1253	1345	92	7.3
5. 其他	20582	22179	1597	7.8
(二)生产服务支出	11897	13782	1885	15.8
五、农林牧渔服务业中间消耗	**21159**	**24577**	**3418**	**16.2**
(一)物质消耗	15073	17718	2645	17.5
(二)生产服务支出	6086	6859	773	12.7

3－13 各县(区)农林牧渔业物质消耗

(2014 年) 单位:万元

指 标	抚州市	临川区	南城县	黎川县	南丰县	崇仁县	乐安县
农林牧渔业中间消耗总计	**1393980**	**333360**	**124150**	**78264**	**244834**	**120187**	**68119**
一、农业中间消耗合计	**819070**	**218190**	**58711**	**31305**	**203252**	**54609**	**45272**
(一)物质消耗	705573	201394	53844	28476	162600	49209	40040
1. 用种量	155100	46174	29907	18723	14967	6500	9867
2. 役畜用饲料、饲草	39520	17506	2111	473	4776	3378	3923
3. 肥料	222543	75619	11605	5220	34474	28041	12893
4. 燃料	22795	1901	1548	1241	3152	1950	2156
5. 农药	121971	17132	3384	785	80154	275	2821
6. 农用塑料薄膜	36234	22986	985	1040	3580	730	2015
7. 用电量	23424	5052	1641	101	5408	1920	1409
8. 小农具购置	24859	2583	540	265	3543	4389	1531
9. 办公用品购置	5653	1279	54	100	2282	100	484
10. 其他	53474	11162	2069	528	10264	1926	2941
(二)生产服务支出	113497	16796	4867	2829	40652	5400	5232
二、林业中间消耗合计	**51203**	**8949**	**2400**	**6020**	**2330**	**2560**	**4156**
(一)物质消耗	36086	6457	1402	4020	1848	2250	2474
1. 用种量	10368	1041	945	2345	462	350	817
2. 肥料	9140	1671	218	443	970	1128	498
3. 燃料	2815	768	114	295	76	176	187
4. 农药	3092	1155	35	102	82	280	93
5. 用电量	1091	354	25	127	39	66	55
6. 小农具购置	2892	140	20	37	37	150	342
7. 办公用品购置	1046	120	23	32	30	65	196
8. 其他	5642	1208	22	639	152	35	286
(二)生产服务支出	15117	2492	998	2000	482	310	1682
三、牧业中间消耗合计	**378835**	**78942**	**32364**	**26303**	**22805**	**55594**	**12554**
(一)物质消耗	363526	75782	29407	24530	21198	54294	11926
1. 用种量	84600	3302	7196	12500	8932	13875	3936
2. 饲料、饲草	244507	61102	20529	11334	11648	34639	6321
3. 燃料	9916	4159	372	62	261	1150	477
4. 用电量	2014	642	129	66	36	230	72
5. 畜牧用药品	12742	1072	583	323	281	3920	548
6. 其他	9747	5505	598	245	40	480	572
(二)生产服务支出	15309	3160	2957	1773	1607	1300	628
四、渔业中间消耗合计	**120295**	**21255**	**23812**	**13349**	**14669**	**6199**	**5056**
(一)物质消耗	106513	19331	20883	10701	12655	5419	4449
1. 饲料	74026	14856	11953	6822	10586	2969	2245
2. 燃料	5867	840	357	1324	255	320	223
3. 用电量	3096	660	63	457	231	75	178
4. 办公用品购置	1345	196	44	48	86	45	168
5. 其他	22179	2779	8466	2050	1497	2010	1635
(二)生产服务支出	13782	1924	2929	2648	2014	780	607
五、农林牧渔服务业中间消耗	**24577**	**6024**	**6863**	**1287**	**1778**	**1225**	**1081**
(一)物质消耗	17718	5020	5548	743	930	880	681
(二)生产服务支出	6859	1004	1315	544	848	345	400

3－13 续表

单位:万元

指　标	宜黄县	金溪县	资溪县	东乡县	广昌县	高新区
农林牧渔业中间消耗总计	**55727**	**98036**	**26021**	**167298**	**66014**	**11970**
一、农业中间消耗合计	**33298**	**59501**	**10372**	**52654**	**45259**	**6647**
(一)物质消耗	27280	41817	9278	46471	39835	5329
1. 用种量	7287	5435	3829	6679	4695	1037
2. 役畜用饲料、饲草	1338	4295	312	1047	162	199
3. 肥料	5527	10014	3504	26750	7388	1508
4. 燃料	414	2415	91	1977	5899	51
5. 农药	6419	5087	250	2303	2056	1305
6. 农用塑料薄膜	468	425	93	1652	1807	453
7. 用电量	336	5712	53	138	1263	391
8. 小农具购置	1794	4815	912	1147	3069	271
9. 办公用品购置	367	768			219	
10. 其他	3330	2851	234	4778	13277	114
(二)生产服务支出	6018	17684	1094	6183	5424	1318
二、林业中间消耗合计	**5477**	**3193**	**5262**	**2655**	**8129**	**72**
(一)物质消耗	3332	2988	2650	2106	6500	59
1. 用种量	1031	823	210	827	1493	24
2. 肥料	368	702	381	832	1899	30
3. 燃料	107	286	475	38	293	
4. 农药	222	461	181	136	345	
5. 用电量	134	125		45	121	
6. 小农具购置	261	495	431	78	901	
7. 办公用品购置	123	65	187		205	
8. 其他	1086	31	785	150	1243	5
(二)生产服务支出	2145	205	2612	549	1629	13
三、牧业中间消耗合计	**10463**	**22652**	**3810**	**102829**	**7489**	**3030**
(一)物质消耗	9536	22591	3750	100699	7238	2575
1. 用种量	1436	7548	179	23261	1406	1029
2. 饲料、饲草	6352	9668	3096	73677	4830	1311
3. 燃料	790	1644	432	166	403	
4. 用电量	72	277	21	439	30	
5. 畜牧用药品	613	3161	22	1549	465	205
6. 其他	273	293		1607	104	30
(二)生产服务支出	927	61	60	2130	251	455
四、渔业中间消耗合计	**4800**	**12174**	**6318**	**7151**	**3814**	**1698**
(一)物质消耗	4203	12061	6033	6058	3310	1410
1. 饲料	3215	8726	4481	4673	2245	1255
2. 燃料	227	1468	469	92	292	
3. 用电量	212	640	430	95	55	
4. 办公用品购置	116	634			8	
5. 其他	433	593	653	1198	710	155
(二)生产服务支出	597	113	285	1093	504	288
五、农林牧渔服务业中间消耗	**1689**	**516**	**259**	**2009**	**1323**	**523**
(一)物质消耗	1000	251	111	1577	850	127
(二)生产服务支出	689	265	148	432	473	396

3－14 农林牧渔业总产值、物质消耗、增加值及构成、增加值率

（按当年价格计算）

指 标	绝对值（万元）		构成（%）	
	2013 年	2014 年	2013 年	2014 年
一、农林牧渔业总产值	**2962389**	**3131351**	**100**	**100**
农业产值	1711992	1835592	57.9	58.7
林业产值	137443	138793	4.6	4.4
牧业产值	806427	817166	27.2	26.1
渔业产值	248824	272578	8.4	8.7
农林牧渔服务业产值	57703	67222	1.9	2.1
二、农林牧渔业物质消耗	**1324059**	**1393980**	**100**	**100**
农业物质消耗	774837	819070	58.5	58.7
林业物质消耗	50307	51203	3.8	3.7
牧业物质消耗	370215	378835	28.0	27.2
渔业物质消耗	107541	120295	8.1	8.6
农林牧渔服务业物质消耗	21159	24577	1.6	1.8
三、农林牧渔业增加值	**1638330**	**1737371**	**100**	**100**
农业增加值	937155	1016522	57.3	58.5
林业增加值	87136	87590	5.3	5.0
牧业增加值	436212	438331	26.6	25.2
渔业增加值	141283	152283	8.6	8.8
农林牧渔服务业增加值	36544	42645	2.2	2.5
四、农林牧渔业增加值率（%）	**55.3**	**55.5**		
农业增加值率	54.7	55.4		
林业增加值率	63.4	63.1		
牧业增加值率	54.1	53.6		
渔业增加值率	56.8	55.9		
农林牧渔服务业增加值率	63.3	63.4		

3－15 各县(区)农林牧渔业总产值、商品产值、物质消耗、增加值

单位:万元

县(区)别	农业总产值(当年价)			农业总产值(按可比价)			农业商品产值		
	2013 年	2014 年	增长(%)	2013 年	2014 年	增长(%)	2013 年	2014 年	增长(%)
抚州市	2962389	3131351	5.7	2962389	3104595	4.8	2261194	2390297	5.7
临川区	675709	708664	4.9	675709	702737	4.0	512285	537468	4.9
南城县	266349	281757	5.8	266349	279406	4.9	202848	214092	5.5
黎川县	164004	172499	5.2	164004	171072	4.3	117448	121126	3.1
南丰县	497797	530609	6.6	497797	526171	5.7	345727	387132	12.0
崇仁县	321052	338976	5.6	321052	336141	4.7	262267	273380	4.2
乐安县	148448	156886	5.7	148448	155553	4.8	116858	122169	4.5
宜黄县	130132	138185	6.2	130132	137030	5.3	93692	99287	6.0
金溪县	193356	205516	6.3	193356	203803	5.4	144696	153519	6.1
资溪县	58653	60686	3.5	58653	60159	2.6	40686	42601	4.7
东乡县	334508	355604	6.3	334508	352237	5.3	286359	293664	2.6
广昌县	142376	150468	5.7	142376	149210	4.8	115865	122433	5.7
高新区	30005	31501	5.0	30005	31076	3.6	22463	23426	4.3

县(区)别	农业物质消耗			农业增加值		
	2013 年	2014 年	增长(%)	2013 年	2014 年	增长(%)
抚州市	1324059	1393980	5.3	1638330	1737371	6.0
临川区	319096	333360	4.5	356613	375304	5.2
南城县	117875	124150	5.3	148474	157607	6.2
黎川县	74462	78264	5.1	89542	94235	5.2
南丰县	230617	244834	6.2	267180	285775	7.0
崇仁县	114744	120187	4.7	206308	218789	6.0
乐安县	64665	68119	5.3	83783	88767	5.9
宜黄县	52673	55727	5.8	77459	82458	6.5
金溪县	92584	98036	5.9	100772	107480	6.7
资溪县	25069	26021	3.8	33584	34665	3.2
东乡县	157489	167298	6.2	177019	188306	6.4
广昌县	62815	66014	5.1	79561	84454	6.1
高新区	11970	11970		18035	19531	8.3

3－16　各县(区)农林牧渔业总产值、物质消耗、增加值及比重

(2014年,按现行价格计算)　　单位:万元

县(区)别	农林牧渔业总产值	农林牧渔业物质消耗	农林牧渔业增加值	占总产值比重(%)	
				物质消耗	增加值
抚州市	**3131351**	**1393980**	**1737371**	**44.5**	**55.5**
临川区	708664	333360	375304	47.0	53.0
南城县	281757	124150	157607	44.1	55.9
黎川县	172499	78264	94235	45.4	54.6
南丰县	530609	244834	285775	46.1	53.9
崇仁县	338976	120187	218789	35.5	64.5
乐安县	156886	68119	88767	43.4	56.6
宜黄县	138185	55727	82458	40.3	59.7
金溪县	205516	98036	107480	47.7	52.3
资溪县	60686	26021	34665	42.9	57.1
东乡县	355604	167298	188306	47.0	53.0
广昌县	150468	66014	84454	43.9	56.1
高新区	31501	11970	19531	38.0	62.0

3－17　各县(区)农作物总播种面积

(2014年)　　单位:亩

县(区)别	农作物总播种面积	粮食作物	谷物	经济作物及其它农作物
抚州市	**8905204**	**6116177**	**5672730**	**2789027**
临川区	2095076	1337217	1251524	757859
南城县	765314	560034	511241	205280
黎川县	521518	365397	338626	156121
南丰县	665458	424693	364858	240765
崇仁县	974091	612750	566741	361341
乐安县	726946	618665	586951	108281
宜黄县	565153	352999	301014	212154
金溪县	1002889	729910	697328	272979
资溪县	139317	82545	77625	56772
东乡县	971572	712934	682538	258638
广昌县	404733	254754	231945	149979
高新区	73137	64279	62339	8858

3－18　主要农作物播种面积

单位:亩

指　　标	2013年	2014年	2014年比2013年	
			增长数	增长(%)
农作物总播种面积	8905517	8905204	－313	0.0
一、粮食作物	**6135236**	**6116177**	**－19059**	**－0.3**
(一)谷　物	5703020	5672730	－30290	－0.5
其中:夏收谷物	701	398	－303	－43.2
秋收谷物	3299308	3292953	－6355	－0.2
1.稻　谷	5678509	5646734	－31775	－0.6
(1)早　稻	2403011	2379379	－23632	－1.0
(2)中稻及一季晚稻	670915	685339	14424	2.1
(3)双季晚稻	2604583	2582016	－22567	－0.9
2.小　麦	470	173	－297	－63.2
(1)冬小麦	470	173	－297	－63.2
(2)春小麦				
3.玉　米	23525	25321	1796	7.6
4.谷　子				
5.高　粱				
6.其它谷物	516	502	－14	－2.7
其中:大麦	231	225	－6	－2.6
燕麦				
荞麦	10	15	5	50.0
(二)豆　类	197712	204525	6813	3.4
1.大　豆	150384	154769	4385	2.9
2.绿　豆	18593	19754	1161	6.2
3.红小豆	1589	1533	－56	－3.5
4.蚕碗豆	27054	28445	1391	5.1
(三)薯类(折粮计算)	234504	238922	4418	1.9
其中:马铃薯	11755	13357	1602	13.6
红　薯	222245	223184	939	0.4
二、油料作物	**388595**	**386832**	**－1763**	**－0.5**
1.花　生	205764	198145	－7619	－3.7
2.油菜籽	169658	174298	4640	2.7
3.芝　麻	13173	14389	1216	9.2
4.胡麻籽				
5.向日葵籽				
三、棉　花	**32183**	**30638**	**－1545**	**－4.8**
四、麻　类	**1395**	**1250**	**－145**	**－10.4**
其中:黄红麻	1213	1075	－138	－11.4
苎　麻	182	175	－7	－3.8
大　麻(线麻)				
亚　麻				
五、甘　蔗	**57760**	**57581**	**－179**	**－0.3**
六、烟叶类	**116495**	**125227**	**8732**	**7.5**
其中:烤　烟	113641	122982	9341	8.2
七、药材类	**76679**	**75591**	**－1088**	**－1.4**
八、蔬菜类(含菜用瓜)	**951990**	**970215**	**18225**	**1.9**
九、瓜果类	**298233**	**299201**	**968**	**0.3**
其中:西　瓜	277683	274554	－3129	－1.1
甜　瓜	8862	9508	646	7.3
草　莓	510	834	324	63.5
十、其他农作物	**846951**	**842492**	**－4459**	**－0.5**
其中:莲　子	64097	71465	7368	11.5
青饲料	184198	106269	－77929	－42.3

3－19 主要农作物播面亩产

单位:公斤

指　　标	2013 年	2014 年	2014 年比 2013 年	
			增长数	增长(%)
一、粮食作物	**466**	**477**	**11**	**2.4**
(一)谷　物	476	487	11	2.3
其中:夏收谷物	164	156	-8	-4.9
秋收谷物	493	504	11	2.2
1.稻　谷	477	487	10	2.1
(1)早　稻	454	463	9	2.0
(2)中稻及一季晚稻	499	510	11	2.2
(3)双季晚稻	492	503	11	2.2
2.小　麦	166	150	-16	-9.6
(1)冬小麦	166	150	-16	-9.6
(2)春小麦				
3.玉　米	380	381	1	0.3
4.谷　子				
5.高　粱				
6.其它谷物	376	375	-1	-0.3
其中:大麦	160	160		
燕麦				
荞麦	100	67	-33	-33.0
(二)豆　类	194	199	5	2.6
1.大　豆	203	210	7	3.4
2.绿　豆	188	190	2	1.1
3.红小豆	128	125	-3	-2.3
4.蚕豌豆	147	149	2	1.4
(三)薯类(折粮计算)	456	477	21	4.6
其中:马铃薯	398	391	-7	-1.8
红　薯	456	484	28	6.1
二、油料作物	**141**	**146**	**5**	**3.5**
1.花　生	178	187	9	5.1
2.油菜籽	100	103	3	3.0
3.芝　麻	84	98	14	16.7
4.胡麻籽				
5.向日葵籽				
三、棉　花	**115**	**115**		
四、麻　类	**396**	**417**	**21**	**5.3**
其中:黄红麻	392	416	24	6.1
苎　麻	423	423		
大　麻(线麻)				
亚　麻				
五、甘　蔗	**3487**	**3478**	**-9**	**-0.3**
六、烟叶类	**147**	**144**	**-3**	**-2.0**
其中:烤　烟	**147**	**143**	**-4**	**-2.7**
七、药材类	**196**	**201**	**5**	**2.6**
八、蔬菜类(含菜用瓜)	**1434**	**1463**	**29**	**2.0**
九、瓜果类	**2136**	**2170**	**34**	**1.6**
其中:西　瓜	1824	1883	59	3.2
甜　瓜	1732	1769	37	2.1
草　莓	859	1235	376	43.8
十、其他农作物				
其中:莲　子	81	83	2	2.5
青饲料	1051	1148	97	9.2

3－20　各县(区)粮食播种面积

单位:亩

指　　标	2013年	2014年	2014年比2013年	
			增长数	增长(%)
抚州市	**6135236**	**6116177**	**－19059**	**－0.3**
临川区	1335072	1337217	2145	0.2
南城县	561041	560034	－1007	－0.2
黎川县	358620	365397	6777	1.9
南丰县	425818	424693	－1125	－0.3
崇仁县	608184	612750	4566	0.8
乐安县	618353	618665	312	0.1
宜黄县	355168	352999	－2169	－0.6
金溪县	729046	729910	864	0.1
资溪县	85989	82545	－3444	－4.0
东乡县	702353	712934	10581	1.5
广昌县	284716	254754	－29962	－10.5
高新区	70876	64279	－6597	－9.3

3－21　各县(区)粮食总产量

单位:吨

指　　标	2013年	2014年	2014年比2013年	
			增长数	增长(%)
抚州市	**2861253**	**2914897**	**53644**	**1.9**
临川区	634885	640862	5977	0.9
南城县	283002	283598	596	0.2
黎川县	157040	166394	9354	6.0
南丰县	225025	224265	－760	－0.3
崇仁县	291664	299584	7920	2.7
乐安县	274124	277720	3596	1.3
宜黄县	171201	174763	3563	2.1
金溪县	336306	353208	16902	5.0
资溪县	36713	35629	－1084	－3.0
东乡县	295847	314619	18772	6.3
广昌县	124870	115211	－9659	－7.7
高新区	30577	29044	－1533	－5.0

3－22 主要农作物产量

单位:吨

指　　标	2013 年	2014 年	2014 年比 2013 年	
			增长数	增长(%)
一、粮食作物	**2861253**	**2914897**	**53644**	**1.9**
(一)谷　物	2716020	2760109	44089	1.6
其中:夏收谷物	115	62	－53	－46.1
秋收谷物	1625269	1658515	33246	2.0
1.稻　谷	2706797	2750249	43452	1.6
(1)早　稻	1090636	1101533	10897	1.0
(2)中稻及一季晚稻	334975	349452	14477	4.3
(3)双季晚稻	1281186	1299265	18079	1.4
2.小　麦	78	26	－52	－66.7
(1)冬小麦	78	26	－52	－66.7
(2)春小麦				
3.玉　米	8951	9646	695	7.8
4.谷　子				
5.高　粱				
6.其它谷物	194	188	－6	－3.1
其中:大麦	37	36	－1	－2.7
燕麦				
荞麦	1	1		
(二)豆　类	38275	40751	2476	6.5
1.大　豆	30511	32531	2020	6.6
2.绿　豆	3489	3761	272	7.8
3.红小豆	204	191	－13	－6.4
4.蚕豌豆	3985	4252	267	6.7
(三)薯类(折粮计算)	106959	114037	7078	6.6
其中:马铃薯	4681	5223	542	11.6
红　薯	101303	107957	6654	6.6
二、油料作物	**54739**	**56297**	**1558**	**2.8**
1.花　生	36602	36972	370	1.0
2.油菜籽	17034	17911	877	5.1
3.芝　麻	1103	1414	311	28.2
4.胡麻籽				
5.向日葵籽				
三、棉　花	**3685**	**3513**	**－172**	**－4.7**
四、麻　类	**552**	**521**	**－31**	**－5.6**
其中:黄红麻	475	447	－28	－5.9
苎　麻	77	74	－3	－3.9
大　麻(线麻)				
亚　麻				
五、甘　蔗	**201428**	**200255**	**－1173**	**－0.6**
六、烟叶类	**17119**	**18014**	**895**	**5.2**
其中:烤　烟	16656	17641	985	5.9
七、药材类	**15024**	**15194**	**170**	**1.1**
八、蔬菜类(含菜用瓜)	**1364763**	**1419294**	**54531**	**4.0**
九、瓜果类	**637061**	**649239**	**12178**	**1.9**
其中:西　瓜	506499	516902	10403	2.1
甜　瓜	15348	16820	1472	9.6
草　莓	438	1030	592	135.2
十、其他农作物				
其中:莲　子	5203	5907	704	13.5
青饲料	193538	121944	－71594	－37.0

3－23　各县(区)主要农作物生产情况

(2014年)

县(区)别	农作物总播种面积(亩)	一、粮食作物			(一)谷物		
		播种面积(亩)	播面亩产(公斤)	总产量(吨)	播种面积(亩)	播面亩产(公斤)	总产量(吨)
抚州市	**8905204**	**6116177**	**477**	**2914897**	**5672730**	**487**	**2760109**
临川区	2095076	1337217	479	640862	1251524	487	609893
南城县	765314	560034	506	283598	511241	516	263627
黎川县	521518	365397	455	166394	338626	467	157995
南丰县	665458	424693	528	224265	364858	553	201613
崇仁县	974091	612750	489	299584	566741	498	282262
乐安县	726946	618665	449	277720	586951	462	271148
宜黄县	565153	352999	495	174763	301014	499	150163
金溪县	1002889	729910	484	353208	697328	491	342343
资溪县	139317	82545	432	35629	77625	443	34418
东乡县	971572	712934	441	314619	682538	452	308786
广昌县	404733	254754	452	115211	231945	471	109252
高新区	73137	64279	452	29044	62339	459	28609

县(区)别	1.稻谷			(1)早稻			(2)中稻和一季晚稻		
	播种面积(亩)	播面亩产(公斤)	总产量(吨)	播种面积(亩)	播面亩产(公斤)	总产量(吨)	播种面积(亩)	播面亩产(公斤)	总产量(吨)
抚州市	**5646734**	**487**	**2750249**	**2379379**	**463**	**1101533**	**685339**	**510**	**349452**
临川区	1250794	487	609567	570809	467	266732	53168	525	27924
南城县	509058	516	262883	220597	493	108859	59603	539	32154
黎川县	336345	468	157329	87000	402	34974	143627	486	69803
南丰县	356719	556	198348	140125	514	72044	68559	576	39520
崇仁县	565979	498	281980	265019	475	125962	12846	541	6949
乐安县	586582	462	271036	262126	448	117446	46620	462	21549
宜黄县	297714	501	149258	83265	447	37254	124576	541	67425
金溪县	693361	492	340791	333692	466	155363	9274	570	5284
资溪县	77625	443	34418	4618	386	1783	63917	450	28763
东乡县	680523	453	308085	325750	438	142582	12947	522	6759
广昌县	229695	470	107945	56338	441	24838	90202	480	43322
高新区	62339	459	28609	30040	456	13696			

3－23 续表 1

县(区)别	(3)双季晚稻			2. 小麦			3. 玉米		
	播种面积(亩)	播面亩产(公斤)	总产量(吨)	播种面积(亩)	播面亩产(公斤)	总产量(吨)	播种面积(亩)	播面亩产(公斤)	总产量(吨)
抚州市	**2582016**	**503**	**1299265**	**173**	**150**	**26**	**25321**	**381**	**9646**
临川区	626817	502	314911				730	447	326
南城县	228858	533	121870				2183	341	744
黎川县	105718	497	52552				2281	292	666
南丰县	148035	586	86784				8139	401	3265
崇仁县	288114	517	149069				762	370	282
乐安县	277836	475	132041				369	304	112
宜黄县	89873	496	44579				3300	274	905
金溪县	350395	514	180145	173	150	26	3307	405	1339
资溪县	9090	426	3872						
东乡县	341826	464	158744				2000	350	700
广昌县	83155	478	39785				2250	581	1307
高新区	32299	462	14913						

县(区)别	4. 其他杂谷			(二)豆类			大豆		
	播种面积(亩)	播面亩产(公斤)	总产量(吨)	播种面积(亩)	播面亩产(公斤)	总产量(吨)	播种面积(亩)	播面亩产(公斤)	总产量(吨)
抚州市	**502**	**375**	**188**	**204525**	**199**	**40751**	**154769**	**210**	**32531**
临川区				43281	184	7956	36175	187	6752
南城县				21962	257	5650	13098	296	3881
黎川县				10836	130	1406	6577	133	874
南丰县				28843	248	7154	20454	277	5656
崇仁县				23199	236	5466	21661	238	5161
乐安县				17432	112	1955	9566	113	1084
宜黄县				9839	205	2017	7642	222	1695
金溪县	487	384	187	19090	259	4940	15273	259	3954
资溪县				690	100	69	690	100	69
东乡县	15	67	1	19833	146	2900	15844	150	2370
广昌县				8167	123	1005	6436	125	802
高新区				1353	172	233	1353	172	233

3－23 续表 2

县(区)别	绿豆			蚕豌豆			(三)薯类(折粮)		
	播种面积（亩）	播面亩产（公斤）	总产量（吨）	播种面积（亩）	播面亩产（公斤）	总产量（吨）	播种面积（亩）	播面亩产（公斤）	总产量（吨）
抚州市	**19754**	**190**	**3761**	**28445**	**149**	**4252**	**238922**	**477**	**114037**
临川区	2871	174	500	3331	169	562	42412	543	23013
南城县	3816	273	1043	5048	144	726	26831	534	14321
黎川县	2760	139	383	1485	100	148	15935	439	6993
南丰县	3465	173	601	4844	183	885	30992	500	15498
崇仁县	1538	198	305				22810	520	11856
乐安县	215	88	19	7627	110	836	14282	323	4617
宜黄县	713	111	79	1457	161	235	42146	536	22583
金溪县	1909	284	543	1400	296	415	13492	439	5925
资溪县							4230	270	1142
东乡县	2367	117	277	1622	156	253	10563	278	2933
广昌县	100	110	11	1631	118	192	14642	338	4954
高新区							587	344	202

县(区)别	其中:红薯			二、油料			其中:花生		
	播种面积（亩）	播面亩产（公斤）	总产量（吨）	播种面积（亩）	播面亩产（公斤）	总产量（吨）	播种面积（亩）	播面亩产（公斤）	总产量（吨）
抚州市	**223184**	**484**	**107957**	**386832**	**146**	**56297**	**198145**	**187**	**36972**
临川区	42412	543	23013	101849	126	12795	42102	175	7355
南城县	26454	535	14148	16392	200	3273	13758	221	3040
黎川县	14405	432	6226	13271	171	2267	10316	197	2031
南丰县	28631	496	14211	31005	192	5962	27147	206	5592
崇仁县	22810	520	11856	109799	142	15540	47667	180	8594
乐安县	7892	337	2663	12028	133	1601	8274	161	1328
宜黄县	40936	540	22117	12700	137	1742	9144	158	1443
金溪县	11395	432	4927	29450	187	5521	16431	218	3583
资溪县	4230	270	1142	490	161	79	490	161	79
东乡县	8801	285	2504	54711	128	6987	18890	184	3481
广昌县	14642	338	4954	3635	115	417	3466	114	396
高新区	576	340	196	1502	75	113	460	109	50

3－23 续表 3

县(区)别	油菜籽			芝麻			三、棉花		
	播种面积（亩）	播面亩产（公斤）	总产量（吨）	播种面积（亩）	播面亩产（公斤）	总产量（吨）	播种面积（亩）	播面亩产（公斤）	总产量（吨）
抚州市	**174298**	**103**	**17911**	**14389**	**98**	**1414**	**30638**	**115**	**3513**
临川区	57544	91	5239	2203	91	201	17090	102	1738
南城县	1703	69	117	931	125	116	864	141	122
黎川县	1200	74	89	1755	84	147			
南丰县				3858	96	370			
崇仁县	61504	112	6893	628	84	53	12479	130	1624
乐安县	3559	74	263	195	51	10			
宜黄县	2857	90	256	699	62	43	157	146	23
金溪县	11679	161	1884	1340	40	54			
资溪县									
东乡县	33044	93	3087	2777	151	419	48	125	6
广昌县	169	124	21						
高新区	1039	60	62	3	333	1			

县(区)别	四、麻类			其中：黄红麻			苎麻		
	播种面积（亩）	播面亩产（公斤）	总产量（吨）	播种面积（亩）	播面亩产（公斤）	总产量（吨）	播种面积（亩）	播面亩产（公斤）	总产量（吨）
抚州市	**1250**	**417**	**521**	**1075**	**416**	**447**	**175**	**423**	**74**
临川区									
南城县									
黎川县									
南丰县									
崇仁县									
乐安县									
宜黄县									
金溪县	1250	417	521	1075	416	447	175	423	74
资溪县									
东乡县									
广昌县									
高新区									

3－23 续表 4

县(区)别	五、甘蔗			六、烟叶			其中:烤烟		
	播种面积（亩）	播面亩产（公斤）	总产量（吨）	播种面积（亩）	播面亩产（公斤）	总产量（吨）	播种面积（亩）	播面亩产（公斤）	总产量（吨）
抚州市	**57581**	**3478**	**200255**	**125227**	**144**	**18014**	**122982**	**143**	**17641**
临川区	26345	4307	113462						
南城县	3767	2240	8438						
黎川县	932	2998	2794	27898	132	3696	27898	132	3696
南丰县	5875	2053	12064	5354	153	819	5354	153	819
崇仁县	7782	4598	35785	8814	188	1654	8814	188	1654
乐安县	1996	2016	4023	31604	151	4784	31604	151	4784
宜黄县	3549	2261	8023	18384	137	2519	18384	137	2519
金溪县	3946	1537	6064						
资溪县	520	2500	1300	8462	117	990	8462	117	990
东乡县	1765	3697	6525						
广昌县	430	1500	645	24711	144	3552	22466	142	3179
高新区	674	1680	1132						

县(区)别	七、药材类			八、蔬菜(含菜用瓜)			九、瓜果类		
	播种面积（亩）	播面亩产（公斤）	总产量（吨）	播种面积（亩）	播面亩产（公斤）	总产量（吨）	播种面积（亩）	播面亩产（公斤）	总产量（吨）
抚州市	**75591**	**201**	**15194**	**970215**	**1463**	**1419294**	**299201**	**2170**	**649239**
临川区	20389			174274	2427	423013	131575	3047	400918
南城县	3272	424	1388	90776	1608	145990	18884	1586	29949
黎川县	3371	362	1220	77899	1491	116139	10994	1758	19325
南丰县	200			129756	1137	147506	34873	1543	53800
崇仁县				105783	1195	126411	34012	1121	38132
乐安县	130	23	3	46992	1221	57369	8855	1284	11373
宜黄县	488	289	141	73546	1090	80157	11669	1446	16878
金溪县	41591	286	11886	102105	1164	118815	23491	1419	33327
资溪县				37200	1100	40920	980	1629	1596
东乡县	590			66407	1411	93679	14531	1939	28182
广昌县	5560	100	556	61637	1043	64276	6495	1127	7321
高新区				3840	1307	5019	2842	2969	8438

3－23 续表 5

县(区)别	其中:西瓜			甜瓜			草莓		
	播种面积(亩)	播面亩产(公斤)	总产量(吨)	播种面积(亩)	播面亩产(公斤)	总产量(吨)	播种面积(亩)	播面亩产(公斤)	总产量(吨)
抚州市	**274554**	**1883**	**516902**	**9508**	**1769**	**16820**	**834**	**1235**	**1030**
临川区	116891	2404	280963	4390	2484	10905	65	1077	70
南城县	18383	1600	29416	471	1068	503	30	1000	30
黎川县	10764	1759	18933	230	1635	376			
南丰县	34306	1559	53468	552	594	328	15	267	4
崇仁县	32887	1120	36821	1125	1165	1311			
乐安县	6982	1460	10192	837	779	652	150	1000	150
宜黄县	10891	1455	15849	768	1337	1027	10	200	2
金溪县	19805	1402	27772	446	948	423	50	420	21
资溪县	980	1629	1596						
东乡县	13383	1956	26174	648	1940	1257	500	1500	750
广昌县	6440	1130	7280	41	927	38	14	214	3
高新区	2842	2969	8438						

县(区)别	十、其他农作物			其中:莲子			青饲料		
	播种面积(亩)	播面亩产(公斤)	总产量(吨)	播种面积(亩)	播面亩产(公斤)	总产量(吨)	播种面积(亩)	播面亩产(公斤)	总产量(吨)
抚州市	**842492**			**71465**	**83**	**5907**	**106269**	**1148**	**121944**
临川区	286337						13684	1053	14410
南城县	71325						6307	1477	9317
黎川县	21756			1631	79	129	7194	1274	9164
南丰县	33702			13620	101	1380	5538	809	4483
崇仁县	82672						8051	1051	8462
乐安县	6676						747	489	365
宜黄县	91661			8703	91	793	34059	963	32801
金溪县	71146						16179	1101	17812
资溪县	9120								
东乡县	120586						14510	1732	25130
广昌县	47511			47511	76	3605			
高新区									

3－24 各县(区)蔬菜及

(201

指　标	抚州市		临川区	
	播种面积(亩)	产量(吨)	播种面积(亩)	产量(吨)
一、蔬菜及食用菌	**970215**	**1419294**	**174274**	**423013**
(一)叶菜类	145037	197983	22720	50100
其中:芹　菜	52326	70158	7474	17155
油　菜	30445	40976	4241	9123
菠　菜	44032	55789	8209	17244
(二)白菜类	234815	358306	51399	129098
其中:大白菜	145369	213351	31567	71050
(三)甘蓝类	30040	48692	4378	11294
其中:卷心菜	23801	37781	2504	6779
(四)根茎类	181938	288835	29123	84460
其中:白萝卜	129306	208379	22343	69016
胡萝卜	33708	43338	4362	9863
生　姜	4489	6932	324	778
榨菜头	2442	3597		
(五)瓜菜类	85534	120863	14439	32972
其中:黄　瓜	39538	51471	6822	15331
南　瓜	19466	26171	1836	4276
冬　瓜	13719	18061	957	2246
(六)豆类(菜用)	62532	75145	12508	24592
其中:豇　豆	19542	26165	4511	10125
四季豆	29284	34843	4674	10119
(七)茄果菜类	102103	137244	14874	36720
其中:茄　子	42722	61957	6935	19297
辣　椒	35666	44928	4861	10767
西红柿	17270	21395	1371	2686
(八)葱蒜类	51966	61056	8304	17230
其中:大　葱	18148	21350	3404	6844
蒜　头	24753	29392	4808	10203
(九)水生菜类	28953	43020	6371	13733
其中:莲　藕	23149	33992	4945	10704
(十)其他蔬菜	47297	62801	10158	19542
(十一)食用菌(干鲜混合)		25349		3272
1、干品		14787		223
其中:香　菇		3920		144
黑木耳		1483		70
2、鲜品		10562		3049
其中:蘑　菇		10140		2846
二、瓜果类	**299201**	**649239**	**131575**	**400918**
其中:西　瓜	274554	516902	116891	280963
甜　瓜	9508	16820	4390	10905
草　莓	834	1030	65	70
三、其他农作物	**842492**		**286337**	
其中:莲　子	71465	5907		
青饲料	106269	121944	13684	14410
四、特种农作物				
花卉	6203		1174	
盆切花		17957		190
盆载观赏植物(包括盆景)		37708		1659

特种作物生产情况

4年）

南城县		黎川县		南丰县		崇仁县	
播种面积（亩）	产量（吨）	播种面积（亩）	产量（吨）	播种面积（亩）	产量（吨）	播种面积（亩）	产量（吨）
90776	**145990**	**77899**	**116139**	**129756**	**147506**	**105783**	**126411**
18525	30660	15750	22464	23093	25867	17514	19746
4618	7371	6043	9136	13542	14616	5350	5433
4988	7885	5322	6616	139	127	4340	5416
4514	7382	2969	3850	7049	7221	7584	7556
17236	30172	16181	23968	32307	38480	24522	29972
10810	18531	12855	15304	13863	16976	22671	26972
2947	4559	2129	3446		5739	5366	7486
1993	3106	1650	2690	4155	4626	4776	6662
15849	25274	15658	22079	22522	26429	17631	22133
8729	14174	9365	12676	13763	12724	13943	17787
4252	5286	3679	4393	6311	6818	2725	3230
309	425	1222	2158	84	137	30	236
		80	158	1864	2868	34	33
6466	10033	6229	7565	15354	17196	7629	9732
2563	3800	2735	3125	5456	6258	3631	4714
1679	2653	795	865	7316	8263	2403	3613
504	871	1531	1888	2582	2675	802	975
4158	5676	6721	6654	6115	5041	6423	7088
1394	2013	1120	1120	2347	1768	1302	1494
2664	3346	3092	3440	3241	2683	3976	4468
11660	19114	7098	9014	9635	9740	9298	10600
4437	6782	2401	3065	4514	4953	3919	5128
5115	7584	1951	2536	3991	3795	3623	3566
1963	4547	886	1113	1030	907	1753	1852
5133	7197	3258	4037	4275	3508	6897	6591
		1009	1161	1282	1105	2618	2509
2163	2861	2192	2151	2273	1729	4066	3986
2123	3109	2525	3778	2946	3448	3170	5384
1885	2719	2025	2256	1932	2077	3170	5384
6679	10137	2350	2890	8365	11102	7333	7679
	59		10244		956		
	12		7541		1		
	8		2300		1		
	2		20				
	47		2703		955		
	45		2703		955		
18884	**29949**	**10994**	**19325**	**34873**	**53800**	**34012**	**38132**
18383	29416	10764	18933	34306	53468	32887	36821
471	503	230	376	552	328	1125	1311
30	30			15	4		
71325		**21756**		**33702**		**82672**	
		1631	129	13620	1380		
6307	9317	7194	9164	5538	4483	8051	8462
75							
	126						
	19100						

3－24 续表

指　　标	乐安县		宜黄县		金溪县	
	播种面积（亩）	产量（吨）	播种面积（亩）	产量（吨）	播种面积（亩）	产量（吨）
一、蔬菜及食用菌	**46992**	**57369**	**73546**	**80157**	**102105**	**118815**
（一）叶菜类	7543	7970	6616	5504	15707	16602
其中：芹　菜	1909	2195	2879	2663	4629	4880
油　菜	1827	1913			4323	4188
菠　菜	1513	1481	2315	1791	5754	4833
（二）白菜类	13348	17662	23696	26183	24023	25181
其中：大白菜	8976	12373	15198	16730	12093	14074
（三）甘蓝类	845	1177	1659	2227	2177	2827
其中：卷心菜	633	897	1369	1749	1915	2486
（四）根茎类	5823	7864	17142	22484	20161	25859
其中：白萝卜	3562	5042	14539	19554	14366	17620
胡萝卜	1319	1829	2255	2425	3875	3743
生　姜	373	340	327	468	742	930
榨菜头	71	147	21	37	247	232
（五）瓜菜类	4109	5119	4553	4664	9261	13604
其中：黄　瓜	2134	2920	1787	1673	5770	5081
南　瓜	1002	1218	969	1006	1549	1434
冬　瓜	416	620	1797	1985	652	1041
（六）豆类（菜用）	3539	3731	4086	3373	6653	6795
其中：豇　豆	1181	1302	868	813	3420	3513
四季豆	1845	1807	3218	2560	1692	1758
（七）茄果菜类	5558	7024	6658	6700	10831	10626
其中：茄　子	2006	2679	3224	3406	5533	5678
辣　椒	2783	3322	2202	2150	1562	1325
西红柿	645	727	1232	1144	2517	2511
（八）葱蒜类	3603	4008	4986	3388	6639	6764
其中：大　葱	1031	1313	2247	1364	4249	4197
蒜　头	2554	2677	2739	2024	2080	2178
（九）水生菜类	952	1090	1526	1329	5333	6101
其中：莲　藕	840	987	956	912	4019	4832
（十）其他蔬菜	1672	1317	2624	2051	1320	1322
（十一）食用菌（干鲜混合）		407		2254		3134
1、干品		108		378		2337
其中：香　菇		12		272		1127
黑木耳		96		71		1200
2、鲜品		299		1876		797
其中：蘑　菇		266		1832		784
二、瓜果类	**8855**	**11373**	**11669**	**16878**	**23491**	**33327**
其中：西　瓜	6982	10192	10891	15849	19805	27772
甜　瓜	837	652	768	1027	446	423
草　莓	150	150	10	2	50	21
三、其他农作物	**6676**		**91661**		**71146**	
其中：莲　子			8703	793		
青饲料	747	365	34059	32801	16179	17812
四、特种农作物						
花卉	4		10		3340	
盆切花						1
盆栽观赏植物（包括盆景）		12500				4449

资溪县		东乡县		广昌县		高新区	
播种面积（亩）	产量（吨）	播种面积（亩）	产量（吨）	播种面积（亩）	产量（吨）	播种面积（亩）	产量（吨）
37200	**40920**	**66407**	**93679**	**61637**	**64276**	**3840**	**5019**
2000	1400	10248	12602	4125	3949	1196	1119
800	640	3305	4327	1316	1242	461	500
400	360	4140	4745	524	501	201	102
400	120	2000	2634	1319	1226	406	451
6100	4880	12096	16957	12752	13239	1155	2514
2000	1800	8677	12101	6075	6201	584	1239
800	720		8623	497	488	136	106
800	720	3472	7547	425	424	109	95
8400	14280	12611	20312	16577	17183	441	478
8000	13600	7703	12789	12599	12966	394	431
200	300	1882	2471	2807	2936	41	44
		779	1087	293	370	6	3
		125	122				
2700	3510	6756	9223	7829	7037	209	208
500	650	2156	2765	5876	5055	108	99
600	900	752	1357	516	533	49	53
		3188	4456	1237	1249	53	55
3200	2240	4949	5953	3956	3811	224	191
		3186	3820	81	81	132	116
1400	980	1392	1743	2002	1881	88	58
8240	9064	6812	7846	11235	10661	204	135
3200	4160	2447	2730	3970	3994	136	85
3800	3800	2873	3382	2872	2677	33	24
200	220	1245	1673	4393	3990	35	25
3700	2590	3141	4207	1904	1452	126	84
		1687	2332	574	500	47	25
		654	761	1145	764	79	58
500	600	1976	3171	1382	1093	149	184
		1846	2844	1382	1093	149	184
1560	1636	3856	3957	1380	1168		
			828		4195		
			27		4160		
			26		30		
					24		
			801		35		
			709				
980	**1596**	**14531**	**28182**	**6495**	**7321**	**2842**	**8438**
980	1596	13383	26174	6440	7280	2842	8438
		648	1257	41	38		
		500	750	14	3		
9120		**120586**		**47511**			
				47511	3605		
		14510	25130				
		1600					
			17640				

3－25　茶叶、水果及食用坚果生产情况

指　　标	单位	2013年	2014年	2014年比2013年	
				增加数	增长(%)
一、茶叶总产量	**吨**	**2588**	**2534**	**－54**	**－2.1**
1. 绿茶	吨	1900	1817	－83	－4.4
2. 青茶	吨	9	9		
3. 红茶	吨	65	73	8	12.3
4. 黑茶	吨				
5. 黄茶	吨	6	7	1	16.7
6. 白茶	吨	47	54	7	14.9
7. 其他茶	吨	561	574	13	2.3
二、园林水果	**吨**	**1599341**	**1571695**	**－27646**	**－1.7**
1. 柑桔类	吨	1537206	1506800	－30406	－2.0
其中:柑	吨	17120	15314	－1806	－10.5
桔	吨	1504447	1476532	－27915	－1.9
橙	吨	10014	9097	－917	－9.2
柚	吨	5625	5857	232	4.1
2. 梨	吨	44833	46986	2153	4.8
其中:雪花梨	吨	4834	5257	423	8.8
鸭　梨	吨	1657	1814	157	9.5
3. 其他园林水果	吨	17302	17909	607	3.5
其中:桃	吨	7145	6913	－232	－3.2
猕猴桃	吨	442	360	－82	－18.6
葡萄	吨	5466	5601	135	2.5
柿子	吨	1363	1005	－358	－26.3
三、食用坚果	**吨**	**2071**	**1917**	**－154**	**－7.4**
其中：核桃	吨	2	2		
板栗	吨	1839	1767	－72	－3.9
松子	吨	228	129	－99	－43.4
四、年末实有茶园面积	**亩**	**63677**	**63825**	**148**	**0.2**
其中：当年采摘面积	亩	26112	29491	3379	12.9
当年新增面积	亩	1529	397	－1132	－74.0
五、年末果园面积	**亩**	**1415596**	**1430163**	**14567**	**1.0**
其中:当年新增面积	亩	30822	17232	－13590	－44.1
1. 柑桔园	亩	1298087	1314718	16631	1.3
其中:柑	亩	18141	31768	13627	75.1
桔	亩	1270568	1273999	3431	0.3
橙	亩	5570	5003	－567	－10.2
柚	亩	3808	3948	140	3.7
2. 梨　园	亩	59767	59088	－679	－1.1
3. 桃　园	亩	15497	15392	－105	－0.7
4. 猕猴桃园	亩	380	657	277	72.9
5. 葡萄园	亩	4518	4238	－280	－6.2
6. 其他果园	亩	37347	36070	－1277	－3.4

3-26 各县(区)茶叶、水果及坚果生产情况

(2014 年)

指　　标	单位	抚州市	临川区	南城县	黎川县	南丰县	崇仁县	乐安县
一、茶叶总产量	**吨**	**2534**	**86**	**15**	**45**	**16**	**275**	**23**
1. 绿茶	吨	1817	70	15	33	16	58	7
2. 青茶	吨	9						9
3. 红茶	吨	73			8		62	
4. 黑茶	吨							
5. 黄茶	吨	7	7					
6. 白茶	吨	54			3			
7. 其他茶	吨	574	9		1		155	7
二、园林水果	**吨**	**1571695**	**58158**	**111755**	**10528**	**1247972**	**8276**	**6961**
1. 柑桔类	吨	1506800	52817	110070	8830	1246561	6603	3551
其中:柑	吨	15314	3100		520	4000	15	124
桔	吨	1476532	49396	110062	8105	1242518	6483	2720
橙	吨	9097	135	3	3	43		10
柚	吨	5857	186	5	202		105	697
2. 梨	吨	46986	2400	1075	1165	1390	933	1802
其中:雪花梨	吨	5257	395	96	835		897	1644
鸭　梨	吨	1814	1108		316			156
3. 其他园林水果	吨	17909	2941	610	533	21	740	1608
其中:桃	吨	6913	1151	64	428	2	333	1293
猕猴桃	吨	360	242		5			4
葡萄	吨	5601	105	5	45		17	18
柿子	吨	1005	457		55	19	105	90
三、食用坚果	**吨**	**1917**	**72**	**178**	**208**		**51**	**70**
其中:核桃	吨	2						
板栗	吨	1767	72	178	203		51	69
松子	吨	129			5			
四、年末实有茶园面积	**亩**	**63825**	**7604**	**3300**	**3409**	**885**	**3070**	**2536**
其中:当年采摘面积	亩	29491	1809	3300	2848	790	2970	1870
当年新增面积	亩	397	22		40	95		
五、年末果园面积	**亩**	**1430163**	**103105**	**229842**	**44736**	**696826**	**98121**	**16283**
其中:当年新增面积	亩	17232	321	1870	1030	10665	5	36
1. 柑桔园	亩	1314718	91845	215330	35802	695986	78138	9653
其中:柑	亩	31768	2196	11646	182	1530	20	3044
桔	亩	1273999	89438	203651	35570	694438	78088	5747
橙	亩	5003	85	21	30	18		90
柚	亩	3948	126	12	20		30	772
2. 梨　园	亩	59088	4250	8939	5426	839	8027	2531
3. 桃　园	亩	15392	3746	695	235	1	1429	1202
4. 猕猴桃园	亩	657	62		10			30
5. 葡萄园	亩	4238	39	30	84		150	127
6. 其他果园	亩	36070	3163	4848	3179		10377	2740

3－26 续表

指　　标	单位	宜黄县	金溪县	资溪县	东乡县	广昌县	高新区
一、茶叶总产量	**吨**	**24**	**1979**	**49**	**5**	**17**	
1. 绿茶	吨	22	1582		4	10	
2. 青茶	吨						
3. 红茶	吨					3	
4. 黑茶	吨						
5. 黄茶	吨						
6. 白茶	吨	2		49			
7. 其他茶	吨		397		1	4	
二、园林水果	**吨**	**3232**	**91581**	**316**	**9990**	**18929**	**3997**
1. 柑桔类	吨	2235	51288	155	3104	17597	3989
其中:柑	吨	431	5319		1612	193	
桔	吨	1675	37024	155	1309	13162	3923
橙	吨	101	4557		2	4242	1
柚	吨	28	4388		181		65
2. 梨	吨	468	31640	19	5194	900	
其中:雪花梨	吨	426	46		241	677	
鸭　梨	吨	42	33		132	27	
3. 其他园林水果	吨	529	8653	142	1692	432	8
其中:桃	吨	293	2782	15	376	169	7
猕猴桃	吨	21	18	70			
葡萄	吨	83	4202	30	1060	36	
柿子	吨	32	222		3	21	1
三、食用坚果	**吨**	**397**	**346**		**486**	**109**	
其中:核桃	吨					2	
板栗	吨	255	346		486	107	
松子	吨	124					
四、年末实有茶园面积	**亩**	**1840**	**7078**	**32750**	**617**	**736**	
其中：当年采摘面积	亩	739	6568	7460	417	720	
当年新增面积	亩			200		40	
五、年末果园面积	**亩**	**20098**	**117233**	**2303**	**8231**	**92038**	**1347**
其中:当年新增面积	亩		580	644	288	1681	112
1. 柑桔园	亩	13189	99007	524	2559	71430	1255
其中:柑	亩	3394	5080		1211	3465	
桔	亩	9489	88786	524	1133	65997	1138
橙	亩	238	2454		5	1968	94
柚	亩	68	2687		210		23
2. 梨　园	亩	2513	12611	89	2456	11407	
3. 桃　园	亩	1802	1751	77	239	4138	77
4. 猕猴桃园	亩	9	46	500			
5. 葡萄园	亩	151	2555	405	630	67	
6. 其他果园	亩	2434	1263	708	2347	4996	15

3－27　畜牧业生产情况

指　　标	单位	2013年	2014年	2014年比2013年	
				增加数	增长(%)
一、畜禽存栏					
1、猪存栏	头	1814199	1835612	21413	1.2
其中:能繁殖母猪	头	174352	174897	545	0.3
2、牛存栏	头	254734	256120	1386	0.5
其中:肉　牛	头	43944	53870	9926	22.6
奶　牛	头	4251	5499	1248	29.4
其中:能繁殖母牛	头	82114	82921	807	1.0
3、羊存栏	只	15538	16247	709	4.6
4、兔存栏	只	9320	35151	25831	277.2
5、家禽	百只	248538	260706	12168	4.9
二、畜禽出栏					
1、猪出栏	头	2850357	2913476	63119	2.2
2、牛出栏	头	48835	50288	1453	3.0
3、羊出栏	只	14075	14705	630	4.5
4、兔出栏	只	16457	17652	1195	7.3
5、家禽出栏	百只	831852	852742	20890	2.5
三、畜禽产品产量					
1、肉类总产量	吨	327552	336903	9351	2.9
猪肉	吨	225356	230833	5477	2.4
牛肉	吨	5999	6174	175	2.9
羊肉	吨	251	268	17	6.8
兔肉	吨	30	31	1	3.3
禽肉	吨	95647	99276	3629	3.8
其它肉产量	吨	269	321	52	19.3
2、禽蛋	吨	40969	41949	980	2.4
鸡、鸭、鹅蛋产量	吨	40200	39752	－448	－1.1
其他禽蛋产量	吨	769	2197	1428	185.7
3、牛奶	吨	16479	19833	3354	20.4
4、其他奶产量	吨				
5、羊毛产量	公斤				
6、养蜂箱数	箱	25471	30521	5050	19.8
蜂蜜产量	吨	1023	1188	165	16.1
7、年末桑园面积	公顷	1456	1391	－65	－4.5
蚕茧产量	吨	632	764	132	20.9

3-28 各县(区)畜牧业生产情况

(2014年)

指　　标	单位	抚州市	临川区	南城县	黎川县	南丰县	崇仁县	乐安县
一、畜禽存栏								
1、猪存栏	头	1835612	294526	160591	100632	81275	99423	59529
其中:能繁殖母猪	头	174897	23501	12434	9189	6497	8970	5837
2、牛存栏	头	256120	47448	27874	14352	14083	25392	31919
其中:肉　牛	头	53870	5914	8645	1425	8065	5052	5946
奶　牛	头	5499	509	40	116	26		20
其中:能繁殖母牛	头	82921	17990	9399	4080	8942	4492	11147
3、羊存栏	只	16247	2253	1164	1160	1109	619	334
4、兔存栏	只	35151		508		10134		
5、家禽	百只	260706	42238	30886	9422	10601	114637	6971
二、畜禽出栏								
1、猪出栏	头	2913476	510211	253924	172050	108310	180613	87495
2、牛出栏	头	50288	9120	6473	1381	6158	4876	5293
3、羊出栏	只	14705	2345	1380	1000	1730	931	361
4、兔出栏	只	17652		734		2870		
5、家禽出栏	百只	852742	50361	35973	51020	20877	619235	17988
三、畜禽产品产量								
1、肉类总产量	吨	336903	50271	24997	21997	13729	80980	10117
猪肉	吨	230833	41568	18796	14456	9221	14745	6942
牛肉	吨	6174	1363	771	168	711	494	616
羊肉	吨	268	44	21	17	31	18	5
兔肉	吨	31		1		5		
禽肉	吨	99276	7098	5408	7356	3761	65723	2485
其它肉产量	吨	321	198					69
2、禽蛋	吨	41949	10438	8036	1469	2321	9376	1311
鸡、鸭、鹅蛋产量	吨	39752	10132	6413	1449	2321	9376	1283
其他禽蛋产量	吨	2197	306	1623	20			28
3、牛奶	吨	19833	1577	108	800	112		60
4、其他奶产量	吨							
5、羊毛产量	公斤							
6、养蜂箱数	箱	30521	10786	63	80	3577		4922
蜂蜜产量	吨	1188	719	3	2	77		38
7、年末桑园面积	公顷	1391						341
蚕茧产量	吨	764						410

3－28 续表

指　　标	单位	宜黄县	金溪县	资溪县	东乡县	广昌县	高新区
一、畜禽存栏							
1、猪存栏	头	54737	141753	31620	750808	49218	11500
其中：能繁殖母猪	头	4212	11590	1412	87117	2597	1541
2、牛存栏	头	12965	24590	860	30187	24625	1825
其中：肉　牛	头	1084	5391		5879	6366	103
奶　牛	头	7	55		4558		168
其中：能繁殖母牛	头	3802	8514	378	8632	4932	613
3、羊存栏	只		4000	400	4215	993	
4、兔存栏	只		4588		9934	9987	
5、家禽	百只	3006	10601	1160	19073	9830	2281
二、畜禽出栏							
1、猪出栏	头	95058	200628	36320	1195250	55600	18017
2、牛出栏	头	1595	5900	380	6445	1989	678
3、羊出栏	只		3195	760	2302	701	
4、兔出栏	只		7070		4866	2112	
5、家禽出栏	百只	4454	14633	1164	21146	13310	2581
三、畜禽产品产量							
1、肉类总产量	吨	8691	19820	3082	95039	6155	2025
猪肉	吨	7822	16852	2903	91776	4225	1527
牛肉	吨	236	678	42	769	232	94
羊肉	吨		62	14	44	12	
兔肉	吨		12		9	4	
禽肉	吨	630	2185	123	2421	1682	404
其它肉产量	吨	3	31		20		
2、禽蛋	吨	692	1956	410	5322	531	87
鸡、鸭、鹅蛋产量	吨	692	1956	410	5104	529	87
其他禽蛋产量	吨				218	2	
3、牛奶	吨	28	345		15966		837
4、其他奶产量	吨						
5、羊毛产量	公斤						
6、养蜂箱数	箱	3827	3747		850	2669	
蜂蜜产量	吨	91	125		53	80	
7、年末桑园面积	公顷	10	795		245		
蚕茧产量	吨	26	254		74		

3－29　渔业生产情况

指　标	单 位	2013 年	2014 年	2014 年比 2013 年	
				增加数	增长(%)
一、水产品产量	**吨**	**175558**	**184696**	**9138**	**5.2**
(一)捕捞产量	吨	13923	15233	1310	9.4
鱼　类	吨	11066	12104	1038	9.4
虾蟹类	吨	748	846	98	13.1
贝　类	吨	1819	1930	111	6.1
其他类	吨	290	353	63	21.7
(二)养殖产量	吨	161635	169463	7828	4.8
1. 按养殖品种分类					
鱼　类	吨	149450	152637	3187	2.1
虾蟹类	吨	1596	2162	566	35.5
贝　类	吨	2296	2552	256	11.1
其他类	吨	8293	12112	3819	46.1
2. 按养殖类型分类					
池　塘	吨	62751	69060	6309	10.1
湖　泊	吨				
河　沟	吨	2998	2633	－365	－12.2
水　库	吨	90015	89317	－698	－0.8
其　他	吨	5871	8453	2582	44.0
二、水产品养殖面积	**亩**	**608677**	**619590**	**10913**	**1.8**
(一)池塘养殖	亩	154070	164344	10274	6.7
(二)湖泊养殖	亩				
(三)河沟养殖	亩	8912	8703	－209	－2.3
(四)水库养殖	亩	410636	413554	2918	0.7
(五)其他养殖	亩	35059	32989	－2070	－5.9
附记:稻田养鱼面积	亩	99399	100868	1469	1.5

3－30 各县(区)渔业生产情况

(2014年)

指标	单位	抚州市	临川区	南城县	黎川县	南丰县	崇仁县	乐安县
一、水产品产量	**吨**	**184696**	**29610**	**42652**	**20171**	**10398**	**13405**	**8567**
(一)捕捞产量	吨	15233	6193	360	1480	782	640	690
鱼　类	吨	12104	5423	360	1430	770	622	517
虾蟹类	吨	846	79		15	10	3	
贝　类	吨	1930	619		32	2	15	173
其他类	吨	353	72		3			
(二)养殖产量	吨	169463	23417	42292	18691	9616	12765	7877
1. 按养殖品种分类								
鱼　类	吨	152637	23018	40382	17754	3258	12201	6947
虾蟹类	吨	2162	109	322	150	27	19	62
贝　类	吨	2552	91	717	67	20	106	108
其他类	吨	12112	199	871	720	6311	439	760
2. 按养殖类型分类								
池　塘	吨	69060	11631	15207	3680	9181	3191	3660
湖　泊	吨							
河　沟	吨	2633	298		40			
水　库	吨	89317	11312	27085	14921	435	7802	2792
其　他	吨	8453	176		50		1772	1425
二、水产品养殖面积	**亩**	**619590**	**95451**	**116913**	**89895**	**35000**	**72753**	**40700**
(一)池塘养殖	亩	164344	38078	20079	9943	25095	9326	11686
(二)湖泊养殖	亩							
(三)河沟养殖	亩	8703	2980		177			
(四)水库养殖	亩	413554	53573	96834	79506	9905	41529	29014
(五)其他养殖	亩	32989	820		269		21898	
附记:稻田养鱼面积	亩	100868	163				21898	32891

3－30续表

指　　标	单位	宜黄县	金溪县	资溪县	东乡县	广昌县	高新区
一、水产品产量	**吨**	**8941**	**17438**	**6709**	**17720**	**7806**	**1279**
（一）捕捞产量	吨	880	2113	80	1879	60	76
鱼　类	吨	749	1078	62	978	39	76
虾蟹类	吨	20	499	7	200	13	
贝　类	吨	70	402	10	599	8	
其他类	吨	41	134	1	102		
（二）养殖产量	吨	8061	15325	6629	15841	7746	1203
1. 按养殖品种分类							
鱼　类	吨	7122	13505	6559	14163	6525	1203
虾蟹类	吨	106	480	42	612	233	
贝　类	吨	220	405	10	575	233	
其他类	吨	613	935	18	491	755	
2. 按养殖类型分类							
池　塘	吨	4270	3576	3646	6184	4578	256
湖　泊	吨						
河　沟	吨	241	1051	140	863		
水　库	吨	2123	9925	1993	7773	2209	947
其　他	吨	1427	773	850	1021	959	
二、水产品养殖面积	**亩**	**25600**	**28273**	**11000**	**75067**	**25100**	**3838**
（一）池塘养殖	亩	9470	9920	6630	12458	11000	659
（二）湖泊养殖	亩						
（三）河沟养殖	亩	790	366	1600	2790		
（四）水库养殖	亩	14466	17812	2620	51016	14100	3179
（五）其他养殖	亩	874	175	150	8803		
附记：稻田养鱼面积	亩	15410	1107	13460	7769	8170	

主要统计指标解释

农林牧渔业总产值:是以货币表现的农林牧渔四业全部产品的总量和服务业总值。它反映一定时期内农业生产的总规模和总成果。农、林、牧、渔四业的统计范围是:

(1)农业,包括粮、棉、油料、糖料、麻类、烟叶、蔬菜、药材、瓜类和其他农作物的种植,以及茶园、桑园、果园的生产经营,还包括原副业中的采集野生植物和农民家庭兼营工业。

(2)林业,包括林木的栽培(不包括茶园、桑园和果园的栽培、管理和收获等活动)、林产品的采集和村及村以下(即原生产大队、生产队和社员)的竹木采伐,以及原副业中的野生杂柴、小山竹产值。

(3)牧业,包括除渔业养殖以外的一切动物饲养和放牧,以及原副业中的捕猎野兽、野禽。

(4)渔业,水生动物和海藻类植物的养殖捕劳。

(5)农林牧渔服务业。

农林牧渔业中间消耗:指各种经济类型的农业生产单位和农户,在农业生产经营过程中投入(或消耗)的各种物质产品和劳务价值的总和。包括中间物质消耗和中间劳务消耗两个部分。计入中间消耗必须具备以下条件,即:与总产出相对应的生产过程中消耗的不属于固定资产的非耐用品。

农林牧渔业增加值:指农、林、牧、渔及农林牧渔服务业生产货物或提供服务活动而增加的价值,为农林牧渔业现价总产值扣除农林牧渔业现价中介投入后的余额。

①农业增加值 = 农业总产出 - 农业中间消耗

②林业增加值 = 林业总产出 - 林业中间消耗

③牧业增加值 = 牧业总产出 - 牧业中间消耗

④渔业增加值 = 渔业总产出 - 渔业中间消耗

⑤农林牧渔服务业增加值:

普查年份直接来源于农林牧渔服务业营业收入,即:

农林牧渔服务业增加值 = 农林牧渔服务业产值(营业收入)×增加值率,增加值率根据投入产出调查或第三产业普查资料确定;

非普查年份依据劳动工资、工商部门的资料及投入产出资料以及其他相关资料按分配法(收入法)进行推算。具体说明如下:

农林牧渔服务业增加值 = 劳动者报酬 + 生产税净额 + 固定资产折旧 + 营业盈余

乡镇个数:指农村中经省、自治区、直辖市人民政府批准成立的乡一级行政区划的数量。不包括城关镇、城市街道办事处、工矿区。

村委会个数:指农村中经上级政府批准,按居住地区设立的基层群众性自治组织的个数。含城关镇中的村。

通电的村:指乡镇行政区域内通电的村数。通电的村指行政村内至少有一个自然村通电。

通电话的村:指乡镇行政区域内架设通讯线路,并装有电话机的村数。

通公路的村:是指有公路从外部通达到行政村。公路是指能通行汽车、拖拉机的道路。

通有线电视的村:指已开通有线电视线路,并开始使用的行政村。

通自来水的村:自来水是指符合卫生标准,并经公用设施处理的管道输送水。通自来水的村指乡镇行政区域内通自来水的村数。

乡村户数:指长期(一年以上)居住在乡镇(不包括城关镇)行政管理区域内的住户,还包括居住在城关镇所辖行政村范围内的农村住户。户口不在本地而在本地居住一年及以上的住户也包括在本地农村住户内;有本地户口,但举家外出谋生一年以上的住户,无论是否保留承包耕地都不包括在本地农村住户范围内。不包括乡村地区内的国有经济的机关、团体、学校、企业、事业单位的集体户。

乡村人口:指乡村地区常住居民户数中的常住人口数,即经常在家或在家居住6个月以上,而且经济和生活与本户连成一体的人口。外出从业人员在外居住时间虽然在6个月以上,但收入主要带回家中,经济与本户连为一体,仍视为家庭常住人口;在家居住,生活和本户连成一体的国家职工、退休人员也为家庭常住人口。但是现役军人、中专及以上(走读生除外)的在校学生、以及常年在外(不包括探亲、看病等)且已有稳定的职业与居住场所的外出从业人员,不应当作家庭常住人口。

乡村劳动力资源数:指乡村人口中劳动年龄以上(16周岁)能够参加生产经营活动的人员。

乡村从业人员数:指乡村人口中16岁以上实际参加生产经营并取得实物或货币收入的人员,既包括劳动年龄内经常参加劳动的人员,也包括超过劳动年龄但经常参加劳动的人员。但不包括户口在家的在外学生、现役军人和丧失劳动能力的人,也不包括待业人员和家务劳动者。从业人员年龄为16岁以上。从业人员按从事主业时间最长(时间相同按收入)分为农业从业人员、工业从业人员、建筑业从业人员、交运仓储及邮政业从业人员、信息传输、计算机服务和软件业从业人员、批发与零售业从业人员、住宿和餐饮业从业人员、其他从业人员。

年末耕地总资源:指能够种植农作物的田地。包括当年实际耕种的熟地;新开荒且已种植的地;"沿海"、"沿湖"地区已围垦利用三年以上的"海涂"、"湖田";弃耕、休闲不满三年,随时可以复耕的地;因灾害或其他因素,虽然当年内未种植农作物但仍可复耕的地;以种植农作物为主,附带种植桑树、果树和其他林的地;年年进行耕耘种草的地;南方小于1米、北方小于2米宽的沟、渠、路、田埂。不包括:因灾害或其他因素,已不能复耕的地;弃耕、休闲满三年的地,或者虽不满三年,但已经成为荒地的土地;不进行耕耘,种植牧草已成为永久性草地的土地;专业性的桑园、茶园、果园、果木苗圃地、芦苇地、天然草场等;以混凝土等铺设的温室、玻璃室,导致栽培的植物体与地面隔绝的基地。

常用耕地:指耕地资源中专门种植农作物并经常进行耕种、能够正常收获的土地。包括当年实际耕种的熟地;弃耕、休闲不满三年,随时可以复耕的地;开荒利用三年以上的地;南方小于1米、北方小于2米宽的沟、渠、路、田埂。不包括临时种植农作物的坡度在25度以上的陡坡地;在河套、湖畔、库区临时开发的成片或零星土地;也包括已列为国家和省退耕计划但仍临时耕种的土地。

水田:指筑有田埂(坎),可以经常蓄水,用来种植水稻、莲藕、席草等水生作物的耕地。因天旱暂时没有蓄水而改种旱地作物的,或实行水稻和旱地作物轮种的(如水稻和小麦、油菜、蚕豆等轮种),仍计为水田。

临时性耕地:指在常用耕地以外临时开垦种植农作物,不能正常收获的土地。包括临时种植农作物的坡度在25度以上的陡坡地,在河套、湖畔、库区临时开发种植农作物的成片或零星土地。根据我国《水土保护法》规定,现在临时种植农作物坡度在25度以上的陡坡地要逐步退耕还林还草;环北京、黑河流域、塔里木河流域等地区临时开垦种植农作物,易造成水土流失及沙化的土地,已列为国家或地方退耕还林还草规划,近年也要逐步退耕。这部分临时性耕地又称待退的临时性耕地。

新开荒地:指报告年度内已种上农作物的新开荒地;已开垦但尚未耕种的土地,因实际上没有利用,不计算为耕地面积。

有效灌溉面积:指具有一定的水源,地块比较平整,灌溉工程或设备已经配套,在一般年景下当年能够进行正常灌溉的耕地面积。在一般的情况下,有效灌溉面积应等于灌溉工程或设备已经配套,能够进行正常灌溉的水田和水浇地面积之和。

农作物总播种面积:指应该在本日历年度内收获农产品的作物播种面积之和。其计算公式为:

农作物总播种面积=上年秋冬播作物面积+本年春播作物面积+本年夏播作物面积=本年夏收作物播种面积+本年秋收作物播种面积

粮食播种面积:指本日历年度内收获粮食(包括谷物、豆类和薯类等在内)作物的实际播种面积之和。不论种植在耕地上还是非耕地上,均应统计。

复种指数:指反映耕地利用程度的指标。指全年内农作物的总播种面积对耕地面积之比,用百分数表示。复种指数表示耕地在一年内被用来种植农作 物的平均次数。计算公式如下:

复种指数=(农作物总播种面积—绿肥作物播种面积)/耕地面积 ×100%

农作物总产量:是指本年度内生产的各种农作物总产量,不论计划内外,数量多少,耕地上与非耕地上的农作物产量,都应统计在内,不得遗漏。

农作物产量应统计全社会的产量。不仅要把国营农场等国有经济和乡(社)集体经济的农作物产量统计在内,还要把社员自留地,工矿企业职工家属办的农场和其他经营单位生产的农作物产量统计在内。不仅要把卖给国家的农作物产量统计在内,还要把生产单位自产自用的农作物产量统计在内。

粮食总产量:指全社会的产量。包括国有经济经营的、集体统一经营的和农民家庭经营的粮食产量,还包括工矿企业家属办的农场和其他生产单位的产量。包括稻谷、小麦、玉米、高粱、谷子、其他杂粮、薯类、大豆。其计算方法,豆类按去豆荚后的干豆计算;薯类按5公斤鲜薯折1公斤粮食计算。城市郊区作为蔬菜的薯类不作为粮食统计,其他粮食一律按脱粒后的原粮计算。

油料产量:指全部油料作物的生产量。包括花生、油菜籽、芝麻、向日葵籽、胡麻籽(亚麻子)和其他油料。不包括大豆、木本油料和野生油料。花生以带壳干花生计算。

棉花产量:按皮棉计算。3公斤籽棉折1公斤皮棉。不包括木棉。

糖料产量:指甘蔗和甜菜生产量的合计。甘蔗以蔗杆计算,甜菜以块根计算。

水果产量:指园林水果产量,即本年度内从果树上收获的全部水果产量。不论自食的或出售的,都应计算在内。但不包括果用瓜(如西瓜、甜瓜、白兰瓜、哈密瓜、脆瓜等)和主要作蔬菜食用的藕、西红柿等,也不包括采集的野生水果。水果的产量按鲜果计算,干枣、葡萄干、柿饼、桔饼等应统一折成鲜果计算。

肉类总产量:指当年出栏并已屠宰的畜禽肉产量。即屠宰后除去头蹄下水后带骨肉的重量,也叫胴体重。

奶类产量:指全社会产量,包括出售给国家部分,农贸市场交易部分和农牧民自食部分。不包括牛犊和乳羊直接吮食部分。

禽蛋产量:指本乡镇范围内生产的鸡、鸭、鹅等禽蛋产量总和,包括出售的和农民自产自用的部分。

水产品产量:指人工养殖的水产品和天然生长水产品的捕捞量。包括海水的鱼类、虾蟹类、贝类,不包括淡水水生植物。

农业机械总动力:指主要用于农、林、牧、渔业的各种动力机械的动力总和,包括耕作机械、农用排灌机械。按能源又分为柴油、汽油、电力和其他动力。

总动力按法定计算单位千瓦计算。(注:1 马力 = 735.5 瓦特 =0.735 千瓦)

化肥使用量:指本年度内实际用于农业生产的化学肥料数量,包括氮肥、磷肥、钾肥和复合肥。使用量要求按折纯量计算数量,即各类化学肥料的实际施用数量按其含氮、含五氧化二磷、含氧化钾的比例折成百分之百计算。

折纯量 = 实物量 × 某种化肥有效成份含量的百分比

农村用电量:指本年度内,扣除在农村中的国有工业、交通、基建等单位的用电量以后的农村生产和生活的全年用电总量(计量单位千瓦小时,按全年累计数统计)。既包括国家电网供电,也包括农村自办电站供电量。

工　业　4

INDUSTRY

●2014 年，全市规模以上工业企业 823 个，工业增加值 315.21 亿元，其中：轻工业占 44.36%，重工业占 55.64%。

●2014 年，全市工业园区投产工业企业数 1013 个，完成主营业务收入 1516.09 亿元。

本篇章

资料整理

邹　群　黄丹强

4－1　各县(区)规模以上工业总产值及工业增加值

(2014年)　　单位:万元

县(区)别	工业总产值		工业增加值	
	绝对额	增长速度(%)	绝对额	增长速度(%)
抚州市	**14641030**	**14.0**	**3152070**	**11.7**
临川区	5185206	13.3	1083665	11.2
其中:高新区	3024533	15.8	670562	11.1
南城县	1136945	18.3	254511	12.3
黎川县	875644	15.2	218288	11.2
南丰县	725144	16.0	186682	11.7
崇仁县	1679591	17.6	307333	11.9
乐安县	169550	－13.9	44311	10.8
宜黄县	1012527	16.2	222868	11.8
金溪县	912239	14.0	198565	11.7
资溪县	148701	10.4	35766	12.2
东乡县	2156275	12.9	444475	12.6
广昌县	639209	9.8	155606	12.0

4－2 规模以上工业企业单位数、总产值和增加值

（2014 年） 单位:万元

指　　标	企业单位数（个）	工业总产值	增长速度（%）	工业增加值	增长速度（%）
总　　计	**823**	**14641030**	**14.0**	**3152070**	**11.7**
一、按登记注册类型分组:					
国有企业	5	18134	33.3	9092	24.8
集体企业	1				
股份合作企业	4	28261	14.6	5751	9.9
联营企业	1	26730	10.0	5971	7.6
有限责任公司	384	7212480	13.6	1478060	10.6
股份有限公司	16	414867	34.2	101930	25.0
私营企业	358	6056239	15.4	1299896	13.3
港、澳、台商投资企业	40	685348	2.0	163625	1.8
外商投资企业	14	198972	－3.8	42795	－2.2
二、按轻、重工业分					
轻工业	425	6054209	12.1	1398272	8.4
重工业	398	8586821	15.3	1753798	14.5
三、按企业规模分					
大中型企业	100	3358146	14.9	756815	14.0
小型企业	723	11282884	13.7	2395255	11.3
四、按工业行业分					
黑色金属矿采选业	3	60368	－10.3	1632	－0.4
有色金属矿采选业	4	41703	－19.0	2185	－13.2
非金属矿采选业	2	26795	15.9	724	13.6
农副食品加工业	34	655866	12.1	12092	9.0
食品制造业	12	258306	13.6	5835	9.5
酒、饮料和精制茶制造业	8	114763	5.6	4107	5.9
纺织业	61	918092	11.3	17241	9.4
纺织服装、服饰业	88	940935	17.5	21894	10.0
皮革、毛皮、羽毛及其制品和制鞋业	19	270018	18.9	8601	11.8
木材加工和木、竹、藤、棕、草制品业	35	373756	－1.4	9262	－3.0
家具制造业	10	133936	10.0	3320	6.4
造纸和纸制品业	33	368367	5.3	8430	4.1

指　　标	企业单位数（个）	工业总产值	增长速度（%）	工业增加值	增长速度（%）
印刷和记录媒介复制业	7	66269	31.4	1973	23.4
文教、工美、体育和娱乐用品制造业	21	279401	28.6	8070	21.9
石油加工、炼焦和核燃料加工业	1	59351	47.5	875	46.1
化学原料和化学制品制造业	94	1289579	7.6	27302	5.7
医药制造业	29	555454	5.1	14275	4.9
化学纤维制造业	1	17555	122.6	294	99.5
橡胶和塑料制品业	83	1000358	18.3	19780	13.9
非金属矿物制品业	51	765437	10.0	20133	6.7
黑色金属冶炼和压延加工业	3	141626	17.3	2466	15.1
有色金属冶炼和压延加工业	47	3241002	11.4	52486	14.4
金属制品业	30	321002	14.7	6990	13.2
通用设备制造业	11	142673	23.0	2756	17.3
专用设备制造业	13	225433	15.0	5071	9.9
汽车制造业	32	592100	20.9	13718	15.8
铁路、船舶、航空航天和其他运输设备制造业	6	52284	16.9	1220	11.9
电气机械和器材制造业	40	969774	17.0	20101	10.9
计算机、通信和其他电子设备制造业	13	334602	126.2	11190	107.0
仪器仪表制造业	6	75132	17.6	1857	13.3
其他制造业	5	45668	32.9	1105	21.0
废弃资源综合利用业	1	28978	4.9	523	7.1
电力、热力生产和供应业	14	239538	13.0	6209	10.3
燃气生产和供应业	3	22421	46.8	702	33.9
水的生产和供应业	3	12489	9.3	786	1.8

4－3 规模以上工业企业

（201

指　　标	经济效益综合指数（%）	总资产贡献率（%）	资产负债率（%）
总　　计	**335.18**	**30.59**	**51.95**
一、按登记注册类型分组：			
国有企业	97.20	1.29	52.03
集体企业			
股份合作企业	270.94	28.45	14.92
联营企业	766.77	33.69	32.02
有限责任公司	359.91	32.36	50.85
股份有限公司	270.46	16.08	49.33
私营企业	348.62	34.60	54.57
港、澳、台商投资企业	254.13	23.63	47.40
外商投资企业	173.49	11.71	50.35
二、按轻、重工业分			
轻工业	275.70	24.88	44.39
重工业	406.07	35.68	58.30
三、按企业规模分			
大中型企业	298.10	32.99	57.45
小型企业	351.86	29.65	49.65
四、按工业行业分			
黑色金属矿采选业	523.27	53.43	24.74
有色金属矿采选业	164.64	3.37	65.77
非金属矿采选业	337.35	25.20	59.51
农副食品加工业	367.17	25.22	48.04
食品制造业	408.46	44.63	37.51
酒、饮料和精制茶制造业	219.57	17.61	19.96
纺织业	282.00	18.05	45.74
纺织服装、服饰业	293.07	35.95	41.49
皮革、毛皮、羽毛及其制品和制鞋业	261.34	30.81	26.63
木材加工和木、竹、藤、棕、草制品业	216.28	17.02	38.55
家具制造业	336.23	37.07	37.55
造纸和纸制品业	261.69	18.69	52.62

主要财务指标分析资料(一)

4年)

流动资产周转率(次/年)	成本费用利润率(%)	全员劳动生产率(元/人·年)	产品销售率(%)	资本保值增值率(%)
5.49	**6.46**	**258727**	**99.10**	**129.61**
1.11	2.16	60732	97.94	102.03
10.09	1.88	116855	99.20	111.36
7.33	7.65	885637	100	302.48
6.59	6.23	274132	99.17	145.08
2.38	8.80	234093	99.65	122.78
5.31	6.75	272221	98.94	117.82
4.20	5.97	173962	99.45	113.39
3.01	3.81	113796	99.17	98.23
4.86	6.59	188755	98.70	124.24
6.02	6.36	350278	99.38	136.23
4.54	8.38	198889	99.34	105.67
5.86	5.88	284173	99.05	140.85
16.61	11.86	291856	99.91	92.23
8.29	-3.27	125614	97.65	73.20
5.44	1.27	318585	100	98.76
4.76	5.42	346551	99.60	128.26
8.48	7.59	288360	98.85	94.57
2.92	7.26	153656	97.39	91.03
4.75	5.22	226988	99.52	139.94
8.16	5.87	130532	99.70	139.31
6.32	6.79	119182	99.72	135.32
3.63	6.62	139227	99.42	103.77
11.19	6.31	148188	98.97	131.35
3.73	5.65	205107	99.40	141.31

4－3 续表

指　　标	经济效益综合指数(%)	总资产贡献率(%)	资产负债率(%)
印刷和记录媒介复制业	391.48	46.88	38.55
文教、工美、体育和娱乐用品制造业	413.53	57.34	59.30
石油加工、炼焦和核燃料加工业	415.64	2.48	55.71
化学原料和化学制品制造业	416.96	45.96	51.69
医药制造业	297.91	19.42	46.33
化学纤维制造业	251.13	0.23	81.40
橡胶和塑料制品业	336.04	29.04	43.35
非金属矿物制品业	317.22	32.82	51.74
黑色金属冶炼和压延加工业	772.98	27.93	43.53
有色金属冶炼和压延加工业	854.10	64.63	66.06
金属制品业	289.07	23.74	62.39
通用设备制造业	310.89	24.09	58.36
专用设备制造业	356.13	39.07	60.55
汽车制造业	308.48	25.57	53.10
铁路、船舶、航空航天和其他运输设备制造业	215.36	17.31	49.08
电气机械和器材制造业	329.39	29.95	52.22
计算机、通信和其他电子设备制造业	376.47	48.29	52.77
仪器仪表制造业	386.28	47.44	51.90
其他制造业	406.52	56.80	48.11
废弃资源综合利用业	583.88	24.41	60.04
电力、热力生产和供应业	246.98	5.74	87.99
燃气生产和供应业	521.65	16.74	36.96
水的生产和供应业	103.51	4.54	50.02
五、按县(区)分			
临 川 区	363.01	28.97	56.11
其中:高 新 区	354.45	25.85	47.17
南 城 县	309.55	30.38	37.61
黎 川 县	346.41	48.19	45.33
南 丰 县	278.87	22.47	30.72
崇 仁 县	407.75	42.34	51.72
乐 安 县	183.04	12.21	66.29
宜 黄 县	315.80	22.44	56.42
金 溪 县	379.03	23.89	56.91
资 溪 县	189.32	11.59	44.07
东 乡 县	379.47	35.41	52.48
广 昌 县	329.94	30.24	52.29

流动资产周转率(次/年)	成本费用利润率(%)	全员劳动生产率(元/人·年)	产品销售率(%)	资本保值增值率(%)
9.61	5.93	242890	99.16	105.33
11.54	6.30	213832	96.65	105.30
2.74	0.28	571651	100	82.14
8.12	7.42	301383	98.99	111.76
2.40	10.84	256610	98.04	121.65
0.17	1.40	363539	95.62	120.00
9.13	4.02	216447	98.37	149.98
5.32	9.05	210644	98.55	121.54
10.76	2.45	916513	100.13	182.01
6.66	6.73	1022976	99.78	141.55
7.95	3.94	200626	99.35	206.71
4.52	5.67	254335	98.96	152.47
6.33	7.24	263996	99.79	237.18
3.76	7.97	238240	99.65	176.82
2.88	7.25	154673	73.15	86.93
5.25	7.29	249161	99.40	132.21
7.99	7.80	197878	97.81	245.51
9.32	7.54	192675	100	261.57
15.39	4.86	144018	101.76	127.57
7.59	5.05	699134	100	142.93
9.84	0.62	183833	99.97	116.24
9.83	4.70	551648	83.24	135.07
2.22	1.47	47893	99.09	98.44
4.19	6.94	318642	99.28	170.75
5.04	6.62	294040	99.10	208.60
8.25	5.73	175999	99.80	131.96
9.42	7.29	156343	98.50	118.00
5.36	4.59	204399	99.31	129.85
8.40	7.84	283969	99.05	140.06
5.46	1.10	141339	97.11	100.87
8.80	3.62	222824	97.44	97.95
4.61	5.78	378703	99.14	90.72
4.08	3.07	113944	98.71	160.53
5.66	8.02	309355	98.54	107.24
5.85	4.29	270280	102.25	73.93

4－4　规模以上工业企业主要财务指标分析资料（二）

（2014 年）

指　　标	利税率（%）	
	按工业总产值	按主营业务收入
总　　计	**10.92**	**10.85**
一、按登记注册类型分组：		
国有企业	6.34	6.09
集体企业		
股份合作企业	3.90	3.90
联营企业	9.92	9.92
有限责任公司	10.54	10.46
股份有限公司	11.65	11.80
私营企业	11.63	11.55
港、澳、台商投资企业	9.91	9.92
外商投资企业	6.65	6.67
二、按轻、重工业分		
轻工业	10.02	9.99
重工业	11.55	11.45
三、按企业规模分		
大中型企业	14.55	14.20
小型企业	9.84	9.83
四、按工业行业分		
黑色金属矿采选业	11.62	15.49
有色金属矿采选业	1.23	1.33
非金属矿采选业	4.81	5.15
农副食品加工业	7.83	7.87
食品制造业	11.29	11.85
酒、饮料和精制茶制造业	16.73	13.76
纺织业	7.64	7.95
纺织服装、服饰业	10.72	9.98
皮革、毛皮、羽毛及其制品和制鞋业	10.43	11.57
木材加工和木、竹、藤、棕、草制品业	9.25	9.66
家具制造业	9.59	9.99
造纸和纸制品业	8.74	8.46

4－4续表

指　　标	利税率(%)	
	按工业总产值	按主营业务收入
印刷和记录媒介复制业	7.51	9.33
文教、工美、体育和娱乐用品制造业	7.76	8.22
石油加工、炼焦和核燃料加工业	1.61	1.61
化学原料和化学制品制造业	10.64	10.84
医药制造业	15.21	14.45
化学纤维制造业	1.91	1.92
橡胶和塑料制品业	7.03	6.76
非金属矿物制品业	13.16	12.70
黑色金属冶炼和压延加工业	2.92	4.26
有色金属冶炼和压延加工业	14.09	14.97
金属制品业	9.74	6.35
通用设备制造业	10.37	9.07
专用设备制造业	9.65	10.25
汽车制造业	14.28	11.97
铁路、船舶、航空航天和其他运输设备制造业	10.70	9.92
电气机械和器材制造业	11.64	10.66
计算机、通信和其他电子设备制造业	9.62	11.91
仪器仪表制造业	11.29	11.14
其他制造业	6.52	8.29
废弃资源综合利用业	9.35	18.63
电力、热力生产和供应业	4.16	4.19
燃气生产和供应业	8.96	8.96
水的生产和供应业	6.09	6.18
五、按县(区)分		
临 川 区	11.79	11.91
其中:高 新 区	10.18	10.21
南 城 县	10.83	10.47
黎 川 县	11.44	11.50
南 丰 县	8.74	8.30
崇 仁 县	12.90	12.92
乐 安 县	4.59	4.72
宜 黄 县	5.46	5.51
金 溪 县	9.66	9.69
资 溪 县	5.77	6.12
东 乡 县	12.38	12.24
广 昌 县	9.00	8.04

4－5　规模以上工业

（201

指　标	企业单位数（个）	亏损企业	资产合计	流动资产合计	负债合计
总　计	**823**	**29**	**6420228**	**3070747**	**3335084**
一、按登记注册类型分组：					
国有企业	5	1	23060	7244	11997
集体企业	1				
股份合作企业	4		2500	1873	373
联营企业	1		11142	4669	3568
有限责任公司	384	11	3143424	1327881	1598320
股份有限公司	16	1	371015	197952	183021
私营企业	358	13	2424630	1293046	1323233
港、澳、台商投资企业	40	1	312851	170327	148305
外商投资企业	14	2	131607	67756	66266
二、按轻、重工业分					
轻工业	425	17	2933800	1402479	1302336
重工业	398	12	3486428	1668268	2032748
三、按企业规模分					
大中型企业	100	6	1888324	955352	1084883
小型企业	723	23	4531905	2115396	2250201
四、按工业行业分					
黑色金属矿采选业	3		19668	2632	4865
有色金属矿采选业	4	1	42677	4947	28069
非金属矿采选业	2		4720	4383	2809
农副食品加工业	34	2	250979	152142	120572
食品制造业	12		83804	34328	31437
酒、饮料和精制茶制造业	8	1	111463	54005	22252
纺织业	61	4	541693	227658	247753
纺织服装、服饰业	88	6	329450	135395	136675
皮革、毛皮、羽毛及其制品和制鞋业	19		101049	44619	26905
木材加工和木、竹、藤、棕、草制品业	35	1	229493	103634	88460
家具制造业	10		46235	15334	17362
造纸和纸制品业	33		203246	111837	106957

企业分行业财务状况

4年)　　　　　　　　　　　　　　　　　　　　　　　　　　　　单位:万元

所有者权益合计	主营业务收入	主营业务成本	主营业务税金及附加	利润总额	应交增值税	亏损企业亏损总额	全部从业人员年平均人数(人)
3085144	**14733639**	**13130405**	**79023**	**888079**	**631550**	**14000**	**140623**
11063	18869	15058	261	396	493	1	742
2127	28261	26785	107	520	474		601
7574	26727	23863	157	1882	613		75
1545104	7266517	6488026	47137	422652	290076	7250	65381
187994	409338	345264	3000	33200	12115	104	4404
1101397	6100763	5446373	24893	383728	295795	4551	55285
164546	685003	607736	2625	38441	26861	500	9790
65341	198161	177298	842	7261	5124	1595	4345
1631464	6071404	5341955	30143	372972	203463	7088	79705
1453680	8662235	7788450	48880	515107	428087	6913	60918
803441	3439049	2984030	21203	264100	203192	8179	41958
2281704	11294590	10146375	57820	623980	428358	5822	98665
14803	45294	39742	168	4766	2080		514
14608	38751	36122	267	-1310	1558	2748	825
1911	25030	22164	308	313	667		209
130407	652714	596806	2202	33356	15794	25	4703
52367	246139	220537	684	17375	11100		2226
89211	139538	112691	5666	9110	4424	543	1856
293940	881905	798591	2664	43524	23958	3528	10051
192775	1010661	897597	3204	55709	41946	444	17913
74144	243296	216558	1302	15399	11455		5630
141033	357872	312863	1685	22050	10848	209	6671
28873	128559	116270	1060	7526	4253		2246
96289	380536	342930	1086	20321	10801		4463

4－5 续表

指　　标	企业单位数（个）	亏损企业	资产合计	流动资产合计	负债合计
印刷和记录媒介复制业	7		22605	11111	8714
文教、工美、体育和娱乐用品制造业	21		61787	38196	36641
石油加工、炼焦和核燃料加工业	1		59456	17596	33122
化学原料和化学制品制造业	94	3	629320	310103	325276
医药制造业	29	1	440405	221055	204057
化学纤维制造业	1		4102	3219	3339
橡胶和塑料制品业	83		305053	135276	132249
非金属矿物制品业	51	3	384801	181340	199087
黑色金属冶炼和压延加工业	3		18791	9557	8180
有色金属冶炼和压延加工业	47		888298	533119	586831
金属制品业	30	2	190734	82894	118999
通用设备制造业	11	1	73052	35443	42634
专用设备制造业	13		76542	42328	46344
汽车制造业	32		424501	225696	225426
铁路、船舶、航空航天和其他运输设备制造业	6		36635	19449	17979
电气机械和器材制造业	40	1	463534	220810	242044
计算机、通信和其他电子设备制造业	13	1	89446	44948	47201
仪器仪表制造业	6		25491	10374	13231
其他制造业	5		6001	2587	2887
废弃资源综合利用业	1		11365	1999	6824
电力、热力生产和供应业	14	2	209837	24286	184645
燃气生产和供应业	3		13391	2592	4949
水的生产和供应业	3		20608	5855	10309
五、按县(区)分					
临 川 区	222	12	2660199	1448922	1492735
其中:高 新 区	128	4	1593687	734250	751682
南 城 县	85	5	485166	166290	182456
黎 川 县	58		241248	105769	109357
南 丰 县	57	1	331231	162455	101743
崇 仁 县	72		618863	180447	320085
乐 安 县	26	2	78847	33619	52269
宜 黄 县	79		281262	117527	158684
金 溪 县	53	1	489424	234570	278512
资 溪 县	20	2	94876	38758	41814
东 乡 县	108	6	923682	444530	484778
广 昌 县	43		215430	137861	112652

单位:万元

所有者权益合计	主营业务收入	主营业务成本	主营业务税金及附加	利润总额	应交增值税	亏损企业亏损总额	全部从业人员年平均人数(人)
13891	53363	46439	248	2974	1758		678
25146	263783	235093	902	15500	5268		3247
26334	59321	57632	299	163	493		258
304044	1265795	1103888	7124	87003	43108	1168	10633
236348	584367	462405	4107	56924	23434	2225	5379
763	17486	16485	9	242	86		120
172804	1039933	967502	4200	39992	26109		11485
185714	793331	673447	3259	65229	32235	304	9030
10611	97253	91652	438	2318	1383		384
301467	3050746	2782391	20481	191177	244964		7873
71735	492351	455594	2208	18597	10453	174	3976
30418	163177	145081	541	8673	5585	72	1394
30198	212367	185688	801	14270	6691		2122
199075	705893	614015	4366	52010	28150		6176
18656	56360	48088	168	3780	1644		840
221490	1058679	928187	4401	71375	37112	107	9672
42245	270363	229431	2000	19437	10754	528	4202
12260	76111	68318	376	5304	2799		969
3114	35893	32917	100	1664	1213		788
4541	14540	13362	83	695	1931		103
25192	237494	231314	2007	1446	6509	1926	3238
8442	22421	19469	358	991	659		101
10299	12317	9136	253	177	331		648
1167464	5131545	4519069	26450	331349	253376	4476	40438
842005	3018467	2652848	19010	186202	102830	3678	25561
302710	1175435	1042811	3531	63492	56056	421	16053
131891	871688	759757	2935	59024	38247		13918
229488	764063	688681	7983	33203	22198	8	8816
298778	1675974	1459012	17852	120326	78418		14698
26578	164648	155115	710	1792	5273	1477	2981
122578	1003451	938292	1658	34957	18645		11292
210912	909525	832366	2396	49435	36285	44	5986
53062	140317	130926	442	4170	3968	1186	3243
438904	2181900	1942038	9798	161158	96017	6389	17321
102778	715094	662336	5267	29174	23068		5877

4－6 主要工业

（201

产品名称	单位	抚州市	临川区	南城县	黎川县
大米	吨	605590	24042		57127
饲料	吨	184144	150065		
饮料酒	千升	277469	106344	106295	
其中:白酒(折65度,商品量)	千升	49	49		
其中:啤酒	千升	268910	106295	106295	
软饮料	吨	179591			
纱	吨	76576	18782	18782	
布	万米	25243	4251	2867	2907
其中:棉布	万米	1117	1117	1117	
丝	吨	1069			
服装	万件	9601	120	120	5702
人造板	立方米	488795	276033		
家俱	万件	309			276
机制纸及纸板	吨	148067	61233		11880
纸制品	吨	29800	23231		
农用氮、磷、钾化学肥料	吨	29655			
化学农药	吨	7955	1083		
中成药	吨	7409	548	150	1623
塑料制品	吨	225544			58366
水泥	万吨	258	167		70
十种有色金属	吨	154799	107652		
铜材	吨	274146	114436		
金属切削机床	台	1175	740		
变压器	千伏安	14628133			
铅酸蓄电池	千伏安时	723855	688230		

产品产量

4 年)

南丰县	崇仁县	乐安县	宜黄县	金溪县	资溪县	东乡县	广昌县	高新区
47100		143919			13704		319698	
							34079	
	171125							
	162615							
	179591							
		7898		8840	4757		36299	
	2193				5394			10499
			435		61		573	
189		2048					635	906
156019				39536		17207		
28.35		4.12						
	5397			69557				
	2519							4050
							29655	
							6872	
	748		2061			2429		
15291	146529						5358	
	6.70	14.91						
				15671	31476			
		23619		4383			99814	31894
		435						
		14052222			575911			
							35625	

4－7 市重点企业

（201

法人单位名称	资产总计	流动资产合计	负债合计	主营业务收入
江西森科实业股份有限公司	17693	8493	9974	107715
江西百神昌诺药业有限公司	38972	16059	17440	56784
江西省康舒陶瓷有限公司	12705	8452	4276	49926
江西卓尔纺织实业有限公司	17973	11233	6270	50242
江西天行化工有限责任公司	43049	6457	22386	81550
江西华晨香料化工有限公司	10404	4798	5032	28650
江西抚州国泰特种化工有限责任公司	13539	5037	3752	16524
江西汇源食品饮料有限公司	20123	2580	1245	21308
江西省永方电源有限公司	49651	20843	30340	53339
广昌县众发铜业有限公司	38425	28864	20909	96944
抚州红狮水泥有限公司	37751	21163	25922	35510
南丰县华夏五千年生态酒庄有限公司	7402	4335	3933	39404
江西宏田棉纺有限公司	4985	1436	2579	18196
江西民康实业有限公司	11515	7208	7006	25655
江西南城南方水泥有限公司	49632	26608	33976	31153
江西抚州南方水泥有限公司	50052	21012	30780	42401
江西江铃底盘股份有限公司	144898	100950	84176	162929
江西南丰振宇实业集团有限公司	33007	13604	7851	26088
江西麻姑实业集团有限公司	8297	2032	60	40046
江西荣成机械制造有限公司	22880	16567	19423	23822
江西博雅生物制药股份有限公司	97275	52127	10380	29541
江西添光化工有限责任公司	66787	23551	45538	65761
江西银涛药业有限公司	46919	33508	35423	55622

主要财务指标

4年)　　单位:万元

利润总额	利税总额	本年应交增值税	主营业务税金及附加	全部从业人员年平均人数(人)	工业总产值
8879	14982	5093	1010	800	102717
4891	9166	3887	389	220	55791
3338	6067	2410	319	778	50629
7546	9082	1511	25	800	50149
6649	13334	3670	3015	290	81550
3056	4508	1433	20	285	28650
5612	7313	1546	155	219	17441
2305	2522	193	24	60	21308
4505	6836	1938	393	1028	53338
1960	7522	4450	1112	153	68014
2857	4830	1872	102	275	38580
2018	4723	1235	1470	100	39404
1545	1830	273	12	210	18196
329	914	523	62	210	25655
2176	4492	2217	99	298	31607
2901	4836	1687	249	192	42403
11984	16980	4473	524	1640	166870
2938	3650	376	336	725	10005
3052	6049	2948	48	296	37145
2004	4672	2307	362	630	23822
10453	11879	1273	153	321	28864
3861	7139	2981	298	960	64347
3933	7359	2916	510	236	58390

4－7 续表

法人单位名称	资产总计	流动资产合计	负债合计	主营业务收入
江西变电设备有限公司	61929	31867	42416	150986
抚州市环球纺织有限公司	21538	8829	5613	13123
江西明恒纺织集团有限公司	50356	17924	19541	20780
江西恒力电池科技有限公司	13304	7162	8343	25173
抚州市新维美染织有限公司	17257	8039	15045	18807
江西日久电源科技有限公司	56560	34969	21060	51269
回音必集团抚州制药有限公司	31682	23247	13030	48954
江西嘉顺瓷业有限公司	4159	1159	1454	44263
江西蓝欣啤酒有限公司	15525	4922	5090	24644
大亚木业(江西)有限公司	35230	25435	10713	53396
江西雨帆农业发展有限公司	26792	19338	17228	33092
江西华琪合成橡胶有限公司	7589	5198	5959	24821
江西明正变电设备有限公司	10517	4218	6178	53486
江西思派思香料化工有限公司	33697	16339	22201	36971
江西弘泰纸业有限公司	14917	5813	8795	21954
恒安(江西)家庭用品有限公司	9099	5847	3811	22412
燕京惠泉啤酒(抚州)有限公司	20310	4768	2064	20383
江西省环球陶瓷有限公司	15060	2636	3914	77752
江西事达塑业有限公司	3827	2526	1826	20639
江西科伦药业有限公司	35984	9450	23007	12209
江西华谊食品有限公司	11981	10241	10536	18780
江西万泰铝业有限公司	25891	3625	12427	135412
抚州三和医药化工有限公司	18544	5236	13406	25382
江西自立资源再生有限公司	270717	230269	267244	469752
江西珍视明药业有限公司	21624	10005	7166	21328
江西恒兴食品有限公司	12585	5562	671	77326
江西金弘实业有限公司	42089	29351	22602	334171

单位:万元

利润总额	利税总额	本年应交增值税	主营业务税金及附加	全部从业人员年平均人数(人)	工业总产值
15576	23458	7041	841	624	142717
-1406	-977	380	49	578	11993
144	838	632	62	830	23318
968	1839	778	93	598	25294
-500	-78	376	45	335	19016
3864	4519	612	43	429	47269
4549	5003	405	48	297	54413
4087	6212	1984	140	342	44263
4289	6283	968	1025	320	26117
6204	9655	3137	314	260	53450
3492	6291	2714	86	220	31516
2489	4616	1997	130	192	24340
6115	9195	2615	465	298	53490
2909	3783	782	92	236	36968
1299	2058	713	47	299	21022
2260	3120	782	78	280	22985
660	4729	1269	2800	730	19567
6971	10811	3639	201	751	75282
695	1994	1262	37	220	21255
-2225	-1895	300	30	730	12927
917	1619	666	36	310	20171
14697	24919	8704	1519	433	135480
4273	4365	51	41	261	25397
32463	70641	34820	3359	860	470623
3122	5130	1806	202	506	21407
3975	7777	3766	36	780	77326
31734	76724	44910	80	450	334171

4－8 抚州市主营业务收入

（201

法人单位名称	主要业务活动（或主要产品）	全部从业人员年平均人数（人）	主营业务收入
江西自立资源再生有限公司	铜冶炼	860	469752
江西金弘实业有限公司	铜杆	450	334171
江西恒吉铜业有限公司	铜材压延加工	588	251011
江西金灶资源再生利用有限公司	废料和碎屑的加工	341	195881
抚州市临川富临铜材有限公司	铜锭	403	173721
恒吉集团江西华地铜业有限公司	铜压延加工	310	172364
江西江铃底盘股份有限公司	TRANSIT 后桥总成	1640	162929
江西晨飞铜业有限公司	铜加工	243	156171
崇仁县万鑫铜材有限公司	铜加工	285	152479
江西变电设备有限公司	电力变压器	624	150986
江西万泰铝业有限公司	铝合金锭	433	135412
江西森科实业股份有限公司	电脑外部设备制造	800	107715
广昌县华能铜业有限公司	铜杆	106	99539
广昌县众发铜业有限公司	铜棒	153	96944
江西江龙有色金属材料有限公司	铜棒	420	94454
江西鑫烨铜业有限公司	有色金属冶炼及压延活动	287	90038
南丰县伟华金属材料有限公司	金属加工	332	84901
江西天行化工有限责任公司	氢氟酸	290	81550
江西省环球陶瓷有限公司	日用瓷	751	77752
江西恒兴食品有限公司	烤鳗鱼	780	77326
江西金泰米业有限公司	大米	86	75804
抚州市华亿铜业有限公司	铜加工	129	66632
江西添光化工有限责任公司	钛白粉	960	65761
江西人民铜业有限公司	变压器配件	298	65282
东乡县恒源铜业有限公司	铜盘条（电工用铜线坯）压延加工	85	65278
东乡县正大焦电有限公司	炼焦	258	59321
江西迪比科股份有限公司	电子设备制造	357	57920
江西百神昌诺药业有限公司	活血止痛胶囊	220	56784
江西海润陶瓷有限公司	陶瓷	338	56544
崇仁县兴鑫金属有限公司	铝锭加工	195	55731
江西银涛药业有限公司	右归胶囊	236	55622

前 100 家工业企业基本情况

4 年)　　　　　　　　　　　　　　　　　　单位:万元

资产总计	流动资产合　计	负债合计	利润总额	本年应交增 值 税	主 营 业 务税金及附加	工业总产值
270717	230269	267244	32463	34820	3359	470623
42089	29351	22602	31734	44910	80	334171
30931	16306	10074	25581	20648	3950	252776
46268	26134	25614	17080	22304	23	195881
13915	6959	5933	13896	13122	221	173721
20357	17285	13800	6351	27751	2585	181475
144898	100950	84176	11984	4473	524	166870
60937	52399	54635	6539	17640	933	156171
119726	29932	39510	11723	17325	1233	157195
61929	31867	42416	15576	7041	841	142717
25891	3625	12427	14697	8704	1519	135480
17693	8493	9974	8879	5093	1010	102717
6137	3379	2743	1900	4564	456	56224
38425	28864	20909	1960	4450	1112	68014
10964	5451	4091	6738	12401	44	94339
17527	4031	11568	1486	2375	1818	90054
8025	8025	7966	268	8355	1156	84901
43049	6457	22386	6649	3670	3015	81550
15060	2636	3914	6971	3639	201	75282
12585	5562	671	3975	3766	36	77326
14495	9398	3430	6143	2288	1	75836
5148	2152	1613	1137	1231	223	66636
66787	23551	45538	3861	2981	298	64347
20976	7303	12967	5570	2682	246	65251
2820	1326	2460	222	152	15	65278
59456	17596	33122	163	493	299	59351
15629	7502	11368	4440	2156	477	57917
38972	16059	17440	4891	3887	389	55791
19036	4327	1200	6330	4537	61	53852
4215	843	969	2732	2598	1903	55731
46919	33508	35423	3933	2916	510	58390

4－8 续表 1

法人单位名称	主要业务活动（或主要产品）	全部从业人员年平均人数（人）	主营业务收入
江西日上化工有限公司	化学试剂和助剂制造	425	55282
江西赣电电气有限公司	互感器	298	53806
江西明正变电设备有限公司	变压器	298	53486
大亚木业(江西)有限公司	中高密度纤维板	260	53396
江西省永方电源有限公司	铅酸蓄电池	1028	53339
抚州市兄弟铝业有限公司	铝制品	241	53135
江西博禄德电子有限公司	绝缘制品制造	680	52002
江西日久电源科技有限公司	铅酸蓄电池	429	51269
江西卓尔纺织实业有限公司	化纤织造加工	800	50242
江西省康舒陶瓷有限公司	日用瓷	778	49926
回音必集团抚州制药有限公司	原料药	297	48954
江西省九州陶瓷有限公司	日用瓷	632	48789
江西卓远纺织有限公司	化纤布生产	260	48039
江西宝仁达包装用品有限公司	食品	268	46424
崇仁县盛盈精制米厂	米加工	267	46186
抚州市博大实业有限公司	螺纹钢生产	58	45977
江西鑫建精密合金有限公司	铝铸件生产	45	44500
江西广仁绿能电气有限公司	变压器	285	44388
江西嘉顺瓷业有限公司	日用瓷	342	44263
江西天同实业有限公司	硫酸铜	249	43746
抚州市汇丰铜业有限公司	铜加工	66	43145
东乡县供电有限责任公司	供电	483	42865
江西抚州南方水泥有限公司	水泥	192	42401
抚州市创远实业有限公司	建材	68	42040
江西华夏电源有限公司	蓄电池	697	41252
东乡县红星粮油有限责任公司	大米	60	40837
江西麻姑实业集团有限公司	米粉干	296	40046
江西华芸实业有限公司	纺织服装制造	273	39967
金溪县鑫发实业有限公司	废旧有色金属冶炼	89	39740
南丰县华夏五千年生态酒庄有限公司	发酵酒	100	39404
金溪县东岗山铁矿有限公司	矿粉	281	37830
江西永惠实业有限公司	饲料生产	120	37623
江西六和化工实业有限公司	化学试剂和助剂制造	173	37312
江西华宇香料化工有限公司	香料	308	37178

单位:万元

资产总计	流动资产合计	负债合计	利润总额	本年应交增值税	主营业务税金及附加	工业总产值
18622	11020	8301	3445	2817	94	55282
32328	4613	20516	6894	3467	125	53886
10517	4218	6178	6115	2615	465	53490
35230	25435	10713	6204	3137	314	53450
49651	20843	30340	4505	1938	393	53338
9694	4061	4606	2286	1050	198	53137
23411	22072	19801	553	1153	270	48768
56560	34969	21060	3864	612	43	47269
17973	11233	6270	7546	1511	25	50149
12705	8452	4276	3338	2410	319	50629
31682	23247	13030	4549	405	48	54413
8302	4948	4812	3520	1997	200	48830
97532	17299	44104	2925	2144	3	48170
30063	12616	5180	3369	1724	205	46429
10857	901	5124	4788	2039	1150	46156
5281	2207	2124	1113	518	169	45980
2450	1600		1250	38	5	17773
4988	2118	2806	1264	1464	163	44054
4159	1159	1454	4087	1984	140	44263
5173	3104	3424	1426	538	15	43746
26316	11042	15417	1165	752	225	43147
27329	5313	22874	969	510	12	42865
50052	21012	30780	2901	1687	249	42403
5275	2205	1605	1061	413	229	42037
50244	21092	13253	3018	1024	357	41257
16363	14155	6800	1661	223	5	38893
8297	2032	60	3052	2948	48	37145
8260	3458	3697	4871	3197	38	42297
6247	4937	5585	807	220	20	39740
7402	4335	3933	2018	1235	1470	39404
17059	2038	3879	4491	2019	25	37830
31074	30532	29848	281			37596
21512	16802	15512	3742	2985	299	36202
12945	5650	4327	3918	2515	29	37178

4－8 续表 2

法人单位名称	主要业务活动（或主要产品）	全部从业人员年平均人数（人）	主营业务收入
江西金音药业有限公司	中成药制造	85	37041
江西思派思香料化工有限公司	芳樟醇	236	36971
江西巨晟实业有限公司	汽车零部件及配件制造	298	36858
江西鼎吉家俱有限公司	家具	376	36256
江西宏瑞包装印刷有限公司	包装印刷	126	35953
抚州市双菱磁性材料有限公司	电感	496	35547
江西华能变电设备有限公司	丝包扁铜线	154	35511
抚州红狮水泥有限公司	非金属矿物制品	275	35510
抚州市临川区供电有限责任公司	供电	650	35346
江西昊鹏实业有限公司	铸造铝合金锭	201	34726
抚州市江南风机有限公司	风机	82	34394
江西雨帆酒精有限公司	酒精	163	34162
江西华圆机电有限公司	机电产品	117	34149
江西省睦原实业有限公司	木制犬舍	311	33809
江西省金谷米业有限公司	大米	56	33607
江西雨帆农业发展有限公司	造纸助剂	220	33092
江西东华机械有限责任公司	纺织机械	128	32962
南城和其健服饰织造有限公司	服装	295	32912
江西东华纺织机械有限公司	制造纺织设备	132	32218
江西富中药业有限公司	药品制造	88	32133
南丰县腾飞塑业有限责任公司	汽车塑料零配件	396	32111
抚州市悦华织造有限公司	服装	266	31927
江西同建机械发展有限公司	通信铁塔	76	31798
抚州宏吉针织时装有限公司	毛衣	193	31716
江西省美佳陶瓷有限公司	日用瓷制造	396	31621
东乡县京昌工艺有限责任公司	木雕工艺品	139	31500
抚州长丰机械有限责任公司	机械制造	159	31161
江西南城南方水泥有限公司	水泥制造	298	31153
江西永华瓷业有限公司	日用瓷	360	30433
抚州市转转门业有限公司	金属门	146	30168
南城县鑫旺有色金属科技有限公司	有色金属合金制造	84	30022
抚州芳华纺织有限公司	棉布	84	30007
江西艾鑫纺织服饰有限公司	服装	238	29684
抚州市华发纺织有限公司	牛仔布	219	29666
江西光阳谷物有限公司	食品制造业	347	29655

单位:万元

资产总计	流动资产合 计	负债合计	利润总额	本年应交增值税	主营业务税金及附加	工业总产值
9065	3797	4936	3165	1593	274	37040
33697	16339	22201	2909	782	92	36968
21527	9031	9114	2521	1490	261	36853
16023	6719	8919	2179	1458	228	36250
10468	4386	6327	2232	1259	113	35951
11439	4794	6210	2693	1321	166	35542
2366	477	918	1964	982	105	36180
37751	21163	25922	2857	1872	102	38580
27199	2637	26139	1406	1031	30	35346
9076	1054	4261	1077	502	41	34726
7729	3236	4128	2121	1346	166	34395
15686	4719	10220	3467	2801	33	32535
6960	2913	3713	2622	1466	149	34150
2095	471	441	2095	1265	14	33809
9615	7438	2002	455	269	4	33607
26792	19338	17228	3492	2714	86	31516
9163	3838	4858	2347	1373	147	32962
9623	565	39	2766	2435	49	30795
7068	2958	3717	2285	1199	110	32211
3123	1301	1820	2588	1473	153	32131
45859	8553	4410	1185	632	789	32558
1817	872	953	1358	820	313	31922
5304	2217	2695	1644	923	154	31800
6886	2881	3973	1931	1057	99	31717
2822	773	656	2821	1852	83	31621
5305	637	1808	2520	233	3	30000
10818	4533	5804	2026	1036	124	31166
49632	26608	33976	2176	2217	99	31607
1634	915	719	2067	1255	81	30433
3471	1447	952	966	861	129	30165
11100	1850	50	1600	7	320	30100
9724	4074	5266	2005	1005	150	30010
7731	3237	3427	1797	1023	160	29684
5500	2300	2101	1857	885	135	29662
6271	2623	1786	2586	1727	148	29658

4－9 抚州市利税总额前50名规模以上工业企业排名

（2014年）　　单位：万元

企业名称	利税总额	排位	企业名称	利税总额	排位
江西金弘实业有限公司	76724	1	江西众嘉环保科技有限公司	8167	26
江西自立资源再生有限公司	70641	2	江西华芸实业有限公司	8107	27
江西恒吉铜业有限公司	50178	3	崇仁县盛盈精制米厂	7977	28
江西金灶资源再生利用有限公司	39406	4	江西恒兴食品有限公司	7777	29
恒吉集团江西华地铜业有限公司	36687	5	江西银涛药业有限公司	7359	30
崇仁县万鑫铜材有限公司	30281	6	江西抚州国泰特种化工有限责任公司	7313	31
抚州市临川富临铜材有限公司	27239	7	江西添光化工有限责任公司	7139	32
江西晨飞铜业有限公司	25111	8	江西嘉佳陶瓷有限公司	7098	33
江西万泰铝业有限公司	24919	9	江西迪比科股份有限公司	7074	34
江西变电设备有限公司	23458	10	江西六和化工实业有限公司	7026	35
江西江龙有色金属材料有限公司	19183	11	江西省永方电源有限公司	6836	36
江西江铃底盘股份有限公司	16980	12	金溪县东岗山铁矿有限公司	6534	37
江西森科实业股份有限公司	14982	13	江西华宇香料化工有限公司	6462	38
江西天行化工有限责任公司	13334	14	江西日上化工有限公司	6356	39
江西博雅生物制药股份有限公司	11879	15	江西雨帆酒精有限公司	6301	40
江西海润陶瓷有限公司	10928	16	江西雨帆农业发展有限公司	6291	41
江西省环球陶瓷有限公司	10811	17	江西蓝欣啤酒有限公司	6283	42
江西赣电电气有限公司	10486	18	江西嘉顺瓷业有限公司	6212	43
大亚木业（江西）有限公司	9655	19	江西省九州陶瓷有限公司	5717	44
江西明正变电设备有限公司	9195	20	江西顺昌隆实业有限公司	5539	45
江西百神昌诺药业有限公司	9166	21	回音必集团抚州制药有限公司	5003	46
江西卓尔纺织实业有限公司	9082	22	江西日久电源科技有限公司	4519	47
江西施美制药有限公司	8601	23	东乡县宏基铜业有限公司	4515	48
江西人民铜业有限公司	8498	24	抚州三和医药化工有限公司	4365	49
江西金泰米业有限公司	8431	25	江西三木金属材料有限公司	4336	50

4－10　工业园区主要经济指标

(2014 年)

指　　标	本年实际累计开发面积(平方公里)	投产工业企业数(个)	招商实际到位资金(万元)		工业增加值(万元)		出口交货值(万元)	
			绝对值	比上年增长(%)	绝对值	比上年增长(%)	绝对值	比上年增长(%)
总　　计	**49.94**	**1013**	**2161111**	**6.8**	**3205504**	**11.5**	**628979**	**27.0**
江西抚州高新技术开发区	11.50	171	552870	22.6	866384	17.6	212815	1.8
江西抚北工业园区	4.40	61	123455	6.3	418505	11.4	37893	48.2
江西南城工业园区	2.13	109	264830	4.2	235994	10.8	79615	23.6
江西黎川工业园区	4.20	69	141900	118.1	198116	5.9	30861	1.4
江西南丰工业园区	2.15	81	96846	－12.7	161172	5.9	96460	93.9
江西崇仁工业园区	5.50	72	130419	－12.3	287179	13.7	40446	－17.9
江西宜黄工业园区	2.10	106	20790	45.1	208114	8.1	14153	7.9
江西金溪工业园区	2.90	79	132208	2.3	199113	13.1	41982	39.5
江西东乡经济开发区	6.50	109	456908	－27.5	401213	8.1	23843	23.1
江西广昌工业园区	3.71	75	124080	18.6	153476	10.8	23275	15.4
江西乐安工业园区	3.50	48	103025	0.0	43136	－6.4	7465	9.7
江西资溪工业园区	1.35	33	13780	0.0	33102	9.6	20171	－3.9

指　　标	主营业务收入(万元)		利税总额(万元)		从业人员(人)	
	绝对值	比上年增长(%)	绝对值	比上年增长(%)	绝对值	比上年增长(%)
总　　计	**15160883**	**16.0**	**1654014**	**17.4**	**151165**	**4.4**
江西抚州高新技术开发区	3512190	18.8	327211	9.5	29759	－19.1
江西抚北工业园区	2081522	12.1	297439	6.2	10970	33.1
江西南城工业园区	1133754	17.3	137465	10.3	15721	12.5
江西黎川工业园区	812374	9.0	118827	－7.2	17903	0.4
江西南丰工业园区	718025	18.0	63943	14.9	9107	24.5
江西崇仁工业园区	1757032	10.2	208223	34.3	13273	23.5
江西宜黄工业园区	1008965	17.7	58426	－1.7	13576	8.3
江西金溪工业园区	921792	13.9	89235	12.5	7207	8.8
江西东乡经济开发区	2120558	17.3	274885	62.4	18044	3.4
江西广昌工业园区	801483	10.1	62138	28.8	7607	8.5
江西乐安工业园区	159116	－6.2	8482	－1.3	3976	10.5
江西资溪工业园区	134072	18.4	7740	－13.7	4022	22.1

主要统计指标解释

工业　指从事自然资源的开采，对采掘品和农产品进行加工和再加工的物质生产部门，具体包括：(1)对自然资源的开采，如采矿、晒盐、森林采伐等。(但不包括禽兽捕猎和水产捕捞)；(2)对农副产品的加工、再加工，如碾米、磨粉、酿酒、榨油、轧花、缫丝、屠宰、药材加工等；(3)对工业品的加工、再加工，如炼铁、炼钢、轧钢、炼焦、化工生产、机器制造、木材加工、印染、服装加工、造纸、自来水、煤气的生产和电力的生产及供应；(4)对工业品的修理、翻新，如修理机械设备、交通运输工具等。

1984年以前农村的村及村以下办工业归属农业，1984年及以后划归工业。

工业统计的范围包括城市和农村中各种经济类型的独立核算法人工业企业和附营工业生产活动单位。

独立核算法人工业企业　是指从事工业生产经营活动的单位。独立核算法人工业企业应同时具备以下条件：1.依法成立，有自己的名称、组织机构和场所，能够承担民事责任；2.独立拥有和使用资产，承担负债，有权与其他单位签订合同；3.独立核算盈亏，并能够编制资产负债表。

工业活动单位　是指在一个场所从事一种或主要从事一种工业生产活动的经济单位。它包括独立核算工业企业按主营业务活动(即工业生产活动)划分的主营业务活动单位和非工业企业所属的工业生产活动单位(即原非独立核算工业生产单位)。工业活动单位，一般应同时具备以下三个条件：1.具有一个场所，从事一种或主要从事一种工业活动；2.单独组织工业生产、经营或业务活动；3.单独核算收入和支出。

工业企业经济类型　是按企业生产资料和产品归属对象划分企业类型。1992年以前，执行的是由国家统计局和国家工商行政管理局于1980年联合颁发的《关于统计上划分经济类型的暂行规定》及近几年来的补充规定，将我国经济类型划分为：全民所有制、集体所有制、全民与集体合营、全民与大陆私人合营、全民与华侨或港澳台工商业者合营、集体与大陆私人合营、集体与华侨或港澳台工商业者合营、中外合营、华侨或港澳台工商业者经营、外资经营、个体经营、其他等十二种。随着经济体制改革的不断深化和社会经济的发展，我国国民经济结构发生了新的变化，出现了一些新的经济成分，原有的分类已不能反映我国体制格局发展变化的新情况。为此，国家统计局和国家工商行政管理局在调查研究的基础上，联合颁发了修订后的《关于经济类型划分的暂行规定》，将我国经济成分划分为九种类型。

国有经济工业　是指生产资料归国家所有的一种经济类型，是社会主义公有制经济的重要组成部分。包括中央和地方各级国家机关、事业单位和社会团体使用国有资产投资举办的企业，也包括实行企业化经营，国家不再核拨经费或核拨部分经费的事业单位和从事经营性活动的社会团体，以及上述企业、事业单位和社会团体使用自有资金投资举办的企业。

集体经济工业　是指生产资料归公民集体所有的一种经济类型，是社会主义公有制经济的组成部分。包括城乡所有用集体投资举办的企业，以及部分个人通过集资自愿放弃所有权并依法经工商行政管理机关认定为集体所有制的企业。

私营经济工业　是生产资料归公民私人所有，以雇佣劳动力为基础的一种经济类型。包括所有按国家法律、规定登记注册的私营独资企业、私营合伙企业和私营有限责任公司。

个体经济工业　是指生产资料归劳动者个人所有，以个体劳动为基础，劳动成果归劳动者个人占有和支配的一种经济类型。包括所有按国家有关规定登记注册的个体工商户和个人合伙经营者。

联营经济工业　是指不同所有制性质的企业之间或者企业、事业单位之间共同投资组成新的经济实体的一种经济类型。联营经济只包括具备法人条件的紧密型联营企业。

股份制经济工业　是指全部注册资本由全体股东共同出资，并以股份形式投资举办企业而形成的一种经济类型。股份制经济主要有股份有限公司和有限责任公司两种组织形式。全民、集体、联营、私营企业等经济组织虽然以股份制形式经营，但不以股份有限公司或有限责任公司登记注册的，仍按原有所有制性质划归经济类型。

外商投资经济工业　是指国外投资者根据我国有关涉外经济的法律、法规，以合资、合作或独资的形式在大陆境内开办企业而形成的一种经济类型。外商投资经济包括中外合资经营企业、中外合作经营企业和外资企业的三种形式。

港、澳、台投资经济工业　是指港、澳、台地区投资者依照中华人民共和国有关涉外经济的法律、法规，以合资、合作或独资的形式在大陆举办企业而形成的一种经济类型。港、澳、台投资经济参照外商投资经济，可分为合资经营企业、合作经营企业和独资企业三种形式。

其他经济工业 是指以上八种类型之外的其他经济类型。随着经济体制改革的深化，可能会出现新的经济形式，或遇到不易划清的，可列入其他经济类型。

轻工业 指提供消费品和制作手工工具的工业。按其所使用的原料不同，可分为两大类：1. 以农产品为原料的轻工业，是直接或间接以农产品为基础原料的轻工业。主要包括食品制造、饮料制造、烟草加工、纺织、缝纫、皮革和毛皮制作、造纸以及印刷等工业；2. 以非农产品为原料的轻工业，是以工业品为原料的轻工业。主要包括文教体育用品、化学药品制造、合成纤维制造、日用化学制品、日用玻璃制品、日用金属制品、手工工具制造、医疗器械制造、文化和办公用机械制造等工业。

重工业 是指为国民经济各部门实现技术改造与技术进步提供物质条件的基础工业。按其生产性质和产品用途，可以分为下列三类：1. 采掘（伐）工业，是指对自然资源的开采，包括石油开采、煤炭开采、金属矿开采、非金属矿开采和木材采伐等工业；2. 原材料工业，指向国民经济各部门提供的基本材料、动力和燃料的工业。包括金属冶炼及加工、炼焦及焦炭化学、化工原料、水泥、人造板以及电力、石油和煤炭加工等工业；3. 加工工业，是指对工业原材料进行再加工制造的工业。包括装备国民经济各部门的机械设备制造工业、金属结构、水泥制品等工业，以及为农业提供的生产资料如化肥、农药等工业。

工业总产值 工业总产值是以货币形式表现的，工业企业在一定时期内生产的工业最终产品或提供工业性劳务活动的总价值量。工业总产值目前采用“工厂法”计算，一个企业内部自产自用的产品、半成品不允许重复计算产值，但各企业之间存在着重复计算。第三次全国工业普查，针对工业总产值计算原规定的缺陷，对其作了下列四个方面的修订：

1. 凡用自备原材料生产的产品，不论其加工的繁简程度如何，一律按全价计算。

2. 凡承接来料加工生产的产品，加工企业一律按加工费计算。

3. 自制半成品、在制品期末期初差额价值，如果会计的产品成本核算了这部分价值，工业总产值中也应包括，否则可不包括。

4. 现价工业总产值一律采用不含销项税额的价格计算。

工业增加值 是指工业企业在报告期内以货币表现的工业生产活动的最终成果。工业增加值有两种计算方法：一是生产法，即工业总产出（用现行价格新规定工业总产值代替）减去工业中间投入加本期应交增值税；二是收入法，即根据生产要素在生产过程中应得到的收入份额计算，具体构成项目有固定资产折旧、劳动者报酬、生产税净额、营业盈余，这种方法也称要素分配法。

所有者权益 是指企业投资人对企业净资产的所有权，包括企业投资者对企业的投入资本以及形成的资本公积金、盈余公积金和未分配利润等的所有权。

固定资产原值 是指工业企业购买和建设各种固定资产时所实际支付的金额，以及以后改建或扩建所追加投资金额的合计。固定资产的来源包括解放后接收的原有固定资产、通过基本建设完成交付使用的固定资产、通过更新改造措施而增加的固定资产等等。

固定资产净值 是指固定资产原值损耗除历年提取折旧后的价值。

流动资产 是指可以在一年或者超过一年的一个营业周期内变现或者耗用的资产，包括现金及各种存款、短期投资、应收及预付货款、存货等。

流动负债 是指将在一年或者超过一年的一个营业周期内偿还的债务。包括短期借款、应付票据、应收帐款、预收货款、应付工资、应交税金、应付利润、其他应付款、预提费用等。

主营业务收入 指企业销售产品的销售收入和提供劳务等主要经营业务取得的收入总额。对外资企业而言，产品销售收入是指扣除折旧与折让后的净额。内资企业该指标根据会计“损益表”中“产品销售收入”项的期末累计数填列。外商及港澳台商投资企业根据“损益表”中“产品销售净额”项的期末累计数填列。现行的会计制度要求企业采用“权责发生制”原则计算产品销售收入，即以销售实现为依据，销售实现一般有两个标志：一是物权转移；二是收到货款获取的索取贷款的权利。以上两个标志必须同时具备才能认为销售实现。

利润总额 是指企业实现的利润总额，等于盈利企业的利润额减亏损企业的亏损额。

实现利税总额 是指企业实现的利润和税金总额。1993 年及以前实现利税总额为企业产品销售税金及附加和利润总额之和。1994 年税制改革后，税金总额是指企业销售产品、提供工业性作业劳务等，应负担的销售税金及附加、增值税。

工业资金利税率 指报告期已实现的利润、税金总额与同期的资产（流动资产和固定资产净值）之比，反映企业资金运用的经济效益指标。

计算公式为：

工业资金利税率（%）=

$$\frac{\text{报告期止累计实现利税总额}}{\text{报告期平均流动资产}+\text{固定资产净值平均余额}}\times 100\%$$

工业增加值率　指报告期工业增加值与同期工业总产值之比，反映降低中间消耗的经济效益指标。

计算公式为：

工业增加值率（%）=

$$\frac{\text{报告期现价工业增加值}}{\text{报告期现价工业总产值}}\times 100\%$$

总资产贡献率　该指标反映企业全部资产的获利能力，是企业经营业绩和管理水平的集中体现，是评价和考核企业盈利能力的核心指标。

计算公式为：

总资产贡献率（%）=

$$\frac{\text{利润总额}+\text{税金总额}+\text{利息支出}}{\text{平均资产总额}}$$

其中：税金总额为产品销售税金及附加与应交增值税之和；平均资产总额为期初期末资产总计的算术平均值。

资本保值增值率　该指标反映企业净资产的变动状况，是企业发展能力的集中体现。

计算公式为：

资本保值增值率（%）=

$$\frac{\text{报告期期末所有者权益}}{\text{上年同期期末所有者权益}}\times 100\%$$

资产负债率　该指标既反映企业经营风险的大小，也反映企业利用债权人提供的资金从事经营活动的能力。

计算公式为：

资产负债率（%）=

$$\frac{\text{负债总计}}{\text{资产总计}}\times 100\%$$

流动资产周转率　指一定时期内流动资产完成的周转次数，反映投入工业企业流动资金的周转速度。

计算公式为：

流动资产周转率（次）=

$$\frac{\text{产品销售收入}}{\text{流动资产平均余额}}$$

成本费用利润率　反映工业投入的生产成本及费用的经济效益，同时也反映企业降低成本所得的经济效益。

计算公式为：

工业成本费用利润率（%）=

$$\frac{\text{利润总额}}{\text{成本费用总额}}\times 100\%$$

其中：成本费用总额为产品销售成本、产品销售费用、管理费用和财务费用之和。

全员劳动生产率　该指标反映企业的生产效率和劳动投入的经济效益。

计算公式为：

全员劳动生产率（元/人）=

$$\frac{\text{工业增加值}}{\text{全部职工平均人数}}$$

产品销售率　该指标反映工业产品已实现销售的程度，是分析工业产销衔接情况、研究工业产品满足社会需求的指标。

计算公式为：

产品销售率 =

$$\frac{\text{工业销售产值}}{\text{工业总产值（现价）}}\times 100\%$$

工业经济效益综合指数　是衡量工业经济效益各方面在数量上总体水平的一种特殊相对数，是反映工业经济运行质量的综合指标。

计算公式为：

工业经济效益综合指数 =

$$\Sigma\left(\frac{\text{某项指标报告期数值}}{\text{该项指标全国标准值}}\times\text{该项指标权数}\right)$$

能源、服务业、交通运输和邮政 5

ENERGY,SERVICE,TRANSPORTATION AND POSTAL

●2014 年,全市机动车辆拥有量 616159 辆。

●2014 年,全市邮政业务总量 20584 万元,比上年增长 1.7%。

●2014 年,全市规模以上工业综合能源消费量 1006820 吨标准煤。

本篇章

资料整理

唐小敏　黄志平

汪　真　罗克勤

5－1 各县(区)规模以上工业综合能源消费量

单位:吨标准煤

县(区)别	2012 年	2013 年	2014 年
抚 州 市	**990639**	**1031124**	**1006820**
临 川 区	133111	143906	159117
南 城 县	72809	86031	81413
黎 川 县	67979	80849	89421
南 丰 县	49635	53947	45218
崇 仁 县	114493	113943	113910
乐 安 县	20248	19920	11986
宜 黄 县	70724	75083	75799
金 溪 县	56529	64010	64276
资 溪 县	13090	6389	6611
东 乡 县	185565	166173	123107
广 昌 县	11569	13242	12228
高 新 区	194886	207629	223733

5－2 规上工业企业能

（201

能源名称	单 位	年初库存 量	购进量		
			实物量	金额（千元）	合计
原煤	吨	58479	360037	278304	355790
# 无烟煤	吨	21217	58857	56859	59751
# 炼焦烟煤	吨	78	10152	7048	10129
# 一般烟煤	吨	37185	290877	214302	285751
# 褐煤	吨		151	95	159
洗精煤	吨	4	70567	72379	70567
其它洗煤	吨	226	4520	5209	4726
焦炭	吨	307	21412	31674	21009
天然气(气态)	万立方米		6381	228172	6381
汽油	吨	24	1560	12231	1689
煤油	吨	94	40	376	40
柴油	吨	47	6588	47757	6637
燃料油	吨	181	8101	24978	8159
液化石油气	吨		338	2238	338
润滑油	吨	8	633	4481	619
石蜡	吨		1442	10629	1442
溶剂油	吨		244	1709	244
石油焦	吨	15			
其它石油制品	吨	52	1072	9365	1072
热力	百万千焦		227	28	274
电力	万千瓦时		304975	2069706	311046
煤矸石用于燃料	吨				
城市垃圾用于燃料	吨		410	205	410
生物质废料用于燃料	吨		79013	38519	79413
余热余压	百万千焦				371308
其它工业废料用于燃料	吨		9729	5465	9729
其他燃料	吨标准煤	626	168156	73191	169700
能源合计	吨标准煤				1077426

源购进、消费与库存

4 年)

消费量				期末库存量	采用折标系数
1. 工业生产消费	用于原材料	2. 非工业生产消费	合计中:运输工具消费		
355670	89756	119		57934	
59742	6772	9		20683	0.9428
10129					0.9000
285641	82984	110		37251	0.7000
159					0.4286
70567					0.9000
4726				20	0.4643
21009	660			706	0.9714
6381	96				13.2000
932	164	757	410	9	1.4000
26		14	14		1.4714
6015	554	622	703	26	1.4571
8159				122	1.4286
338	75				1.7143
619	14			16	1.4143
1442					1.3648
244					1.4672
1072	202				1.4000
241		33			0.0302
308585		2461	0.5		1.2290
410					0.2714
79386		27			0.4000
371308					0.0341
9729					0.4285
169668	2206	32		119	1.0000
1072228		5199			

5-3 全社会分行业电力消费量

单位:万千瓦时

行业分类	2012 年	2013 年	2014 年
总　计	**401286**	**458660**	**488336**
A、全行业用电	301198	346743	371232
第一产业	3825	4786	4970
第二产业	239196	275054	289538
第三产业	58177	66905	76723
B、城乡居民	100087	111915	117103
城镇居民	56428	62357	65139
乡村居民	43659	49560	51964
全行业用电分类	301198	346743	371232
一、农林牧渔业	**3825**	**4786**	**4970**
1. 农业	1474	1540	1754
2. 林业	121	112	91
3. 畜牧业	804	1124	1361
4. 渔业	106	99	159
5. 农、林、牧、渔服务业	1323	1911	1606
二、工业	**232305**	**268258**	**280963**
轻工业	80809	93027	102964
重工业	151500	175231	178000
(一)采矿业	12695	14210	16351
1. 煤炭开采和洗选业	116	71	117
2. 石油和天然气开采业			
3. 黑色金属矿采选业	343	731	855
4. 有色金属矿采选业	8241	8281	8845
5. 非金属矿采选业	3996	5127	6536
6. 其他采矿业			
(二) 制造业	173609	196231	207234
1. 食品、饮料和烟草制造业	9861	11078	12718
农副食品加工业	5255	6834	7061
2. 纺织业	19501	25762	25792
3. 服装鞋帽、皮革羽绒及其制品业	2563	2702	3341
4. 木材加工及制品和家具制品业	10199	12178	13333
5. 造纸及纸制品业	10276	11016	12291
6. 印刷业和记录媒介的复制	475	328	305
7. 文体用品制造业	157	185	171
8. 石油加工、炼焦及核燃料加工业	257	149	160
9. 化学原料及化学制品制造业	26584	24143	15531
肥料制造	14737	10253	551
10. 医药制造业	6152	6754	6735

5-3续表 单位:万千瓦时

行业分类	2012年	2013年	2014年
11. 化学纤维制造业	293	765	989
12. 橡胶和塑料制品业	19095	20726	23877
13. 非金属矿物制品业	33638	42103	45990
水泥制造	15998	21983	20055
14. 黑色金属冶炼及压延加工业	1232	1183	2052
铁合金冶炼	240	223	258
15. 有色金属冶炼及压延加工业	5693	6400	9777
铝冶炼	828	1370	1542
16. 金属制品业	2700	3152	3933
17. 通用及专用设备制造业	3061	3684	3749
18. 交通运输、电气、电子设备制造业	14185	11775	9658
交通运输设备制造业	2971	3403	4288
19. 工艺品及其他制造业	6740	10761	14910
20. 废弃资源和废旧材料回收加工业	950	1387	1927
(三)电力燃气	46001	57816	57377
1. 电力、热力的生产和供应业	41053	52155	51407
电厂生产全部耗用电量	1183	1748	1861
线路损失电量	39739	50274	49508
抽水蓄能抽水耗用电量	3		
2. 燃气生产和供应业	1203	1221	923
3. 水的生产和供应业	3749	4442	5042
三、建筑业	**6889**	**6796**	**8574**
四、交通运输	**9358**	**10460**	**15080**
1. 交通运输业	8456	9765	14408
城市公共交通	8	11	39
管道运输业	2	49	53
电气化铁路	7666	8596	12562
2. 仓储业	497	407	398
3. 邮政业	406	286	273
五、信息计算机	**6136**	**7240**	**8359**
1. 电信和其他信息传输服务业	5807	6972	7296
2. 计算机服务和软件业	327	266	1066
六、商业住宿	**20554**	**23589**	**25476**
1. 批发和零售业	12971	16108	17846
2. 住宿和餐饮业	7580	7479	7631
七、金融房地产	**6165**	**7304**	**7856**
1. 金融业	1736	1775	1822
2. 房地产业	1291	1859	2102
3. 租赁和商务服务业、居民服务和其它服务业	3135	3669	3932
八、公共事业	**15966**	**18314**	**19948**

5-4　规模以上服务业企业利润总额前25位企业

单位:万元

单位名称	2013年	2014年	增长(%)
中国移动通信集团江西有限公司抚州分公司	26402	24514	-7.1
江西合众光华国际传媒广告有限公司		5604	
江西昌润物流有限公司	2828	2819	-0.3
江西省邮政公司抚州市分公司	1837	2461	34.0
江西抚州长运有限公司	2155	2159	0.2
江西恒正达船务有限公司	1981	1992	0.6
江西吉顺船务有限公司	1630	1731	6.2
江西珩发物流有限公司	863	1598	85.2
崇仁县盛彤物流有限公司	2081	1567	-24.7
抚州市深港物流有限公司	5541	1524	-72.5
江西新丰物流有限公司	1288	1182	-8.2
东乡县畅通物流有限公司	961	1048	9.1
崇仁县嘉龙物流有限公司	851	1018	19.6
江西昌顺物流有限公司	749	875	16.8
江西桃胜物流有限公司	707	869	22.8
崇仁县金辉物流有限公司	553	785	42.0
崇仁县嘉旺汽车运输有限公司	606	742	22.6
江西恒信物流有限公司	1133	693	-38.8
江西杭绍物流有限公司	2026	665	-67.2
崇仁县成业物流有限公司	580	624	7.6
抚州金巢经济开发区投资发展有限公司	488	609	24.6
东乡县三丰汽车贸易有限公司	560	574	2.5
崇仁县永泰物流有限公司	515	544	5.7
崇仁县鑫茂物流有限公司	814	506	-37.8
崇仁县荣泰物流有限公司	1701	488	-71.3

5－5 规模以上服务业企业营业收入前25位企业

单位:万元

单位名称	2013年	2014年	增长(%)
中国移动通信集团江西有限公司抚州分公司	110088	109840	－0.2
江西昌顺物流有限公司	41971	40870	－2.6
中国电信股份有限公司抚州分公司	40419	40690	0.7
江西合众光华国际传媒广告有限公司		35782	
东乡县三丰汽车贸易有限公司	39551	27686	－30.0
江西省邮政公司抚州市分公司	22516	23569	4.7
江西恒正达船务有限公司	22657	22669	0.1
江西中储粮金溪直属库	4220	20880	394.8
江西抚州长运有限公司	19035	19165	0.7
抚州市深港物流有限公司	18368	18919	3.0
江西杭绍物流有限公司	28536	18504	－35.2
中国联合网络通信有限公司抚州市分公司	20441	18220	－10.9
江西吉顺船务有限公司	22598	17658	－21.9
崇仁县盛彤物流有限公司	23077	16584	－28.1
金溪县志达货物运输有限公司	15829	15900	0.4
中央储备粮抚州直属库	11160	14678	31.5
江西昌润物流有限公司	15142	14631	－3.4
江西鑫鑫大件起重运输有限公司	13126	14543	10.8
南丰县致远汽车物流配送有限公司	28726	14192	－50.6
崇仁县星诚物流有限公司	12851	12912	0.5
东乡县诚信物流有限公司	11520	12567	9.1
江西珩发物流有限公司	8914	12188	36.7
东乡县畅通物流有限公司	10804	11786	9.1
东乡县鑫龙物流有限公司	10378	10476	0.9
江西星海航运有限公司	23115	9446	－59.1

5－6 规模以上服务业

指 标	单位数（个）	本年折旧			资产合计		
		2013 年	2014 年	增长（%）	2013 年	2014 年	增长（%）
总 计	**209**	**101226**	**152258**	**50.4**	**1188246**	**1180109**	**－0.7**
按登记注册类型分组							
内资企业	208	95709	147204	53.8	1136315	1125871	－0.9
国有企业	13	2703	3781	39.9	207774	230722	11.0
有限责任公司	85	49638	104795	111.1	625068	614435	－1.7
国有独资公司	4	777	885	13.9	171497	212939	24.2
其他有限责任公司	81	48860	103910	112.7	453571	401496	－11.5
股份有限公司	18	19151	18671	－2.5	126527	120504	－4.8
私营企业	90	23941	19687	－17.8	174656	157868	－9.6
私营独资企业	2	158	188	19.3	948	1126	18.7
私营合伙企业	2	378	384	1.5	5779	5965	3.2
私营有限责任公司	85	23266	18957	－18.5	164584	147504	－10.4
私营股份有限公司	1	139	158	13.0	3345	3274	－2.1
其他企业	2	277	270	－2.2	2291	2342	2.2
港、澳、台商投资企业	1	5517	5054	－8.4	51931	54239	4.4
港、澳、台商独资经营企业	1	5517	5054	－8.4	51931	54239	4.4
按企业控股情况分组							
国有控股	23	30098	96196	219.6	592169	660604	11.6
集体控股	4	242	214	－11.8	3388	3879	14.5
私人控股	165	61185	47126	－23.0	517323	436171	－15.7
港澳台商控股	1	5517	5054	－8.4	51931	54239	4.4
其他	16	4184	3668	－12.3	23435	25217	7.6
按隶属关系分组							
中央	6	25225	91035	260.9	367697	450231	22.5
省	2	2349	2483	5.7	39035	41152	5.4
市	14	4181	2863	－31.5	63715	70114	10.0
县(区)	51	19909	15039	－24.5	355417	298451	－16.0
镇	5	2995	1513	－49.5	22155	10951	－50.6
乡	2	524	522	－0.4	1695	1836	8.3
其他	129	46043	38802	－15.7	338532	307374	－9.2
按营业状态分组							
营业	209	101226	152258	50.4	1188246	1180109	－0.7
按执行会计标准类别分组							
企业会计制度	209	101226	152258	50.4	1188246	1180109	－0.7
按是否执行 2006 年《企业会计准则》分组							
执行 2006 年《企业会计准则》	186	99295	148649	49.7	1160587	1142888	－1.5
执行 2011 年《小企业会计准则》	15	1018	1663	63.4	11334	20648	82.2
执行其他企业会计制度	8	913	1946	113.2	16326	16574	1.5
按机构类型分组							
企业	208	101119	152156	50.5	1187282	1179124	－0.7
事业单位	1	106	102	－3.8	964	986	2.2
按企业集团情况分组							
集团母公司	16	5602	2293	－59.1	31719	19729	－37.8
成员企业	13	33986	99344	192.3	486946	551403	13.2
亏损企业	80	30014	24851	－17.2	543433	564291	3.8
不亏损企业	129	71212	127407	78.9	644813	615818	－4.5
公有制企业	27	30340	96410	217.8	595557	664483	11.6
非公有制企业	182	70886	55848	－21.2	592689	515626	－13.0

企业分类别财务状况

单位:万元

营业收入			其中:主营业务收入			营业税金及附加		
2013 年	2014 年	增长(%)	2013 年	2014 年	增长(%)	2013 年	2014 年	增长(%)
1672550	**1113760**	**-33.4**	**1653689**	**1103525**	**-33.3**	**54016**	**19421**	**-64.1**
1652110	1095540	-33.7	1636128	1086293	-33.6	53444	19124	-64.2
63995	70894	10.8	59796	69330	15.9	396	286	-27.8
824648	501178	-39.2	816641	495835	-39.3	29529	8763	-70.3
14952	32769	119.2	14952	32769	119.2	178	195	9.1
809696	468410	-42.2	801690	463067	-42.2	29351	8568	-70.8
207182	146104	-29.5	206632	145427	-29.6	6696	3186	-52.4
545743	370404	-32.1	542517	368741	-32.0	16511	6850	-58.5
622	1274	104.9	622	1274	104.9	9	11	14.0
5486	5855	6.7	5486	5854	6.7	97	98	1.2
538790	362422	-32.7	535564	360760	-32.6	16405	6740	-58.9
846	853	0.8	846	853	0.8	0	2	650.0
10542	6960	-34.0	10542	6960	-34.0	312	40	-87.3
20441	18220	-10.9	17560	17232	-1.9	572	297	-48.1
20441	18220	-10.9	17560	17232	-1.9	572	297	-48.1
255114	277119	8.6	248679	271853	9.3	5966	3269	-45.2
8119	7039	-13.3	6757	5461	-19.2	275	281	1.9
1267533	756456	-40.3	1260730	754599	-40.2	43081	14420	-66.5
20441	18220	-10.9	17560	17232	-1.9	572	297	-48.1
121344	54926	-54.7	119962	54381	-54.7	4122	1155	-72.0
176405	201949	14.5	172943	199711	15.5	4633	2577	-44.4
20122	20169	0.2	18451	18535	0.5	532	159	-70.2
89208	89822	0.7	87907	88426	0.6	3403	966	-71.6
419394	191916	-54.2	415334	189860	-54.3	14762	3681	-75.1
73160	38554	-47.3	72869	38403	-47.3	2232	1077	-51.7
10892	10492	-3.7	10892	10492	-3.7	836	154	-81.6
883370	560858	-36.5	875293	558097	-36.2	27617	10807	-60.9
1672550	1113760	-33.4	1653689	1103525	-33.3	54016	19421	-64.1
1672550	1113760	-33.4	1653689	1103525	-33.3	54016	19421	-64.1
1645238	1068927	-35.0	1626376	1058692	-34.9	52690	18576	-64.8
21919	29716	35.6	21919	29716	35.6	1243	661	-46.8
5394	15117	180.2	5394	15117	180.2	83	184	120.9
1672024	1113293	-33.4	1653162	1103059	-33.3	54005	19411	-64.1
526	467	-11.3	526	467	-11.3	11	10	-5.7
144341	68821	-52.3	143683	68821	-52.1	4263	1678	-60.6
246916	270400	9.5	238902	264718	10.8	6060	3201	-47.2
581781	304487	-47.7	572679	302594	-47.2	17387	2891	-83.4
1090769	809273	-25.8	1081009	800931	-25.9	36629	16530	-54.9
263233	284158	8.0	255437	277314	8.6	6241	3549	-43.1
1409318	829602	-41.1	1398252	826211	-40.9	47775	15872	-66.8

5－6 续表 1

指　标	单位数（个）	其中：主营业务税金及附加			管理费用		
		2013 年	2014 年	增长（%）	2013 年	2014 年	增长（%）
总　　计	**209**	**53295**	**16896**	**－68.3**	**34250**	**36030**	**5.2**
按登记注册类型分组							
内资企业	208	52723	16661	－68.4	33171	34933	5.3
国有企业	13	390	284	－27.1	7341	8023	9.3
有限责任公司	85	29129	6564	－77.5	14559	14105	－3.1
国有独资公司	4	178	195	9.1	1410	1791	27.0
其他有限责任公司	81	28951	6370	－78.0	13149	12315	－6.4
股份有限公司	18	6688	3182	－52.4	4237	4353	2.7
私营企业	90	16204	6591	－59.3	6466	8042	24.4
私营独资企业	2	9	11	14.0	54	62	15.3
私营合伙企业	2	97	98	1.2	18	384	2071.8
私营有限责任公司	85	16098	6482	－59.7	6356	7549	18.8
私营股份有限公司	1	0	2	净增	38	46	21.3
其他企业	2	312	40	－87.3	568	410	－27.9
港、澳、台商投资企业	1	572	235	－58.9	1080	1097	1.6
港、澳、台商独资经营企业	1	572	235	－58.9	1080	1097	1.6
按企业控股情况分组							
国有控股	23	5872	1382	－76.5	15787	16940	7.3
集体控股	4	229	229		173	236	36.4
私人控股	165	42524	13899	－67.3	14998	16187	7.9
港澳台商控股	1	572	235	－58.9	1080	1097	1.6
其他	16	4099	1151	－71.9	2213	1570	－29.1
按隶属关系分组							
中央	6	4622	757	－83.6	7126	8193	15.0
省	2	455	94	－79.4	1687	1298	－23.1
市	14	3397	965	－71.6	7053	8122	15.2
县（区）	51	14684	3427	－76.7	4655	3898	－16.3
镇	5	2232	1077	－51.7	700	399	－43.0
乡	2	836	154	－81.6	157	169	7.8
其他	129	27068	10424	－61.5	12873	13952	8.4
按营业状态分组							
营业	209	53295	16896	－68.3	34250	36030	5.2
按执行会计标准类别分组							
企业会计制度	209	53295	16896	－68.3	34250	36030	5.2
按是否执行 2006 年《企业会计准则》分组							
执行 2006 年《企业会计准则》	186	51969	16051	－69.1	31927	33610	5.3
执行 2011 年《小企业会计准则》	15	1243	661	－46.8	454	911	100.9
执行其他企业会计制度	8	83	184	120.9	1870	1509	－19.3
按机构类型分组							
企业	208	53284	16886	－68.3	34199	35980	5.2
事业单位	1	11	10	－5.7	51	50	－2.2
按企业集团情况分组							
集团母公司	16	4204	1678	－60.1	886	1067	20.3
成员企业	13	5971	1254	－79.0	14324	14870	3.8
亏损企业	80	17146	2765	－83.9	11081	12568	13.4
不亏损企业	129	36149	14131	－60.9	23170	23462	1.3
公有制企业	27	6100	1611	－73.6	15961	17176	7.6
非公有制企业	182	47195	15286	－67.6	18290	18854	3.1

单位:万元

其中:税金			投资收益		
2013 年	2014 年	增长（%）	2013 年	2014 年	增长（%）
2141	**1685**	**-21.3**	**573**	**1248**	**117.7**
2118	1655	-21.9	573	1248	117.7
293	278	-5.2		190	
1075	610	-43.3	528	832	57.6
5	20	270.4	50	15	-70.0
1070	590	-44.8	478	817	70.9
188	340	81.0			
547	418	-23.5	45	226	399.1
1	2	翻番			
8	8	5.2	141	144	2.4
538	408	-24.1	-95	82	扭亏
15	8	-42.5			
24	31	31.1			
24	31	31.1			
457	639	39.6	50	205	309.4
11	21	93.5			
1580	962	-39.2	518	1040	100.8
24	31	31.1			
69	34	-50.9	5	3	-40.7
99	312	215.7		190	
57	32	-44.7			
327	334	2.1			
508	337	-33.8	365	520	42.5
161	14	-91.5			
3	5	108.0			
986	652	-33.9	209	538	158.2
2141	1685	-21.3	573	1248	117.7
2141	1685	-21.3	573	1248	117.7
2102	1633	-22.3	573	1223	113.4
23	26	15.3			
16	26	61.7		25	
2141	1685	-21.3	573	1248	117.7
67	50	-25.7	67		
482	663	37.5		190	
559	309	-44.8	309	290	-6.4
1582	1377	-13.0	264	958	263.0
468	659	40.8	50	205	309.4
1673	1026	-38.7	523	1043	99.4

5－6 续表2

指 标	单位数（个）	营业利润			利润总额		
		2013 年	2014 年	增长（%）	2013 年	2014 年	增长（%）
总 计	**209**	**122700**	**33200**	**－72.9**	**118992**	**65578**	**－44.9**
按登记注册类型分组							
内资企业	208	124600	35500	－71.5	120820	67597	－44.1
国有企业	13	－200	－10300	增亏	232	2303	892.6
有限责任公司	85	71200	28100	－60.5	72060	38438	－46.7
国有独资公司	4	400	1200	200.0	480	966	101.2
其他有限责任公司	81	70800	26900	－62.0	71580	37472	－47.7
股份有限公司	18	14700	6400	－56.5	14829	6073	－59.0
私营企业	90	37900	11700	－69.1	32686	20764	－36.5
私营独资企业	2	100	300	200.0	126	314	149.7
私营合伙企业	2	500	400	－20.0	485	440	－9.2
私营有限责任公司	85	37200	11000	－70.4	32023	19998	－37.6
私营股份有限公司	1	100		－100.0	52	12	－77.7
其他企业	2	1000	－400	－140.0	1013	18	－98.2
港、澳、台商投资企业	1	－1900	－2300	增亏	－1828	－2019	增亏
港、澳、台商独资经营企业	1	－1900	－2300	增亏	－1828	－2019	增亏
按企业控股情况分组							
国有控股	23	28600	17600	－38.5	29580	29189	－1.3
集体控股	4	300	400	33.3	318	134	－57.8
私人控股	165	88200	14700	－83.3	83091	35042	－57.8
港澳台商控股	1	－1900	－2300	增亏	－1828	－2019	增亏
其他	16	7500	2800	－62.7	7831	3232	－58.7
按隶属关系分组							
中央	6	23700	14300	－39.7	24650	23015	－6.6
省	2	1700	1900	11.8	2106	2218	5.3
市	14	3800	3100	－18.4	3693	3734	1.1
县（区）	51	31100	－400	盈转亏	28775	8716	－69.7
镇	5	7500	2600	－65.3	6718	3054	－54.6
乡	2	1100	800	－27.3	1048	698	－33.4
其他	129	53800	10900	－79.7	52003	24144	－53.6
按营业状态分组							
营业	209	122700	33200	－72.9	118992	65578	－44.9
按执行会计标准类别分组							
企业会计制度	209	122700	33200	－72.9	118992	65578	－44.9
按是否执行 2006 年《企业会计准则》分组							
执行 2006 年《企业会计准则》	186	125500	34300	－72.7	119935	64776	－46.0
执行 2011 年《小企业会计准则》	15	－900	－600	减亏	958	1267	32.3
执行其他企业会计制度	8	－1900	－500	减亏	－1901	－465	减亏
按机构类型分组							
企业	208	122700	33200	－72.9	118966	65574	－44.9
事业单位	1				26	4	－84.4
按企业集团情况分组							
集团母公司	16	4700	－1100	盈转亏	5001	1614	－67.7
成员企业	13	24700	15000	－39.3	25982	26139	0.6
亏损企业	80	－12100	－33000	增亏	25227	－1629	盈转亏
不亏损企业	129	134800	66200	－50.9	93765	67207	－28.3
公有制企业	27	28900	18000	－37.7	29898	29323	－1.9
非公有制企业	182	93800	15200	－83.8	89094	36255	－59.3

单位:万元

应付职工薪酬(2014年贷方累计发生额)			从业人员平均人数(人)
2013年	2014年	增长(%)	
171906	**138506**	**-19.43**	**24280**
170102	136570	-19.71	23916
13208	15363	16.32	2476
75234	52895	-29.69	9408
1362	1883	38.20	287
73871	51012	-30.94	9121
22577	20054	-11.18	3546
57681	47236	-18.11	8119
87	197	126.09	104
1169	1181	0.97	228
56250	45670	-18.81	7691
175	189	7.64	96
1402	1022	-27.11	367
1804	1936	7.30	364
1804	1936	7.30	364
31837	33403	4.92	5268
1899	2377	25.17	246
124806	90317	-27.63	16501
1804	1936	7.30	364
11560	10473	-9.40	1901
14276	13074	-8.42	1674
3640	3894	6.97	726
16104	18465	14.66	3177
37894	28194	-25.60	5561
6844	3850	-43.75	745
1362	1534	12.60	385
91785	69495	-24.28	12012
171906	138506	-19.43	24280
171906	138506	-19.43	24280
166981	130511	-21.84	22282
1982	3655	84.38	897
2942	4340	47.50	1101
171802	138365	-19.46	24220
104	141	36.29	60
16488	6919	-58.04	834
30604	31315	2.32	4214
52324	41647	-20.41	8608
119581	96859	-19.00	15672
33736	35780	6.06	5514
138170	102726	-25.65	18766

5－7　规模以上服务业

指　标	单位数（个）	本年折旧			资产总计			营业
		2013 年	2014 年	增长（%）	2013 年	2014 年	增长（%）	2013 年
总　　计	**209**	**101226**	**152258**	**50.4**	**1188246**	**1180109**	**－0.7**	**1672550**
交通运输、仓储和邮政业	152	68434	53347	－22.0	723667	713499	－1.4	1454324
信息传输、软件和信息技术服务业	3	29812	94044	215.5	220991	224528	1.6	170948
房地产业	3	2	2	持平	1152	805	－30.2	977
租赁和商务服务业	19	1526	2276	49.1	209209	204066	－2.5	15932
科学研究和技术服务业	6	100	117	17.6	4490	6340	41.2	6036
居民服务、修理和其他服务业	15	142	270	89.9	10286	11297	9.8	13390
教育	2	311	380	22.1	3575	3809	6.5	3022
卫生和社会工作	3	635	1491	134.9	12448	11302	－100.0	6200
文化、体育和娱乐业	6	263	331	26.0	2428	4463	83.8	1722

5－7 续表

指　标	单位数（个）	管理费用			其中：税金			投资
		2013 年	2014 年	增长（%）	2013 年	2014 年	增长（%）	2013 年
总　　计	**209**	**34250**	**36030**	**5.2**	**2141**	**1685**	**－21.3**	**573**
交通运输、仓储和邮政业	152	21461	21363	－0.5	1963	1232	－37.2	209
信息传输、软件和信息技术服务业	3	6510	6899	6.0	122	343	180.2	
房地产业	3	364	414	13.7				
租赁和商务服务业	19	1325	1689	27.5	22	57	162.4	359
科学研究和技术服务业	6	1631	1992	22.2	1	9	增加	
居民服务、修理和其他服务业	15	595	861	44.8	6	7	10.2	5
教育	2	293	300	2.4	6	6	12.3	
卫生和社会工作	3	1931	1782	－7.7	20	20	持平	
文化、体育和娱乐业	6	141	730	416.4	1	12	891.7	

企业分门类财务状况

单位：万元

收入		其中：主营业务收入			营业税金及附加			其中：主营业务税金及附加		
2014 年	增长（%）	2013 年	2014 年	增长（%）	2013 年	2014 年	增长（%）	2013 年	2014 年	增长（%）
1113760	**-33.4**	**1653689**	**1103525**	**-33.3**	**54016**	**19421**	**-64.0**	**53295**	**16896**	**-68.3**
842696	-42.1	1440807	837704	-41.9	47249	14310	-69.7	46616	13724	-70.6
168750	-1.3	167503	165693	-1.1	5258	2874	-45.3	5247	992	-81.1
1192	22.0	958	1160	21.1	58	67	15.4	58	67	15.4
59417	272.9	15906	59377	273.3	440	839	90.9	440	839	90.9
6433	6.6	6036	6433	6.6	294	244	-16.9	288	243	-15.7
18666	39.4	11536	16555	43.5	551	831	50.9	481	775	61.2
3311	9.5	3022	3311	9.5	122	146	19.5	122	146	19.5
9827	-100.0	6200	9827	58.5	11	11	持平	11	11	6.7
3467	101.3	1722	3467	101.3	33	99	198.8	33	99	198.8

收益		营业利润			利润总额			应付职工薪酬（本年贷方累计发生额）			从业人员平均人数（人）
2014 年	增长（%）	2013 年	2014 年	增长（%）	2013 年	2014 年	增长（%）	2013 年	2014 年	增长（%）	
1248	**117.7**	**122956**	**33656**	**-72.6**	**118991**	**65579**	**-44.9**	**171906**	**138506**	**-19.4**	**24280**
1105	429.9	98962	4058	-95.9	94608	36276	-61.7	143080	107265	-25.0	17459
		24234	23060	-4.8	24776	22036	-11.1	14773	13308	-9.9	1858
		-59	-51	减亏	-59	-53	减亏	848	1084	27.9	475
139	-61.2	505	5237	937.6	500	5805	1061.0	3845	5186	34.9	1762
		55	390	616.2	-2	439	扭亏为盈	804	1355	68.7	334
3	-40.7	533	638	19.7	395	580	46.8	5281	6516	23.4	1455
		222	249	12.3	222	249	12.2	338	350	3.6	115
		-1561	-50	减亏	-1561	24	扭亏为盈	2790	2856	2.4	613
		66	124	88.2	112	223	99.1	148	586	296.2	209

5-8 规模以上服务业

指标	单位数（个）	本年折旧			资产总计			营业收入		
		2013年	2014年	增长（%）	2013年	2014年	增长（%）	2013年	2014年	增长（%）
抚州市	**209**	**101226**	**152258**	**50.4**	**1188246**	**1180109**	**-0.7**	**1672550**	**1113760**	**-33.4**
临川区	27	35489	100961	184.5	405046	504444	24.5	283891	263696	-7.1
南城县	22	4612	4337	-6.0	37297	33709	-9.6	85798	55607	-35.2
黎川县	11	2695	2457	-8.8	24540	20200	-17.7	45184	34311	-24.1
南丰县	19	3122	2953	-5.4	40574	34398	-15.2	99704	91650	-8.1
崇仁县	32	11825	10497	-11.2	118818	95515	-19.6	236371	212080	-10.3
乐安县	13	3132	2634	-15.9	44894	21969	-51.1	73113	44807	-38.7
宜黄县	9	8497	4397	-48.3	28184	13443	-52.3	106297	36197	-65.9
金溪县	9	5576	4187	-24.9	63074	94100	49.2	84855	64043	-24.5
资溪县	15	7519	4595	-38.9	125824	124638	-0.9	100143	36448	-63.6
东乡县	28	6725	7673	14.1	82657	33601	-59.3	320753	154767	-51.7
广昌县	22	10274	7194	-30.0	106651	88287	-17.2	193420	77988	-59.7
高新区	2	1760	373	-78.8	110688	115805	4.6	43021	42168	-2.0

5-8续表

指标	单位数（个）	管理费用			其中：税金			投资收益		
		2013年	2014年	增长（%）	2013年	2014年	增长（%）	2013年	2014年	增长（%）
抚州市	**209**	**34250**	**36030**	**5.2**	**2141**	**1685**	**-21.3**	**573**	**1248**	**117.7**
临川区	27	18521	18398	-0.7	502	686	36.5			
南城县	22	1796	2375	32.2	135	75	-44.3		82	
黎川县	11	536	509	-5.0	157	26	-83.4			
南丰县	19	638	1294	102.8	78	134	72.9	5	3	-40.7
崇仁县	32	4586	4580	-0.1	258	196	-23.9	1	165	增长
乐安县	13	1689	964	-42.9	87	59	-32.1			
宜黄县	9	478	505	5.6	77	37	-52.7	141	144	2.3
金溪县	9	781	1324	69.4	162	37	-77.4			
资溪县	15	1284	1113	-13.3	264	93	-64.7	309	501	62.1
东乡县	28	2014	2416	19.9	134	112	-16.4	67	337	402.1
广昌县	22	1440	1913	32.8	258	188	-27.3			
高新区	2	488	642	31.5	29	43	46.6	50	15	-70.0

企业分县(区)财务状况

单位:万元

其中:主营业务收入			营业税金及附加			其中:主营业务税金及附加		
2013 年	2014 年	增长(%)	2013 年	2014 年	增长(%)	2013 年	2014 年	增长(%)
1653689	**1103525**	**-33.3**	**54016**	**19421**	**-64.0**	**53295**	**16896**	**-68.3**
274754	257474	-6.3	7489	3822	-49.0	7395	1874	-74.7
85798	55606	-35.2	2349	906	-61.4	2349	906	-61.4
45153	34289	-24.1	2304	808	-64.9	2063	550	-73.3
99704	91501	-8.2	2951	1379	-53.3	2892	1379	-52.3
235647	211749	-10.1	7757	5652	-27.1	7516	5395	-28.2
73113	44807	-38.7	2383	562	-76.4	2383	562	-76.4
106276	36175	-66.0	3196	483	-84.9	3196	483	-84.9
84778	63970	-24.5	2685	627	-76.7	2685	627	-76.7
97991	35969	-63.3	5160	468	-90.9	5137	464	-91.0
316670	154341	-51.3	8848	2995	-66.2	8848	2995	-66.2
190784	75476	-60.4	5990	1177	-80.4	5928	1120	-81.1
43021	42168	-2.0	2905	542	-81.4	2905	542	-81.4

营业利润			利润总额			应付职工薪酬(本年贷方累计发生额)			从业人员平均人数(人)
2013 年	2014 年	增长(%)	2013 年	2014 年	增长(%)	2013 年	2014 年	增长(%)	
122956	**33656**	**-72.6**	**118992**	**65578**	**-44.9**	**171906**	**138506**	**-19.4**	**24280**
23994	18412	-23.3	25681	25778	0.4	36492	39839	9.2	6562
3408	-1634	盈转亏	4644	1469	-68.4	12024	10362	-13.8	2317
3828	2929	-23.5	2899	2855	-1.5	7178	5222	-27.3	718
7759	6749	-13.0	7382	6932	-6.1	13481	10157	-24.7	1677
22195	12640	-43.1	23656	16760	-29.2	19220	19903	3.6	3841
5689	-1114	盈转亏	5674	1358	-76.1	8680	7410	-14.6	1074
5532	-385	盈转亏	5552	1670	-69.9	15230	6019	-60.5	495
4949	-1020	盈转亏	4949	703	-85.8	8943	6415	-28.3	1096
3718	-254	盈转亏	3693	-308	盈转亏	14940	6388	-57.2	1336
27159	-1718	盈转亏	24998	4720	-81.1	15889	9838	-38.1	2067
13480	-2446	盈转亏	8627	2158	-75.0	17537	14682	-16.3	2617
1246	1495	20.0	1238	1484	19.9	2292	2272	-0.9	480

5－9 规模以上服务业

指 标	单位数（个）	本年折旧			资产总计			营业
		2013 年	2014 年	增长（%）	2013 年	2014 年	增长（%）	2013 年
总 计	**209**	**101226**	**152258**	**50.4**	**1188246**	**1180109**	**－0.7**	**1672550**
道路运输业	134	55277	42166	－23.7	392372	344628	－12.2	1251987
水上运输业	7	10573	7524	－28.8	61690	41077	－33.4	125696
管道运输业	1	102	119	16.5	3961	6893	74.0	3471
装卸搬运和运输代理业	1				1125	1199	6.5	6617
仓储业	8	1493	2538	70.0	242847	298072	22.7	44036
邮政业	1	989	1000	1.1	21673	21630	－0.2	22516
电信、广播电视和卫星传输服务	3	29812	94044	215.5	220991	224528	1.6	170948
物业管理	3	2	2	－12.5	1152	805	－30.2	977
租赁业	2	2	41	1597.9	330	1176	256.4	275
商务服务业	17	1524	2235	46.7	208880	202890	－2.9	15657
研究和试验发展	1	2	8	382.4	165	367	122.4	790
专业技术服务业	5	98	109	11.2	4326	5973	38.1	5246
居民服务业	8	105	219	108.8	5755	6317	9.8	8659
机动车、电子产品和日用产品修理业	4	7	17	142.6	1449	1575	8.7	493
其他服务业	3	31	35	13.7	3082	3405	10.5	4238
教育	2	311	380	22.1	3575	3809	6.5	3022
卫生	3	635	1491	134.9	12448	11302	－9.2	6200
广播、电视、电影和影视录音制作业	1	105	102	－3.1	1169	1422	21.6	1101
文化艺术业	3		41		310	1483	328.4	
娱乐业	2	158	188	19.3	948	1558	64.3	622

5－9 续表

指 标	单位数（个）	管理费用			其中：税金			投资
		2013 年	2014 年	增长（%）	2013 年	2014 年	增长（%）	2013 年
总 计	**209**	**34250**	**36030**	**5.2**	**2141**	**1685**	**－21.3**	**573**
道路运输业	134	12870	12368	－3.9	1557	874	－43.9	45
水上运输业	7	1746	1765	1.1	108	65	－39.6	163
管道运输业	1	404	389	－3.8	5	20	270.4	
装卸搬运和运输代理业	1	93	67	－28.1	0	3	600.0	
仓储业	8	2574	3317	28.9				
邮政业	1	3774	3458	－8.4	292	271	－7.3	
电信、广播电视和卫星传输服务	3	6510	6899	6.0	122	343	180.2	
物业管理	3	364	414	13.7				
租赁业	2	21	84		1	1	12.5	
商务服务业	17	1304	1605	23.1	21	56	168.1	359
研究和试验发展	1	110	100		0	0	50.0	
专业技术服务业	5	1521	1892	24.4	1	8	583.3	
居民服务业	8	144	209	44.7	1	1		5
机动车、电子产品和日用产品修理业	4	19	653		5	6	11.5	
其他服务业	3	432						
教育	2	293	300		6	6	12.3	
卫生	3	1931	1782	－7.7	20	20	－2.0	
广播、电视、电影和影视录音制作业	1	87	48					
文化艺术业	3		54			11		
娱乐业	2	54	628		1	1	16.7	

企业分行业财务状况

单位:万元

收入		其中:主营业务收入			营业税金及附加			其中:主营业务税金及附加		
2014 年	增长(%)	2013 年	2014 年	增长(%)	2013 年	2014 年	增长(%)	2013 年	2014 年	增长(%)
1113760	**-33.4**	**1653689**	**1103525**	**-33.3**	**54016**	**19421**	**-64.0**	**53295**	**16896**	**-68.3**
666363	-46.8	1242187	662427	-46.7	42403	12251	-71.1	41769	11859	-71.6
78463	-37.6	125633	78463	-37.5	4460	1878	-57.9	4460	1684	-62.2
3635	4.7	3471	3635	4.7	102	122	19.1	102	122	19.1
4715	-28.7	6617	4715	-28.7	195	28	-85.6	195	28	-85.6
65952	49.8	40382	65719	62.7	-53	-51	-3.2	-53	-51	-3.2
23569	4.7	22516	22746	1.0	143	82	-42.8	143	82	-42.8
168750	-1.3	167503	165693	-1.1	5258	2874	-45.3	5247	992	-81.1
1192	22.0	958	1160	21.1	58	67	15.4	58	67	15.4
2361	758.5	275	2361	758.5	2	21	950.0	2	21	950.0
57055	264.4	15631	57016	264.8	438	818	86.8	438	818	86.8
805	1.9	790	805	1.9	32	35	9.4	32	35	9.4
5628	7.3	5246	5628	7.3	262	209	-20.2	256	208	-19.0
10425	20.4	6805	8313	22.2	361	468	29.5	291	412	41.5
1783	261.7	493	1783	261.7	0	2		0	2	
6459	52.4	4238	6459	52.4	190	362	90.5	190	362	90.5
3311	9.6	3022	3311	9.6	122	146	19.7	122	146	19.7
9827	58.5	6200	9827	58.5	11	11	6.7	11	11	6.7
1065	-3.3	1101	1065	-3.3	24	4	-83.3	24	4	-83.3
1056			1056			65			65	
1347	116.6	622	1347	116.6	9	30	233.3	9	30	233.3

收益		营业利润			利润总额			应付职工薪酬(本年贷方累计发生额)			从业人员平均人数(人)
2014 年	增长(%)	2013 年	2014 年	增长(%)	2013 年	2014 年	增长(%)	2013 年	2014 年	增长(%)	
1248	**117.7**	**122956**	**33656**	**-72.6**	**118992**	**65578**	**-44.9**	**171906**	**138506**	**-19.4**	**24280**
751	1557.2	92064	11984	-87.0	86072	28805	-66.5	116463	85797	-26.3	15121
165	0.8	7255	2005	-72.4	8115	4906	-39.5	13475	6621	-50.9	474
		149	230	54.3	149	225	51.1	593	732	23.5	
		-210	-100	减亏	145	201	38.1	63	80	26.1	21
190		-2268	-12497	增亏	-1710	-321	减亏	2703	2909	7.6	474
		1973	2437	23.5	1837	2461	34.0	9783	11126	13.7	1369
		24234	23060	-4.8	24776	22036	-11.1	14773	13308	-9.9	1858
		-59	-51	减亏	-59	-53	减亏	848	1084	27.9	475
		5	-139	盈转亏	5	50	974.3	149	209	40.6	67
139	-61.2	500	5376	974.7	496	5754	1060.8	3697	4978	34.6	1695
		56	94	66.1		94		196	223	13.7	50
		-2	297	扭亏为盈	-2	346	扭亏为盈	608	1133	86.4	284
3	-40.7	277	313	13.3	277	314	13.5	2671	3489	30.6	669
		-5	140	扭亏为盈	-5	120	扭亏为盈	112	297	165.0	172
		261	185	-29.2	123	146	18.8	2498	2730	9.3	614
		222	249	12.3	222	249	12.3	338	350	3.6	115
		-1561	-50	减亏	-1561	24	扭亏为盈	2790	2856	2.4	613
		-22	-46	增亏	-14	6	扭亏为盈	61	93	53.2	24
			81			81			274		91
		88	88	0.6	126	135	7.2	87	219	152.0	94

5－10　机动车辆拥有量

（2014 年）　　单位:辆

指　标	总　计	营运	非营运	总计中 进口	个人	新注册	报废
合　计	**616159**	**154620**	**461380**	**3137**	**498166**	**45092**	**1102**
一、汽车	**197933**	**61249**	**136525**	**3132**	**139784**	**32171**	**529**
1、载客汽车	122636	3234	119243	3086	108954	25128	419
# 大　型	1273	1111	134	4	21	129	19
中　型	1309	849	329	4	160	157	54
小　型	117749	1274	116475	3061	106747	24802	338
微　型	2305		2305	17	2026	40	8
2、载货汽车	55122	39361	15761	38	22943	5774	25
# 重　型	24807	24478	329	35	864	2011	
中　型	4860	4715	145		2320	406	
轻　型	25366	10115	15251	3	19687	3357	25
微　型	89	53	36		72		
3、其他汽车	20175	18654	1521	8	7887	1269	85
# 三轮汽车	672	616	56		662	23	7
低速汽车	17955	17404	551		6917	1014	72
二、摩托车	**410553**	**85714**	**324839**	**5**	**358352**	**12408**	**573**
1、普　通	409895	85713	324182	5	357706	12403	361
2、轻　便	658	1	657		646	5	212
三、拖拉机							
四、挂　车	**7673**	**7657**	**16**		**30**	**513**	

5-11 邮电事业

指　　标	单　位	2013年	2014年	同比增长(%)
一、邮政业务概括				
邮政业务总量	万元	20234	20584	1.7
函件合计	万件	556	222	-60.1
订销报刊累计	万份	5102	4922	-3.5
邮政信箱、信筒	个	197	197	
邮政储蓄网点	处	142	142	
二、电信业务概况				
固定电话用户	户	28	27	-1.3
互联网宽带接入用户	户	34	43	26.9
三、移动电话户数	**万户**			
3G用户数	万户	59	81	37.4

主要统计指标解释

货(客)运量 指运输业实际运送的货物(旅客)数量。货物按吨计算,客运按人计算。货物不论运输距离长短,货物类别,均按实际重量统计;旅客不论行程远近或标价多少,均按一人一次作为客运量统计。半票价、小孩票,也按一人统计。货(客)物量是反映运输业为国民经济和人民生活服务的数量指标,也是制定和检查运输生产计划,研究运输发展规模和速度的重要指标。

货物(旅客)周转量 指运输业运送的货物(旅客)数量与其相应运输距离的乘积之总和,通常以吨公里和人公里为计量单位。计算货物周转量通常按发出站与到达站之间的最短距离,也就是计费距离计算。它是反映运输业生产总量成果的重要指标,也是编制和检查运输生产计划、计算运输效率、劳动生产率以及核算运输单位成本的主要基础资料。

邮电业务总量 指以货币表现的邮电部门为用户传递信息和提供其他邮电服务的总量。它用各种邮电分类业务量,如函件件数、电报份数、长话张数、市内电话和农村电话的户数,订销报刊累计份数等,分别乘以相应的不变单价(1990 年不变价格)加总后,再加上出租电路和设备的收入、代用户维护电话交换机和线路等设备的收入以及其它业务收入求得。邮电业务总量综合反映了一定时期邮电工作的总成果,是研究邮电业务量构成和发展趋势的重要指标。

移动电话用户 指在邮电部门登记,通过移动电话交换机进入移动电话网,占有移动电话号码的电话用户。用户数量以实际办理登记手续进入邮电部门移动电话网的户数进行计算,一部或一台移动电话统计为一户。

电话用户 指接入国家公众固定电话网,并按固定电话业务进行经营管理的电话用户。1997 年以前,电话用户分为市内电话用户和农村电话用户。市内电话用户是指接入县城及县以上城市电话网上的电话用户;农村电话用户是指接入县邮电局农话台及县以下农村电话交换点,以县城为中心(除市话用户外)联通县、乡(镇)、行政村、村民小组的用户。从 1997 年起,电话用户数分组调整为以用户所在区域划分为“城市电话用户”和“乡村电话用户”,与过去的按市内电话和农村电话划分方法不同。而电话用户数、电话机部数统计方法不变。

能源生产总量 指一定时期内全国(地区)一次能源生产量的总和,是观察全国(地区)能源生产水平、规模、过程构成和发展速度的总量指标。一次能源生产量包括原煤,原油,天然气,水电及其他动力能(如风能、地热能等)发电量。不包括低热值燃料生产量、生物质能、太阳能等的利用和由一次能源加工转换而成的二次能源产量。

能源消费总量 指一定时期内全国(地区)各作业和居民生活消费的各种能源的总观察能源消费水平、构成和增长速度的总量指标。能源消费总量包括原煤、原油及其制品、天然气、电力。不包括低热值燃料、生物质能和太阳能等的利用。能源消费总量分为三部分:即终端能源消费量、能源加工转换损失量和损失量分。

(1)终端能源消费量 指一定时期内全国(地区)各行业和居民生活消费的各种能源在扣除了用于加工转换二次能源消费量和损失量以后的数量。

(2)能源加工转换损失量 指一定时期内全国(地区)投入加工转换的各种能源数量之和与产出各种能源产品之和的差额。它是观察能源在加工转换过程中损失量变化的指标。

(3)能源损失量 指一定时期内能源在输送、分配、储存过程中发生的损失和由客观原因造成的各种损失量,不包括各种气体能源放空、放散量。

能源生产弹性系数 是研究能源生产量的增长与国民经济增长之间关系的指标。计算公式为:

能源生产弹性系数 = 能源生产总量年平均增长速度/国民经济年平均增长速度

国民经济年平均增长速度,可根据不同的目的或需要,用国民生产总值等指标来计算,本年鉴是采用国内生产总值指标计算的。

能源消费弹性系数 是反映能源消费增长速度与国民经济增长速度之间比例关系的指标。计算公式为:

能源消费弹性系数 = 能源消费总量年平均增长速度/国民经济年平均增长速度

固定资产投资 6

INVESTMENT IN FIXED ASSETS

- 2014 年,全社会固定资产投资 1001.48 亿元,比上年增长 19.9%。
- 2014 年,房屋建筑竣工面积 152.03 万平方米,其中住宅面积 136.08 万平方米。

本篇章

资料整理

黄葫荣　胡　艳

6－1 固定资产投资

单位:万元

指 标	2010年	2011年	2012年	2013年	2014年	2014年比2013年增长(%)
一、投资完成额	**4798668**	**5315984**	**6614052**	**7915961**	**9392481**	**18.7**
#住宅	718252	753181	571069	671517	839482	25.0
1.按登记注册类型分						
内 资	4648555	5135805	6487947	7739014	9271809	19.8
国 有	863095	1138326	1519674	1474672	2285809	55.0
集 体	39195	35441	12786	16926	3745	－77.9
股份合作	9900	5360	16790	20950	16481	－21.3
联 营	21376	27657	5608	2072	9550	360.9
有限责任公司	1470645	1609118	1870464	2274248	2710636	19.2
股份有限公司	855522	830730	635276	731197	572740	－21.7
私营个体	1297534	1345485	2224976	2908912	3502674	20.4
其他内资	91288	143688	202373	310037	170174	－45.1
港、澳、台投资	56250	89532	33054	55590	42900	－22.8
外商投资	51205	30843	44000	41438	12742	－69.3
2.按构成分						
建筑工程	2732666	3137331	3814694	4869851	6389909	31.2
安装工程	279617	322032	455298	703343	845365	20.2
设备、工器具购置	921192	899894	1211534	1363589	1221891	－10.4
其他费用	865193	956727	1132526	979178	935316	－4.5
3.按建设性质分						
#新 建	3414155	3832313	4917754	6165245	7580711	23.0
扩 建	878257	1077671	1044628	1145441	1290451	12.7
改建和技术改造	447975	348296	479261	422978	415702	－1.7
4.按产业分						
第一产业	216672	307661	358317	306636	329327	7.4
第二产业	2840860	3037758	3831888	4942479	5427014	9.8
#工 业	2839260	3033516	3831888	4942479	5418654	9.6
第三产业	1741136	1970565	2423847	2666846	3636140	36.3

注:从2011年起,固定资产投资项目统计起点由过去的计划投资50万元及以上提高到计划投资500万元以上,本篇章2010－2014年固定资产投资均为计划投资500万元以上城镇和农村各种登记注册类型的企业、事业、行政单位,以及城镇个体户进行的500万元以上的建设项目,不含跨设区市中央项目和500万元以下项目等其他投资。

6－1 续表　　　　单位:万元

指　　标	2010 年	2011 年	2012 年	2013 年	2014 年	2014 年比 2013 年增长(％)
5. 按行业分						
农、林、牧、渔业	216672	307661	387023	333976	378412	13.3
采矿业	62400	77782	111669	162571	132164	－18.7
制造业	2679992	2821901	3556901	4548410	4833125	6.3
电力、燃气及水的生产和供应业	96868	133833	173118	236768	453365	91.5
建筑业	1600	4242			9660	
交通运输、仓储和邮政业	283967	214701	370771	356683	597578	67.5
信息传输、计算机服务和软件业	13452	13236	6327	3244		
批发和零售业	66183	70895	129893	132806	168860	27.1
住宿和餐饮业	29480	37452	111621	118831	148108	24.6
金融业		489			6752	
房地产业	805121	886600	784666	919230	1233280	34.2
租赁和商务服务业	500	11522	87128	70854	41994	－40.7
科学研究、技术服务和地质勘查业	4250	19844	30911	3639	3820	5.0
水利、环境和公共设施管理业	398694	541585	530806	527344	738906	40.1
居民服务和其他服务业	10500	8878	15039	2672	7877	194.8
教　育	50507	52039	95270	182966	183590	0.3
卫生、社会保障和社会福利业	16738	28071	29734	51440	58819	14.3
文化、体育和娱乐业	24444	43458	112647	106359	134777	26.7
公共管理和社会组织	37300	41795	80528	158168	261394	65.3
二、资金来源合计	**6064428**	**6104171**	**7323092**	**9196188**	**10785890**	**17.3**
# 本年资金来源	5761565	5829458	7158954	8844708	10349382	17.0
国家预算内资金	214696	165059	233082	383641	407472	6.2
国内贷款	191527	171992	218703	402565	286396	－28.9
利用外资	48188	80080	31265	41147	8787	－78.6
自筹资金	3964663	3945663	5000006	5926801	7170661	21.0
其他资金	1342491	1466664	1675898	2090554	2476066	18.4
三、新增固定资产	**2544676**	**2183040**	**3630834**	**4208298**	**6960351**	**65.4**
四、房屋建筑施工面积(平方米)	**11575297**	**10151165**	**12417353**	**14509492**	**15285517**	**5.3**
# 住宅	6079134	6911063	7361538	8208516	8626455	5.1
房屋建筑竣工面积	2415347	2258529	3024999	3359294	4811696	43.2
# 住宅	949667	1393948	1463930	1197309	1559769	30.3

6－2　固定资产投资资金来源

（2014 年）　　　　单位:万元

行　　业	本年资金来源合计	上年末结余资金	本年资金来源小计					
				国家预算内资金	国内贷款	利用外资	自筹资金	其他资金来源
总　　计	**10785890**	**436508**	**10349382**	**407472**	**286396**	**8787**	**7170661**	**2476066**
按行业分								
农、林、牧、渔业	414112	20209	393903	9648	4570		291441	88244
采矿业	171313	1632	169681	30	6975		146756	15920
制造业	5179090	85849	5093241		157770	150	4359250	576071
电力、燃气及水的生产和供应业	638570	5213	633357	20867	7390		515239	89861
建筑业	9750		9750		1100		8350	300
交通运输、仓储和邮政业	624988	6092	618896	76124	7221	8100	213526	313925
信息传输、计算机服务和软件业								
批发和零售业	213813	15900	197913		19700		166955	11258
住宿和餐饮业	151722	3804	147918		500		91605	55813
金融业	7170		7170				3670	3500
房地产业	1781845	260048	1521797	60927	63870		629659	767341
租赁和商务服务业	46266	600	45666	200	600		16006	28860
科学研究、技术服务和地质勘查业	4600		4600	150			1600	2850
水利、环境和公共设施管理业	858124	20023	838101	171677	3300	537	288846	373741
居民服务和其他服务业	15213		15213	1649			10367	3197
教育	187798	5120	182678	32674			72571	77433
卫生、社会保障和社会福利业	60968	400	60568	3535	800		40866	15367
文化、体育和娱乐业	148218	9008	139210	3275	10300		88110	37525
公共管理和社会组织	272330	2610	269720	26716	2300		225844	14860
按县区分								
临川区	2795235	142491	2652744	121351	15550	8100	1842938	664805
南城县	1173571	3637	1169934	730	97790		946277	125137
黎川县	769569	14259	755310	30012			717467	7831
南丰县	792277	120102	672175	13021	138121	150	501202	19681
崇仁县	1033041	2000	1031041	53487	12890		748152	216512
乐安县	424411	17806	406605	23375		537	250671	132022
宜黄县	589993	7792	582201	62185	2100		146775	371141
金溪县	743450	93413	650037	33959	1300		130508	484270
资溪县	291232	363	290869	2189			58465	230215
东乡县	1650134	22010	1628124	5798	13500		1453298	155528
广昌县	522977	12635	510342	61365	5145		374908	68924

6－3　按行业和登记注册

（201

指　　标	合计	内资	国有	集体	股份合作
总　　计	**9392481**	**9271809**	**2285809**	**3745**	**16481**
（一）农、林、牧、渔业	378412	349690	93192		
农业	122312	110232	15439		
林业	60697	56337	31739		
畜牧业	115619	107329	1387		
渔业	30699	26707	851		
农、林、牧、渔服务业	49085	49085	43776		
（二）采矿业	132164	124237	3638		
煤炭开采和洗选业					
黑色金属矿采选业					
有色金属矿采选业	46153	42726	106		
非金属矿采选业	74282	69782	3532		
开采辅助活动					
其他开采业	11729	11729			
（三）制造业	4833125	4790019	18445		
农副食品加工业	171292	153889			
食品制造业	108670	108670	2000		
酒、饮料和精制茶制造业	100932	100932			
烟草制品业	200	200			
纺织业	259954	259954			
纺织服装、服饰业	188533	186033			
皮革、毛皮、羽毛及其制品和制鞋业	107520	107520			
木材加工及木、竹、藤、棕、草制品业	62860	61510			
家具制造业	101260	101160			
造纸和纸制品业	165230	165230			
印刷业和记录媒介的复制	11380	11380			
文教、美工、体育和娱乐用品制造业	114893	114893			
石油加工、炼焦和核燃料加工业	7000	7000			
化学原料和化学制品制造业	358555	357982	488		
医药制造业	310992	310992	4864		
化学纤维制造业	7269	7269			
橡胶和塑料制品业	366687	366687			
非金属矿制品业	431557	410377			
黑色金属冶炼和压延加工业	12179	12179	3533		
有色金属冶炼和压延加工业	293613	293613			

类型分固定资产投资

4 年)　　　　　　　　　　　　　　　　　　　　　　　　　　单位:万元

联营	有限责任公司	股份有限公司	私营	其他	港澳台投资	外商投资	个体经营
9550	**2710636**	**572740**	**3502674**	**170174**	**42900**	**12742**	**65030**
	51647	2800	173607	28444	3100	3992	21630
	16489	500	66704	11100			12080
	4278		16210	4110	3100		1260
	17180		81387	7375			8290
	13700	2300	5056	4800		3992	
			4250	1059			
	68503	1900	49696	500		577	7350
	37120	1900	3600			577	2850
	31383		34367	500			4500
			11729				
	1649251	378684	2705028	38611	7603	573	34930
	15559	10450	121880	6000	7603		9800
	34071	2900	67338	2361			
	46805	23300	30827				
				200			
	89679	16900	153195	180			
	54260	500	127283	3990			2500
	2860		100760	3900			
	17270	3920	31820	8500			1350
	16960	7000	77200				100
	76340	22822	66068				
			11380				
	52600	16450	45843				
			7000				
	123473	34279	197142	2600		573	
	99150	11600	195378				
		7269					
	90651	34890	241146				
	52600	20300	336497	980			21180
			8646				
	166420	73104	54089				

6－3 续表 1

指　　标	合计	内资	国有	集体	股份合作
金属制品业	194860	194860			
通用设备制造业	180187	180187	7560		
专用设备制造业	104246	104246			
汽车制造业	536726	536726			
铁路、船舶、航空航天和其他运输设备制造业	33332	33332			
电气机械及器材制造业	252235	252235			
计算机、通信和其他电子设备制造业	175683	175683			
仪器仪表制造业	47680	47680			
其他制造业	126300	126300			
废弃资源综合利用业					
金属制品、机械和设备修理业	1300	1300			
(四)电力、热力、燃气及水生产和供应业	453365	453365	398808		1900
电力、热力的生产和供应业	352306	352306	315323		
燃气生产和供应业	19370	19370	6586		1900
水的生产和供应业	81689	81689	76899		
(五)建筑业	9660	9660			
(六)批发和零售业	168860	168860	42618	1340	
批发业	83125	83125	7535		
零售业	85735	85735	35083	1340	
(七)交通运输、仓储和邮政业	597578	592478	334776	920	
铁路运输业	20102	20102	1660		
道路运输业	515555	515555	301485	920	
水上运输业	8448	8448	8448		
航空运输业					
管道运输业	620	620	620		
装卸搬运和运输代理业	7063	1963	1963		
仓储业	45400	45400	20400		
邮政业	390	390	200		
(八)住宿和餐饮业	148108	148108	57702		8829
住宿业	122266	122266	57702		8829
餐饮业	25842	25842			
(九)信息传输、软件和信息技术服务业					
电信、广播电视和卫星传输服务					
互联网和相关服务					
软件和信息技术服务业					

单位:万元

联营	有限责任公司	股份有限公司	私营	其他	港澳台投资	外商投资	个体经营
	95908	2500	89452	7000			
	29232	9500	133895				
	26580	1700	75966				
	184259	8500	343967				
		9000	24332				
	150974	61800	36561	2900			
	147600		28083				
			47680				
	76000		50300				
			1300				
	10100		38045	4512			
	10100		26665	218			
			6590	4294			
			4790				
			9660				
	8750	16850	90602	8700			
	5850	11600	49440	8700			
	2900	5250	41162				
	200280		45642	10860		5100	
			18442				
	182380		20400	10370			
						5100	
	17900		6800	300			
				190			
	4700	2700	74177				
	4700		51035				
		2700	23142				

6－3 续表 2

指　　标	合计	内资	国有	集体	股份合作
(十)金融业	6752	6752	1000		5752
(十一)房地产业	1233280	1198583	174285		
房地产开发投资	988831	954134	4386		
房地产业	244449	244449	169899		
(十二)租赁和商务服务业	41994	40874	9729		
租赁业					
商务服务业	41994	40874	9729		
(十三)科学研究和技术服务业	3820	3820	3000		
研究和试验发展					
专业技术服务业	3820	3820	3000		
科技交流和推广服务业					
(十四)水利、环境和公共设施管理业	738906	738906	620105	1485	
水利管理业	196060	196060	177860	685	
生态保护和环境治理业	13750	13750	6240		
公共设施管理业	529096	529096	436005	800	
(十五)居民服务、修理和其他服务业	7877	7877	3580		
居民服务业	3580	3580	3580		
机动车、电子产品和日用产品修理业					
其他服务业	4297	4297			
(十六)教育	183590	183590	150863		
(十七)卫生和社会工作	58819	58819	58819		
卫生	50895	50895	50895		
社会工作	7924	7924	7924		
(十八)文化、体育和娱乐业	134777	134777	71842		
新闻和出版业	2749	2749	2749		
广播、电视、电影和影视录音制作业					
文化艺术业	54305	54305	22805		
体育	14888	14888	14888		
娱乐业	62835	62835	31400		
(十九)公共管理、社会保障和社会组织	261394	261394	243407		
中国共产党机关					
国家机构	260494	260494	242507		
社会保障					
群众团体、社会团体和其他成员组织	900	900	900		
基层群众自治组织					

单位:万元

联营	有限责任公司	股份有限公司	私营	其他	港澳台投资	外商投资	个体经营
	632455	159581	230382	1880	32197	2500	
	568955	159581	219332	1880	32197	2500	
	63500		11050				
5600	18450		6105	990			1120
5600	18450		6105	990			1120
			820				
			820				
3950	38690	6300	27873	40503			
	900		3850	12765			
			5160	2350			
3950	37790	6300	18863	25388			
				4297			
				4297			
		300	25287	7140			
	27810	3625	19500	12000			
			19500	12000			
	27810	3625					
			6250	11737			
			6250	11737			

6－4 各县(区)按行业分

(201

指　标	抚州市	临川区	南城县	黎川县	南丰县
总　计	**9392481**	**2211866**	**1125805**	**618299**	**659904**
(一)农、林、牧、渔业	378412	37185		37772	12200
农业	122312	24186		3072	2000
林业	60697	700		28400	
畜牧业	115619	10599		6300	
渔业	30699				10200
农、林、牧、渔服务业	49085	1700			
(二)采矿业	132164	2540	15500	7500	
煤炭开采和洗选业					
黑色金属矿采选业					
有色金属矿采选业	46153	1700			
非金属矿采选业	74282	840	15500	7500	
开采辅助活动					
其他开采业	11729				
(三)制造业	4833125	824228	877290	370276	284570
农副食品加工业	171292	200	34300		15150
食品制造业	108670	900			6400
酒、饮料和精制茶制造业	100932	8207	25000	5600	5300
烟草制品业	200				
纺织业	259954	34704	58600	3900	6600
纺织服装、服饰业	188533	16337	65060	9100	6200
皮革、毛皮、羽毛及其制品和制鞋业	107520		72800	11000	
木材加工及木、竹、藤、棕、草制品业	62860	1680	9500		9050
家具制造业	101260	10000	70700	5000	7000
造纸和纸制品业	165230	35590		4200	5850
印刷业和记录媒介的复制	11380	2200			5000
文教、美工、体育和娱乐用品制造业	114893	20000	19200		6250
石油加工、炼焦和核燃料加工业	7000				
化学原料和化学制品制造业	358555	36559	60600	7000	16520
医药制造业	310992	58254	110500		12600
化学纤维制造业	7269				
橡胶和塑料制品业	366687	15698		52800	76100
非金属矿制品业	431557	7404	5230	199276	36650
黑色金属冶炼和压延加工业	12179	3533			4600
有色金属冶炼和压延加工业	293613	188303	52700	16900	
金属制品业	194860	34030	42100		2800

固定资产投资

4年)　　单位:万元

崇仁县	乐安县	宜黄县	金溪县	资溪县	东乡县	广昌县
1004718	**346476**	**544504**	**669378**	**286249**	**1500781**	**424501**
49618	48057	7967	65258	12080	97748	10527
7460	21395		33686	2200	24123	4190
	3100	700	17587	2450	7760	
1870	15320	1927	7871	2630	62765	6337
5800	3992		2807	4800	3100	
34488	4250	5340	3307			
65980	21199	106	10462		6400	2477
31000	8970	106			1900	2477
34980	500		10462		4500	
	11729					
513324	140747	414931	209960	53090	873911	270798
30140	7603		12112	8810	62977	
9521	9250		7149		59450	16000
16120	9925			3680	9100	18000
	200					
13350	30790	16100	18530	2380	75000	
14680	38234			3220	23852	11850
	2100		2460	6760	12400	
18720	6820	2240		12450	2400	
7860	100		600			
52340	515	11272	4363		42100	9000
	4180					
13000			2843		19600	34000
					7000	
30200		50	26088	2600	144959	33979
	25350	760	20328		83200	
		7269				
900	3700	32213	76364		63113	45799
71980	580	3120	6667	400	100250	
			4046			
			9990		5000	20720
25118		42122		12790	35900	

6－4 续表1

指　　标	抚州市	临川区	南城县	黎川县	南丰县
通用设备制造业	180187	13000	77000	22300	2600
专用设备制造业	104246	18580	16200	6500	4700
汽车制造业	536726	142265	26000		2600
铁路、船舶、航空航天和其他运输设备制造业	33332		16000		
电气机械及器材制造业	252235	5041			49100
计算机、通信和其他电子设备制造业	175683	94263	77200		3500
仪器仪表制造业	47680	180		19500	
其他制造业	126300	76000	38600	7200	
废弃资源综合利用业					
金属制品、机械和设备修理业	1300	1300			
(四)电力、热力、燃气及水生产和供应业	453365	270203	34000	22105	12950
电力、热力的生产和供应业	352306	256858	33000	22105	7270
燃气生产和供应业	19370	5280			2900
水的生产和供应业	81689	8065	1000		2780
(五)建筑业	9660		7360	2300	
(六)批发和零售业	168860	65063		2600	78300
批发业	83125	23685			37750
零售业	85735	41378		2600	40550
(七)交通运输、仓储和邮政业	597578	180836	12540	28776	17870
铁路运输业	20102	18442			1660
道路运输业	515555	140326	12540	28776	16210
水上运输业	8448	8448			
航空运输业					
管道运输业	620	620			
装卸搬运和运输代理业	7063				
仓储业	45400	13000			
邮政业	390				
(八)住宿和餐饮业	148108	72212			4400
住宿业	122266	72212			1700
餐饮业	25842				2700
(九)信息传输、软件和信息技术服务业					
电信、广播电视和卫星传输服务					
互联网和相关服务					
软件和信息技术服务业					
(十)金融业	6752				1000

单位:万元

崇仁县	乐安县	宜黄县	金溪县	资溪县	东乡县	广昌县
7732		26095			17000	14460
5000		14566	18200		20500	
42689		241072			32110	49990
		17332				
149474	1400		220		30000	17000
		720				
					28000	
4500						
61067	5946	9609	25628		7994	3863
6237	2796	6609	13568			3863
			6896		4294	
54830	3150	3000	5164		3700	
		2790			20107	
		2790			18900	
					1207	
39851	40324	6003	72708	159950	36626	2094
33051	30734	6003	70745	159950	15126	2094
	5100		1963			
6800	4300				21300	
	190				200	
			26969		30527	14000
			15001		19353	14000
			11968		11174	
			5752			

6－4 续表 2

指　　标	抚州市	临川区	南城县	黎川县	南丰县
(十一)房地产业	1233280	477459	159256	48137	146438
房地产开发投资	988831	391158	72656	45629	144392
房地产业	244449	86301	86600	2508	2046
(十二)租赁和商务服务业	41994	4985		200	2900
租赁业					
商务服务业	41994	4985		200	2900
(十三)科学研究和技术服务业	3820	3820			
研究和试验发展					
专业技术服务业	3820	3820			
科技交流和推广服务业					
(十四)水利、环境和公共设施管理业	738906	172305	14499	17050	31791
水利管理业	196060	5274	14499	17050	18081
生态保护和环境治理业	13750				
公共设施管理业	529096	167031			13710
(十五)居民服务、修理和其他服务业	7877				3300
居民服务业	3580				3300
机动车、电子产品和日用产品修理业					
其他服务业	4297				
(十六)教育	183590	71827	5360	5566	300
(十七)卫生和社会工作	58819	4160			2800
卫生	50895	4160			2800
社会工作	7924				
(十八)文化、体育和娱乐业	134777	16324		19500	41435
新闻和出版业	2749	2749			
广播、电视、电影和影视录音制作业					
文化艺术业	54305	13575		19500	5700
体育	14888				
娱乐业	62835				35735
(十九)公共管理、社会保障和社会组织	261394	8719		56517	19650
中国共产党机关					
国家机构	260494	8719		56517	19650
社会保障					
群众团体、社会团体和其他成员组织	900				
基层群众自治组织					

单位:万元

崇仁县	乐安县	宜黄县	金溪县	资溪县	东乡县	广昌县
95861	20721	27394	84327	4300	110633	58754
44175	19460	21680	80225	4300	110633	54523
51686	1261	5714	4102			4231
	6920		7296	19440		253
	6920		7296	19440		253
95879	53537	72079	111231	18649	100771	51115
60264	22050	4180	23292	2189	23331	5850
	5670			2350	5730	
35615	25817	67899	87939	14110	71710	45265
	4297					280
						280
	4297					
37638	1393	2733	26323	6740	17810	7900
7800	250		12797		28955	2057
7800	250		5598		28955	1332
			7199			725
37700		50	7768	12000		
		50	3480	12000		
10600			4288			
27100						
	3085	842	2899		169299	383
	2185	842	2899		169299	383
	900					

6-5 各县(区)固定资产投资

(2014年)　　单位:万元

县(区)别	合　计	第一产业	第二产业	#工业	第三产业
抚州市	**9392481**	**329327**	**5427014**	**5418654**	**3636140**
临川区	2211866	35485	1095671	1096971	1080710
南城县	1125805		934150	926790	191655
黎川县	618299	37772	402181	399881	178346
南丰县	659904	12200	297520	297520	350184
崇仁县	1004718	15130	640371	640371	349217
乐安县	346476	43807	167892	167892	134777
宜黄县	544504	2627	424646	424646	117231
金溪县	669378	61951	246050	246050	361377
资溪县	286249	12080	53090	53090	221079
东乡县	1500781	97748	888305	888305	514728
广昌县	424501	10527	277138	277138	136836

6-6 各县(区)固定资产投资增长速度

(2014年,以上年为100)　　单位:%

县(区)别	合　计	第一产业	第二产业	#工业	第三产业
抚州市	**18.7**	**7.4**	**9.8**	**9.6**	**36.3**
临川区	11.0	-22.6	6.1	6.2	18.3
南城县	22.4		32.2	31.2	-1.2
黎川县	19.1	4.6	15.0	14.4	33.9
南丰县	22.0	-26.1	-24.7	-24.7	171.0
崇仁县	20.1	152.1	9.2	8.8	43.0
乐安县	18.3	61.3	-2.1	-3.9	43.2
宜黄县	21.4	-64.3	28.0	28.0	7.0
金溪县	23.2	15.4	2.1	2.1	45.3
资溪县	3.2	-49.7	-39.4	-39.4	33.5
东乡县	25.8	38.5	11.6	11.6	57.6
广昌县	20.4	5137.3	13.5	13.5	26.7

6－7　各县(区)按登记注册类型分固定资产投资

（2014 年）　　　　单位:万元

县(区)别	合计	内资				
			国有	集体	股份合作	联营
抚州市	**9392481**	**9271809**	**2285809**	**3745**	**16481**	**9550**
临川区	2211866	2176456	812546	1340	1900	
南城县	1125805	1125805	89499			
黎川县	618299	618299	89280			
南丰县	659904	659904	123757			
崇仁县	1004718	965498	298942			
乐安县	346476	307531	80258	1605		9550
宜黄县	544504	543690	91789	800		
金溪县	669378	666902	271718		5752	
资溪县	286249	286249	2189			
东乡县	1500781	1499521	341508		8829	
广昌县	424501	421954	84323			

县(区)别					港澳台投资	外商投资	个体经营
	有限责任公司	股份有限公司	私营	其他			
抚州市	**2710636**	**572740**	**3502674**	**170174**	**42900**	**12742**	**65030**
临川区	899933	165599	287040	8098	32197	3073	140
南城县	422683	1910	611713				
黎川县	21619		494963	12437			
南丰县	231222	133575	159750	11600			
崇仁县	498116	33100	133470	1870			39220
乐安县	118110	165	71888	25955	10703	9092	19150
宜黄县	9766	86121	353334	1880			814
金溪县	64592	27091	286784	10965			2476
资溪县	195766		4004	84290			
东乡县	84610	21900	1033435	9239			1260
广昌县	164219	103279	66293	3840		577	1970

6-8 各县(区)按构成分固定资产投资

（2014年） 单位:万元

县(区)别	合 计	建筑工程	安装工程	设备、工器具购置	其他费用
抚州市	**9392481**	**6389909**	**845365**	**1221891**	**935316**
临川区	2211866	1720971	187789	157421	145685
南城县	1125805	467091	69990	461423	127301
黎川县	618299	420054	105505	45610	47130
南丰县	659904	215815	177729	132046	134314
崇仁县	1004718	769081	69873	19738	146026
乐安县	346476	218188	16734	83388	28166
宜黄县	544504	327112	33906	165979	17507
金溪县	669378	374640	29043	71017	194678
资溪县	286249	285884	200		165
东乡县	1500781	1366761	79475	10673	43872
广昌县	424501	224312	75121	74596	50472

6-9 各县(区)按建设性质分固定资产投资

(2014年)　　单位:万元

县(区)别	合　计	新　建	扩　建	改建和技术改造
抚州市	**9392481**	**7580711**	**1290451**	**415702**
临川区	2211866	2022277	130539	43783
南城县	1125805	1125805		
黎川县	618299	591649	15500	11150
南丰县	659904	556833	6470	87651
崇仁县	1004718	141093	814592	49033
乐安县	346476	310388	18608	12380
宜黄县	544504	433680	71821	39003
金溪县	669378	597302	69304	2772
资溪县	286249	269329	16920	
东乡县	1500781	1239521	27300	157660
广昌县	424501	292834	119397	12270

6－10 各县(区)房地产

(201

指　　标	单位	抚州市	临川区	南城县	黎川县	南丰县
本年完成投资	**万元**	**988831**	**391158**	**72656**	**45629**	**144392**
按构成分						
建筑工程	万元	665105	293796	40016	24919	60254
安装工程	万元	111550	27938	6960	6880	22906
设备工器具购置	万元	26593	2123	4819	1730	1971
其他费用	万元	185583	67301	20861	12100	59261
# 土地购置费	万元	147844	64171	15551	12057	52743
按工程用途分						
商品住宅	万元	802684	307529	52145	40750	121669
# 90 平方米及以下	万元	133912	67651	7939	1	3615
144 平方米及以上	万元	38429	26268	3212	1	1150
别墅、高档公寓	万元	16197	5952	3005		7100
办公楼	万元	955	677	200		
商业用房	万元	148434	65163	15525	4459	19217
其他	万元	36758	17789	4786	420	3506
本年新增固定资产	**万元**	**473744**	**219683**	**5750**	**27477**	**78845**
土地购置						
本年购置土地面积	平方米	506226	168111		32910	221760
本年土地成交价款	万元	106346	52830		12100	34134
资金来源	**万元**	**1507447**	**626755**	**96215**	**58864**	**166229**
上年末结余资金	万元	256883	142491	3637	14259	13702
本年资金来源小计	万元	1250564	484264	92578	44605	152527
国内贷款	万元	59370	15550	8920		18900
# 银行贷款	万元	49970	15550	8920		9500
非银行金融机构贷款	万元	9400				9400
利用外资	万元					
# 外商直接投资	万元					
自筹资金	万元	490761	174785	35301	36774	123446
# 自有资金	万元	202983	83657	29675		23850
股东投入资金	万元	105156	25838	5626	11800	53898
借入资金	万元	42114	10580		24974	600
其他资金来源	万元	700433	293929	48357	7831	10181
# 定金及预收款	万元	348549	146167	26777	4085	4031
个人按揭贷款	万元	261593	127965	21127	3746	6150

开发指标

4 年)

崇仁县	乐安县	宜黄县	金溪县	资溪县	东乡县	广昌县
44175	**19460**	**21680**	**80225**	**4300**	**110633**	**54523**
31811	18850	16920	61768	3935	77913	34923
3044	610	2286	9024	200	19775	11927
2209		119	220		9523	3879
7111		2355	9213	165	3422	3794
		1700				1622
34771	18694	18233	71178	4080	87105	46530
4020	596	549	10973	558	37920	90
1675		505	4878	335	200	205
			30	110		
			73	5		
8038	766	2798	6165	15	20112	6176
1366		649	2809	200	3416	1817
	26128	**4386**	**11525**	**9708**	**58149**	**32093**
	65959	4200				13286
	3960	1700				1622
52530	**30584**	**28520**	**128709**	**4273**	**247238**	**67530**
2000	6448	5452	36481	363	22010	10040
50530	24136	23068	92228	3910	225228	57490
			1300		13500	1200
			1300		13500	1200
26000	10965	10294	12049	400	56200	4547
26000	2765	120	9889	200	26000	827
	3000	3994		200		800
		1680	2160			2120
24530	13171	12774	78879	3510	155528	51743
12790	5368	3983	55313	1506	71023	17506
2699	7803	7752	23464	2004	25215	33668

6－10 续表 1

指　　标	单位	抚州市	临川区	南城县	黎川县	南丰县
商品房屋施工面积	**平方米**	**9496428**	**4467820**	**706288**	**378754**	**859727**
住宅	平方米	8125773	3896752	612564	353487	655415
# 90 平方米以下	平方米	1372604	940967	97626	21373	8269
144 平方米以上	平方米	205580	123748	7362	8735	7042
别墅、高档公寓	平方米	99976	7954	16586		36762
办公楼	平方米	7742	5364	696		
商业营业用房	平方米	1088262	481802	56101	23867	157407
其他	平方米	274651	83902	36927	1400	46905
# 本年新开工面积	平方米	2542035	1355231	68862	60799	513030
住宅	平方米	2073896	1051499	56558	50440	428444
# 90 平方米以下	平方米	370053	299366	15161		4737
144 平方米以上	平方米	34535	28142			
别墅、高档公寓	平方米	47448		10686		
办公楼	平方米	1751	1304	447		
商业营业用房	平方米	384358	282365	5011	8959	40443
其他	平方米	82030	20063	6846	1400	44143
房屋竣工面积	**平方米**	**1520328**	**802996**	**25296**	**88399**	**224976**
住宅	平方米	1360789	736212	21621	79440	192974
# 90 平方米以下	平方米	507091	491445			2101
144 平方米以上	平方米	46035	37993			7042
别墅、高档公寓	平方米					
办公楼	平方米	479	479			
商业营业用房	平方米	128827	55628	2424	8959	31044
其他	平方米	30233	10677	1251		958
竣工房屋价值	**万元**	**383888**	**217751**	**5750**	**22677**	**57907**
住宅	万元	341617	200092	4912	20258	48612
# 90 平方米以下	万元	142927	138606			609
144 平方米以上	万元	12890	10690			2000
别墅、高档公寓	万元					

崇仁县	乐安县	宜黄县	金溪县	资溪县	东乡县	广昌县
274487	300478	405377	573903	226165	639764	663665
220921	293220	310235	497509	203211	519831	562628
16503	5611	2566	144645	9387	124111	1546
1800		1860	24730	5021	7000	18282
			12233	26441		
			1482	200	90578	83974
25310	7258	88871	59018	14076	29355	17063
28256		6271	15894	8678	184329	124933
9339	112428	46584	66500		166831	107252
9339	108730	38303	56500		7222	
800	2831	1936	38000			733
1800		1860	2000			
	3698	6840	10000		11037	16005
		1441			6461	1676
	98547		**40423**	**95963**	**64401**	**79327**
	93711		39626	87285	46135	63785
	5611		450		7484	
					1000	
	4836		797		11537	13602
				8678	6729	1940
	26128		**11525**	**9595**	**17836**	**14719**
	24774		11318	8728	12801	10122
	1428		117		2167	
					200	

6－10 续表 2

指　　标	单位	抚州市	临川区	南城县	黎川县	南丰县
办公楼	万元	167	167			
商业营业用房	万元	35830	14637	555	2419	9015
其他	万元	6274	2855	283		280
商品房屋销售面积	**平方米**	**2954016**	**1019044**	**222494**	**141777**	**192721**
住宅	平方米	2818472	988232	219548	132818	171245
# 90 平方米以下	平方米	336556	211607	16034	1847	2191
144 平方米以上	平方米	68778	32299	1971	1243	2344
别墅、高档公寓	平方米	16580	4977	3033		3500
办公楼	平方米	479	479			
商业营业用房	平方米	120688	26062	1072	8959	20792
其他	平方米	14377	4271	1874		684
商品房屋销售额	**万元**	**1315376**	**506414**	**108145**	**48236**	**92357**
住宅	万元	1219071	481305	105273	44324	77922
# 90 平方米以下	万元	154909	101857	8018	567	1169
144 平方米以上	万元	29589	16026	830	308	982
别墅、高档公寓	万元	10828	4602	2501		1850
办公楼	万元	167	167			
商业营业用房	万元	90505	24048	1449	3912	14170
其他	万元	5633	24048	1423		265
商品房屋待售置面积	**平方米**	**519951**	**181644**	**15760**	**12662**	**55618**
住宅	平方米	378381	135418	6917	7812	54183
# 90 平方米以下	平方米	12902	11856			
144 平方米以上	平方米	7317				5238
别墅、高档公寓	平方米	7661				
办公楼	平方米					
商业营业用房	平方米	116889	39971	8203	4850	477
其他	平方米	24681	6255	640		958

崇仁县	乐安县	宜黄县	金溪县	资溪县	东乡县	广昌县
	1354		207		3165	4478
				867	1870	119
170913	**72364**	**96861**	**381491**	**6027**	**268927**	**381397**
167461	70984	91229	359354	5922	251780	359899
1256		1408	69834		31699	680
		775	29100		300	746
			5070			
3452	1380	5632	21540		16248	15551
			597	105	899	5947
78792	**28100**	**26585**	**147673**	**2061**	**128055**	**148958**
73977	26582	23839	130905	2023	116996	135925
570		584	26775		15157	212
		321	10720		100	302
			1875			
4815	1518	2746	16348		10715	10784
			420	38	344	2249
	60799	**47057**	**9712**	**9523**	**95018**	**32158**
	49697	30972	91	6905	67759	18627
		957			89	
		1419	91		100	469
		7661				
	11102	13099	9621		18674	10892
		2986		2618	18674	2639

6－11 建筑业企

（201

指　　标	单位	合计	一、二级 企业	国有经济
一、企业个数	**个**	**109**	**58**	**5**
亏损个数	个	1		
二、签订合同额	**万元**	**4120847**	**3580076**	**249055**
上年结转	万元	1299908	1196653	58839
本年新签合同	万元	2820939	2383423	190216
三、建筑业总产值	**万元**	**2485034**	**2067569**	**212910**
装修装饰产值	万元	130067	119823	21604
省外完工产值	万元	887112	879551	59069
建筑工程	万元	2294603	1892136	149899
安装工程	万元	84927	78839	32406
其他产值	万元	105504	96595	30606
竣工产值	万元	1843370	1475974	181781
四、房屋建筑施工面积	**平方米**	**23600387**	**19225490**	**1605930**
本年新开工	平方米	15167951	11861364	1310294
五、实行投标承包面积	**平方米**	**17321322**	**14725010**	**1579029**
本年新开工	平方米	11031301	9156713	1305066
六、年末从业人数	**人**	**125484**	**103654**	**11234**

业生产情况

4 年）

集体经济	股份合作	联营企业	有限责任公司	股份有限公司	私营经济	其他企业
18			64	9	13	
			1			
225433			**3243104**	**248465**	**154789**	
47112			1074332	95267	24358	
178321			2168772	153198	130432	
168369			**1826224**	**161249**	**116282**	
3880			99639	4945		
			780642	36090	11312	
165341			1705786	157557	116021	
2779			46450	3292		
249			73988	400	261	
155684			1272821	124419	108666	
2112308			**17706970**	**1111575**	**1063604**	
1676314			10591100	698717	891526	
874543			**13095692**	**902672**	**869386**	
753210			7596999	567603	808423	
10840			**90756**	**7528**	**5126**	

6－12 各县(区)建筑业

(2014年,

指 标	单位	抚州市	临川区	南城县	黎川县
一、企业个数	**个**	**109**	**69**	**9**	**1**
亏损个数	个	1			
二、签订合同额	**万元**	**4120847**	**3633375**	**72800**	**34968**
上年结转	万元	1299908	1220207	84	4368
本年新签合同	万元	2820939	2413168	72716	30600
三、建筑业总产值	**万元**	**2485034**	**2091027**	**65857**	**27974**
装修装饰产值	万元	130067	121293		
省外完工产值	万元	887112	878117		
建筑工程	万元	2294603	1905426	65857	27974
安装工程	万元	84927	81008		
其他产值	万元	105504	104594		
竣工产值	万元	1843370	1466903	65857	27974
四、房屋建筑施工面积	**平方米**	**23600387**	**19296428**	**543742**	**437099**
本年新开工	平方米	15167951	11770782	543742	382496
五、实行投标承包面积	**平方米**	**17321322**	**14940858**	**543742**	
本年新开工	平方米	11031301	9071208	543742	
六、年末从业人数	**人**	**125484**	**108628**	**2584**	**1298**

企业生产情况

含中央、省属）

南丰县	崇仁县	乐安县	宜黄县	金溪县	资溪县	东乡县	广昌县
5	**6**	**3**	**2**	**7**	**3**	**3**	**1**
1							
44655	**58698**	**30552**	**2414**	**88198**	**35041**	**70381**	**49767**
15530	3854	7549	4	20772	11067	16473	
29125	54844	23003	2410	67426	23974	53907	49767
34146	**57185**	**15561**	**2397**	**64938**	**26911**	**52337**	**46701**
				4895		3880	
8995							
34146	57185	15561	2397	61245	26035	52076	46701
				3292	627		
				400	249	261	
27220	48094	14557	1907	64938	26911	52308	46701
353849	**458678**	**233435**	**13034**	**741706**	**271397**	**841674**	**409345**
280241	408601	181009	6945	604234	130916	609875	249110
132536	**347288**	**54800**		**619822**	**204354**	**317687**	**160235**
105588	325023	37200		527033	103820	317687	
1014	**2989**	**997**	**633**	**3124**	**1364**	**1433**	**1420**

6－13 建筑业企业

（201

	总 计	一、二级企 业	国有企业	集体企业
年初存货	118854	105290	1746	3582
流动资产合计	784777	635452	85412	63686
其中:存 货	217808	192109	1783	8288
固定资产合计	226447	164270	11060	20536
固定资产原价	249559	183981	12630	20300
累计折旧	55390	33945	2418	4601
其中:本年折旧	15043	8488	119	1198
在建工程	13431	10224		217
资产合计	1091353	863178	96558	88479
流动负债合计	411373	344313	67869	40625
非流动负债合计	36111	33596	6866	821
负债合计	463675	390154	74750	42352
所有者权益合计	627677	473024	21808	46127
工程结算收入	2447417	2087578	146003	155516
工程结算成本	2213480	1899895	138230	134078
工程结算税金及附加	100153	84529	5366	8638
其他业务利润	72	24		49
管理费用	41103	32163	1312	2966
其中:税 金	4126	3768	6	169
财务费用	9121	6368	53	1316
其中:利息支出	299	220	0	4
营业利润	78185	61681	772	7723
利润总额	77049	61678	772	7759
应交所得税	18187	14682	94	1490
从业人员工资总额	422332	350571	39173	27713

财务状况

4 年)　　　　　　　　　　　　　　　　单位:万元

股份合作企业	联营企业	有限责任公司	股份有限公司	私营经济	其他企业
		91600	8708	13218	
		551947	38088	45644	
		177553	9618	20566	
		170241	9321	15289	
		189534	9315	17781	
		41738	2518	4114	
		11815	621	1289	
		10886	2328		
		788610	56403	61303	
		273150	22629	7100	
		27575		849	
		310924	22929	12720	
		477687	33474	48583	
		1937790	106763	101345	
		1757191	94798	89182	
		78598	3951	3600	
		24			
		30233	3029	3563	
		3545	261	146	
		6792	224	736	
		294	0	2	
		61056	4564	4071	
		59841	4563	4113	
		13171	2116	1317	
		312593	23914	18939	

6－14 各县(区)建筑业

(201

指　　标	抚州市	临川区	南城县	黎川县	南丰县
年初存货	118854	101689	2280	189	4498
流动资产合计	784777	660666	15767	30895	16825
其中:存　货	217808	186337	11635	189	3449
固定资产合计	226447	172821	5515	1046	2255
固定资产原价	249559	194351	9030	1478	885
累计折旧	55390	35141	3515	530	253
其中:本年折旧	15043	7988	636		92
在建工程	13431	8072		98	
资产合计	1091353	901172	21466	32882	19079
流动负债合计	411373	354741	4393	30869	1383
长期负债合计	36111	34510	1212		
负债合计	463675	400436	6011	30869	3814
所有者权益合计	627677	500735	15456	2013	15265
工程结算收入	2447417	2081770	71906	28025	29150
工程结算成本	2213480	1897657	58966	26717	26638
工程结算税金及附加	100153	83567	2996	1250	964
其他业务利润	72	24		49	
管理费用	41103	32379	3049	92	390
其中:税　金	4126	3520	71	3	6
财务费用	9121	6332	1805	1	－1
其中:利息支出	299	228		1	－1
营业利润	78185	59018	4847	－36	1082
利润总额	77049	59022	4847	4	1082
应交所得税	18187	13704	1006	0	316
从业人员工资总额	422332	361880	9547	5595	3427

企业财务状况

4年)　　　　单位:万元

崇仁县	乐安县	宜黄县	金溪县	资溪县	东乡县	广昌县
751		13	4676	31	4363	364
7029	776	2728	22121	5870	10263	11840
522		263	7081	434	5584	2314
16049	3350	1557	5487	3592	6258	8517
18650	3352	674	4522	1956	6144	8517
5655	133	27	1467	517	2100	6051
3016	8		197	345	816	1945
2814			2328		119	
24077	4213	4672	36899	9462	17074	20357
3776	72	156	8493	2925	1405	3160
		359			29	
5171	692	647	8493	2925	1458	3160
18906	3521	4026	28407	6537	15616	17197
53167	17114	3215	59854	25624	36539	41054
46630	14054	2323	52274	22093	31863	34266
2887	1192	200	2056	2060	1545	1437
682	523	128	2070	758	530	501
52	29	9	303	70	43	21
61	138	6	89	321	10	360
5	1		1	0	1	63
2793	698	554	3144	94	2540	3452
2793	698	541	3144	94	2579	2246
489	44	16	1369	14	910	320
14561	2962	868	6932	5124	6540	4896

主要统计指标解释

全社会固定资产投资 固定资产投资是社会固定资产再生产的主要手段。

固定资产投资额是以货币表现的建造和购置固定资产活动的工作量，它是反映固定资产投资规模、速度、比例关系和使用方向的综合性指标。全社会固定资产投资包括国有经济单位投资、城乡集体经济单位投资、城乡居民个人投资和其他各种经济类型单位投资。其他各种经济类型单位投资包括联营经济、股份制经济、外商投资经济、港澳台投资经济及其他经济类型的单位投资。

房地产开发投资 是指各种经济类型的房地产开发公司、商品房建设公司及其他房地产开发单位统一开发的商品住宅、厂房、仓库、饭店、宾馆、度假村、写字楼、办公楼等房屋建筑物和配套的服务设施，以及土地开发工程，如道路、给水、排水、供电、供热、通讯、平整场地等工程完成的投资。房地产开发投资不包括单纯的土地交易活动和房地产开发单位本身自建自用的房屋、设备购置等投资。

固定资产投资资金来源 是指基本建设单位、更新改造企、事业单位和其他固定资产投资单位在报告期收到的，用于固定资产建造和购置的各种资金。

上年末结余资金 是指上年资金来源中没有形成固定资产投资额而结余的资金。包括尚未用到工程上去的材料价值、未开始安装的需要安装设备价值及结存的现金和银行存款等。

国家预算内资金 又称国家投资，分为国家预算内拨款和国家预算内“拨改贷”两部分。包括中央财政和地方财政中由国家统筹安排的基本建设拨款和更新改造拨款、中央财政安排的专项拨款（包括煤代油拨款、以港养拨款等）中用于基本建设的资金和基本建设拨款改贷款的资金。

国内贷款 指报告期固定资产投资单位向银行及非银行金融机构借入的用于固定资产投资的各种国内借款，包括银行利用自有资金及吸收的存款发放的贷款、上级主管部门拨入的国内贷款、国家专项贷款（包括煤代油贷款、劳改煤矿专项贷款等），地方财政专项资金安排的贷款、国内储备贷款、周转贷款等。

债券 是企业（公司）或金融机构通过发行各种债券筹集到的用于固定资产投资的资金，包括由银行代理国家专业投资公司发行的重点企业债券和重点建设债券。

利用外资 是指报告期收到的用于固定资产建造和购置的国外资金（包括设备、材料、技术在内），包括对外借款（外国政府贷款、国际金融组织贷款、出口信贷、外国银行商业贷款、对外发行债券和股票）、外商直接投资及外商其他投资。不包括我国自有外汇资金（国家外汇、地方外汇、留成外汇、调挤外汇和中国银行自有资金发行的外汇贷款等）。其中，国家统借统还的外资，是指由我国政府出面同外国政府、团体或金融组织签订贷款协议，并负责偿还本息的国外贷款。

自筹资金 是指固定资产投资单位报告期收到的，由各地区、各部门及企事业单位筹集用于固定资产投资的预算外资金，包括中央各部门、各级地方和企事业单位的自筹资金。

其他资金来源 是指在报告期收到的除以上各

种资金之外其他用于固定资产投资的资金，包括群众集资、个人资金、无偿捐赠的资金及其他单位拨入的资金等。

固定资产投资按建设性质分 建设项目的性质一般分为新建、扩建、迁建、恢复。基本建设按建设项目划分建设性质，更新改造、国有单位其他固定资产投资及城镇集体投资按整个企业、事业单位的建设情况确定建设性质。目前基本建设和更新改造是根据我国现行的计划管理体制区分的，所以基本建设和更新改造都可以分别按新建、扩建和改建等划分。

(1)新建 一般是指从无到有，“平地起家”新开始建设的单位。有的单位原有的基础很小，经过建设后其新增加的固定资产值超过原有固定资产价值(原值)三倍以上的也算新建。

(2)扩建 一般是指扩大原有产品的生产能力，在厂内或其他地点增建主要生产车间(或主要工程)独立的生产线或总厂之下的分厂的企业；事业单位和行政单位在原单位增建业务用房(或学校增建教学用房、医院增建门诊部或病床用房，行政机关增建办公楼等)也作为扩建。

(3)改建 一般是指现有企业、事业单位为了技术进步，提高产品质量，增加花色品种，促进产品升级换代、降低消耗和成本，加强资源综合利用和三废治理，以及劳保安全等，采用新技术、新工艺、新设备、新材料等对现有设施、工艺条件进行技术改造或更新(包括相应配套的辅助性生产、生活设施建设)。有的企业为充分发挥现有的生产能力，进行填平补齐而增建不直接增加本单位主要产品生产能力的车间等，也属于改建。

固定资产投资按构成分 固定资产投资活动按其工作内容和实现方式分为建筑工程，安装工程，设备、工具器具购置，其他费用四个部分。

(1)建筑安装工程(建筑工作量) 指各种房屋、建筑物质建造工程和多种设备、装置的安装工程。包括各种房屋建造工程；各种用途设备基础和各种工业窑炉的砌筑工程；为施工而进行的各种准备工作和临时工程以及完工后的清理工作等；铁路、道路的铺设，矿井的开凿及石油管道的架设等；水利工程；防空地下建筑等特殊工程；及各种机械设备的安装工程；为测定工作质量，对设备进行试运行工作。在安装工程中，不包括被安装设备本身的价值。

(2)设备、工具、器具购置 指购置或自制达到固定资产标准的设备、工具、器具的价值。固定资产的标准按财务部门规定。新建单位、扩建单位的新建车间，按照设计和计划要求购置或自制的全部设备、工具、器具，不论是否达到固定资产标准均计入“设备、工具、器具购置”中。

(3)其他费用 指除建筑安装工程和设备、工具、器具购置以外的投资完成额。它包括两种性质的费用。一种是属于增加固定资产的费用，主要有：建设单位管理费、土地、青苗等补偿费和安置补助费、勘察设计费、研究实验费、农林单位牲畜购置费、各种经济林木的营造费、办公和生活家具、器具购置费。引进技术和进口设备项目的其他费用、联合试运输费等；一种是属于不增加固定资产的费用，主要有：施工机构转移费、生产职工培训费、农业开荒费用及报废工程损失费等。

施工和竣工房屋建筑面积 房屋建筑面积是从房屋外墙线算起的各层平面面积的总和，包括房屋结构(如柱、墙)占用的面积和地下室面积，多层建筑按各自然层面积和计算，包括房屋内的楼隔层，突出墙面的眺望间、门斗、有柱雨罩的面积。不包括突出墙面结构的构件、艺术装饰等所占的面积，如台阶等。凹阳台、挑阳台按其水平投影面积一半计算建筑面积。

施工面积　指报告期内施工的全部房屋筑面积。包括本期新开工的面积和上期开工跨入本期继续施工的房屋面积，以及上期已停建在本期继续施工的房屋建筑面积。

竣工面积　指在报告期内房屋建筑按照设计要求已全部完工，达到住人和使用条件，经验收鉴定合格，正式移交使用单位的建筑面积。

国内贸易 7

DOMESTIC TRADE

● 2014年，社会消费品零售总额379.50亿元，比上年增长11.7%。

● 2014年，限额以上批发零售业商品销售总额144.12亿元。

本篇章

资料整理

唐小敏　艾　婧

7-1 抚州市社会消费品零售总额

单位:万元

指　　标	2013 年	2014 年	2014 年比 2013 年增长(%)
社会消费品零售总额	**3395954**	**3794962**	**11.7**
(一)按销售单位所在地分			
城　　镇	2734153	3049837	11.5
#城　　区	1179915	1342167	13.8
乡　　村	661801	745125	12.6
(二)按县(区)分			
临川区	1223071	1364098	11.5
南城县	293574	330617	12.6
黎川县	172736	193803	12.2
南丰县	319430	356551	11.6
崇仁县	201942	226410	12.1
乐安县	219699	243054	10.6
宜黄县	144696	161057	11.3
金溪县	190698	214909	12.7
资溪县	89434	99629	11.4
东乡县	439880	491346	11.7
广昌县	100794	113488	12.6

7－2 限额以上批发和零售业

（201

指 标	行业代码	法人企业数（个）	从业人员期末人数（人）	商品购进额	进口	商品销售额
总 计	**101**	**132**	**11000**	**760563**	**17**	**1441228**
一、批发业	**51**	**51**	**7842**	**457073**		**1133317**
1. 按批发行业小类分	－					
农、林、牧产品批发	511	7	632	30632		34209
谷物、豆及薯类批发	5111	5	574	24927		27535
牲畜批发	5116	2	58	5704		6673
食品、饮料及烟草制品批发	512	15	5307	313088		510931
米、面制品及食用油批发	5121	2	180	11726		13479
果品、蔬菜批发	5123	10	3615	73855		89921
盐及调味品批发	5125	1	98	2804		4636
酒、饮料及茶叶批发	5127	1	76	1529		3058
烟草制品批发	5128	1	1338	223174		399838
纺织、服装及家庭用品批发	513	4	161	26507		28114
纺织品、针织品及原料批发	5131	3	79	14926		15518
化妆品及卫生用品批发	5134	1	82	11581		12596
文化、体育用品及器材批发	514	1	16	3567		3927
其他文化用品批发	5149	1	16	3567		3927
医药及医疗器材批发	515	7	300	39406		41321
西药批发	5151	4	219	22722		23557
中药批发	5152	2	58	4437		4417
医疗用品及器材批发	5153	1	23	12248		13346
矿产品、建材及化工产品批发	516	6	1197	13426		482105
煤炭及制品批发	5161	3	70	11218		12150
石油及制品批发	5162	3	1127	2208		469955
贸易经纪与代理	518	2	33	4246		4287
贸易代理	5181	1	10	2311		2275
其他贸易经纪与代理	5189	1	23	1936		2012
其他批发业	519	9	196	26200		28424
再生物资回收与批发	5191	1	15	1533		1575
其他未列明批发业	5199	8	181	24667		26849

法人企业商品购进、销售和库存

4 年)　　　　单位:万元

其中:通过公共网络实现的商品销售额	其中:使用银行卡支付的商品销售额	批发额	出口	零售额	其中:通过公共网络实现的商品零售额	期末商品库存额	年末零售营业面积(平方米)
166148	**55591**	**727941**	**50372**	**713286**	**2142**	**83084**	**747673**
164548	**21153**	**691848**	**50372**	**441469**	**529**	**50174**	**566739**
	3128	32560		1648		6704	11516
	3128	26335		1200		6040	10900
		6225		448		665	616
164548		507472	50372	3459	29	38547	16556
		13479				2051	540
2735		86582	50372	3339	20	20734	6506
		4636				478	9190
9		2938		120	9	138	320
161804		399838				15147	
	9573	25349		2765		1744	2420
		12753		2765		895	1448
	9573	12596				849	972
	2813	3927				68	380
	2813	3927				68	380
		41222		99		2524	49254
		23458		99		1188	19031
		4417				287	3390
		13346				1049	26833
	4272	51795		430311		297	483752
	3450	12150				150	7050
	822	39645		430311		147	476702
	892	4098		189		40	490
	892	2086		189		36	120
		2012				4	370
	475	25426		2998	500	251	2371
		1336		239		122	50
	475	24090		2759	500	129	2321

7－2 续表 1

指　　标	行业代码	法人企业数（个）	从业人员期末人数（人）	商品购进额	进口	商品销售额
2. 按登记注册类型分	－					
内资企业	100	49	7771	451966		1128246
国有企业	110	8	2180	257546		440397
集体企业	120	2	88	7325		8510
联营企业	140	1	15	1533		1575
集体联营企业	142	1	15	1533		1575
有限责任公司	150	17	4680	82303		556408
其他有限责任公司	159	17	4680	82303		556408
股份有限公司	160	3	37	10211		10282
私营企业	170	17	761	87962		105985
私营独资企业	171	1	6	938		1428
私营有限责任公司	173	10	486	71340		88011
私营股份有限公司	174	6	269	15685		16546
其他企业	190	1	10	5086		5091
港、澳、台商投资企业	200	2	71	5107		5071
与港澳台商合资经营企业	210	1	61	2796		2796
港澳台商投资股份有限公司	240	1	10	2311		2275
3. 按控股情况分	－					
国有控股	301	10	3301	258816		908924
集体控股	302	3	103	8858		10084
私人控股	303	33	4058	164066		187101
港澳台商控股	304	1	10	2311		2275
外商控股	305	1	308	11065		12793
其他	306	3	62	11957		12141
4. 按经营形式分	－					
独立门店	401	31	4072	152178		173298
连锁总店	402	3	2459	224445		868365
其他	404	17	1311	80450		91654
5. 按单位规模分	－					
大型	501	2	2261	223174		811178
中型	502	13	4104	135284		211468

单位:万元

其中:通过公共网络实现的商品销售额	其中:使用银行卡支付的商品销售额	批发额	出口	零售额	其中:通过公共网络实现的商品零售额	期末商品库存额	年末零售营业面积(平方米)
164548	20260	687314	50264	440932	529	50138	566289
161804	3128	439197		1200		23709	20550
	400	8210		300	300	12	156
		1336		239		122	50
		1336		239		122	50
	13023	124044	1756	432364		3918	528830
	13023	124044	1756	432364		3918	528830
	75	10082		200	200	15	561
2744	3635	99355	48507	6630	29	22355	16062
	822	930		499		7	2980
2724	2813	83446	46251	4565	9	21200	10986
20		14979	2256	1566	20	1148	2096
		5091				6	80
	892	4534	109	537		36	450
		2449	109	348			330
	892	2086		189		36	120
161804	3128	477912		431012		23850	494272
	400	9546		539	300	134	206
2744	14600	177372	50372	9729	229	26000	67478
	892	2086		189		36	120
		12793				20	40
	2132	12141				133	4623
2744	19435	163240	50372	10058	229	24208	36906
161804		438553		429812		15287	473722
	1718	90055		1599	300	10679	56111
161804		438553		372625		15147	405622
	9573	149190	48008	62278		17975	116621

7－2 续表2

指　　标	行业代码	法人企业数（个）	从业人员期末人数（人）	商品购进额	进口	商品销售额
小型	503	35	1464	98522		110571
微型	504	1	13	93		101
二、零售业	**52**	**81**	**3158**	**303491**	**17**	**307911**
1. 按零售行业小类分	－					
综合零售	521	13	1176	34784	17	43575
百货零售	5211	5	313	5912		5709
超级市场零售	5212	7	850	28484	17	37248
其他综合零售	5219	1	13	388		619
食品、饮料及烟草制品专门零售	522	7	106	9860		9919
肉、禽、蛋、奶及水产品零售	5224	4	71	4671		4583
营养和保健品零售	5225	1	12	803		947
酒、饮料及茶叶零售	5226	2	23	4386		4389
纺织、服装及日用品专门零售	523	2	42	2391		3586
纺织品及针织品零售	5231	2	42	2391		3586
医药及医疗器材专门零售	525	3	137	12889		13740
药品零售	5251	2	47	1471		1518
医疗用品及器材零售	5252	1	90	11419		12222
汽车、摩托车、燃料及零配件专门零售	526	34	1074	193639		179120
汽车零售	5261	30	1021	189350		174938
汽车零配件零售	5262	1	25	1945		1915
摩托车及零配件零售	5263	3	28	2344		2267
家用电器及电子产品专门零售	527	11	411	19423		25529
家用视听设备零售	5271	4	156	4996		9286
日用家电设备零售	5272	6	239	13925		15714
计算机、软件及辅助设备零售	5273	1	16	502		530
五金、家具及室内装饰材料专门零售	528	1	6	1549		1495
陶瓷、石材装饰材料零售	5287	1	6	1549		1495
货摊、无店铺及其他零售业	529	10	206	28956		30946
生活用燃料零售	5297	4	61	2674		3179
其他未列明零售业	5299	6	145	26283		27767

单位:万元

其中:通过公共网络实现的商品销售额	其中:使用银行卡支付的商品销售额	批发额	出口	零售额	其中:通过公共网络实现的商品零售额	期末商品库存额	年末零售营业面积(平方米)
2744	11580	104004	2365	6567	529	17048	44176
		101				4	320
1600	**34438**	**36093**		**271818**	**1613**	**32910**	**180934**
	3797	190		43385	0.1	4814	52580
	48			5709		1005	15120
	3749	140		37108		3420	37200
	0.1	50		569	0.1	388	260
	483			9919		524	2885
	397			4583		268	2010
	86			947		29	500
				4389		227	375
				3586		172	820
				3586		172	820
		12222		1518		427	3150
				1518		57	2150
		12222				370	1000
1000	19095			179120	1000	21486	79763
1000	19095			174938	1000	21272	79123
				1915		30	280
				2267		184	360
600	2889	2094		23436	612	4010	14380
	1756			9286		822	5350
600	1134	2094		13620	600	3171	8030
				530	12	16	1000
				1495		54	200
				1495		54	200
	8174	21587		9359	1.3	1424	27156
	90	15		3164	1.3	222	3936
	8084	21572		6195		1202	23220

7－2 续表 3

指　　标	行业代码	法人企业数（个）	从业人员期末人数（人）	商品购进额	进口	商品销售额
2. 按登记注册类型分	－					
内资企业	100	81	3158	303491	17	307911
国有企业	110	3	55	1867		2294
集体企业	120	1	33	399		715
有限责任公司	150	27	1400	140691	17	155675
其他有限责任公司	159	27	1400	140691	17	155675
股份有限公司	160	1	25	1945		1915
私营企业	170	46	1586	152914		141847
私营独资企业	171	3	90	4565		5331
私营合伙企业	172	5	208	5128		4516
私营有限责任公司	173	33	1221	137696		126588
私营股份有限公司	174	5	67	5526		5412
其他企业	190	3	59	5676		5464
3. 按控股情况分	－					
国有控股	301	3	55	1867		2294
集体控股	302	2	50	2081		2996
私人控股	303	67	2375	260520		254771
其他	306	9	678	39023	17	47851
4. 按经营形式分						
独立门店	401	75	3015	298995	17	302054
其他	404	6	143	4495		5856
5. 按单位规模分	－					
大型	501	1	448	19480	17	26222
中型	502	22	1606	156559		144622
小型	503	46	1024	108653		118035
微型	504	12	80	18799		19031
6. 按零售业态分	－					
有店铺零售	1000	81	3158	303491	17	307911
超市	1040	14	815	24236		29256
大型超市	1050	1	448	19480	17	26222

单位:万元

其中:通过公共网络实现的商品销售额	其中:使用银行卡支付的商品销售额	批发额	出口	零售额	其中:通过公共网络实现的商品零售额	期末商品库存额	年末零售营业面积(平方米)
1600	34438	36093		271818	1613	32910	180934
	2	65		2229	1.4	556	2536
				715		160	580
1000	21213	14316		141360	1012	17523	87933
1000	21213	14316		141360	1012	17523	87933
				1915		30	280
600	13223	21712		120134	600	14430	89005
				5331		124	4740
	48	140		4376		813	6080
600	12855	21572		105015	600	13191	76890
	320			5412		303	1295
				5464		212	600
	2	65		2229	1.4	556	2536
				2996		1005	880
1600	19766	36028		218743	1612	27984	146775
	14669			47851		3365	30743
1600	33954	36093		265961	1613	31710	173094
	485			5856		1200	7840
	3749			26222		2161	20000
1600	7214	12362		132260	1600	19167	74099
	20945	23731		94304	13	10232	78989
	2530			19031		1350	7846
1600	34438	36093		271818	1613	32910	180934
	1804	140		29116		4007	37670
	3749			26222		2161	20000

7－2续表4

指　　标	行业代码	法人企业数（个）	从业人员期末人数（人）	商品购进额	进口	商品销售额
百货店	1070	4	125	3631		5106
专业店	1080	26	712	119048		107178
专卖店	1090	34	977	126662		128514
厂家直销中心	1120	2	81	10434		11635
三、批发业按地区分组	**51**	**51**	**7842**	**457073**		**1133317**
临 川 区	361002	7	2789	257239		904443
南 城 县	361021	1	118			2140
黎 川 县	361022	1	115	9320		9320
南 丰 县	361023	15	3778	80168		99138
崇 仁 县	361024	7	198	19982		20878
乐 安 县	361025	1	37	2107		2112
宜 黄 县	361026	1	10	2311		2275
金 溪 县	361027	9	341	43792		47240
资 溪 县	361028					
东 乡 县	361029	6	327	29943		32546
广 昌 县	361030	3	129	12212		13226
四、零售业按地区分组	**52**	**81**	**3158**	**303491**	**17**	**307911**
临 川 区	361002	23	1680	210096	17	203185
南 城 县	361021	8	170	14228		15706
黎 川 县	361022	5	98	4072		3999
南 丰 县	361023	3	146	2570		5236
崇 仁 县	361024	9	214	10455		11253
乐 安 县	361025	5	225	3682		3962
宜 黄 县	361026	3	43	1688		1741
金 溪 县	361027	6	88	9167		10515
资 溪 县	361028					
东 乡 县	361029	15	425	43322		47516
广 昌 县	361030	4	69	4210		4798

单位:万元

其中:通过公共网络实现的商品销售额	其中:使用银行卡支付的商品销售额	批发额	出口	零售额	其中:通过公共网络实现的商品零售额	期末商品库存额	年末零售营业面积(平方米)
	0.1	50		5055	0.1	608	5080
	11218	14331		92848	13	11951	51212
1600	17270	21572		106941	1600	13182	60856
	397			11635		1001	6116
164548	21153	691848	50372	441469	529	50174	566739
161804	9573	474631		429812		17382	498682
		2140				3081	470
		9320				200	10000
2744	822	95180	50372	3958	29	21180	13370
	1318	19340		1538		2981	8670
		2112				48	3993
	892	2086		189		36	120
	475	43975		3265	500	2814	2371
		29838		2707		1761	27983
	8073	13226				690	1080
1600	34438	36093		271818	1613	32910	180934
1000	20289	14316		188869	1012	25349	105392
	430			15706		1247	7506
		140		3859		408	3440
600				5236	600	380	2130
	1193	900		10353		1433	5840
	48			3962		872	14180
	408			1741		51	2465
	3338	65		10450	1.4	919	4496
	8646	20672		26844		2057	34520
	86			4798		195	965

7－3 限额以上批发和零售业

（201

指　　标	行业代码	法人企业数（个）	执行《2006 年企业会计准则》企业数（个）	年初存货	流动资产合　　计	应收账款	存货
总　　计	**101**	**132**	**113**	**88319**	**340331**	**107826**	**80600**
一、批发业	**51**	**51**	**45**	**57996**	**233488**	**83340**	**51780**
1. 按批发行业小类分	－						
农、林、牧产品批发	511	7	7	4686	23413	1564	7620
谷物、豆及薯类批发	5111	5	5	3944	21272	1348	7259
牲畜批发	5116	2	2	742	2140	216	361
食品、饮料及烟草制品批发	512	15	12	47336	156234	60072	36383
米、面制品及食用油批发	5121	2	2	1123	6351	1046	52
果品、蔬菜批发	5123	10	8	12613	25967	10493	6227
盐及调味品批发	5125	1	1	698	933		478
酒、饮料及茶叶批发	5127	1	1	2525	4778		2205
烟草制品批发	5128	1		30377	118207	48533	27421
纺织、服装及家庭用品批发	513	4	3	1489	5456	1383	2103
纺织品、针织品及原料批发	5131	3	3	923	3350	917	1254
化妆品及卫生用品批发	5134	1		566	2106	467	849
文化、体育用品及器材批发	514	1	1	71	1892		68
其他文化用品批发	5149	1	1	71	1892		68
医药及医疗器材批发	515	7	6	2889	22647	12969	2422
西药批发	5151	4	4	1375	11553	7384	1193
中药批发	5152	2	1	236	1197	989	181
医疗用品及器材批发	5153	1	1	1278	9898	4597	1049
矿产品、建材及化工产品批发	516	6	5	840	17464	3847	1370
煤炭及制品批发	5161	3	2	108	15863	3761	164
石油及制品批发	5162	3	3	732	1601	86	1205
贸易经纪与代理	518	2	2	5	857	369	28
贸易代理	5181	1	1		361		
其他贸易经纪与代理	5189	1	1	5	496	369	28
其他批发业	519	9	9	681	5524	3137	1788
再生物资回收与批发	5191	1	1	122	304	30	122
其他未列明批发业	5199	8	8	559	5221	3107	1666

法人单位主要财务状况(一)

4 年) 单位:万元

期末资产负债							
固定资产合计	固定资产原价	累计折旧	本年折旧	在建工程	资产总计	流动负债合计	应付帐款
106180	**160214**	**54010**	**6738**	**10108**	**507040**	**237713**	**67608**
89931	**134227**	**44309**	**4916**	**7641**	**365447**	**133990**	**50935**
7887	13285	5398	562	676	35937	23523	5522
6949	11967	5019	278	673	32550	22158	5434
938	1318	380	284	3	3387	1365	88
46684	68370	21686	1359	2623	218213	75911	35580
4518	6478	1960	160	21	11103	6973	541
9943	13741	3798	869	783	40963	22824	9302
775	1736	962	55		1714	461	330
0.2	0.2				4787	2599	288
31449	46416	14967	275	1820	159647	43054	25120
1035	1417	382	90		7172	3256	1457
982	1203	220	49		5013	1312	868
52	214	162	41		2159	1943	589
2	3	1.3	0.3		1896	1337	
2	3	1.3	0.3		1896	1337	
2575	3498	923	401	122	26279	22906	15548
886	1469	583	231	7	13068	11342	4912
500	629	128	92	114	1890	1213	315
1188	1400	212	78		11320	10350	10321
24236	39474	15250	2118	3220	59535	3967	-8714
6	10	4	1.3		17348	13000	3775
24230	39464	15245	2117	3220	42188	-9033	-12489
35	51	16	3		906	549	209
34	43	9			410	102	102
0.3	7	7	0.5		496	446	107
7478	8130	652	383	1000	15509	2542	1333
314	372	58	25		618	39	30
7164	7758	594	358	1000	14891	2503	1304

7－3 续表1

指　　标	行业代码	法人企业数（个）	执行《2006年企业会计准则》企业数(个)	年初存货	流动资产合　计	应收账款	存货
2. 按登记注册类型分	－						
内资企业	100	49	43	57986	232340	83109	51767
国有企业	110	8	7	36136	145975	50334	35204
集体企业	120	2	2	31	2637	2012	625
联营企业	140	1	1	122	304	30	122
集体联营企业	142	1	1	122	304	30	122
有限责任公司	150	17	14	5515	52402	20703	6399
其他有限责任公司	159	17	14	5515	52402	20703	6399
股份有限公司	160	3	3	69	1923	916	587
私营企业	170	17	15	16107	28314	8523	8824
私营独资企业	171	1	1	273	733	81	433
私营有限责任公司	173	10	9	14158	23995	7781	7068
私营股份有限公司	174	6	5	1676	3585	661	1324
其他企业	190	1	1	7	787	593	7
港、澳、台商投资企业	200	2	2	10	1148	230	13
与港澳台商合资经营企业	210	1	1	10	787	230	13
港澳台商投资股份有限公司	240	1	1		361		
3. 按控股情况分	－						
国有控股	301	10	9	36595	146843	50338	35977
集体控股	302	3	3	153	2940	2042	747
私人控股	303	33	28	19830	60200	21753	14409
港澳台商控股	304	1	1		361		
外商控股	305	1	1	910	11901	7186	530
其他	306	3	3	509	11243	2020	118
4. 按经营形式分							
独立门店	401	31	28	18203	57487	16124	12743
连锁总店	402	3	2	30836	119074	48538	28194
其他	404	17	15	8957	56927	18678	10843
5. 按单位规模分	－						
大型	501	2	1	30836	119074	48538	28194

单位:万元

期末资产负债							
固定资产合计	固定资产原价	累计折旧	本年折旧	在建工程	资产总计	流动负债合计	应付帐款
88685	131849	43177	4779	7641	363038	132431	50826
43129	65890	22761	768	2514	203432	71912	31212
5188	5513	325	212	1000	10320	1600	900
314	372	58	25		618	39	30
314	372	58	25		618	39	30
31331	48916	17585	2885	3859	106050	35459	11992
31331	48916	17585	2885	3859	106050	35459	11992
1459	1750	291	113		4020	1489	1150
6703	8703	2012	776	268	37017	21197	5330
220	294	87	66	12	1749	802	
4488	5922	1434	381	7	29378	18771	5128
1996	2487	491	329	248	5890	1624	202
561	707	146			1582	735	212
1246	2378	1132	137		2408	1558	109
1212	2335	1123	134		1998	1456	7
34	43	9	3		410	102	102
67139	105059	37920	2819	5722	243870	62077	18723
5502	5884	382	237	1000	10938	1639	930
14618	19808	5201	1713	887	84000	50064	20847
34	43	9	3		410	102	102
1952	2526	574	135	25	14067	11065	5867
685	907	222	10	7	12162	9042	4466
14332	19889	5569	1645	1396	79514	47459	15185
55459	85585	30126	2326	5028	200085	33220	12631
20140	28754	8614	945	1217	85847	53311	23119
47581	73308	25727	1536	5028	192207	30565	12631

7－3 续表2

指　　标	行业代码	法人企业数（个）	执行《2006年企业会计准则》企业数（个）	年初存货	流动资产合　　计	应收账款	存货
中型	502	13	12	15143	57008	23074	9198
小型	503	35	31	12005	57351	11718	14385
微型	504	1	1	12	55	10	4
二、零售业	**52**	**81**	**68**	**30323**	**106843**	**24487**	**28819**
1. 按零售行业小类分	－						
综合零售	521	13	12	4617	8197	1263	3662
百货零售	5211	5	5	554	1948	817	482
超级市场零售	5212	7	6	4063	5785	85	3077
其他综合零售	5219	1	1		464	361	103
食品、饮料及烟草制品专门零售	522	7	6	656	2469	282	598
肉、禽、蛋、奶及水产品零售	5224	4	3	401	1753	155	342
营养和保健品零售	5225	1	1	27	88	3	29
酒、饮料及茶叶零售	5226	2	2	228	629	124	227
纺织、服装及日用品专门零售	523	2	1	185	476		13
纺织品及针织品零售	5231	2	1	185	476		13
医药及医疗器材专门零售	525	3	3	394	8183	7249	427
药品零售	5251	2	2	54	143	16	57
医疗用品及器材零售	5252	1	1	340	8041	7233	370
汽车、摩托车、燃料及零配件专门零售	526	34	29	16206	72516	12389	19073
汽车零售	5261	30	26	16046	71736	12249	18839
汽车零配件零售	5262	1	1	30	491	86	120
摩托车及零配件零售	5263	3	2	130	289	53	113
家用电器及电子产品专门零售	527	11	9	7462	7063	713	4145
家用视听设备零售	5271	4	4	712	942	24	889
日用家电设备零售	5272	6	4	6688	5905	581	3171
计算机、软件及辅助设备零售	5273	1	1	62	216	108	85
五金、家具及室内装饰材料专门零售	528	1	1	54	76	20	54
陶瓷、石材装饰材料零售	5287	1	1	54	76	20	54
货摊、无店铺及其他零售业	529	10	7	751	7862	2571	849
生活用燃料零售	5297	4	4	94	611	370	146

单位:万元

期末资产负债							
固定资产合计	固定资产原价	累计折旧	本年折旧	在建工程	资产总计	流动负债合计	应付帐款
22685	32813	10128	2120	617	87052	59787	25343
19400	27806	8418	1245	1996	85868	43574	12948
264	301	36	15		319	64	14
16250	**25987**	**9701**	**1822**	**2468**	**141594**	**103724**	**16673**
5776	9900	4124	485	200	16927	4832	819
559	790	231	61		2825	853	351
5062	8852	3790	320		12210	3799	468
155	258	103	103	200	1892	180	
2765	3198	432	148	31	5262	930	370
2698	3091	393	140	31	4458	595	65
6	13	7	1.1		95	3	
61	93	32	7		708	332	305
598	714	117	20		1075	553	2
598	714	117	20		1075	553	2
134	263	129	31		8318	8140	3577
35	52	17	1		177	525	144
99	211	112	30		8140	7615	3433
5574	9599	3965	625	1329	85845	72396	6913
5112	9015	3843	586	1329	84497	71685	6913
22	78	56	1		609	557	
440	506	66	38		739	154	
294	494	200	55		14532	10747	2664
42	75	32	11		1119	721	619
252	399	148	44		13196	10024	2045
	20	20			216	1	1
80	100	20	10		156		
80	100	20	10		156		
1028	1719	715	448	908	9480	6126	2329
367	863	495	465	400	1032	135	103

7－3续表3

指　　标	行业代码	法人企业数（个）	执行《2006年企业会计准则》企业数（个）	年初存货	流动资产合　计	应收账款	存货
其他未列明零售业	5299	6	3	657	7251	2201	703
2.按登记注册类型分	－						
内资企业	100	81	68	30323	106843	24487	28819
国有企业	110	3	3	25	1043	742	231
集体企业	120	1		176	39		1
有限责任公司	150	27	23	18949	60352	15837	15877
其他有限责任公司	159	27	23	18949	60352	15837	15877
股份有限公司	160	1	1	30	491	86	120
私营企业	170	46	38	10889	44530	7755	12380
私营独资企业	171	3	3	103	1140	209	124
私营合伙企业	172	5	5	701	882	62	423
私营有限责任公司	173	33	26	9779	40958	7294	11696
私营股份有限公司	174	5	4	307	1551	191	137
其他企业	190	3	3	255	388	67	212
3.按控股情况分	－						
国有控股	301	3	3	25	1043	742	231
集体控股	302	2	1	381	510	125	346
私人控股	303	67	56	26021	94394	17843	25242
其他	306	9	8	3896	10897	5776	3001
4.按经营形式分	－						
独立门店	401	75	64	29433	105650	24347	28033
其他	404	6	4	890	1193	140	786
5.按单位规模分	－						
大型	501	1	1	2673	3741	55	2161
中型	502	22	21	16215	62999	10327	17773
小型	503	46	35	10485	37224	13835	8150
微型	504	12	11	951	2879	270	735
6.按零售业态分	－						
有店铺零售	1000	81	68	30323	106843	24487	28819
超市	1040	14	12	2730	3756	101	2311

单位:万元

期末资产负债							
固定资产合计	固定资产原价	累计折旧	本年折旧	在建工程	资产总计	流动负债合计	应付帐款
661	857	219	-17	508	8448	5991	2227
16250	25987	9701	1822	2468	141594	103724	16673
302	860	558	543	600	2618	805	244
106	152	46	8		146	124	2
7036	11381	4345	658	1213	72146	54883	8303
7036	11381	4345	658	1213	72146	54883	8303
22	78	56	1		609	557	
8498	13181	4647	596	655	65362	47162	7968
631	746	115	23		1822	550	
848	1185	336	76		4158	2596	72
6834	11013	4142	474	655	57589	43983	7864
184	237	53	23		1793	31	31
286	336	51	16		713	193	156
302	860	558	543	600	2618	805	244
570	742	172	56	484	1564	587	465
10564	16168	5567	963	1284	120379	93578	14750
4814	8218	3405	260	100	17033	8754	1215
12960	22163	9166	1633	1953	136325	102492	16152
3290	3825	535	189	515	5269	1232	522
4175	7006	2832	193		8443	2385	
4296	6953	2597	625	1229	78460	67738	10048
6208	10065	3880	867	1239	49967	32579	6252
1570	1963	392	137		4723	1021	374
16250	25987	9701	1822	2468	141594	103724	16673
1370	2590	1220	216		12753	8031	2976

7－3续表4

指　　标	行业代码	法人企业数（个）	执行《2006年企业会计准则》企业数(个)	年初存货	流动资产合　计	应收账款	存货
大型超市	1050	1	1	2673	3741	55	2161
百货店	1070	4	3	185	2175	1140	155
专业店	1080	26	23	9023	44243	17737	9411
专卖店	1090	34	28	13119	48579	4780	13521
厂家直销中心	1120	2	1	2594	4350	673	1261
三、批发业按地区分组	**51**	**51**	**45**	**57996**	**233488**	**83340**	**51780**
临 川 区	361002	7	5	32851	128749	53755	30310
南 城 县	361021	1	1	1155	6924	865	3092
黎 川 县	361022	1	1	200	434	167	200
南 丰 县	361023	15	13	15516	39504	14915	9010
崇 仁 县	361024	7	5	2753	11944	2766	3067
乐 安 县	361025	1	1	425	1837	1427	32
宜 黄 县	361026	1	1		361		
金 溪 县	361027	9	9	1862	12999	4474	1998
资 溪 县	361028						
东 乡 县	361029	6	6	2503	17017	4881	3381
广 昌 县	361030	3	3	730	13720	90	690
四、零售业按地区分组	**52**	**81**	**68**	**30323**	**106843**	**24487**	**28819**
临 川 区	361002	23	20	20873	84063	17828	22431
南 城 县	361021	8	6	763	2955	1669	1020
黎 川 县	361022	5	5	342	634	1.2	332
南 丰 县	361023	3	3	4630	2078	131	1380
崇 仁 县	361024	9	4	976	3800	384	747
乐 安 县	361025	5	5	750	671	64	323
宜 黄 县	361026	3	2	37	200	25	8
金 溪 县	361027	6	5	578	2376	1155	706
资 溪 县	361028						
东 乡 县	361029	15	14	1232	9306	3102	1678
广 昌 县	361030	4	4	143	761	127	195

单位:万元

期末资产负债							
固定资产合计	固定资产原价	累计折旧	本年折旧	在建工程	资产总计	流动负债合计	应付帐款
4175	7006	2832	193		8443	2385	
854	1083	229	123	200	4326	1484	301
3903	7587	3684	768	1000	54347	44568	7569
3518	4906	1352	392	1237	54946	44504	5378
2430	2814	384	130	31	6780	2752	449
89931	**134227**	**44309**	**4916**	**7641**	**365447**	**133990**	**50935**
56476	87910	31434	2606	5028	210807	41466	16381
1144	2007	863	41		8087	5412	858
755	926	171	50	2	1268	3783	3079
10369	14186	3829	996	795	55172	32534	9220
3445	6077	2632	102	114	17598	10693	3476
119	191	72	8	7	1956	1504	1002
34	43	9	3		410	102	102
12369	15260	2891	546	1021	29535	10770	3056
4393	5947	1554	507	60	24655	16107	10409
827	1682	854	57	615	15959	11619	3353
16250	**25987**	**9701**	**1822**	**2468**	**141594**	**103724**	**16673**
8286	13650	5304	816	1229	105412	86961	11264
652	2966	2313	61		3735	1459	1256
851	968	118	88		1606	300	204
117	185	69	6		2504	803	
971	1242	271	77	484	7652	5952	2145
637	943	306	76		1665	111	39
102	148	46	5		302	548	146
3464	4363	900	661	731	7112	1941	467
1104	1413	332	21	24	10666	5383	1001
66	109	43	10		939	268	152

7－4 限额以上批发和零售业

（201

指 标	行业代码	非流动负债合计	负债合计	所有者权益合计	实收资本
总 计	**101**	**26816**	**259955**	**247086**	**79179**
一、批发业	**51**	**24175**	**153590**	**211856**	**45710**
1. 按批发行业小类分	-				
农、林、牧产品批发	511	9922	33445	2492	4665
谷物、豆及薯类批发	5111	9854	32012	539	2731
牲畜批发	5116	68	1433	1953	1933
食品、饮料及烟草制品批发	512	10826	86737	131476	13286
米、面制品及食用油批发	5121	7757	14730	－3627	2210
果品、蔬菜批发	5123	2793	25616	15347	8684
盐及调味品批发	5125	276	738	976	637
酒、饮料及茶叶批发	5127		2599	2188	1000
烟草制品批发	5128		43054	116592	755
纺织、服装及家庭用品批发	513		3256	3917	987
纺织品、针织品及原料批发	5131		1312	3701	787
化妆品及卫生用品批发	5134		1943	216	200
文化、体育用品及器材批发	514		1337	560	500
其他文化用品批发	5149		1337	560	500
医药及医疗器材批发	515	41	22947	3332	3069
西药批发	5151		11342	1726	1902
中药批发	5152		1213	677	667
医疗用品及器材批发	5153	41	10391	929	500
矿产品、建材及化工产品批发	516	1941	1334	58201	11708
煤炭及制品批发	5161	22	13022	4326	3600
石油及制品批发	5162	1920	－11687	53875	8108
贸易经纪与代理	518		549	358	358
贸易代理	5181		102	308	308
其他贸易经纪与代理	5189		446	50	50
其他批发业	519	1445	3987	11522	11138
再生物资回收与批发	5191		39	579	519
其他未列明批发业	5199	1445	3948	10943	10619

法人单位主要财务状况(二)

4年)　　　　单位:万元

期末资产负债						损益及分配	
国家资本	集体资本	法人资本	个人资本	港澳台资本	外商资本	营业收入	主营业务收入
15120	**10078**	**26087**	**25669**	**828**	**1398**	**1326884**	**1312598**
14211	**9237**	**13553**	**6519**	**798**	**1393**	**1024439**	**1012996**
2731		1428	506			33400	33400
2731						27535	27535
		1428	506			5865	5865
3602		6300	1501	490	1393	461867	455776
2210						13479	13479
		5300	1501	490	1393	89922	89922
637						4666	4636
		1000				3058	3058
755						350743	344682
		537	450			28155	28114
		537	250			15518	15518
			200			12636	12596
		500				3927	3927
		500				3927	3927
		1000	2069			37320	37320
			1902			21496	21496
		500	167			4417	4417
		500				11407	11407
7878		2600	1230			427203	422798
		2600	1000			12019	12019
7878			230			415184	410779
			50	308		4287	4287
				308		2275	2275
			50			2012	2012
	9237	1188	714			28281	27374
	519					1575	1575
	8718	1188	714			26706	25799

7－4 续表2

指　　标	行业代码	非流动负债合计	负债合计	所有者权益合计	实收资本
小型	503	7641	51215	34653	29175
微型	504		64	256	20
二、零售业	**52**	**2641**	**106364**	**35230**	**33469**
1. 按零售行业小类分	－				
综合零售	521	107	4939	11988	11352
百货零售	5211	7	860	1965	2030
超级市场零售	5212		3799	8411	7710
其他综合零售	5219	100	280	1612	1612
食品、饮料及烟草制品专门零售	522		930	4331	2343
肉、禽、蛋、奶及水产品零售	5224		595	3863	1915
营养和保健品零售	5225		3	92	80
酒、饮料及茶叶零售	5226		332	376	348
纺织、服装及日用品专门零售	523		553	522	516
纺织品及针织品零售	5231		553	522	516
医药及医疗器材专门零售	525	0.8	8140	177	612
药品零售	5251	0.8	525	－348	112
医疗用品及器材零售	5252		7615	525	500
汽车、摩托车、燃料及零配件专门零售	526	1871	74267	11579	13730
汽车零售	5261	1871	73556	10942	13088
汽车零配件零售	5262		557	52	50
摩托车及零配件零售	5263		154	585	593
家用电器及电子产品专门零售	527	300	11047	3485	2587
家用视听设备零售	5271		721	398	352
日用家电设备零售	5272	300	10324	2872	2035
计算机、软件及辅助设备零售	5273		1	215	200
五金、家具及室内装饰材料专门零售	528			156	20
陶瓷、石材装饰材料零售	5287			156	20
货摊、无店铺及其他零售业	529	362	6488	2992	2309
生活用燃料零售	5297	100	235	797	797
其他未列明零售业	5299	262	6253	2195	1512

单位:万元

期末资产负债						损益及分配	
国家资本	集体资本	法人资本	个人资本	港澳台资本	外商资本	营业收入	主营业务收入
3189	9237	10733	5219	798		109519	108582
		20				101	101
909	**841**	**12534**	**19150**	**30**	**5**	**302445**	**299602**
619	557	4514	5657	5		40777	38868
		608	1422			5667	5640
		3480	4230			34491	32609
619	557	426	5	5		619	619
		762	1581			9919	9919
		334	1581			4583	4583
		80				947	947
		348				4389	4389
	16		500			3586	3586
	16		500			3586	3586
50			562			13759	13740
50			62			1518	1518
			500			12242	12222
		4588	9143			177096	176273
		4285	8803			172914	172151
		50				1915	1915
		253	340			2267	2207
60	10	1162	1345	5	5	24966	24875
		352				9286	9286
60	10	610	1345	5	5	15150	15060
		200				530	530
			20			1495	1495
			20			1495	1495
180	258	1509	342	20		30846	30846
180	105	360	132	20		3079	3079
	153	1149	210			27767	27767

7－4 续表 3

指　标	行业代码	非流动负债合计	负债合计	所有者权益合计	实收资本
2. 按登记注册类型分	－				
内资企业	100	2641	106364	35230	33469
国有企业	110	201	1005	1612	2072
集体企业	120		124	22	16
有限责任公司	150	1640	56523	15623	15054
其他有限责任公司	159	1640	56523	15623	15054
股份有限公司	160		557	52	50
私营企业	170	800	47962	17400	15757
私营独资企业	171		550	1272	992
私营合伙企业	172		2596	1562	1510
私营有限责任公司	173	774	44758	12832	11519
私营股份有限公司	174	26	57	1735	1735
其他企业	190		193	520	520
3. 按控股情况分	－				
国有控股	301	201	1005	1612	2072
集体控股	302	262	849	715	316
私人控股	303	2078	95656	24723	24233
其他	306	100	8854	8179	6848
4. 按经营形式分	－				
独立门店	401	2371	104863	31462	32082
其他	404	269	1501	3768	1387
5. 按单位规模分	－				
大型	501		2385	6057	3000
中型	502	1187	68925	9535	14429
小型	503	1454	34033	15935	12493
微型	504		1021	3702	3546
6. 按零售业态分	－				
有店铺零售	1000	2641	106364	35230	33469
超市	1040	202	8232	4520	6905

单位:万元

期末资产负债						损益及分配	
国家资本	集体资本	法人资本	个人资本	港澳台资本	外商资本	营业收入	主营业务收入
909	841	12534	19150	30	5	302445	299602
849	657	515	25	25		2194	2194
	16					715	715
	153	6114	8787			154160	151714
	153	6114	8787			154160	151714
		50				1915	1915
60	15	5625	10047	5	5	137996	137599
		480	512			5350	5331
			1510			4376	4376
60	15	4875	6559	5	5	123069	122692
		270	1465			5201	5200
		230	290			5464	5464
849	657	515	25	25		2194	2194
	169		147			2996	2996
60	15	8697	15451	5	5	251701	250722
		3322	3527			45554	43690
909	673	12485	17980	30	5	296562	293746
	169	49	1170			5882	5856
		3000				22740	22062
60	10	4552	9797	5	5	142999	141372
849	831	4258	6530	25		117674	117197
		724	2822			19031	18971
909	841	12534	19150	30	5	302445	299602
		1253	5652			29376	28056

7-4 续表4

指　　标	行业代码	非流动负债合计	负债合计	所有者权益合计	实收资本
大型超市	1050		2385	6057	3000
百货店	1070	100	1584	2742	2736
专业店	1080	1451	46019	8328	8331
专卖店	1090	468	44972	9974	10797
厂家直销中心	1120	420	3173	3608	1700
三、批发业按地区分组	**51**	**24175**	**153590**	**211856**	**45710**
临 川 区	361002	2196	39088	171719	10470
南 城 县	361021	601	6013	2074	633
黎 川 县	361022	107	3890	-2622	104
南 丰 县	361023	2793	35327	19846	10943
崇 仁 县	361024	4132	14824	2774	3638
乐 安 县	361025		1504	452	452
宜 黄 县	361026		102	308	308
金 溪 县	361027	9202	19971	9564	12662
资 溪 县	361028				
东 乡 县	361029	4026	20133	4522	4073
广 昌 县	361030	1119	12738	3221	2428
四、零售业按地区分组	**52**	**2641**	**106364**	**35230**	**33469**
临 川 区	361002	1939	88900	16513	18175
南 城 县	361021	26	1485	2250	2122
黎 川 县	361022		300	1307	1307
南 丰 县	361023	106	908	1596	650
崇 仁 县	361024	262	6215	1437	885
乐 安 县	361025	7	118	1547	1613
宜 黄 县	361026	0.8	548	-247	213
金 溪 县	361027	300	2241	4872	2964
资 溪 县	361028				
东 乡 县	361029		5383	5284	4959
广 昌 县	361030		268	671	582

单位:万元

期末资产负债						损益及分配	
国家资本	集体资本	法人资本	个人资本	港澳台资本	外商资本	营业收入	主营业务收入
		3000				22740	22062
619	573	1034	505	5		5106	5105
230	105	2270	5706	20		103580	102910
60	163	4977	5587	5	5	129521	129348
			1700			12122	12122
14211	**9237**	**13553**	**6519**	**798**	**1393**	**1024439**	**1012996**
9270			1200			798586	788049
633						2140	2140
104						9320	9320
		7820	1240	490	1393	99139	99139
864	519	637	1617			20747	20747
			452			2112	2112
				308		2275	2275
2210	8718	120	1614			46611	45705
801		2876	396			30283	30283
328		2100				13226	13226
909	**841**	**12534**	**19150**	**30**	**5**	**302445**	**299602**
		7765	10410			198244	195508
		100	2022			15446	15444
		528	779			3859	3799
60	10	60	510	5	5	5236	5236
	169	269	448			11253	11253
	5		1607			3920	3894
50			163			1741	1741
799	657	615	867	25		10415	10415
		2907	2052			47534	47515
		290	292			4798	4798

7－5　限额以上批发和零售业

（201

指　　标	行业代码	营业成本	主营业务成本	营业税金及附加
总　　计	**101**	**1163807**	**1152809**	**19534**
一、批发业	**51**	**887548**	**877133**	**17772**
1. 按批发行业小类分	－			
农、林、牧产品批发	511	31815	31815	118
谷物、豆及薯类批发	5111	26589	26589	0
牲畜批发	5116	5226	5226	118
食品、饮料及烟草制品批发	512	360323	354157	16710
米、面制品及食用油批发	5121	13103	13103	82
果品、蔬菜批发	5123	74545	74545	309
盐及调味品批发	5125	2836	2830	25
酒、饮料及茶叶批发	5127	2380	2380	1.4
烟草制品批发	5128	267460	261299	16294
纺织、服装及家庭用品批发	513	26419	26419	13
纺织品、针织品及原料批发	5131	14358	14358	9
化妆品及卫生用品批发	5134	12061	12061	4
文化、体育用品及器材批发	514	3658	3658	3
其他文化用品批发	5149	3658	3658	3
医药及医疗器材批发	515	34664	34664	59
西药批发	5151	19809	19809	44
中药批发	5152	4103	4103	4
医疗用品及器材批发	5153	10753	10753	11
矿产品、建材及化工产品批发	516	404048	399999	385
煤炭及制品批发	5161	10779	10779	40
石油及制品批发	5162	393269	389220	345
贸易经纪与代理	518	3936	3936	161
贸易代理	5181	2000	2000	159
其他贸易经纪与代理	5189	1936	1936	1.3
其他批发业	519	22684	22484	324
再生物资回收与批发	5191	1322	1322	6
其他未列明批发业	5199	21362	21162	318

法人单位主要财务状况(三)

4 年)　　　　单位:万元

损益及分配							
主营业务税金及附加	其他业务利润	销售费用	管理费用		财务费用		
				税　金		利息收入	利息支出
19501	**2071**	**47022**	**41096**	**1306**	**2874**	**-626**	**2460**
17740	**452**	**33612**	**34295**	**935**	**1305**	**-866**	**1114**
118	3	1207	1221	4	556	6	421
0	3	1161	1115	4	413	6	421
118		46	106		143		
16696	-75	13778	19819	518	-400	-944	188
82		373	608		99	66	33
295		2574	1246	12	488	28	155
25	25	1638	44		0.3	0.9	
1.4		260	96		50		
16294	-100	8932	17826	506	-1036	-1039	
13	65	1004	499		70	1	71
9	24	623	375		7	1	8
4	41	381	124		63		63
3		186	56		6		
3		186	56		6		
59	103	1652	487	29	347	1.2	230
44		1279	136	3	223	0.7	221
4	103	157	109	1.3	9	0.1	9
11		216	242	24	115	0.4	
374	356	15565	11680	227	552	69	40
40		681	327	18	3	0.1	0.5
334	356	14884	11353	210	548	69	40
161		35	141	0.5	-0.2	0.3	0.1
159		34	69				
1.3		1.2	72	0.5	-0.2	0.3	0.1
317		185	392	157	174	0.7	165
6		87	92		15		9
311		98	300	157	160	0.7	156

7－5续表1

指　　标	行业代码	营业成本	主营业务成本	营业税金及附加
2. 按登记注册类型分	－			
内资企业	100	882882	872467	17613
国有企业	110	305144	298978	16319
集体企业	120	6000	6000	33
联营企业	140	1322	1322	6
集体联营企业	142	1322	1322	6
有限责任公司	150	469689	465640	631
其他有限责任公司	159	469689	465640	631
股份有限公司	160	7478	7278	95
私营企业	170	88405	88405	446
私营独资企业	171	1046	1046	10
私营有限责任公司	173	73431	73431	206
私营股份有限公司	174	13928	13928	230
其他企业	190	4844	4844	82
港、澳、台商投资企业	200	4666	4666	159
与港澳台商合资经营企业	210	2666	2666	
港澳台商投资股份有限公司	240	2000	2000	159
3. 按控股情况分	－			
国有控股	301	697366	687152	16654
集体控股	302	7322	7322	39
私人控股	303	158682	158482	834
港澳台商控股	304	2000	2000	159
外商控股	305	10664	10664	
其他	306	11513	11513	86
4. 按经营形式分				
独立门店	401	150708	150508	878
连锁总店	402	659682	649473	16629
其他	404	77158	77152	266

单位:万元

损益及分配							
主营业务税金及附加	其他业务利润	销售费用	管理费用		财务费用		
				税金		利息收入	利息支出
17581	452	33456	34174	933	1305	-866	1114
16319	-72	12051	19546	509	-556	-966	421
31			156	134	130	0.6	129
6		87	92		15		9
6		87	92		15		9
630	397	18651	13043	274	930	98	308
630	397	18651	13043	274	930	98	308
76		91	149	7	53	0.3	1.1
437	127	2522	1143	9	702	2	213
		104	74		70		
206	127	2280	831	4	483	2	209
230		138	238	5	150	0.1	4
82		54	47		33		33
159		156	122	1.4		0.3	0.3
		122	53	1.4		0.3	0.3
159		34	69				
16653	285	26831	30825	719	-77	-897	460
37		87	248	134	144	0.6	138
805	167	5245	2620	79	1079	31	448
159		34	69				
		1203	336		91		
86		212	198	3	68		68
863	167	4421	2700	18	920	31	502
16627	257	23711	29104	715	-557	-970	40
250	28	5480	2491	202	942	74	572

7－5 续表2

指　　标	行业代码	营业成本	主营业务成本	营业税金及附加
5. 按单位规模分	－			
大型	501	607570	597360	16616
中型	502	185105	185105	313
小型	503	94809	94604	842
微型	504	64	64	0.7
二、零售业	**52**	**276260**	**275676**	**1762**
1. 按零售行业小类分	－			
综合零售	521	33672	33507	264
百货零售	5211	4938	4937	120
超级市场零售	5212	28154	28150	142
其他综合零售	5219	580	420	1
食品、饮料及烟草制品专门零售	522	8432	8432	163
肉、禽、蛋、奶及水产品零售	5224	3589	3589	59
营养和保健品零售	5225	887	887	3
酒、饮料及茶叶零售	5226	3957	3957	102
纺织、服装及日用品专门零售	523	3229	3229	149
纺织品及针织品零售	5231	3229	3229	149
医药及医疗器材专门零售	525	12542	12541	41
药品零售	5251	1162	1162	21
医疗用品及器材零售	5252	11380	11379	21
汽车、摩托车、燃料及零配件专门零售	526	167197	166968	810
汽车零售	5261	163602	163373	685
汽车零配件零售	5262	1831	1831	1
摩托车及零配件零售	5263	1765	1765	124
家用电器及电子产品专门零售	527	22031	22031	178
家用视听设备零售	5271	7473	7473	133
日用家电设备零售	5272	14046	14046	43
计算机、软件及辅助设备零售	5273	511	511	2

单位:万元

损益及分配							
主营业务税金及附加	其他业务利润	销售费用	管理费用	税金	财务费用	利息收入	利息支出
16616	257	20667	20425	677	-580	-993	40
313	65	7955	11168	83	739	117	294
811	131	4986	2637	174	1143	10	778
0.7		4	66	1	3	0.1	3
1761	**1619**	**13410**	**6801**	**371**	**1568**	**240**	**1347**
264	980	6849	809	124	-293	13	7
120	49	726	453	97	8	5	7
142	923	6121	332	4	-304	7	0
1	8	2	24	22	3		
163		237	78	19	36		11
59		50	22	6	12		11
3		2	29		0.6		
102		185	27	13	23		
149	45	69	93		30		
149	45	69	93		30		
41		657	218		68	0.4	65
21		83	46		11		11
21		574	172		57	0.4	54
810	499	3732	4574	168	1305	205	1013
685	499	3636	4442	168	1258	195	1013
1		13	60		10	10	0.2
124		84	72		38		
178	95	1045	462	16	116	11	11
133		497	109	0.3	39		
43	95	542	345	12	76	11	11
2		6	8	4	1		

7－5 续表 3

指　　标	行业代码	营业成本	主营业务成本	营业税金及附加
五金、家具及室内装饰材料专门零售	528	1068	1068	15
陶瓷、石材装饰材料零售	5287	1068	1068	15
货摊、无店铺及其他零售业	529	28090	27901	142
生活用燃料零售	5297	2528	2348	107
其他未列明零售业	5299	25562	25553	35
2. 按登记注册类型分	－			
内资企业	100	276260	275676	1762
国有企业	110	1907	1567	4
集体企业	120	616	616	54
有限责任公司	150	141486	141273	375
其他有限责任公司	159	141486	141273	375
股份有限公司	160	1831	1831	1
私营企业	170	125794	125764	1165
私营独资企业	171	4191	4182	106
私营合伙企业	172	3365	3365	278
私营有限责任公司	173	114019	114001	630
私营股份有限公司	174	4220	4218	151
其他企业	190	4625	4625	163
3. 按控股情况分	－			
国有控股	301	1907	1567	4
集体控股	302	2509	2509	79
私人控股	303	232129	231890	1509
其他	306	39714	39710	170
4. 按经营形式分	－			
独立门店	401	271448	270864	1669
其他	404	4812	4812	93
5. 按单位规模分	－			
大型	501	19556	19556	46
中型	502	132741	132717	339
小型	503	108762	108202	746
微型	504	15201	15201	631

单位:万元

损益及分配							
主营业务税金及附加	其他业务利润	销售费用	管理费用	税金	财务费用	利息收入	利息支出
15		45	58		11		
15		45	58		11		
141		775	508	45	296	11	240
106		83	130	39	44	10	53
35		692	379	6	252	0.5	187
1761	1619	13410	6801	371	1568	240	1347
3	8	39	103	61	32	10	39
54	45		45				
375	1377	7490	3447	68	777	107	895
375	1377	7490	3447	68	777	107	895
1		13	60		10	10	0
1165	189	5637	3098	229	712	113	412
106	19	173	197		41		11
278		392	106	4	15		1
630	170	4948	2697	217	604	113	380
151		125	98	9	52		21
163		231	49	13	38		
3	8	39	103	61	32	10	39
79	45		203	6	73		8
1509	661	8207	6272	297	1785	192	1298
170	905	5163	223	7	-321	38	2
1668	1548	13230	6448	363	1496	239	1339
93	71	179	353	8	72	0.5	8
46	679	3147			-7	7	
339	492	6784	3897	146	879	72	859
745	449	2870	2526	208	561	161	460
631		609	378	17	135		28

7－5 续表 4

指　　标	行业代码	营业成本	主营业务成本	营业税金及附加
6. 按零售业态分	－			
有店铺零售	1000	276260	275676	1762
超市	1040	23726	23722	261
大型超市	1050	19556	19556	46
百货店	1070	4661	4501	150
专业店	1080	97918	97507	636
专卖店	1090	118769	118760	664
厂家直销中心	1120	11630	11630	5
三、批发业按地区分组	**51**	**887548**	**877133**	**17772**
临 川 区	361002	690249	680034	16677
南 城 县	361021	2122	2122	
黎 川 县	361022	9223	9223	
南 丰 县	361023	82993	82993	267
崇 仁 县	361024	18895	18895	85
乐 安 县	361025	1935	1935	4
宜 黄 县	361026	2000	2000	159
金 溪 县	361027	39680	39480	258
资 溪 县	361028			
东 乡 县	361029	27770	27770	319
广 昌 县	361030	12683	12683	3
四、零售业按地区分组	**52**	**276260**	**275676**	**1762**
临 川 区	361002	185655	185423	265
南 城 县	361021	13400	13398	36
黎 川 县	361022	2778	2778	344
南 丰 县	361023	4980	4980	24
崇 仁 县	361024	9825	9825	332
乐 安 县	361025	3254	3254	70
宜 黄 县	361026	1473	1473	39
金 溪 县	361027	9498	9158	109
资 溪 县	361028			
东 乡 县	361029	40837	40828	522
广 昌 县	361030	4559	4559	21

单位:万元

损益及分配							
主营业务税金及附加	其他业务利润	销售费用	管理费用	税金	财务费用	利息收入	利息支出
1761	1619	13410	6801	371	1568	240	1347
261	369	3878	732	25	-203	5	5
46	679	3147			-7	7	
150	53	538	386	99	37	0.3	4
635	382	2138	2582	106	257	175	238
664	137	3535	2898	139	1347	52	1000
5		174	203	3	137	0.9	100
17740	**452**	**33612**	**34295**	**935**	**1305**	**-866**	**1114**
16676	322	26794	29301	715	-492	-969	103
		423	356		50	5	54
		106	116		-1	-1	
257	103	3448	1678	9	567	29	167
85	3	864	553	36	346	0.7	336
4		65	56	3	36		36
159		34	69				
237	24	840	1186	141	333	68	171
319		655	550	31	284	0.4	68
3		384	431		183	2	179
1761	**1619**	**13410**	**6801**	**371**	**1568**	**240**	**1347**
265	1494	9111	4275	69	795	214	931
36	4	1071	494	95	211	0.1	123
344		335	131	3	36		
24		86	112	12	21	10	5
332	45	293	486	6	96	0.7	11
70	26	205	193		18		15
39		110	67	8	24		
108	8	102	190	63	77	10	54
522	42	2013	812	114	288	5	208
21		85	42		2		

7-6 限额以上批发和零售业

(201

指　　标	行业代码	损益				
		资产减值损　失	公允价值变动收益	投资收益	营业利润	营业外收入
总　计	**101**	**-7**	**243**	**-126**	**52802**	**12724**
一、批发业	**51**	**14**	**192**	**-206**	**49979**	**12034**
1.按批发行业小类分	-					
农、林、牧产品批发	511	10	7	-228	-1749	2327
谷物、豆及薯类批发	5111				-1744	2225
牲畜批发	5116	10	7	-228	-6	102
食品、饮料及烟草制品批发	512	4			51632	9503
米、面制品及食用油批发	5121				-786	1028
果品、蔬菜批发	5123				10761	428
盐及调味品批发	5125	4			118	0.5
酒、饮料及茶叶批发	5127				271	
烟草制品批发	5128				41268	8048
纺织、服装及家庭用品批发	513				150	
纺织品、针织品及原料批发	5131				147	
化妆品及卫生用品批发	5134				3	
文化、体育用品及器材批发	514				19	
其他文化用品批发	5149				19	
医药及医疗器材批发	515				216	68
西药批发	5151				110	27
中药批发	5152				36	8
医疗用品及器材批发	5153				70	33
矿产品、建材及化工产品批发	516			22	-5005	134
煤炭及制品批发	5161			22	210	43
石油及制品批发	5162				-5215	91
贸易经纪与代理	518				15	
贸易代理	5181				12	
其他贸易经纪与代理	5189				2	
其他批发业	519		185		4702	1.4

法人单位主要财务状况（四）

4年）　　　　　　　　　　　　　　　　　　　　单位：万元

及分配			人工成本及增值税		从业人员平均人数（人）
补贴收入	利润总额	应交所得税	应付职工薪酬（本年贷方累计发生额）	应交增值税	
11676	**66035**	**2493**	**45958**	**27413**	**8340**
11615	**63794**	**2287**	**36643**	**21919**	**5203**
2188	411		1643	11	594
2166	444		1496		568
23	-33		147	11	26
9377	59128	1618	26612	17831	2734
946	242		234		180
420	10112	340	7748	112	1030
	106		1850	215	98
	271	68	200		76
8012	48397	1210	16581	17504	1350
	150	2	512	106	154
	147	1.3	259	94	74
	3	0.8	254	12	80
	19	8	46	25	16
	19	8	46	25	16
8	153	9	840	439	279
	26	7	519	288	198
8	26	3	244	42	58
	101		77	109	23
41	2298	609	5258	3162	1197
41	282	45	249	82	70
	2016	564	5009	3080	1127
	2	0.6	98	1	33
			28		10
	2	0.6	71	1	23
0.6	1635	40	1634	344	196

7－6续表1

指　　标	行业代码	损益				
		资产减值损　　失	公允价值变动收益	投资收益	营业利润	营业外收入
再生物资回收与批发	5191				53	
其他未列明批发业	5199		185		4649	1.4
2. 按登记注册类型分	－					
内资企业	100	14	192	－206	50011	12032
国有企业	110	4			38824	11301
集体企业	120		181		2572	1.4
联营企业	140				53	
集体联营企业	142				53	
有限责任公司	150		－2	22	－3320	368
其他有限责任公司	159		－2	22	－3320	368
股份有限公司	160		5		2346	
私营企业	170	10	7	－228	9504	363
私营独资企业	171				125	
私营有限责任公司	173				8824	226
私营股份有限公司	174	10	7	－228	555	137
其他企业	190				33	
港、澳、台商投资企业	200				－32	2
与港澳台商合资经营企业	210				－44	2
港澳台商投资股份有限公司	240				12	
3. 按控股情况分	－					
国有控股	301	4			33485	11392
集体控股	302		181		2625	1.4
私人控股	303	10	11	－206	13295	454
港澳台商控股	304				12	
外商控股	305				498	185
其他	306				64	3
4. 按经营形式分						
独立门店	401	10	11	－276	10978	1317
连锁总店	402				35929	8139
其他	404	4	181	70	3072	2579

单位:万元

及分配			人工成本及增值税		从业人员平均人数（人）
补贴收入	利润总额	应交所得税	应付职工薪酬（本年贷方累计发生额）	应交增值税	
			35	156	15
0.6	1635	40	1599	188	181
11615	63836	2287	36375	21919	5132
11123	49156	1210	20130	17719	2186
0.6	1000		1265		88
			35	156	15
			35	156	15
234	4207	827	12858	3572	1904
234	4207	827	12858	3572	1904
	2	0.6	99	63	37
258	9439	249	1958	410	892
	125	31	17		6
206	8919	151	1208	310	700
52	396	67	733	100	186
	33		30		10
	-42		268		71
	-42		241		61
			28		10
11123	51047	1743	25122	20799	3307
0.6	1000		1300	156	103
307	11006	522	9767	887	1720
			28		10
185	675	15	284		22
	67	8	143	77	41
1227	10754	499	9382	594	1707
8012	50288	1743	21573	20584	2471
2376	2752	46	5689	741	1025

7-6 续表 2

指　　标	行业代码	损益				
		资产减值损　　失	公允价值变动收益	投资收益	营业利润	营业外收入
5. 按单位规模分	-					
大型	501				43414	8060
中型	502				1423	1731
小型	503	14	193	-206	5181	2243
微型	504		-2		-39	
二、零售业	**52**	**-21**	**52**	**80**	**2822**	**690**
1. 按零售行业小类分	-					
综合零售	521	-22	20	30	-451	516
百货零售	5211				-578	309
超级市场零售	5212	-23			69	206
其他综合零售	5219	1	20	30	58	1.2
食品、饮料及烟草制品专门零售	522				972	
肉、禽、蛋、奶及水产品零售	5224				851	
营养和保健品零售	5225				26	
酒、饮料及茶叶零售	5226				95	
纺织、服装及日用品专门零售	523				16	
纺织品及针织品零售	5231				16	
医药及医疗器材专门零售	525				233	4
药品零售	5251				195	
医疗用品及器材零售	5252				38	4
汽车、摩托车、燃料及零配件专门零售	526	1		26	-500	159
汽车零售	5261			26	-685	155
汽车零配件零售	5262	1			0.7	5
摩托车及零配件零售	5263				184	
家用电器及电子产品专门零售	527				1162	
家用视听设备零售	5271				1035	
日用家电设备零售	5272				125	
计算机、软件及辅助设备零售	5273				2	
五金、家具及室内装饰材料专门零售	528				299	
陶瓷、石材装饰材料零售	5287				299	

单位:万元

及分配			人工成本及增值税		从业人员平均人数（人）
补贴收入	利润总额	应交所得税	应付职工薪酬（本年贷方累计发生额）	应交增值税	
8012	50288	1743	19903	20584	2273
1538	10527	334	10219	404	1582
2065	3018	211	6493	925	1335
	-39	0.1	29	6	13
61	**2241**	**206**	**9315**	**5494**	**3137**
	291	17	3087	147	1174
	-181	4	584	17	312
	270	14	2402	130	841
	201		101		21
	324	2	339	6	106
	281	2	258	4	71
	26		29		12
	16		52	2	23
	4		115	82	45
	4		115	82	45
4	217	3	445	6	130
	195		115	6	40
4	22	3	331		90
57	-803	122	3956	4807	1076
57	-992	122	3832	4769	1028
	5		52	10	25
	184		71	28	23
	804	6	781	190	396
	845		326	65	156
	-43	5	360	40	224
	2	2	95	85	16
	299	0.7	21		6
	299	0.7	21		6

7－6 续表 3

指　　标	行业代码	损益 资产减值损　　失	公允价值变动收益	投资收益	营业利润	营业外收入
货摊、无店铺及其他零售业	529	0.2	32	24	1091	11
生活用燃料零售	5297	0.2	32	17	236	1
其他未列明零售业	5299			7	855	9
2. 按登记注册类型分	－					
内资企业	100	－21	52	80	2822	690
国有企业	110	1	52	47	207	2
集体企业	120				0.2	
有限责任公司	150	－23		7	642	128
其他有限责任公司	159	－23		7	642	128
股份有限公司	160	1			0.7	5
私营企业	170			26	1615	555
私营独资企业	171				642	
私营合伙企业	172				221	0.4
私营有限责任公司	173			26	196	553
私营股份有限公司	174				556	2
其他企业	190				358	
3. 按控股情况分	－					
国有控股	301	1	52	47	207	2
集体控股	302				132	
私人控股	303	1		26	1848	653
其他	306	－23		7	635	34
4. 按经营形式分	－					
独立门店	401	－21	52	73	2442	690
其他	404			7	380	
5. 按单位规模分	－					
大型	501	－13			11	31
中型	502	－10			－1620	634
小型	503	2	52	80	2352	26
微型	504				2079	

单位:万元

及分配			人工成本及增值税		从业人员平均人数(人)
补贴收入	利润总额	应交所得税	应付职工薪酬(本年贷方累计发生额)	应交增值税	
0.3	1104	55	572	255	204
0.3	262	6	165	11	60
	842	50	406	244	144
61	2241	206	9315	5494	3137
0.6	403		165	5	62
	0.2		95	70	36
4	240	69	4544	982	1356
4	240	69	4544	982	1356
	5		52	10	25
56	1503	136	4249	4410	1599
	630		318	45	89
	222	16	378	164	214
56	105	117	3333	4193	1216
	547	4	219	8	80
	89		211	18	59
0.6	403		165	5	62
	110	22	151	298	53
61	1257	180	6621	5086	2352
	471	3	2379	105	670
61	2152	182	8908	5179	2991
	89	24	408	315	146
	38		1602		440
60	-1228	33	3950	4286	1579
1	2200	151	3532	1136	1035
	1231	21	232	72	83

7－6 续表4

指　　标	行业代码	损益				
		资产减值损　失	公允价值变动收益	投资收益	营业利润	营业外收入
6. 按零售业态分	－					
有店铺零售	1000	－21	52	80	2822	690
超市	1040	－10			1002	180
大型超市	1050	－13			11	31
百货店	1070	1	20	30	－618	306
专业店	1080	1.2	32	30	115	71
专卖店	1090			21	2339	101
厂家直销中心	1120				－27	0.9
三、批发业按地区分组	**51**	**14**	**192**	**－206**	**49979**	**12034**
临川区	361002	4			36053	8147
南城县	361021				－812	930
黎川县	361022				－124	257
南丰县	361023		－2		10186	469
崇仁县	361024			22	129	394
乐安县	361025				18	
宜黄县	361026				12	
金溪县	361027		186	48	4548	1029
资溪县	361028					
东乡县	361029	10	7	－276	427	135
广昌县	361030				－458	673
四、零售业按地区分组	**52**	**－21**	**52**	**80**	**2822**	**690**
临川区	361002	－23			－1805	359
南城县	361021			26	256	5
黎川县	361022				235	0
南丰县	361023	1			14	5
崇仁县	361024			7	228	
乐安县	361025				180	
宜黄县	361026				28	
金溪县	361027	1.2	52	47	535	2
资溪县	361028					
东乡县	361029				3063	319
广昌县	361030				89	

单位:万元

及分配			人工成本及增值税		从业人员平均人数（人）
补贴收入	利润总额	应交所得税	应付职工薪酬（本年贷方累计发生额）	应交增值税	
61	2241	206	9315	5494	3137
	912	16	1546	210	813
	38		1602		440
0.3	-182	3	406	87	136
58	355	54	2422	4483	716
2	1449	132	3015	684	950
0.9	-329	1.2	325	30	82
11615	63794	2287	36643	21919	5203
8012	50405	1746	24065	20952	2799
871	104		408		118
257	133		179		110
461	10628	475	8212	80	1193
375	389	30	739	496	198
	18	4	61	33	16
			28		10
946	1542	1.3	1671	104	336
23	360	19	1002	186	295
671	216	12	278	70	128
61	2241	206	9315	5494	3137
60	-1602	49	5431	4502	1631
0.3	273	76	891	116	190
	271	13	205	49	101
	18	0.6	130	31	146
	206	31	572	613	221
	245	1.0	314	16	224
	-21	2	93	7	43
0.6	411		325	12	95
	2350	32	1153	146	417
	89		200	2	69

7－7 限额以上住宿餐饮

（201

指　　标	行业代码	法人企业数(个)	从业人员期末人数(人)	营业额	使用银行卡支付的营业额	客房收入
总　　计	**101**	**33**	**2911**	**27325**	**5971**	**13508**
一、住宿业	**61**	**23**	**2181**	**17884**	**3225**	**10037**
1. 按住宿业行业小类分	－					
旅游饭店	6110	13	1526	11723	2320	6600
一般旅馆	6120	10	655	6162	905	3437
2. 按登记注册类型分	－					
内资企业	100	22	2071	17363	3069	9716
国有企业	110	4	344	3309	665	1423
有限责任公司	150	4	761	4958	91	3019
其他有限责任公司	159	4	761	4958	91	3019
股份有限公司	160	3	226	2194	515	1392
私营企业	170	11	740	6903	1797	3883
私营独资企业	171	2	178	2451	342	1278
私营合伙企业	172	1	46	236		189
私营有限责任公司	173	7	476	3624	1455	2198
私营股份有限公司	174	1	40	592		218
外商投资企业	300	1	110	521	156	321
其他外商投资企业	390	1	110	521	156	321
3. 按控股情况分	－					
国有控股	301	4	344	3309	665	1423
私人控股	303	14	1442	11872	2313	7041
其他	306	5	395	2703	247	1574
4. 按经营形式分	－					
独立门店	401	20	1943	15088	3004	8602
其他	404	3	238	2796	221	1435

法人企业经营情况

4年）　　单位:万元

通过公共网络实现的客房收入	餐费收入	通过公共网络实现的餐费收入	商品销售收入	其他收入	客房数（间）	床位数（个）	餐位数（位）	年末餐饮营业面积（平方米）
986	**11659**	**863**	**948**	**1210**	**6019**	**10211**	**18883**	**78140**
33	**6693**	**76**	**566**	**589**	**5266**	**9094**	**14893**	**52330**
33	4105	76	472	546	1800	2770	6548	33177
	2588		93	44	3466	6324	8345	19153
33	6493	76	566	589	5198	8958	14810	51330
	1763		62	61	444	604	1608	11880
	1677		10	253	574	1024	2400	15567
	1677		10	253	574	1024	2400	15567
1	281		262	259	416	714	1350	3505
32	2771	76	232	17	3764	6616	9452	20378
	1083		74	17	298	437	788	1158
	47				90	180	360	960
32	1268	76	158		3295	5879	8104	15260
	374				81	120	200	3000
	200				68	136	83	1000
	200				68	136	83	1000
	1763		62	61	444	604	1608	11880
33	4259	76	241	331	4327	7535	11332	33955
	671		262	197	495	955	1953	6495
33	5460	76	454	572	4933	8546	13977	47002
	1233		112	17	333	548	916	5328

7－7 续表1

指　　标	行业代码	法人企业数(个)	从业人员期末人数(人)	营业额	使用银行卡支付的营业额	客房收入
5. 按单位规模分	－					
中型	502	2	763	5785	654	3230
小型	503	21	1418	12100	2571	6808
6. 按星级分	－					
五星	601	1	565	3784		2368
四星	602	6	650	5894	2016	3140
三星	603	6	344	3331	647	1776
二星	604	2	78	964	91	371
其他	606	8	544	3912	471	2382
二、餐饮业	**62**	**10**	**730**	**9440**	**2747**	**3471**
1. 按餐饮业行业小类分	－					
正餐服务	6210	8	614	8167	2700	3471
快餐服务	6220	2	116	1273	47	
2. 按登记注册类型分	－					
内资企业	100	10	730	9440	2747	3471
有限责任公司	150	4	295	3439	1936	1471
其他有限责任公司	159	4	295	3439	1936	1471
股份有限公司	160	2	176	2178	495	598
私营企业	170	3	235	3098	206	1155
私营合伙企业	172	1	102	794	142	279
私营有限责任公司	173	2	133	2304	64	876
其他企业	190	1	24	724	110	246
3. 按控股情况分	－					
私人控股	303	8	650	8385	2590	3225
其他	306	2	80	1055	157	246

单位:万元

通过公共网络实现的客房收入	餐费收入	通过公共网络实现的餐费收入	商品销售收入	其他收入	客房数(间)	床位数(个)	餐位数(位)	年末餐饮营业面积(平方米)
	2273			282	573	738	2200	10110
33	4419	76	566	307	4693	8356	12693	42220
	1195			221	295	438	1200	4000
32	2489	76	188	78	1083	1509	3138	12128
1	1427		34	94	562	975	2228	15397
	531		62		103	194	560	2300
	1051		281	197	3223	5978	7767	18505
953	**4966**	**787**	**382**	**621**	**753**	**1117**	**3990**	**25810**
953	3693	778	382	621	753	1117	3590	23810
	1273	10					400	2000
953	4966	787	382	621	753	1117	3990	25810
861	1748	740	157	63	320	525	1450	16500
861	1748	740	157	63	320	525	1450	16500
92	1180	48	2	399	232	306	900	1960
	1579		204	160	164	221	1340	6850
	491		24		66	109	530	750
	1088		180	160	98	112	810	6100
	459		19		37	65	300	500
953	4176	778	363	621	716	1052	3390	24310
	790	10	19		37	65	600	1500

7－7 续表 2

指　　标	行业代码	法人企业数(个)	从业人员期末人数(人)	营业额	使用银行卡支付的营业额	客房收入
4. 按经营形式分	－					
独立门店	401	10	730	9440	2747	3471
5. 按单位规模分	－					
小型	503	10	730	9440	2747	3471
三、批发业按地区分组	**61**	**23**	**2181**	**17884**	**3225**	**10037**
临 川 区	361002	7	1133	8570	2213	5018
南 城 县	361021	2	217	2295	388	1406
黎 川 县	361022	4	215	2149	91	1169
南 丰 县	361023					
崇 仁 县	361024	1	90	376		296
乐 安 县	361025	1	75	448		213
宜 黄 县	361026					
金 溪 县	361027	3	177	1530	108	673
资 溪 县	361028	1	36	372	149	220
东 乡 县	361029	3	173	1318	156	720
广 昌 县	361030	1	65	827	121	323
四、零售业按地区分组	**62**	**10**	**730**	**9440**	**2747**	**3471**
临 川 区	361002	2	116	1273	47	
南 城 县	361021					
黎 川 县	361022					
南 丰 县	361023					
崇 仁 县	361024					
乐 安 县	361025					
宜 黄 县	361026	1	98	477	67	281
金 溪 县	361027					
资 溪 县	361028	3	257	3868	2317	1788
东 乡 县	361029	2	133	2304	64	876
广 昌 县	361030	2	126	1518	252	525

单位:万元

通过公共网络实现的客房收入	餐费收入	通过公共网络实现的餐费收入	商品销售收入	其他收入	客房数(间)	床位数(个)	餐位数(位)	年末餐饮营业面积(平方米)
953	4966	787	382	621	753	1117	3990	25810
953	4966	787	382	621	753	1117	3990	25810
33	**6693**	**76**	**566**	**589**	**5266**	**9094**	**14893**	**52330**
33	3042	76	139	371	1267	1792	3530	14775
	803		69	17	2722	4932	5962	9548
	548		262	170	401	729	2510	4010
	54			27	118	286	220	1395
	235				48	96	218	3270
	781		72	5	257	472	1440	12872
	152				46	86	300	660
	598				349	636	363	5200
	480		24		58	65	350	600
953	**4966**	**787**	**382**	**621**	**753**	**1117**	**3990**	**25810**
	1273	10					400	2000
	196				90	130	130	1500
953	1459	778	159	461	462	701	1820	14960
	1088		180	160	98	112	810	6100
	950		43		103	174	830	1250

7－8　限额以上住宿和餐饮业

(201

指　　标	行业代码	法人企业数(个)	执行《2006年企业会计准则》企业数(个)	年初存货	流动资产合　　计	应收账款
总　　计	**101**	**33**	**30**	**1547**	**23074**	**2874**
一、住宿业	**61**	**23**	**21**	**1186**	**16504**	**2028**
1. 按住宿业行业小类分	–					
旅游饭店	611	13	12	991	11841	1087
一般旅馆	612	10	9	195	4663	941
2. 按登记注册类型分	–					
内资企业	100	22	20	1186	16454	2010
国有企业	110	4	4	180	1738	429
有限责任公司	150	4	4	324	3895	543
其他有限责任公司	159	4	4	324	3895	543
股份有限公司	160	3	3	91	5604	81
私营企业	170	11	9	591	5217	957
私营独资企业	171	2	2	77	3362	398
私营合伙企业	172	1	1	51	195	156
私营有限责任公司	173	7	5	442	1609	391
私营股份有限公司	174	1	1	21	50	12
外商投资企业	300	1	1		50	18
其他外商投资企业	390	1	1		50	18
3. 按控股情况分	–					
国有控股	301	4	4	180	1738	429
私人控股	303	14	12	945	13462	1289
其他	306	5	5	61	1304	310
4. 按经营形式分	–					
独立门店	401	20	18	1082	13972	1633
其他	404	3	3	104	2532	395

法人财务状况(一)

4年)　　　　单位:万元

期末资产负债						
存货	固定资产合计	固定资产原价	累计折旧	本年折旧	在建工程	资产总计
1623	**37211**	**48110**	**10899**	**2644**	**11606**	**83353**
1098	**25049**	**34224**	**9175**	**1585**	**3**	**49600**
934	18589	25898	7309	1241	3	37141
165	6461	8326	1866	344		12459
1092	24603	33724	9121	1531	3	49103
184	4552	5181	629	135		6290
266	7737	11861	4124	795		15343
266	7737	11861	4124	795		15343
100	2523	3159	636	150	3	11930
542	9791	13524	3733	451		15540
75	532	989	457	72		3902
39	280	298	19	19		512
407	8822	12033	3212	347		10896
21	159	204	46	14		230
6	447	500	54	54		497
6	447	500	54	54		497
184	4552	5181	629	135		6290
863	17380	25185	7805	1240		37704
51	3118	3859	741	209	3	5606
997	22131	31093	8962	1533	3	44141
102	2919	3132	213	52		5459

7－8 续表 1

指　　标	行业代码	法人企业数（个）	执行《2006 年企业会计准则》企业数（个）	年初存货	流动资产合　　计	应收账款
5. 按单位规模分	－					
中型	502	2	2	352	4638	640
小型	503	21	19	833	11867	1388
6. 按星级分	－					
五星	601	1	1	304	3279	303
四星	602	6	5	497	4631	784
三星	603	6	6	177	6425	216
二星	604	2	2	36	115	57
其他	606	8	7	172	2055	668
二、餐饮业	**62**	**10**	**9**	**361**	**6570**	**846**
1. 按餐饮业行业小类分	－					
正餐服务	621	8	7	327	5360	731
快餐服务	622	2	2	34	1210	115
2. 按登记注册类型分	－					
内资企业	100	10	9	361	6570	846
有限责任公司	150	4	4	268	5060	503
其他有限责任公司	159	4	4	268	5060	503
股份有限公司	160	2	2	22	1076	212
私营企业	170	3	2	62	263	131
私营合伙企业	172	1	1	8	120	97
私营有限责任公司	173	2	1	54	143	34
其他企业	190	1	1	10	171	
3. 按控股情况分	－					
私人控股	303	8	7	329	5296	771
其他	306	2	2	32	1274	75
4. 按经营形式分	－					
独立门店	301	10	9	361	6570	846

单位:万元

期末资产负债						
存货	固定资产合计	固定资产原价	累计折旧	本年折旧	在建工程	资产总计
301	7826	11545	3719	760		14995
797	17223	22680	5457	825	3	34605
248	7220	10523	3303	676		13030
496	4773	7143	2370	232	3	9756
196	6746	9139	2394	352		17040
35	408	480	72	26		523
123	5903	6939	1037	300		9251
525	**12162**	**13886**	**1724**	**1059**	**11603**	**33753**
498	12160	13864	1704	1056	11603	32472
27	2	21	19	3		1281
525	12162	13886	1724	1059	11603	33753
263	11428	12799	1372	825	12	18896
263	11428	12799	1372	825	12	18896
196	101	259	159	159	11591	12792
56	585	715	130	68		1846
8	239	293	54	23		1357
48	346	421	75	46		489
9	49	113	64	8		220
501	12113	13753	1640	1048	11603	32385
24	49	133	83	11		1368
525	12162	13886	1724	1059	11603	33753

7－8 续表2

指　　标	行业代码	法人企业数（个）	执行《2006年企业会计准则》企业数（个）	年初存货	流动资产合　计	应收账款
5. 按单位规模分	－					
小型	503	10	9	361	6570	846
三、住宿业按地区分组	**61**	**23**	**21**	**1186**	**16504**	**2028**
临 川 区	361002	7	6	855	10350	751
南 城 县	361021	2	2	112	2397	324
黎 川 县	361022	4	4	110	1011	253
南 丰 县	361023					
崇 仁 县	361024	1	1	3	269	169
乐 安 县	361025	1	1		190	70
宜 黄 县	361026					
金 溪 县	361027	3	3	54	419	77
资 溪 县	361028	1	1	5	525	266
东 乡 县	361029	3	2	43	279	30
广 昌 县	361030	1	1	4	1065	87
四、餐饮业按地区分组	**62**	**10**	**9**	**361**	**6570**	**846**
临 川 区	361002	2	2	34	1210	115
南 城 县	361021					
黎 川 县	361022					
南 丰 县	361023					
崇 仁 县	361024					
乐 安 县	361025					
宜 黄 县	361026	1	1	3	2574	58
金 溪 县	361027					
资 溪 县	361028	3	3	253	2352	542
东 乡 县	361029	2	1	54	143	34
广 昌 县	361030	2	2	17	291	97

单位:万元

期末资产负债						
存货	固定资产合计	固定资产原价	累计折旧	本年折旧	在建工程	资产总计
525	12162	13886	1724	1059	11603	33753
1098	**25049**	**34224**	**9175**	**1585**	**3**	**49600**
823	12135	17672	5537	889	3	29159
82	1614	1754	140	30		4037
80	5013	6693	1680	309		6131
3	110	129	20			1559
	2427	2600	173	32		2617
53	1534	2479	945	152		1953
5	1122	1200	78	24		1647
49	775	920	145	77		1112
4	320	777	457	72		1385
525	**12162**	**13886**	**1724**	**1059**	**11603**	**33753**
27	2	21	19	3		1281
3	1978	2484	506	127		4560
429	9549	10553	1005	853	11603	25847
48	346	421	75	46		489
17	288	406	118	31		1576

7－9 限额以上住宿和餐饮业

（201

指　　标	行业代码	期末资产负债					
		流动负债合计	应付帐款	非流动负债合计	负债合计	所有者权益合计
总　　计	**101**	**44784**	**6398**	**7111**	**51895**	**31458**
一、住宿业	**61**	**34914**	**4806**	**1301**	**36216**	**13384**
1. 按住宿业行业小类分	－					
旅游饭店	611	29953	4366	230	30183	6958
一般旅馆	612	4961	440	1072	6033	6426
2. 按登记注册类型分	－					
内资企业	100	34862	4780	1301	36163	12940
国有企业	110	1159	439		1159	5131
有限责任公司	150	14055	446	592	14647	696
其他有限责任公司	159	14055	446	592	14647	696
股份有限公司	160	11214	215		11214	717
私营企业	170	8434	3680	710	9144	6396
私营独资企业	171	976	202		976	2926
私营合伙企业	172	86	86	230	316	196
私营有限责任公司	173	7372	3392	480	7852	3044
私营股份有限公司	174					230
外商投资企业	300	53	26		53	444
其他外商投资企业	390	53	26		53	444
3. 按控股情况分	－					
国有控股	301	1159	439		1159	5131
私人控股	303	30899	4078	710	31609	6095
其他	306	2856	289	592	3448	2158
4. 按经营形式分	－					
独立门店	401	34428	4627	1301	35729	8412
其他	404	487	179		487	4972

餐饮业法人财务状况(二)

4 年)　　　　单位:万元

期末资产负债						损益及分配			
实收资本	国家资本	集体资本	法人资本	个人资本	港澳台资本	营业收入	主营业务收入	营业成本	主营业务成本
39678	**5120**	**1200**	**12280**	**20479**	**600**	**27535**	**27490**	**13889**	**13795**
24114	**5120**		**7793**	**11202**		**18003**	**17959**	**8703**	**8608**
19149	5120		6233	7796		11842	11842	5711	5711
4966			1560	3406		6161	6117	2992	2897
24070	5120		7793	11158		17482	17438	8338	8244
5120	5120					3428	3428	1698	1698
6202			400	5802		4958	4958	2337	2337
6202			400	5802		4958	4958	2337	2337
1633			33	1600		2194	2194	1217	1217
11116			7360	3756		6902	6858	3086	2991
760			60	700		2451	2451	982	982
196				196		236	236	86	86
9930			7300	2630		3623	3579	1673	1578
230				230		592	592	345	345
44				44		521	521	365	365
44				44		521	521	365	365
5120	5120					3428	3428	1698	1698
18016			7760	10256		11872	11827	5795	5700
979			33	946		2703	2703	1210	1210
21307	2373		7733	11202		15109	15065	7536	7442
2807	2747		60			2894	2894	1167	1167

7－9 续表 1

指　　标	行业代码	期末资产负债				
		流动负债合计	应付帐款	非流动负债合计	负债合计	所有者权益合计
5. 按单位规模分	－					
中型	502	13564	747		13564	1431
小型	503	21351	4059	1301	22652	11953
6. 按星级分	－					
五星	601	12584	361		12584	445
四星	602	5258	3829		5258	4498
三星	603	14026	310		14026	3015
二星	604	201	55		201	322
其他	606	2845	251	1301	4147	5105
二、餐饮业	**62**	**9869**	**1593**	**5810**	**15679**	**18074**
1. 按餐饮业行业小类分	－					
正餐服务	621	9571	1521	5803	15374	17098
快餐服务	622	298	72	7	305	976
2. 按登记注册类型分	－					
内资企业	100	9869	1593	5810	15679	18074
有限责任公司	150	7339	1158	3563	10902	7994
其他有限责任公司	159	7339	1158	3563	10902	7994
股份有限公司	160	2384	362	2247	4630	8162
私营企业	170	68	26		68	1778
私营合伙企业	172	53	26		53	1304
私营有限责任公司	173	15			15	474
其他企业	190	79	47		79	141
3. 按控股情况分	－					
私人控股	303	9600	1474	5810	15410	16975
其他	306	269	119		269	1099

单位:万元

期末资产负债						损益及分配			
实收资本	国家资本	集体资本	法人资本	个人资本	港澳台资本	营业收入	主营业务收入	营业成本	主营业务成本
6000	1000			5000		5806	5806	2613	2613
18114	4120		7793	6202		12197	12153	6090	5995
5000				5000		3784	3784	2002	2002
7893	1000		5893	1000		5916	5916	1625	1625
7120	3920		400	2800		3331	3331	2014	2014
202	200			2		1062	1062	818	818
3900			1500	2400		3911	3867	2245	2151
15564		**1200**	**4487**	**9277**	**600**	**9532**	**9532**	**5186**	**5186**
14353			4476	9277	600	8259	8259	4426	4426
1211		1200	11			1273	1273	760	760
15564		1200	4487	9277	600	9532	9532	5186	5186
6000		1200	4160	40	600	3531	3531	1421	1421
6000		1200	4160	40	600	3531	3531	1421	1421
8155			11	8144		2178	2178	1226	1226
1274			316	958		3098	3098	1934	1934
900				900		794	794	505	505
374			316	58		2304	2304	1429	1429
135				135		724	724	605	605
14229			4487	9142	600	8477	8477	4427	4427
1335		1200		135		1055	1055	759	759

7－9 续表2

指　　标	行业代码	期末资产负债				
		流动负债合计	应付帐款	非流动负债合计	负债合计	所有者权益合计
4. 按经营形式分	－					
独立门店	301	9869	1593	5810	15679	18074
5. 按单位规模分	－					
小型	503	9869	1593	5810	15679	18074
三、住宿业按地区分组	**61**	**34914**	**4806**	**1301**	**36216**	**13384**
临 川 区	361002	25987	4046		25987	3172
南 城 县	361021	338	137		338	3699
黎 川 县	361022	5876	410	230	6106	25
南 丰 县	361023					
崇 仁 县	361024			592	592	967
乐 安 县	361025	70	48		70	2547
宜 黄 县	361026					
金 溪 县	361027	1528	61		1528	425
资 溪 县	361028	78	3	450	528	1119
东 乡 县	361029	379	26	30	409	704
广 昌 县	361030	658	76		658	727
四、餐饮业按地区分组	**62**	**9869**	**1593**	**5810**	**15679**	**18074**
临 川 区	361002	298	72	7	305	976
南 城 县	361021					
黎 川 县	361022					
南 丰 县	361023					
崇 仁 县	361024					
乐 安 县	361025					
宜 黄 县	361026	4188	74	990	5178	－618
金 溪 县	361027					
资 溪 县	361028	5237	1375	4813	10050	15797
东 乡 县	361029	15			15	474
广 昌 县	361030	132	72		132	1445

单位:万元

期末资产负债						损益及分配			
实收资本	国家资本	集体资本	法人资本	个人资本	港澳台资本	营业收入	主营业务收入	营业成本	主营业务成本
15564		1200	4487	9277	600	9532	9532	5186	5186
15564		1200	4487	9277	600	9532	9532	5186	5186
24114	**5120**		**7793**	**11202**		**18003**	**17959**	**8703**	**8608**
14705	2373		5833	6500		8591	8591	3951	3951
1560			1560			2295	2275	852	835
898				898		2149	2149	908	908
800				800		376	376	48	48
2547	2547					448	448	224	224
1600	200		400	1000		1628	1628	964	964
1000				1000		371	371	175	175
304				304		1318	1293	880	802
700				700		827	827	701	701
15564		**1200**	**4487**	**9277**	**600**	**9532**	**9532**	**5186**	**5186**
1211		1200	11			1273	1273	760	760
100			100			477	477	147	147
12844			4060	8184	600	3960	3960	1741	1741
374			316	58		2304	2304	1429	1429
1035				1035		1518	1518	1110	1110

7－10 限额以上住宿和餐饮业

（201

指　　标	行业代码	损益及分配				
		营业税金及附加	主营业务税金及附加	其他业务利润	销售费用	管理费用
总　　计	**101**	**1552**	**1449**	**319**	**6982**	**4313**
一、住宿业	**61**	**1023**	**970**	**245**	**6170**	**2539**
1. 按住宿业行业小类分	－					
旅游饭店	611	741	739	116	5068	1829
一般旅馆	612	282	232	130	1103	710
2. 按登记注册类型分	－					
内资企业	100	1011	958	245	6168	2472
国有企业	110	208	208	107	1058	376
有限责任公司	150	288	288		2384	907
其他有限责任公司	159	288	288		2384	907
股份有限公司	160	148	148		589	388
私营企业	170	367	314	138	2138	801
私营独资企业	171	97	71	82	420	277
私营合伙企业	172	10	7		15	10
私营有限责任公司	173	237	213	56	1702	479
私营股份有限公司	174	24	24			35
外商投资企业	300	12	12		2	68
其他外商投资企业	390	12	12		2	68
3. 按控股情况分	－					
国有控股	301	208	208	107	1058	376
私人控股	303	649	597	138	4256	1782
其他	306	166	166		856	382
4. 按经营形式分	－					
独立门店	401	882	830	70	5694	2277
其他	404	141	141	175	476	262

法人财务状况(三)

4 年)　　　　　　　　　　　　　　　　　　　　　　　　　　　　　单位:万元

损益及分配									人工成本		从业人员平均人数(人)
税金	财务费用	利息收入	利息支出	营业利润	营业外收入	补贴收入	利润总额	应交所得税	应付职工薪酬(本年贷方累计发生额)	应交增值税	
323	**1190**	**3**	**890**	**-526**	**419**	**285**	**591**	**79**	**6960**	**83**	**5850**
173	**768**	**3**	**681**	**-1099**	**310**	**250**	**-104**	**78**	**4928**	**13**	**2231**
113	674	3	650	-2173	291	250	-1196	35	3360	13	1544
60	94	0.1	31	1074	18		1092	43	1569		687
173	767	3	681	-1173	306	250	-181	78	4587	13	2119
1	38	3	39	50	186	145	54		611		345
105	102	0.3	99	-1060			-1062	23	1962		754
105	102	0.3	99	-1060			-1062	23	1962		754
10	524	0.1	513	-672	104	104	15		455		226
57	103		30	509	16		811	55	1560	13	794
39	36		28	721	15		736	2	405		191
	4			111			68	19	98	13	46
17	63		2	-512	0.9		-180	34	926		517
				188			188		130		40
	1.4			74	3		77		341		112
	1.4			74	3		77		341		112
1	38	3	39	50	186	145	54		611		345
169	686	0.3	607	-1196	16		-314	55	3397	13	1489
4	44	0.1	35	47	108	104	156	23	921		397
140	731	3	653	-1993	293	250	-839	78	4546	13	1980
33	37		28	894	17		735		383		251

7－10 续表 1

指　　标	行业代码	损益及分配				
		营业税金及附加	主营业务税金及附加	其他业务利　润	销售费用	管理费用
5. 按单位规模分	－					
中型	502	335	335	14	2650	1091
小型	503	688	635	231	3520	1448
6. 按星级分	－					
五星	601	222	222		1649	837
四星	602	329	329	105	3023	748
三星	603	172	146		877	549
二星	604	81	81	93	64	45
其他	606	219	193	47	557	361
二、餐饮业	**62**	**529**	**479**	**74**	**812**	**1774**
1. 按餐饮业行业小类分	－					
正餐服务	621	501	451	24	579	1694
快餐服务	622	28	28	50	233	79
2. 按登记注册类型分	－					
内资企业	100	529	479	74	812	1774
有限责任公司	150	248	248	24	536	1177
其他有限责任公司	159	248	248	24	536	1177
股份有限公司	160	81	81	50	264	312
私营企业	170	128	109		12	244
私营合伙企业	172	77	59			151
私营有限责任公司	173	51	51		12	93
其他企业	190	72	40			41
3. 按控股情况分	－					
私人控股	303	438	419	74	635	1686
其他	306	91	60		177	88

单位:万元

损益及分配									人工成本		从业人员平均人数(人)
税金	财务费用	利息收入	利息支出	营业利润	营业外收入	补贴收入	利润总额	应交所得税	应付职工薪酬(本年贷方累计发生额)	应交增值税	
103	31	3	33	-914	18		-905		1943		756
71	737	0.5	648	-185	291	250	801	78	2986	13	1475
102	22		22	-948			-950		1521		558
34	61	3	45	222	34		579	17	1298		687
33	593	0.4	583	-875	166	145	-303	12	718		364
4	33	0.1	29	21	2		23	9	120		78
0.8	59		2	480	108	104	547	40	1271	13	544
149	**422**	**0.2**	**209**	**573**	**109**	**36**	**695**	**1**	**2032**	**70**	**3619**
104	421	0.2	208	590	109	36	712	1	1803	70	3507
45	1.1		0.2	-17	0.5		-17		229		112
149	422	0.2	209	573	109	36	695	1	2032	70	3619
51	405		198	-255	64	36	-86	1	764	50	3202
51	405		198	-255	64	36	-86	1	764	50	3202
99	11	0.2	9	95	46		48		582		160
	6		1.2	727			727		631	20	233
	1.2		1.2	59			59		226		98
	5			668			668		405	20	135
	0.2		0.2	6			6		55		24
130	421	0.2	208	634	109	36	757	1	1846	70	3543
19	1		0.2	-61			-61		186		76

7－10续表2

指　标	行业代码	损益及分配				
		营业税金及附加	主营业务税金及附加	其他业务利　润	销售费用	管理费用
4.按经营形式分	－					
独立门店	301	529	479	74	812	1774
5.按单位规模分	－					
小型	503	529	479	74	812	1774
三、住宿业按地区分组	**61**	**1023**	**970**	**245**	**6170**	**2539**
临 川 区	361002	524	524	23	4252	1489
南 城 县	361021	106	89	130	437	244
黎 川 县	361022	142	139		702	500
南 丰 县	361023					
崇 仁 县	361024	27	27		236	0.6
乐 安 县	361025	21	21		22	5
宜 黄 县	361026					
金 溪 县	361027	109	109	93	505	122
资 溪 县	361028	7	7		7	30
东 乡 县	361029	45	38		7	106
广 昌 县	361030	44	18		2	43
四、餐饮业按地区分组	**62**	**529**	**479**	**74**	**812**	**1774**
临 川 区	361002	28	28	50	233	79
南 城 县	361021					
黎 川 县	361022					
南 丰 县	361023					
崇 仁 县	361024					
乐 安 县	361025					
宜 黄 县	361026	32	32		19	368
金 溪 县	361027					
资 溪 县	361028	270	270	24	548	1042
东 乡 县	361029	51	51		12	93
广 昌 县	361030	149	99			192

单位:万元

税金	财务费用	利息收入	利息支出	营业利润	营业外收入	补贴收入	利润总额	应交所得税	应付职工薪酬(本年贷方累计发生额)	应交增值税	从业人员平均人数(人)
损益及分配									人工成本		
149	422	0.2	209	573	109	36	695	1	2032	70	3619
149	422	0.2	209	573	109	36	695	1	2032	70	3619
173	**768**	**3**	**681**	**-1099**	**310**	**250**	**-104**	**78**	**4928**	**13**	**2231**
113	560	3	546	-2177	184	145	-1091	13	2746		1151
33	10		2	729	15		743	4	467		228
20	14	0.1	1.4	-117	104	104	-54	38	465	13	234
	0.1			65			65	14	198		90
	2			175					72		75
0.1	105	0.2	104	-176	3		-173	4	256		177
	46			106			106	3	8		36
0.8	3			287	3		290	0.5	563		175
7	28		28	9			9	2	155		65
149	**422**	**0.2**	**209**	**573**	**109**	**36**	**695**	**1**	**2032**	**70**	**3619**
45	1		0.2	-17	1		-17		229		112
21	82		8	-171	37	36	-134		180		98
83	332	0.2	199	28	72		113	1	937	50	3152
	5			668			668		405	20	135
	1		1	66			66		281		122

主要统计指标解释

社会消费品零售总额　指各种经济类型的批发零贸易业、餐饮业、制造业和其他行业直接售给城乡居民和社会集团的消费品零售额，这个指标反映通过各种商品流通渠道向居民和社会集团供应的生活消费品总量，是研究人民生活，社会消费品购买力、货币流通等问题的重要指标。具体包括：(1)售给城乡居民作为生活消费用的商品和修建房屋用的建筑材料；(2)售给社会集团的各种办公用品及公用消费品。(3)售给机关、团体、学校、部队、企业、事业单位的职工食堂和旅店（招待所）附设专门供本店旅客食用，不对外营业的食堂的各种食品、燃料；企业、单位和国营农场直接售给本单位职工和职工食堂的自己生产的产品；(4)售给部队干部、战士生活用的粮食、副食品、衣着品、日用品、燃料；(5)售给来华的外国人、华侨、港澳台同胞的消费品；(6)居民自费购买的中、西药品、中药材及医疗用品；(7)报社、出版社直接售给居民和社会集团的报纸、图书、杂志、集邮公司出售的新、旧纪念邮票特种邮票、首日封、集邮册、集邮工具等；(8)旧货寄售商店自购、自销部分的商品；(9)煤气公司、液化石油气站售给居民和社会集团的煤气灶具和罐装液化石油气；(10)农民售给非农业居民和社会集团的商品。不包括售给国民经济各部门企业、事业单位（包括国有农场）生活经营用的各种原材料、燃料、建筑材料、设备、工具等和售给批发零售贸易业、餐饮业作为转卖用的商品、旧货寄售商店受托寄售卖出的商品、服务业的营业收入、邮局出售邮票的收入、自来水、电力、煤气生产（供应）单位的产品供应收入，也不包括农民之间的商品销售。

批发零售贸易业商品购、销、存总额　指以各种经济类型的批发、零售贸易业（不包括个体）为总体的商品购、销、存。

商品购进总额　指从本企业（单位）以外的单位和个人购进（包括从国外直接进口）作为转卖或加工后转卖的商品。这个指标反映批发零售贸易业从国内、国外市场上购进商品的总量。商品购进总额包括：(1)从工农业生产者购进的商品；(2)从出版社、报社的出版发行部门购进的图书、杂志和报纸；(3)从各种经济类型的批发零售贸易企业（单位）购进的商品；(4)从其他单位购进的商品，如从机关、团体、企业、单位购进的剩余物资，从餐饮业、服务业购进的商品，从海关、市场管理部门购进的缉私和没收的商品，从居民收购的废旧商品等；(5)从国（境）外直接进口的商品。不包括：(1)企业为了本单位自身经营用，不是作为转卖而购进的商品。如材料物资、包装物、低值易耗品、办公用品等；(2)未通过买卖行为而收入的商品。如接收其他部门移交的商品、借入的商品、收入代其他单位保管的商品、其他单位赠送的样品、加工收回的成品等；(3)经本单位介绍，由买卖双方直接结算，本单位只收取手续费的业务；(4)销货退回和买方拒付货款的商品；(5)商品溢余。

购进的各种商品，不论是否进入本单位仓库，凡是通过本企业结算货款的，都包括在内。从国内购进的商品，以进货原价计算商品购进，进口商品的国外进价一律以到岸价格（CIF）为基础，并将外币按人民币折合计算。如对外合同以离岸价格（FOB）成交的，商品离开对方口岸后，应由我方企业负担的各项费用也包括在商品购进的金额内，但不包括到达我国口岸后发生的各种费用，收入的进口佣金冲减购进金额，不包括不易按商品认定的佣金额。企业委托其他单位代理进口的商品，其购进金额为实际支付给代理单位的全部价款。企业收购农副产品包括收购价款和在购入环节缴纳的税金等。

商品销售总额　指对本企业（单位）以外的单位和个人出售（包括对国（境）外直接出口）的商品。

这个指标反映批发零售贸易业在国内市场上销售商品及出口商品的总量。商品销售总额包括：(1)售给城乡居民和社会集团消费用的商品；(2)售给工业、农业、建筑业、运输邮电业、批发零售贸易业、餐饮业、服务业等作为生产、经营使用的商品；(3)售给批发零售贸易业作为转卖或加工后转卖的商品；(4)对国(境)外直接出口的商店。不包括：(1)出售本单位自用的废旧包装用品和其他废旧物资；(2)未通过买卖行为付出的商品，如随机构移交而交给其他单位的商品，借出的商品，交付代其他单位保管的商品，加工原料付出和赠送给其他单位的样品等；(3)经本单位介绍，由买卖双方直接结算，本单位只收取手续费的业务；(4)购货退出的商品；(5)商品损耗和损失。

商品销售的记载时间是以商品已经售出、商品所有权已经转移给买方后，收到货款或取得收取货款的凭证时作为商品销售。采取直接收款方式的，在实际收到货款或取得收款的凭证时，作为商品销售。采取托收承付和委托银行收款结算方式的，在发出商品并办妥托收手续时，作为商品销售。采用分期收款方式的，应按合同约定的收款日期，作为商品销售。采用预收货款方式的，在商品发出时作为商品销售。委托其他单位代销商品，以收到代销单位销售的代销清单时，作为商品销售。在交款提货的情况下，如货款已经收到，只要帐单和提货单已经交给买方，不论商品是否发出，都应作为商品销售。出口商品，陆路以取得承运货物收据或铁路联运运单；海运以取得出口装船提单；空运以取得运单、并向银行办理交单后作为商品销售。预收货款不通过银行交单的，取得以上提单、运单后，作为商品销售。出口的商品，一律以离岸价(FOB)计商品销售，如按到岸价(CIF)对外成交的，在商品离境后所发生的应由我方负担的以外汇支付的国外运费、保险费、佣金和银行财务费等，冲减商品销售。不包括不易按商品认定的累计佣金收支，出口商品发生的对外理赔，冲减商品销售。自营进口商品，如企业与国内用户签订合同实行货到结算的，在货到达我国港口取得外运公司的船舶到港通知向订货单位开出结算凭证时，作为商品销售；合同规定对国内实行单到结算的，凭国外帐单向订货单位开出结算凭证时作为商品销售；库存进口商品凭出库存单向用户开出结算凭证后作为商品销售。

批发零售贸易业年末库存　指年末各种经济类型的批发零售贸易企业(单位)已取得所有权的商品。它反映各地区、各批发零售贸易企业(单位)的商品库存情况，和对市场商品供应的保证程度。期末库存包括：(1)存放在批发零售贸易业经营单位(如门市部、批发站、经营处)仓库、货场、货柜和货架中的商品；(2)挑选、整理、包装中的商品；(3)已记入购进而未运到本单位的商品，即发货单或银行承兑凭证已到而货未到部分；(4)寄放他处的商品，如因购货方拒绝承付而暂时在购货方的商品和已办完加工成品收回手续而未提回的商品；(5)委托其他单位代销(未销售或调出)尚未售出的商品；(6)代其他单位购进尚未交付的商品。不包括所有权不属于本单位的商品；拨付除批发零售贸易业以外的其他行业所属独立核算加工厂等加工生产尚未收回成品的商品；代国家物资储备部门保管的商品等。期末库存总额计算方法是：农副产品采购单位按购进价计算，批发单位按进货价计算，零售单位按什么价格核算就按什么价格计算。

住宿和餐饮业营业额　指住宿和餐饮业法人企业(单位)在经营活动中因提供服务或销售商品等取得的收入。包括：客房收入、餐费收入、商品销售收入和其他收入。客房收入指住宿和餐饮业法人企业(单位)在经营活动中因提供住宿服务取得的收入。餐费收入指住宿和餐饮业法人企业(单位)因为顾客提供就餐服务取得的收入，包括经烹任、调制加工后出售的各种食品，如主食、炒菜、凉拌菜等的收入。商品销售收入指住宿和餐饮业法人企业(单位)伴随服务而出售商品所取得的收入。其他收入指营业收入中除客房收入、餐费收入、商品销售收入以外的其他收入，包括娱乐、健身和商务服务等。

亿元商品交易市场成交额　指经工商部门批准、专门从事商品批发、零售业务活动年成交额在亿元以上的市场的所有摊位商品交易额之和。

城乡集市贸易成交总额 指在农村集市和城镇集市上买卖双方(包括农民、非农业居民、机关、团体、工商企业、个体商贩)成交的全部商品金额。

批发零售贸易业 指专门从事批发和零售贸易活动的经济部门,包括国内商业、对外贸易业和物资供销业。现行综合统计制度中的商品流转统计暂只限独立核算法人批发零售贸易企业及其他行业附营的批发零售贸易单位。不包括个体的批发零售贸易者。

批发业 指专门从事批发贸易活动的企业和单位(包括个体经营者,下同)。如从事农副产品采购和供应的供销合作社、百货、纺织品、食品、五交化等批发公司(站)、外贸公司、物资供销公司等等。

零售业 指专门从事工农业生产者,批发贸易业或居民购进商品,转卖给城乡居民作为生活消费和售给社会集团作为公共消费的商品流通企业和单位。

限额以上企业 指年主营业务收入达到限额以上标准的批发和零售、住宿和餐饮企业。具体标准为:批发业年主营业务收入2000万元以上;零售业年主营业务收入500万元以上;住宿业和餐饮业年主营业务收入200万元以上。

科教文卫、社会保险及社会福利 8

SCIENCE EDUCATION CULTURE HEALTH, SOCIAL INSURANEE AND SOCIAL WELFARE

- 2014年，基本养老保险年末参保职工40.68万人。
- 2014年，普通中学218所，在校学生23.08万人，毕业生7.30万人。
- 2014年，有卫生技术人员13068人，病床10318张。

本篇章

资料整理

付海龙

8－1　参加基本医疗保险人员及特殊人员情况

（2014 年）　　单位：人

指　标	基本医疗保险人员合计	实施统帐结合		单建统筹基金		离休及老红军
		在职职工	退休人员	在职职工	退休人员	
总　计	**379573**	**209174**	**114014**	**53108**	**3277**	**630**
企　业	217646	91717	69881	52800	3248	305
事　业	111225	81356	29759	81	29	132
机　关	49326	35146	14180			193
其他人员	1376	955	194	227		

8－2　基本医疗保险费征缴计划执行情况（实施统帐结合）

（2014 年）　　单位：万元

指　标	缴费基数总额		期初欠费	本期应缴		本期实缴	
	单位	个人		单位	个人	单位	个人
总　计	**776774**	**746197**		**54211**	**15092**	**54211**	**15092**
企　业	396649	374901		26045	7176	26045	7176
事　业	260780	242764		19021	5308	19021	5308
机　关	119345	126371		9145	2475	9145	2475
其他人员		2161			133		133

8-3 基本医疗保险费征缴计划执行情况(单建统筹基金)

(2014年) 单位:万元

指　　标	缴费基数总额	期初欠费	本期应缴	本期实缴	期末累计欠费
总　　计	**94308**		**2861**	**2861**	
企　　业	92090		2793	2793	
事　　业	1490		46	46	
机　　关					
其　　他	728		22	22	

8-4 参加工伤保险人员及基金征缴情况

(2014年) 单位:人,户,万元

指　　标	参保职工	参保单位户数	缴费基数总　　额	本期实缴	缴费人数
总　　计	**316134**	**4476**	**838775**	**6325**	**6325**
企　　业	204122	2023	524966	4332	4332
一类风险企业	125707	1223	349523	2234	2234
二类风险企业	62206	537	133755	1427	1427
三类风险企业	16209	263	41688	671	671
事　　业	103048	2386	292379	1886	1886
个体工商(有雇工的)	462	67	800	4	4

8－5　参加生育保险人员及基金征缴情况

（2014年）　　单位：人，万元

指　　标	参保职工	女性	缴费基数总额	本期应缴	本期实缴	期初欠费	期末累计欠费
总　　计	**187849**	**73249**	**515181**	**3213**	**3213**		
企　　业	83286	29490	246064	1426	1426		
事　　业	70344	30464	184451	1220	1220		
机　　关	33504	12990	83500	560	560		

8－6　参加基本养老保险人员情况

（2014年）　　单位：人

指　　标	参保职工		实际缴费人员		离休、退休、退职人员						本期办理离退休人数		本期死亡离退休人数
	期末数	平均数	期末数	平均数	期末数	离休	退休	平均数	离休	退休		提前退休	
总　　计	**406778**	**394052**	**376803**	**362952**	**147583**	**345**	**147238**	**143210**	**350**	**142837**	**12956**		**2314**
企　　业	168799	162816	146730	133415	96039	345	95694	93523	350	93150	7553		1639
国有企业	112933	109500	98729	87332	74583	345	74238	72878	350	72505	5473		1288
集体企业	18918	18078	16811	16407	20077		20077	19336		19336	1954		326
其他企业	36948	35238	31190	29676	1379		1379	1309		1309	126		25
事　　业	9199	9029	9071	8717	1600		1600	1529		1529	54		107
机　　关	3298	3188	3177	3153	590		590	575		575	33		2
其　　他	225482	219019	217825	217667	49354		49354	47583		47583	5316		566

8－7　基本养老保险个人帐户记帐情况

（2014 年）　　　　　　　　　　　　　　　　　　　　单位:万元

指　　标	建帐人数(人)				期初累计记帐余额(万元)
	合计	在职职工	离退休人员	其他	
总　　计	**552000**	**376803**	**145222**	**29975**	**317612**
企　　业	262477	146730	93678	22069	160903
国有企业	187080	98729	72752	15599	123748
集体企业	38406	16811	19547	2048	18772
其他企业	36991	31190	1379	4422	18383
事　　业	10799	9071	1600	128	8899
机　　关	3888	3177	590	121	2367
其　　他	274836	217825	49354	7657	145443

指　　标	本期帐户记帐额					本期帐户支出额				期末累计记帐余额（万元）
	合计	个人缴费部分	单位划转部分	利息	其他	合计	定期支付基本养老金	一次性支付养老金	其他	
总　　计	**67304**	**59631**		**5007**	**2666**	**15035**	**12445**	**534**	**2056**	**376677**
企　　业	28620	25602		2149	869	9797	8363	423	1011	182604
国有企业	18898	17099		1309	490	7661	6695	290	676	137083
集体企业	3343	2901		299	143	1751	1552	118	81	20970
其他企业	6379	5602		541	236	385	116	15	254	24551
事　　业	1950	1727		223		79	79			10770
机　　关	730	695		35		38	38			3059
其　　他	36004	31607		2600	1797	5121	3965	111	1045	180244

8-8 基本养老保险基金缴拨计划执行情况

（2014年） 单位:万元

指标	缴费基数总额		本期单位缴费		本期个人缴费	
	单位	个人	应缴	实缴	应缴	实缴
总计	**370330**	**838718**	**74060**	**70584**	**123310**	**107041**
企业	338539	338539	67703	64524	27084	25602
国有企业	225007	225007	45004	43372	18002	17099
集体企业	41173	41173	8233	7168	3294	2901
其他企业	72359	72359	14466	13984	5788	5602
事业	22827	22827	4565	4320	1826	1727
机关	8964	8964	1792	1740	716	695
其他		468388			93684	79017

指标	本期应发养老金	离休金	退休人员基本养老金	本期实发养老金	离休金	退休人员基本养老金
总计	**263774**	**1214**	**258114**	**263774**	**1214**	**258114**
企业	194453	1214	190158	194453	1214	190158
国有企业	154725	1214	151112	154725	1214	151112
集体企业	36962		36327	36962		36327
其他企业	2766		2719	2766		2719
事业	3551		3533	3551		3533
机关	1318		1303	1318		1303
其他	64452		63120	64452		63120

8-9 文化事业

指　　标	单　位	2013年	2014年
1. 艺术表演团体	个	3	28
演出	场	412	2670
观众	千人次	675	663
演出收入	千元	2089	2167
2. 艺术表演场所	个	3	7
演映	场	440	798
演映收入	千元	550	643
座席	个	1979	5585
3. 艺术研究机构	个	1	1
4. 公共图书馆 *	个	12	11
总藏书 *	册	1433330	1115050
外借 *	千册次	1629	1240.1
总流通人次 *	千人次	1756	1555.7
全年购书费 *	千元	1535	2101
5. 群众艺术馆、文化馆	个	13	13
组织文艺活动	次	557	560
办展览	个	55	57
办培训班	次	157	160
6. 文化站	个	169	169
7. 文化稽查队	个	12	12
8. 博物(纪念馆)	个	9	10
文物藏品总量	件	7581	7581
9. 文物保护管理单位	个	7	6
文物藏品总量	件	4538	4538
10. 其它文化事业单位	个	1	1

注:带“ * ”号部分2014年数据不包含南城县。

8－10　各级各类学校基本情况

（2014 年）　　单位：人

指　　标	学校数（所）	班级（个）	上学年初在校学生数	毕业生数	实际招生数	本学年初在校学生数	在校学生本学年比上学年	
							增减数	增减（%）
普通中学	**218**	**4054**	**230936**	**73014**	**77959**	**230766**	**－170**	**－0.07**
完全中学	22							
高　　中	32	1315	77900	24193	27811	80867	2967	3.81
初　　中	186	2739	153036	48821	50148	149899	－3137	－2.05
职业高中	25		17002	5033	4762	14576	－2426	－14.27
小　　学	**986**	**10267**	**342922**	**49670**	**55645**	**341025**	**－1897**	**－0.55**
幼 儿 园	**516**	**3255**	**100100**	**40655**	**57470**	**105019**	**4919**	**4.91**
特殊教育学校	**10**	**44**	**1074**	**73**	**288**	**1560**	**486**	**45.25**
职业技术培训学校								

指　　标	上学年初教职工数		本学年初教职工数		本学年比上学年增减	
		专任教师		专任教师		专任教师
普通中学	**15139**	**14225**	**15273**	**14402**	**134**	**177**
完全中学						
高　　中		3886		4099		213
初　　中		10339		10303		－36
职业高中	**877**	**743**	**853**	**725**	**－24**	**－18**
小　　学	**20082**	**19880**	**20127**	**19891**	**45**	**11**
幼 儿 园	**6167**	**3666**	**7275**	**4270**	**1108**	**604**
特殊教育学校	**51**	**50**	**56**	**54**	**5**	**4**
职业技术培训学校						

8－11　各县(区)普通中学综合情况

(2014 年)　　　　单位:人

县(区)别	校数(所)			毕业生数		招生数	
	初级中学	高级中学	完全中学	初中	高中	初中	高中
抚州市	**151**	**8**	**22**	**48821**	**24193**	**50148**	**27811**
临川区	38	3	3	14009	2866	13483	3190
南城县	13	1	2	3276	1708	3472	2269
黎川县	13		2	2810	1257	1886	1411
南丰县	10		2	2531	1500	2814	1400
崇仁县	16		2	4627	1869	4708	2458
乐安县	15		2	3275	1331	4848	1864
宜黄县	9	1		2236	940	2208	960
金溪县	11		1	2785	1579	2999	1673
资溪县	7		1	910	499	1182	477
东乡县	10	2	2	4954	2272	4859	2526
广昌县	8		2	2128	1077	2578	1295
市本级	1	1	3	5280	7295	5111	8288

县(区)别	在校学生数		毕业班学生数		教职工数	
	初中	高中	初中	高中	合计	#专任教师
抚州市	**149899**	**80867**	**48416**	**25585**	**15273**	**14402**
临川区	42651	10157	14145	3023	3141	3077
南城县	10243	6654	3268	2102	1289	1175
黎川县	6777	4213	2440	1376	880	829
南丰县	8021	4529	2476	1624	1056	990
崇仁县	13925	6929	4389	2101	1306	1188
乐安县	12644	4950	3497	1441	1061	1027
宜黄县	6473	2805	2070	931	764	744
金溪县	8809	5042	2836	1716	1065	993
资溪县	3360	1358	1059	412	399	354
东乡县	14112	7038	4387	2150	1586	1484
广昌县	7234	3650	2234	1127	841	816
市本级	15650	23542	5615	7582	1885	1725

8－12　各县(区)职业高中综合情况

(2014年)　　单位:人

县(区)别	学校数(所)	毕业生数	招生数	在校学生数	毕业班学生数	教职工数	专任教师
抚州市	**25**	**5033**	**4762**	**14576**	**4804**	**853**	**725**
临川区	8	2100	2063	6392	2243	244	206
南城县	2	138	233	603	165	82	64
黎川县	2	687	8	1164	272	47	44
南丰县	1	105	156	318	81	79	72
崇仁县	1	16	466	516	22	40	30
乐安县	2	341	174	597	278	19	18
宜黄县	1	16	98	217	63	27	24
金溪县	1	31	66	195	66	35	17
资溪县	1	53	68	245	108	45	45
东乡县	1	1170	1083	3360	1154	112	107
广昌县	1	61	42	138	53	26	23
市本级	4	315	305	831	299	97	75

8－13 各县(区)小学综合情况

(2014 年) 单位:人

县(区)别	学校数(所)	教学点数(个)	毕业生数	招生数	在校学生数	毕业班学生数	教职工数	专任教师
抚州市	**986**	**874**	**49670**	**55645**	**341025**	**48614**	**20127**	**19891**
临川区	279	162	17247	14643	95087	14982	5465	5417
南城县	119	71	3564	4030	28953	3790	1647	1563
黎川县	44	66	2348	2971	15704	2286	1264	1240
南丰县	44	61	2842	4942	25049	3004	1477	1467
崇仁县	118	49	4770	5606	31634	4752	1696	1686
乐安县	142	80	4757	5073	35235	4846	1916	1915
宜黄县	45	89	2180	3115	16905	2377	1093	1089
金溪县	34	105	3009	3709	24472	3301	1520	1506
资溪县	52	13	1182	1247	8130	1232	552	547
东乡县	82	96	4775	6522	37828	4880	2143	2122
广昌县	26	82	2505	3235	18907	2675	1173	1158
市本级	1	0	491	552	3121	489	181	181

8-14 各县(区)幼儿园、学前班综合情况

(2014年)　　　　单位:所、人、班

县(区)别	园数	班数	入园(班)人数	在园(班)幼儿数	
					学前班
抚州市	**516**	**3255**	**57470**	**105019**	
临川区	187	1020	18594	29753	
南城县	42	222	3724	7630	
黎川县	39	207	2684	6449	
南丰县	32	323	5069	10978	
崇仁县	17	230	3874	8035	
乐安县	33	154	3943	6347	
宜黄县	22	101	1905	4006	
金溪县	35	329	7681	10221	
资溪县	15	93	1429	2842	
东乡县	64	389	4338	11536	
广昌县	29	167	3924	6480	
市本级	1	20	305	742	

8－15　分地区卫生

（201

县(区)别	机构个数	已报机构	编制床位数	实有床位数	编制人数	在岗职工合计(人)	卫生技术人员小计
抚州市	**2310**	**2310**	**10295**	**10318**	**17450**	**19971**	**13068**
临川区	519	519	3856	3807	5987	6765	4829
南城县	207	207	622	627	1207	1569	1003
黎川县	133	133	594	544	1028	1167	791
南丰县	216	216	797	765	1094	1307	924
崇仁县	191	191	552	554	1295	1483	791
乐安县	235	235	980	1064	1526	1801	1114
宜黄县	187	187	486	448	1097	1030	588
金溪县	189	189	660	571	1245	1338	788
资溪县	80	80	72	202	456	471	342
东乡县	199	199	1357	1430	1676	2067	1300
广昌县	154	154	319	306	839	973	598

机构、床位、人员数

4 年）

执业（助理）医师	执业医师	注册护士	药师（士）	技师（士）	检验师	其他	其他技术人员	管理人员	工勤技能人员
4980	**4205**	**5365**	**981**	**921**	**670**	**821**	**435**	**363**	**1205**
1726	1579	2244	299	344	225	216	173	132	373
386	350	404	91	89	63	33	27	20	145
252	214	310	75	48	34	106	25	10	11
423	341	329	74	65	59	33	25	16	67
283	212	261	52	49	35	146	32	44	105
430	310	482	95	64	49	43	24	15	109
269	213	203	43	44	43	29	22	51	36
311	242	291	81	43	39	62	11	4	131
114	103	148	21	29	22	30	21	7	21
524	431	517	96	103	67	60	49	44	155
262	210	176	54	43	34	63	26	20	52

8－16 医疗卫生机构

（201

机构分类	机构个数	已报机构	编制床位数	实有床位数	编制人数	在岗职工合计(人)	卫生技术人员小计
总　计	**2310**	**2310**	**10295**	**10318**	**17450**	**19971**	**13068**
一、医院	**37**	**37**	**7328**	**7352**	**7026**	**9277**	**8151**
综合医院	22	22	5355	5496	5589	7364	6494
中医医院	12	12	1771	1407	1260	1733	1499
中西医结合医院	1	1	80	80	80	66	57
专科医院	2	2	122	369	97	114	101
肿瘤医院							
精神病医院	2	2	122	369	97	114	101
皮肤病医院							
其他专科医院							
二、基层医疗卫生机构	**2177**	**2177**	**2600**	**2645**	**9127**	**9305**	**3860**
1. 社区卫生服务中心(站)	14	14	41	39	344	329	270
社区卫生服务中心	9	9	38	38	324	268	222
社区卫生服务站	5	5	3	1	20	61	48
2. 卫生院	174	174	2559	2606	3499	3458	3001
乡镇卫生院	174	174	2559	2606	3499	3458	3001
中心卫生院	65	65	1257	1278	1636	1623	1409
乡卫生院	109	109	1302	1328	1863	1835	1592
3. 村卫生室	1848	1848			5192	5192	292
4. 门诊部	1	1			54	66	49
综合门诊部	1	1			54	66	49
5. 诊所. 卫生所. 医务室	140	140			38	260	248
诊所	108	108			36	206	197
卫生所、医务室	32	32			2	54	51

、床位、人员数

4年)

执业(助理)医师	执业医师	注册护士	药师(士)	技师(士)	检验师	其他	其他技术人员	管理人员	工勤技能人员
4980	**4205**	**5365**	**981**	**921**	**670**	**821**	**435**	**363**	**1205**
2651	**2494**	**4034**	**570**	**573**	**377**	**323**	**228**	**220**	**678**
2031	1933	3354	403	466	301	240	193	193	484
562	515	618	150	97	69	72	34	23	177
30	21	14	8	3	2	2	1		8
28	25	48	9	7	5	9		4	9
28	25	48	9	7	5	9		4	9
1920	**1366**	**1042**	**357**	**230**	**183**	**311**	**117**	**48**	**380**
102	95	120	22	23	14	3	19	18	22
88	82	95	17	20	12	2	13	15	18
14	13	25	5	3	2	1	6	3	4
1326	989	857	320	202	166	296	98	30	329
1326	989	857	320	202	166	296	98	30	329
611	455	366	178	111	82	143	44	11	159
715	534	491	142	91	84	153	54	19	170
281	89	11							
26	26	12	7	4	2				17
26	26	12	7	4	2				17
185	167	42	8	1	1	12			12
146	131	32	7	1	1	11			9
39	36	10	1			1			3

8－16 续表

机构分类	机构个数	已报机构	编制床位数	实有床位数	编制人数	在岗职工合计(人)	卫生技术人员小计
三、专业公共卫生机构	**71**	**71**	**367**	**321**	**1136**	**1240**	**953**
1. 疾病预防控制中心	13	13			385	372	271
省辖市(地区)属							
地辖市属	2	2			123	108	85
县属	10	10			255	254	178
其他	1	1			7	10	8
2. 专科疾病防治院(所、站)	8	8	124	120	58	68	56
专科疾病防治院	2	2	44	44	13	19	14
其他	2	2	44	44	13	19	14
专科疾病防治所(站、中心)	6	6	80	76	45	49	42
3. 妇幼保健院(所、站)	12	12	243	201	288	436	362
省辖市(地区)属							
地辖市属	2	2	50	40	53	115	101
县属	10	10	193	161	235	321	261
妇幼保健院	3	3	126	96	77	176	134
妇幼保健所	7	7	107	95	177	228	200
妇幼保健站	2	2	10	10	34	32	28
4. 卫生监督所(中心)	12	12			164	152	116
省辖市(地区)属							
地辖市属	2	2			64	52	33
县属	10	10			100	100	83
5. 计划生育技术服务机构	26	26			241	212	148
四、其他卫生机构	**25**	**25**			**161**	**149**	**104**
医学科学研究机构	1	1			37	24	17
其他	24	24			124	125	87

执业(助理)医师	执业医师	注册护士	药师(士)	技师(士)	检验师	其他	其他技术人员	管理人员	工勤技能人员
367	**317**	**257**	**46**	**114**	**106**	**169**	**80**	**77**	**130**
148	130	34	10	65	65	14	35	28	38
50	48	8	2	25	25	0	3	6	14
91	75	25	8	40	40	14	30	22	24
7	7	1					2		
28	23	14	10	4	4		2	1	9
5	5	6	1	2	2				5
5	5	6	1	2	2				5
23	18	8	9	2	2		2	1	4
125	112	155	24	35	29	23	17	10	47
31	29	41	6	8	8	15	5	1	8
94	83	114	18	27	21	8	12	9	39
40	35	70	9	14	11	1	9	3	30
73	67	75	14	18	15	20	8	7	13
12	10	10	1	3	3	2			4
						116	6	9	21
						33	5	5	9
						83	1	4	12
66	52	54	2	10	8	16	20	29	15
42	**28**	**32**	**8**	**4**	**4**	**18**	**10**	**18**	**17**
5	5	7	3	2	2		4		3
37	23	25	5	2	2	18	6	18	14

8－17　广播电视基本情况

(2014 年)

县(区)别	广播人口覆盖率(%)	电视人口覆盖率(%)	农村有线广播电视用户数(户)	电视综合覆盖率(%)	无线电视覆盖率(%)
抚州市	**98.21**	**99.51**	**96509**	**99.51**	**98.55**
临川区	100	99.52	35040	99.52	99.52
南城县	100	100		100	100
黎川县	97.94	99.87		99.87	90.95
南丰县	100	100		100	100
崇仁县	98.87	99.57	12389	99.57	98.89
乐安县	92.55	98.03	10300	98.03	96.52
宜黄县	93.03	99.56	11845	99.56	99.56
金溪县	99.70	99.87	13998	99.87	99.87
资溪县	98.85	99.82	5737	99.82	99.82
东乡县	96.87	99.28		99.28	99.10
广昌县	98.24	99.79	7200	99.79	96.01

8－18　有线电视基本情况

(2014 年)

县(区)别	总户数(万户)	用户数(万户)	有线电视入户率(%)	有线广播电视传输干线网络总长(公里)	租用网光缆长度(公里)
抚州市	**139.15**	**54.43**	**48.95**	**7388.34**	
临川区	40.79	9.89	32.00	320.00	
南城县	9.54	5.09	54.98	1600.00	
黎川县	8.61	2.59	38.23	193.28	
南丰县	9.88	6.32	75.63	757.00	
崇仁县	10.33	3.42	35.97	213.00	
乐安县	14.21	3.24	31.81	153.00	
宜黄县	7.16	3.35	53.13	386.17	
金溪县	10.33	3.14	38.08	533.00	
资溪县	4.16	1.76	59.71	498.00	
东乡县	16.06	6.04	48.75	1450.00	
广昌县	8.08	3.64	57.36	298.00	
市本级		5.96		986.89	

注:本表总户数采用2014年公安年报数。

8－19　全市科研机构科技活动情况

（2014年）

指　　标	机构数（个）	职工总数（人）	科技活动人员	科学家工程师	经费收入总额（万元）	政府拨款	经费支出总额（万元）	科技经费支出
总　　计	**25**	**788**	**231**	**115**	**2613**	**1899**	**2416**	**1912**
一、按隶属关系分								
地市属	7	211	140	91	1936	1466	1795	1384
县区属	18	577	91	24	677	433	621	528
二、按国民经济行业分								
农林牧渔业	22	708	170	69	1780	1516	1694	1358
制造业								
社会服务业	1	37	37	29	365	100	332	306
卫生、体育和社会福利事业	1	29	16	9	236	133	236	161
科学研究和综合技术服务	1	14	11	8	232	150	154	87
三、按学科领域分								
自然科学	24	774	220	107	2381	1749	2262	1825
工程科学技术	1	37	37	29	365	100	332	306
医学科学	1	29	16	9	236	133	236	161
农业科学	22	708	170	69	1780	1516	1694	1358
四、按所在地分								
临 川 区	9	252	142	93	1929	1439	1788	1372
南 城 县	3	69	9	5	158	60	158	134
黎 川 县	1	11	4	0	7	5	7	6
南 丰 县	1	18	10	6	90	86	90	87
崇 仁 县	2	17	4	1	19	16	19	19
乐 安 县	1	5	3	1	26	26	26	23
宜 黄 县	2	48	14	0	47	24	47	37
资 溪 县	2	17	6	0	28	9	28	24
广 昌 县	1	18	9	4	196	180	140	126
东 乡 县	3	333	30	5	113	54	113	84

8－20　城镇社区服务与农村服务网络

（2014 年）

县(区)别	城镇社区服务设施数(个)	年末职工人数(人)	女性(人)	社区服务志愿者组织数(个)	社区服务志愿者人数(人)	城镇便民、利民服务网点数(个)
抚州市	**466**	**1938**	**1219**	**68**		**910**
临川区	193	851	565	26		354
南城县	33	90	42	4		68
黎川县	48	210	160			83
南丰县	21	74	58	22		68
崇仁县	31	112	8	2		60
乐安县	45	174	98	3		64
宜黄县	14	62	29	2		52
金溪县	21	102	88	4		64
资溪县	17	76	51	2		50
东乡县	21	81	62			
广昌县	22	106	58	3		47

8－21　结婚离婚登记情况

（2014 年）

县(区)别	结婚登记(对)	内地居民登记结婚(对)	初婚人数(人)	再婚人数(人)	女性(人)	恢复结婚(对)	离婚登记(对)	内地居民离婚登记(对)
抚州市	**32494**	**32494**	**59481**	**5507**	**2891**	**606**	**5849**	**5849**
临川区	6238	6238	11000	1476	749	184	1727	1727
南城县	3266	3266	6012	520	268	37	414	414
黎川县	2285	2285	4144	426	237	56	354	354
南丰县	2748	2748	4777	719	361	81	668	668
崇仁县	1737	1737	3156	318	159	37	321	321
乐安县	3923	3923	7299	547	285	52	371	371
宜黄县	1957	1957	3486	428	237	33	348	348
金溪县	2866	2866	4954	778	424	92	489	489
资溪县	850	850	1405	295	171	34	190	190
东乡县	4956	4956	9912				672	672
广昌县	1668	1668	3336				295	295

8－22 社会捐赠工作情况

（2014年）

县（区）别	直接接收捐赠情况				间接接收捐赠款（万元）	受益人次数（次）	社会捐赠接收工作站、点数（个）	
	捐赠款数额（万元）	捐赠衣被合计（万件）	棉衣被	捐赠其他物资价值（万元）				社会捐赠接收工作站数（个）
抚州市	**573.3**	**0.1**				**35068**	**16**	**13**
市本级	340.9					20358	2	1
临川区	118.9					12300	3	2
南城县							1	1
黎川县							1	1
南丰县							1	1
崇仁县							1	1
乐安县	113.5					2210	1	1
宜黄县							1	1
金溪县		0.1				200	1	1
资溪县							2	1
东乡县							1	1
广昌县							1	1

8－23 村（居）民自治组织情况

（2014年）

县（区）别	社区居委会（个）	居民小组（个）	居民委员会成员人数（人）		村民委员会（个）	村民小组（个）	村民委员会成员人数（人）	
				女性				女性
抚州市	**213**	**806**	**1048**	**449**	**1808**	**7810**	**8373**	**1874**
临川区	66	210	400	297	422	1266	2207	952
南城县	21	63	65	47	150	450	463	133
黎川县	25	57	110	15	108	323	535	49
南丰县	9	27	45	16	172	507	692	57
崇仁县	16	230	80	16	150	2188	750	150
乐安县	21	63	105	7	175	522	716	174
宜黄县	12	36	60		139	1078	695	115
金溪县	11	33	55	39	150	453	750	146
资溪县	8	24	23	4	70	210	210	70
东乡县	12	27	45		143	426	710	4
广昌县	12	36	60	8	129	387	645	24

8－24　抚州市级妇女儿童基本情况

指　　标	单位	2011年	2012年	2013年	2014年
一、经济与人口					
人均地区生产总值	元	18907	20922	23780	26119
城镇居民人均可支配收入	元	16633	18932	20835	23101
农村居民人均可支配收入	元	7050	8095	9059	10410
国家财政性教育经费	万元	336893.20	423345.00	491394.50	538846.40
卫生经费	万元	13962.50	14184.00	21592.00	22536.00
妇幼保健经费	万元	1519.0	1844.0		
防治防疫经费	万元	148.0	172.0		
计划生育经费	万元	849.40	797.80	775.10	702.00
人口总数	万人	393.80	394.90	396.24	397.66
# 女性	万人	189.00	189.80	190.58	192.03
0－4岁人口	万人	29.00	29.20	29.40	29.90
# 女性	万人	12.40	12.30	12.30	12.50
0－17岁人口	万人	102.60	103.00	102.80	102.50
# 女性	万人	48.20	43.40	46.00	44.50
育龄妇女人口(15－49岁)	万人	110.70	111.00	110.30	109.90
人口自然增长率	‰	7.49	7.32	6.93	7.04
出生人口性别比(以女性为100)	—	122.07	115.26	114.87	114.49
二、卫生保健					
婴儿死亡率	‰	5.63	4.69	4.04	3.40
# 城市	‰	4.66	4.60	3.60	4.07
农村	‰	5.96	4.72	4.21	3.08
5岁以下儿童死亡率	‰	7.86	7.15	6.04	5.83
# 城市	‰	6.39	6.72	5.26	7.82
农村	‰	8.36	7.31	6.33	4.86
孕产妇死亡率	1/10万	13.32	12.97	13.17	3.51
# 城市	1/10万	30.06	7.10	0	0
农村	1/10万	7.64	15.31	18.09	5.23

8－24 续表 1

指　　标	单 位	2011 年	2012 年	2013 年	2014 年
国家扩大免疫规划的疫苗接种率	%	99.88	99.85	99.84	99.24
卡介苗接种率	%	99.93	99.74	99.93	99.97
脊髓灰质炎疫苗接种率	%	99.88	99.82	99.84	99.82
百白破疫苗接种率	%	99.89	99.86	99.84	99.84
麻疹疫苗接种率	%	99.79	99.89	99.86	99.81
乙肝疫苗接种率	%	99.96	99.90	99.91	99.95
流脑疫苗	%	99.88	99.86	99.80	99.84
乙脑疫苗	%	99.86	99.81	99.82	99.85
甲肝疫苗	%	99.83	99.82	99.80	99.73
5 岁以下儿童中、重度营养不良患病率	%	2.39	2.07	2.22	1.59
7 岁以下儿童保健管理率	%	80.11	80.27	82.71	83.49
住院分娩率	%	98.99	99.29	99.92	99.90
农村孕产妇住院分娩率	%	99.09	99.37	99.93	99.97
农村高危孕产妇住院分娩率	%	100	100	100	100
非住院分娩中新法接生率	%	100	100	100	100
产前检查率	%	91.18	91.46	89.53	91.65
孕产妇系统管理率	%	80.64	81.91	77.15	86.66
#城市	%	95.57	92.54	91.45	92.82
农村	%	75.58	78.14	71.81	83.66
婚前医学检查率	%	79.07	71.22	82.03	82.63
#城市	%	82.25	62.31	75.50	81.89
农村	%	78.08	78.55	85.05	82.90
当年报告艾滋病病毒感染例数	例	44	26	48	69
#女性	例	19	10	11	19
已婚育龄妇女综合避孕率	%	93.86	94.70	94.76	85.61
三、教育					
在园幼儿数	千人	100	100.27	100.10	105.02
#女童	千人	44.83	50.14	48.35	50.73
学前教育毛入园率	%	54.10	56.10	65.50	69.00

8－24 续表 2

指　　标	单 位	2011 年	2012 年	2013 年	2014 年
小学学龄儿童净入学率	%	100	100	100	100
# 男生	%	100	100	100	100
女生	%	100	100	100	100
小学五年巩固率	%	99.87	97.13	97.01	98.15
# 男生	%	99.87	97.51	97.42	98.56
女生	%	99.87	96.98	96.92	98.02
初中阶段毛入学率	%	99.53	98.62	98.53	98.86
# 男生	%	99.53	98.62	98.53	98.86
女生	%	99.53	98.62	98.53	98.86
初中三年巩固率	%	99.28	97.62	97.46	98.32
# 男生	%	99.28	97.62	97.46	98.32
女生	%	99.28	97.62	97.46	98.32
九年义务教育巩固率	%	94.16	93.75	93.69	94.71
# 男生	%	94.16	93.75	93.69	94.71
女生	%	94.16	93.75	93.69	94.71
特殊教育在校学生数	人	1391	1466	1074	1560
# 女生	人	709	558	438	635
高中阶段毛入学率	%	81.96	84.13	84.63	84.72
# 男生	%	83.98	86.69	86.97	86.99
女生	%	80.21	82.15	82.34	82.42
平均受教育年限	年	8.43	8.51	8.63	8.73
# 男性	年	8.63	8.66	8.74	8.85
女性	年	8.23	8.36	8.52	8.60
成人识字率	%	99.98	99.98	99.98	99.98
# 男性	%	99.98	99.98	99.98	99.98
女性	%	99.98	99.98	99.99	99.99
青壮年识字率(15－50 岁)	%	99.99	99.99	99.99	99.99
# 男性	%	99.99	99.99	99.99	99.99
女性	%	99.99	99.99	99.99	99.99

8－24 续表 3

指　　标	单位	2011 年	2012 年	2013 年	2014 年
四、就业与社会保障					
就业人员	千人	2123.60	2158.20	2186.30	2218.90
#女性	千人	944.30	941.70	954.54	968.40
城镇单位就业人员	千人	683.50	718.00	757.10	802.50
#女性	千人	303.90	312.30	329.60	349.20
城镇登记失业人员	千人	5.00	5.72	5.00	5.80
#女性	千人	2.00	2.32	3.00	2.10
高级专业技术人员	人	4508	5107	5596	5724
#女性	人		1427	1642	1689
城镇职工基本养老保险参保人数	千人	83.47	91.15	96.50	102.20
#女性	千人	58.89	47.73	53.10	56.30
城乡居民社会养老保险参保人数	千人				
#女性	千人				
城镇职工基本医疗保险参保人数	千人		64.98	71.55	71.60
#女性	千人		28.41	31.09	29.70
城镇居民基本医疗保险参保人数	千人		78.00	67.70	65.90
#女性	千人		37.78	37.78	36.90
参加失业保险人数	千人	20.00	22.30	22.30	23.50
#女性	千人	12.00	9.87	10.60	10.90
参加工伤保险人数	千人	5.60	5.80	5.83	56.80
#女性	千人	2.50	2.60	2.06	19.90
参加生育保险人数	千人	2.70	3.80	4.34	43.70
#女性	千人	1.20	1.70	1.95	19.50
城镇女职工生育保险覆盖率	%	77.51	89.76	100	100
五、社会服务					
城镇居民最低生活保障人数	千人	98.34	90.08	104.14	80.72
农村居民最低生活保障人数	千人	124.30	124.48	128.66	120.62
村民委员会成员中女性比重	%	21.03	21.10	21.10	23.22
其中:村委会主任中女性比重	%	3.00	2.70	2.70	2.70
居民委员会成员中女性比重	%	86.00	85.99	85.99	85.50
城镇社区服务设施数	个	398	485	589	733
城镇便民、利民服务网点数	个	480	501	532	910

8－24 续表 4

指　　标	单位	2011 年	2012 年	2013 年	2014 年
五、妇女参政议政					
市级人大代表数	人	372	378	378	378
# 女性	人	102	102	102	102
市级政协委员数	人	330	345	346	346
# 女性	人	93	94	94	94
地级党委领导班子中女干部配备率	%	100	100	100	100
地级政府领导班子中女干部配备率	%	100	100	100	100
市级政府工作部门领导班子女干部配备率	%	50.00	50.00	51.52	50.00
县级党委领导班子中女干部配备率	%	100	100	72.73	63.64
县级政府领导班子中女干部配备率	%	100	90.90	54.55	45.45
县级政府领导班子中担任正职的女干部占同级正职干部的比例	%	9.10	10.00	9.00	0
市级政府工作部门领导班子中担任正职的女干部占同级正职干部的比例	%	9.40	9.09	9.08	9.09
公务员中女性比重	%	22.94	18.10	17.40	17.20
六、法律保护					
破获强奸案件数	起	56	34	36	31
破获拐卖妇女案件数	起	14	71	78	77
破获拐卖儿童案件数	起	1	3	3	21
破获组织、强迫、引诱、容留妇女卖淫案件数	起	31	13	40	33
刑事犯罪被害人中女性比重	%	29.54	29.01	33.68	36.32
未成年人作案成员占全部作案人员的比重	%	9.40	15.41	18.29	11.66
得到法律援助机构援助的总人数	人	2064	2162	2495	2543
# 妇女儿童	人	978	957	1034	1187
被收养的儿童数	人	98	62	58	50
七、社会、生活环境					
农村改水受益率	%	98.75	98.94	99.29	99.39
农村自来水普及率	%	57.97	62.00	64.71	66.67
农村卫生厕所普及率	%	76.47	80.02	84.27	85.39
城市建成区绿化覆盖率	%	48.10	39.76	48.35	46.91
城市污水处理率	%	91.25	92.45	91.12	92.19
城市生活垃圾无害化处理率	%	100	100	100	100

8－25 临川区妇女儿童基本情况

指　　标	单 位	2011 年	2012 年	2013 年	2014 年
一、经济与人口					
人均地区生产总值	元	20990	23607	26732	29228
城镇居民人均可支配收入	元			25504	28009
农村居民人均可支配收入	元	8348	9692	11306	12531
国家财政性教育经费	万元	62660.00	82963.00	93101.00	94000.00
卫生经费	万元	34802.00	35464.00	46881.00	49080.00
人口总数	万人	116.73	110.09	118.11	119.94
# 女性	万人	54.65	55.72	55.18	56.13
0－4 岁人口	千人	6.06	50.20	53.32	55.77
# 女性	千人	2.57	21.90	30.71	24.67
育龄妇女人口（15－49 岁）	千人	251.58	263.35	261.95	248.28
人口自然增长率	‰	6.98	6.96	6.85	6.83
二、卫生保健					
婴儿死亡率	‰	6.04	5.19	4.18	3.01
5 岁以下儿童死亡率	‰	8.05	7.69	5.87	6.51
孕产妇死亡数	例	3	1	0	0
新生儿破伤风发病率	‰	0	0	0	0
5 岁以下儿童中、重度营养不良患病率	%	2.49	2.48	2.42	2.28
国家扩大免疫规划的疫苗接种率	%	99.82	99.74	99.56	99.63
卡介苗接种率	%	99.98	99.74	99.91	99.93
脊灰疫苗接种率	%	99.90	99.92	99.67	99.71
百白破三联制剂接种率	%	99.91	99.91	99.14	99.33
麻疹疫苗接种率	%	99.58	99.91		99.67
乙肝疫苗接种率	%	99.94	99.74	99.63	99.82
住院分娩率	%	98.60	98.90	99.90	99.53
农村孕产妇住院分娩率	%	98.47	98.90	99.54	99.48
农村高危孕产妇住院分娩率	%	100	100	100	100
非住院分娩中消毒接生率	%	100	100	100	100
孕妇产前医学检查率	%	99.01	99.13	98.77	98.87
孕产妇系统管理率	%	95.73	95.77	95.79	95.81
7 岁以下儿童保健管理率	%	90.15	90.18	90.59	90.67
婚前医学检查率	%	75.10	73.97	78.92	83.56
已婚育龄妇女综合避孕率	%	92.89	93.97	93.98	86.48
三、教育					
在园幼儿数	人	28375	27536	48786	35903
# 男童	人	16452	15712	31298	19819
女童	人	11923	11824	17488	16084

8－25 续表 1

指　　标	单位	2011 年	2012 年	2013 年	2014 年
小学适龄儿童净入学率	%	100	100	100	100
# 男生	%	100	100	100	100
女生	%	100	100	100	100
小学六年巩固率	%	100	100	100	100
# 男生	%	100	100	100	100
女生	%	100	100	100	100
小学学生辍学率	%	0	0	0	0
# 男生	%	0	0	0	0
女生	%	0	0	0	0
初中学生毛入学率	%	110.22	110.50	106.56	105.93
# 男生	%	111.37	111.18	107.23	106.82
女生	%	108.76	109.67	105.74	104.67
初中三年巩固率	%	97.51	97.56	97.45	97.36
# 男生	%	97.76	97.72	97.51	97.43
女生	%	97.32	97.43	97.46	97.32
九年义务教育巩固率	%	95.80	96.54	96.52	96.26
# 男生	%	96.00	97.13	97.09	96.83
女生	%	95.60	95.82	95.93	95.67
普通中小学残疾儿童在校学生数	人	613	621	628	635
# 女生	人	259	265	267	268
高中学生毛入学率	%	83.86	84.12	84.60	85.26
# 男生	%	84.94	84.65	84.76	86.35
女生	%	82.72	83.48	84.12	84.09
成人识字率(15 岁及以上)	%	99.45	99.45	99.47	99.48
# 男性	%	99.63	99.63	99.59	99.61
女生	%	99.18	99.18	99.21	99.22
四、就业与社会保障					
全社会就业人员	千人	598.61	540.00	541.00	545.00
# 女性	千人	286.50	255.00	255.08	255.60
高级专业技术人员	人	660	750	776	776
# 女性	人	130	160	162	162
参加基本养老保险的职工人数	千人	43.08	66.80	68.98	71.04
# 女性	千人	24.80	28.30	29.22	31.24
参加基本医疗保险的职工人数	千人	54.32	52.00	52.02	53.31
# 女性	千人	22.00	23.00	23.01	24.20
参加失业保险的职工人数	千人	35.20	35.60	35.50	35.50
# 女性	千人	14.50	15.50	15.52	16.20
参加工伤保险的企业职工人数	千人	43.01	50.00	46.07	52.18
# 女性	千人	18.00	20.00	17.61	20.87

8－25 续表 2

指　　标	单位	2011 年	2012 年	2013 年	2014 年
参加生育保险的企业职工人数	千人	20.51	21.00	22.04	30.14
# 女性	千人	7.00	8.00	8.20	9.40
城镇企业职工生育保险覆盖率	%	100	100	100	100
农村社会养老保险投保人数	千人	14.88	264.10	273.20	267.98
# 女性	千人	5.80	126.70	131.70	129.60
最低生活保障已保人数	千人	58.85	60.06	58.24	66.78
# 城镇	千人	25.89	27.17	26.32	30.40
农村	千人	32.96	32.89	31.92	36.38
社会救济对象	千人	58.85	60.06	58.24	66.78
# 城镇	千人	25.89	27.17	26.32	30.40
农村	千人	32.96	32.89	31.92	36.38
五、妇女参政议政					
人大代表	人	289	289	296	298
# 女性	人	66	66	71	71
政协委员	人	287	289	303	307
# 女性	人	89	59	61	63
县级党委领导班子中女干部配备率	%	100	100	100	100
县级政府领导班子中女干部配备率	%	100	100	100	100
乡级党委领导班子中女干部配备率	%	53.80	69.00	48.50	42.30
乡级政府领导班子中女干部配备率	%	50.00	15.50	48.50	34.60
公务员人数	千人	1.79	1.91	1.93	1.86
# 女性	千人	0.37	0.41	0.40	0.43
村民委员会成员中女性比重	%	17.20	17.20	17.20	48.03
居民委员会成员中女性比重	%	98.40	98.40	98.40	98.01
六、保护妇女儿童的人身权利					
破获强奸案件数	件	6	7	5	9
破获拐卖妇女案件数	件	0	6	1	1
破获拐卖儿童案件数	件	0	3	0	2
破获组织、强迫、引诱、容留妇女卖淫案件数	件	9	0	3	3
七、生存环境和社会福利					
农村卫生厕所普及率	%	77.14	85.78	87.20	87.93
农村粪便无害化处理率	%	45.20	59.71	62.07	69.62
农村改水受益率	%	99.66	99.87	99.94	99.97
农村自来水普及率	%	45.03	57.49	45.48	48.94
城镇每万人口拥有社区服务设施数	个	151	152	153	154
城镇每万人口拥有便民利民网点数	个	342	342	354	355
农村社会保障服务网络覆盖率	%	100	100	100	100

8－26　南城县妇女儿童基本情况

指　标	单位	2011年	2012年	2013年	2014年
一、经济与人口					
人均地区生产总值	元	21313	25269	28860	31707
城镇居民人均可支配收入	元			22029	24183
农村居民人均可支配收入	元	7823	9082	10575	11749
国家财政性教育经费	万元	24718.60	32131.50	32304.00	32356.00
卫生经费	万元	12818.00	13033.00	15028.00	21105.00
人口总数	万人	32.60	32.73	33.35	33.92
#女性	万人	15.60	15.62	16.02	16.23
0－4岁人口	千人	2.12	2.23	3.26	34.10
#女性	千人	1.00	1.08	1.59	16.30
育龄妇女人口(15－49岁)	千人	10.42	10.52	10.13	96.70
人口自然增长率	‰	7.39	7.18	6.85	7.33
二、卫生保健					
婴儿死亡率	‰	5.97	8.15	4.85	4.76
5岁以下儿童死亡率	‰	7.30	9.25	6.61	6.52
孕产妇死亡数	例	0	0	0	0
新生儿破伤风发病率	‰	0	0	0	0
5岁以下儿童中、重度营养不良患病率	%	0.34	0.71	0.90	0.90
国家扩大免疫规划的疫苗接种率	%	100	100	100	98.75
卡介苗接种率	%	100	100	100	100
脊灰疫苗接种率	%	99.80	99.71	99.72	99.70
百白破三联制剂接种率	%	99.80	99.74	99.69	99.65
麻疹疫苗接种率	%	99.83	99.77	99.78	99.74
乙肝疫苗接种率	%	99.82	99.88	99.87	99.82
住院分娩率	%	99.54	99.03	99.76	99.78
农村孕产妇住院分娩率	%	99.00	98.09	99.66	99.77
农村高危孕产妇住院分娩率	%	100	100	100	100
非住院分娩中消毒接生率	%	100	100	100	100
孕妇产前医学检查率	%	94.01	87.38	83.07	83.25
孕产妇系统管理率	%	90.94	88.60	68.52	69.01
7岁以下儿童保健管理率	%	84.75	82.86	84.88	85.12
婚前医学检查率	%	79.00	79.00	87.52	88.03
已婚育龄妇女综合避孕率	%	95.73	96.48	96.29	87.17
三、教育					
在园幼儿数	人	4741	4746	4750	10064
#男童	人	2134	2136	2140	5535
女童	人	2607	2610	2616	4529

8－26 续表 1

指　　标	单位	2011 年	2012 年	2013 年	2014 年
小学适龄儿童净入学率	%	100	100	100	99.98
# 男生	%	100	100	100	99.99
女生	%	100	100	100	99.97
小学五年巩固率	%	100	100	100	100
# 男生	%	100	100	100	100
女生	%	100	100	100	100
小学学生辍学率	%	0	0	0	0
# 男生	%	0	0	0	0
女生	%	0	0	0	0
初中学生毛入学率	%	102.30	100	101.10	102.10
# 男生	%	102.20	100	101.20	103.20
女生	%	102.40	100	100	101.00
初中三年保留率	%	98.30	97.90	98.20	98.20
# 男生	%	98.40	98.00	98.30	98.30
女生	%	98.10	97.80	97.70	97.70
九年义务教育巩固率	%	99.60	99.50	99.60	98.60
# 男生	%	99.70	99.60	99.50	99.70
女生	%	99.50	99.40	99.30	99.50
普通中小学残疾儿童在校学生数	人	201	196	198	204
# 女生	人	101	98	98	103
高中学生毛入学率	%	88.00	87.00	86.00	87.60
# 男生	%	88.60	88.00	88.70	89.40
女生	%	87.80	86.00	86.20	85.80
成人识字率(15 岁及以上)	%	100	100	100	94.20
# 男性	%	100	100	100	94.60
女生	%	100	100	100	93.80
四、就业与社会保障					
全社会就业人员	千人	170.70	173.90	176.10	179.40
# 女性	千人	73.50	75.20	75.72	76.24
高级专业技术人员	人	400	433	458	305
# 女性	人	81	92	101	113
参加基本养老保险的职工人数	千人	37.14	30.31	30.21	30.21
# 女性	千人	8.76	8.79	8.80	8.82
参加基本医疗保险的职工人数	千人	27.15	30.09	71.09	31.03
# 女性	千人	8.01	10.57	30.57	7.13
参加失业保险的职工人数	千人	16.10	16.10	16.10	16.00
# 女性	千人	7.86	7.86	7.86	7.36
参加工伤保险的企业职工人数	千人	18.14	20.08	20.08	21.05
# 女性	千人	4.22	6.43	6.43	5.84

8－26 续表 2

指　　标	单 位	2011 年	2012 年	2013 年	2014 年
参加生育保险的企业职工人数	千人	11.02	11.49	11.49	17.80
# 女性	千人	4.69	5.21	5.21	5.65
城镇企业职工生育保险覆盖率	%	90.00	92.00	92.00	92.00
农村社会养老保险投保人数	千人	20.00	129.69	131.64	148.82
# 女性	千人	8.00	64.33	65.42	59.53
最低生活保障已保人数	千人	8.00	15.22	16.73	7.50
# 城镇	千人	4.00	7.27	7.41	3.58
农村	千人	4.00	7.95	9.32	3.92
社会救济对象	千人	17.76	17.55	18.12	18.12
# 城镇	千人	9.96	9.96	10.02	10.02
农村	千人	7.79	7.79	8.10	8.10
五、妇女参政议政					
人大代表	人	182	180	180	181
# 女性	人	52	52	52	50
政协委员	人	179	179	179	179
# 女性	人	46	46	46	47
县级党委领导班子中女干部配备率	%	100	100	0	0
县级政府领导班子中女干部配备率	%	100	100	100	100
乡级党委领导班子中女干部配备率	%	58.30	41.70	16.67	16.67
乡级政府领导班子中女干部配备率	%	75.00	66.70	50.00	50.00
公务员人数	千人	0.99	1.00	0.99	0.95
# 女性	千人	0.18	0.18	0.18	0.18
村民委员会成员中女性比重	%	24.90	24.90	25.10	25.72
居民委员会成员中女性比重	%	93.70	93.70	93.60	91.78
六、保护妇女儿童的人身权利					
破获强奸案件数	件	3	2	7	0
破获拐卖妇女案件数	件	0	0	1	0
破获拐卖儿童案件数	件	0	5	0	0
破获组织、强迫、引诱、容留妇女卖淫案件数	件	1	0	0	0
七、生存环境和社会福利					
农村卫生厕所普及率	%	74.64	75.85	76.13	84.64
农村粪便无害化处理率	%	60.71	61.35	62.15	72.86
农村改水受益率	%	98.48	98.62	98.91	99.87
农村自来水普及率	%	43.76	60.58	61.12	61.86
城镇每万人口拥有社区服务设施数	个	3	3	3	3
城镇每万人口拥有便民利民网点数	个	4	4	4	4
农村社会保障服务网络覆盖率	%	100	100	100	100

8－27 黎川县妇女儿童基本情况

指　　标	单位	2011 年	2012 年	2013 年	2014 年
一、经济与人口					
人均地区生产总值	元	14349	17783	20804	24392
城镇居民人均可支配收入	元			18523	20293
农村居民人均可支配收入	元	6793	7717	8945	9924
国家财政性教育经费	万元	25811.40	30481.00	32000.00	35329.00
卫生经费	万元	2807.00	2940.00	3074.00	4042.47
人口总数	万人	24.85	25.32	25.49	25.48
# 女性	万人	11.77	11.99	12.21	12.36
0－4 岁人口	千人	12.74	13.83	13.76	13.94
# 女性	千人	5.60	6.15	6.40	6.80
育龄妇女人口(15－49 岁)	千人	43.02	43.68	43.87	6.52
人口自然增长率	‰	7.52	7.24	6.67	6.56
二、卫生保健					
婴儿死亡率	‰	3.89	4.06	4.15	1.70
5 岁以下儿童死亡率	‰	6.71	5.94	5.75	2.60
孕产妇死亡数	例	0	0	0	0
新生儿破伤风发病率	‰	0	0	0	0
5 岁以下儿童中、重度营养不良患病率	%	2.79	3.45	3.44	2.60
国家扩大免疫规划的疫苗接种率	%	97.20	97.51	94.45	94.68
卡介苗接种率	%	99.20	100.00	99.85	99.85
脊灰疫苗接种率	%	98.00	98.30	99.70	94.86
百白破三联制剂接种率	%	95.80	96.40	99.95	94.68
麻疹疫苗接种率	%	97.80	98.03	99.90	96.84
乙肝疫苗接种率	%	98.30	98.00	98.87	96.78
住院分娩率	%	99.20	99.50	100	100
农村孕产妇住院分娩率	%	99.26	99.50	100	100
农村高危孕产妇住院分娩率	%	100	100	100	100
非住院分娩中消毒接生率	%	100	100	100	100
孕妇产前医学检查率	%	86.61	89.10	86.40	100
孕产妇系统管理率	%	86.04	89.94	84.00	89.30
7 岁以下儿童保健管理率	%	78.06	84.69	80.00	86.50
婚前医学检查率	%	87.26	89.07	92.00	95.81
已婚育龄妇女综合避孕率	%	96.70	97.80	97.60	97.50
三、教育					
在园幼儿数	人	11815	11169	8552	5646
# 男童	人	6312	5914	4623	3129
女童	人	5503	5255	3929	2517

8－27 续表 1

指　　标	单 位	2011 年	2012 年	2013 年	2014 年
小学适龄儿童净入学率	%	100	100	100	100
# 男生	%	100	100	100	100
女生	%	100	100	100	100
小学五年巩固率	%	99.60	99.80	100	99.80
# 男生	%	99.70	99.80	100	99.90
女生	%	99.70	99.80	100	99.70
小学学生辍学率	%	0.30	0.20	0	0
# 男生	%	0.30	0.20	0	0
女生	%	0.30	0.20	0	0
初中学生毛入学率	%	99.60	99.80	96.00	98.20
# 男生	%	99.60	99.80	97.00	98.60
女生	%	99.60	99.80	95.00	97.80
初中三年保留率	%	95.00	96.80	99.20	97.80
# 男生	%	95.00	96.80	99.30	98.10
女生	%	95.00	96.80	99.10	97.50
九年义务教育巩固率	%	95.30	95.80	99.20	97.50
# 男生	%	95.30	95.80	99.20	98.90
女生	%	95.30	95.80	99.20	96.10
普通中小学残疾儿童在校学生数	人	107	98	95	103
# 女生	人	22	13	24	34
高中学生毛入学率	%	86.60	87.50	82.10	87.50
# 男生	%	90.00	84.35	85.20	89.60
女生	%	85.00	82.45	78.40	85.40
成人识字率(15 岁及以上)	%	100	100	100	100
# 男性	%	100	100	100	100
女生	%	100	100	100	100
四、就业与社会保障					
全社会就业人员	千人	81.40	84.55	134.30	132.70
# 女性	千人	47.06	48.56	68.49	68.20
高级专业技术人员	人	338	344	317	313
# 女性	人	86	89	64	83
参加基本养老保险的职工人数	千人	21.29	22.33	23.00	21.53
# 女性	千人	11.14	12.88	13.00	12.00
参加基本医疗保险的职工人数	千人	23.69	23.17	23.02	23.06
# 女性	千人	11.61	11.35	10.13	10.61
参加失业保险的职工人数	千人	12.45	12.50	12.40	12.30
# 女性	千人	7.10	7.13	7.11	7.10
参加工伤保险的企业职工人数	千人	15.14	17.07	17.10	19.08
# 女性	千人	8.32	9.37	7.97	8.60

8－27 续表2

指　　标	单 位	2011 年	2012 年	2013 年	2014 年
参加生育保险的企业职工人数	千人	8.83	9.49	9.49	9.09
# 女性	千人	5.12	5.13	4.93	4.52
城镇企业职工生育保险覆盖率	%	100	100	92.00	100
农村社会养老保险投保人数	千人	71.68	74.75	88.68	88.70
# 女性	千人	39.42	43.86	36.85	43.00
最低生活保障已保人数	千人	7.78	8.87	14.58	13.87
# 城镇	千人	3.48	3.24	6.56	6.03
农村	千人	4.30	4.58	8.02	7.84
社会救济对象	千人	8.00	6.00	18.47	9.99
# 城镇	千人	2.00	1.00	7.85	1.99
农村	千人	6.00	5.00	10.65	8.00
五、妇女参政议政					
人大代表	人	170	170	170	170
# 女性	人	39	39	39	39
政协委员	人	166	166	166	166
# 女性	人	50	50	50	50
县级党委领导班子中女干部配备率	%	0.18	0.09	0	0
县级政府领导班子中女干部配备率	%	0.14	0.14	0	0
乡级党委领导班子中女干部配备率	%	12.00	10.00	9.00	10.00
乡级政府领导班子中女干部配备率	%	0.23	0.32	19.00	0.19
公务员人数	千人	1.19	1.20	1.24	1.25
# 女性	千人	0.21	0.23	0.25	0.24
村民委员会成员中女性比重	%	31.50	31.50	31.50	31.70
居民委员会成员中女性比重	%	75.00	75.00	75.00	75.00
六、保护妇女儿童的人身权利					
破获强奸案件数	件	3	1	5	0
破获拐卖妇女案件数	件	2	2	1	0
破获拐卖儿童案件数	件	0	0	1	0
破获组织、强迫、引诱、容留妇女卖淫案件数	件	0	0	0	0
七、生存环境和社会福利					
农村卫生厕所普及率	%	58.90	60.13	76.11	76.55
农村粪便无害化处理率	%	63.50	66.52	60.62	76.61
农村改水受益率	%	97.54	97.54	97.54	97.59
农村自来水普及率	%	53.10	54.30	55.92	53.61
城镇每万人口拥有社区服务设施数	个	20	20	20	20
城镇每万人口拥有便民利民网点数	个	12	12	12	12
农村社会保障服务网络覆盖率	%	100	100	100	100

8-28 南丰县妇女儿童基本情况

指　　标	单位	2011年	2012年	2013年	2014年
一、经济与人口					
人均地区生产总值	元	21955	26413	30378	33542
城镇居民人均可支配收入	元			21309	23321
农村居民人均可支配收入	元	10707	12367	14259	15688
国家财政性教育经费	万元	23921.00	31332.00	37320.00	37478.00
卫生经费	万元	10884.00	12624.00	14545.00	19046.00
人口总数	万人	29.73	30.17	30.46	31.51
# 女性	万人	14.25	14.38	14.47	14.99
0-4岁人口	千人	25.42	25.01	25.13	25.22
# 女性	千人	10.54	10.81	10.38	10.14
育龄妇女人口(15-49岁)	千人	68.55	70.62	72.12	69.15
人口自然增长率	‰	7.38	7.42	7.37	7.28
二、卫生保健					
婴儿死亡率	‰	10.13	5.53	7.78	6.74
5岁以下儿童死亡率	‰	13.71	8.39	10.03	10.00
孕产妇死亡数	例	1	2	5	1
新生儿破伤风发病率	‰	0	0	0	0
5岁以下儿童中、重度营养不良患病率	%	1.20	2.87	2.01	3.19
国家扩大免疫规划的疫苗接种率	%	99.60	99.86	98.94	
卡介苗接种率	%	99.72	100	99.85	98.61
脊灰疫苗接种率	%	99.80	99.73	98.68	97.29
百白破三联制剂接种率	%	99.89	99.72	98.12	97.98
麻疹疫苗接种率	%	98.68	99.86	98.28	98.12
乙肝疫苗接种率	%	99.90	99.98	99.79	98.58
住院分娩率	%	99.99	99.92	100	100
农村孕产妇住院分娩率	%	99.99	99.92	100	100
农村高危孕产妇住院分娩率	%	100	100	100	100
非住院分娩中消毒接生率	%	100	100	100	0
孕妇产前医学检查率	%	95.90	93.88	85.36	88.72
孕产妇系统管理率	%	90.20	94.62	89.28	85.30
7岁以下儿童保健管理率	%	92.30	91.82	93.22	87.53
婚前医学检查率	%	84.76	81.01	90.00	86.36
已婚育龄妇女综合避孕率	%	93.55	94.10	92.55	82.42
三、教育					
在园幼儿数	人	7440	9583	10946	10978
# 男童	人	3790	4626	6166	6268
女童	人	3650	4957	4780	4710

8－28 续表 1

指　　标	单 位	2011 年	2012 年	2013 年	2014 年
小学适龄儿童净入学率	%	100	100	100	100
#男生	%	100	100	100	100
女生	%	100	100	100	100
小学五年巩固率	%	99.98	100	100	100
#男生	%	99.99	100	100	100
女生	%	99.97	100	100	100
小学学生辍学率	%	0	0	0	0
#男生	%	0	0	0	0
女生	%	0	0	0	0
初中学生毛入学率	%	113.69	112.00	111.50	111.00
#男生	%	113.97	112.20	111.70	110.90
女生	%	113.40	111.80	111.30	111.10
初中三年保留率	%	98.60	98.65	98.66	98.70
#男生	%	98.80	98.80	98.60	98.68
女生	%	98.40	98.50	98.72	98.72
九年义务教育巩固率	%	98.50	98.65	98.66	98.70
#男生	%	98.60	98.80	98.60	98.68
女生	%	98.40	98.50	98.72	98.72
普通中小学残疾儿童在校学生数	人	154	168	165	160
#女生	人	64	86	81	75
高中学生毛入学率	%	82.50	84.00	85.00	86.00
#男生	%	82.60	84.20	85.20	86.20
女生	%	82.40	83.80	84.80	85.80
成人识字率(15 岁及以上)	%	100	100	100	100
#男性	%	100	100	100	100
女生	%	100	100	100	100
四、就业与社会保障					
全社会就业人员	千人	156.60	160.30	163.40	166.90
#女性	千人	74.21	75.82	77.40	78.90
高级专业技术人员	人		349	386	396
#女性	人		67	84	89
参加基本养老保险的职工人数	千人	33.69	35.30	52.47	55.30
#女性	千人	12.59	15.27	19.56	25.98
参加基本医疗保险的职工人数	千人	25.00	25.00	25.20	25.30
#女性	千人	10.12	10.36	10.50	10.90
参加失业保险的职工人数	千人	14.10	13.50	14.50	14.50
#女性	千人	5.81	5.77	6.63	6.63
参加工伤保险的企业职工人数	千人	11.54	12.27	15.20	15.60
#女性	千人	2.95	3.74	4.19	4.30

8－28 续表 2

指　　标	单 位	2011 年	2012 年	2013 年	2014 年
参加生育保险的企业职工人数	千人	3.35	9.15	4.90	5.20
# 女性	千人	1.23	2.65	1.20	1.60
城镇企业职工生育保险覆盖率	%	64.00	72.00	65.00	70.00
农村社会养老保险投保人数	千人	12.51	104.06	104.90	105.20
# 女性	千人	8.60	45.76	60.00	61.00
最低生活保障已保人数	千人	14.30	13.97	13.65	13.24
# 城镇	千人	5.90	5.59	5.51	5.25
农村	千人	8.40	8.39	8.14	7.98
社会救济对象	千人	1.86	1.59	0.77	0.76
# 城镇	千人	0.21	0.13	0.11	0.10
农村	千人	1.65	1.46	0.66	0.66
五、妇女参政议政					
人大代表	人	173	173	172	169
# 女性	人	44	43	43	48
政协委员	人	163	174	174	174
# 女性	人	34	35	34	32
县级党委领导班子中女干部配备率	%	100	100	100	100
县级政府领导班子中女干部配备率	%	100	100	100	100
乡级党委领导班子中女干部配备率	%	100	100	100	100
乡级政府领导班子中女干部配备率	%	100	100	100	100
公务员人数	千人	1.19	1.26	1.26	0.81
# 女性	千人	0.22	0.25	0.28	0.15
村民委员会成员中女性比重	%	32.00	21.00	21.00	29.00
居民委员会成员中女性比重	%	94.00	98.00	98.00	88.00
六、保护妇女儿童的人身权利					
破获强奸案件数	件	5	6	3	4
破获拐卖妇女案件数	件	0	0	0	0
破获拐卖儿童案件数	件	0	1	0	0
破获组织、强迫、引诱、容留妇女卖淫案件数	件	0	0	1	0
七、生存环境和社会福利					
农村卫生厕所普及率	%	75.95	79.17	84.47	87.69
农村粪便无害化处理率	%	69.00	63.83	68.94	71.78
农村改水受益率	%	98.71	98.98	99.11	99.38
农村自来水普及率	%	78.00	61.75	64.10	65.74
城镇每万人口拥有社区服务设施数	个	4	4	4	4
城镇每万人口拥有便民利民网点数	个	41	41	41	41
农村社会保障服务网络覆盖率	%	100	100	100	100

8－29　崇仁县妇女儿童基本情况

指　　标	单位	2011年	2012年	2013年	2014年
一、经济与人口					
人均地区生产总值	元	18043	21616	22502	24067
城镇居民人均可支配收入	元			18861	20695
农村居民人均可支配收入	元	8536	9860	11307	12530
国家财政性教育经费	万元	20000.00	35161.90	38425.10	37821.00
卫生经费	万元	12870.00	13672.00	17102.00	18493.00
人口总数	万人	36.20	36.50	36.80	37.70
# 女性	万人	16.80	16.96	17.10	17.48
0－4岁人口	千人	3.08	3.11	3.12	3.14
# 女性	千人	1.15	1.17	1.18	1.19
育龄妇女人口(15－49岁)	千人	89.80	90.10	90.20	90.30
人口自然增长率	‰	7.59	7.29	7.14	6.81
二、卫生保健					
婴儿死亡率	‰	4.72	5.50	5.40	5.30
5岁以下儿童死亡率	‰	6.97	7.80	3.90	3.80
孕产妇死亡数	例	0	2	1	0
新生儿破伤风发病率	‰	0	0	0	0
5岁以下儿童中、重度营养不良患病率	%	4.41	3.10	2.50	2.32
国家扩大免疫规划的疫苗接种率	%	99.89	99.95	99.67	99.86
卡介苗接种率	%	99.81	99.99	100	100
脊灰疫苗接种率	%	99.84	99.94	99.72	99.85
百白破三联制剂接种率	%	99.89	99.88	99.81	99.82
麻疹疫苗接种率	%	99.92	99.95	99.30	99.40
乙肝疫苗接种率	%	99.97	99.98	99.90	99.90
住院分娩率	%	99.70	99.60	99.60	99.70
农村孕产妇住院分娩率	%	99.70	99.60	99.70	99.80
农村高危孕产妇住院分娩率	%	100	100	100	100
非住院分娩中消毒接生率	%	100	100	100	100
孕妇产前医学检查率	%	86.80	89.00	89.30	90.00
孕产妇系统管理率	%	59.80	55.00	55.40	55.80
7岁以下儿童保健管理率	%	63.78	71.40	72.00	73.00
婚前医学检查率	%	64.00	75.00	75.60	75.80
已婚育龄妇女综合避孕率	%	94.48	94.98	94.32	85.98
三、教育					
在园幼儿数	人	9600	10073	10169	11038
# 男童	人	4970	5200	5233	5680
女童	人	4630	4873	4936	5358

8－29 续表 1

指　　标	单 位	2011 年	2012 年	2013 年	2014 年
小学适龄儿童净入学率	%	100	100	100	100
# 男生	%	100	100	100	100
女生	%	100	100	100	100
小学五年巩固率	%	99.95	99.96	99.96	99.93
# 男生	%	99.98	99.98	99.98	99.95
女生	%	99.76	99.88	99.89	99.87
小学学生辍学率	%	0	0	0	0
# 男生	%	0	0	0	0
女生	%	0	0	0	0
初中学生毛入学率	%	122.16	118.23	119.33	115.50
# 男生	%	123.45	119.65	119.66	117.70
女生	%	121.96	116.36	117.85	113.10
初中三年保留率	%	97.48	97.87	97.69	97.53
# 男生	%	97.56	97.96	97.73	97.68
女生	%	96.14	96.61	97.60	97.40
九年义务教育巩固率	%	95.74	96.68	96.69	96.66
# 男生	%	95.80	96.89	96.90	96.85
女生	%	95.68	96.12	96.15	96.34
普通中小学残疾儿童在校学生数	人	214	225	215	217
# 女生	人	106	112	104	104
高中学生毛入学率	%	82.42	84.65	85.92	85.83
# 男生	%	84.23	85.23	86.61	86.55
女生	%	80.46	82.16	84.33	84.20
成人识字率(15 岁及以上)	%	99.28	99.36	99.37	99.38
# 男性	%	99.32	99.42	99.42	99.42
女生	%	99.14	99.22	99.23	99.23
四、就业与社会保障					
全社会就业人员	千人	13.40	13.46	13.50	13.55
# 女性	千人	81.00	81.20	81.30	81.40
高级专业技术人员	人	86	102	102	102
# 女性	人	37	46	48	48
参加基本养老保险的职工人数	千人	26.00	28.50	25.60	25.59
# 女性	千人	13.20	14.50	15.50	17.10
参加基本医疗保险的职工人数	千人	68.98	70.40	27.50	33.17
# 女性	千人	22.50	22.94	5.00	15.02
参加失业保险的职工人数	千人	18.40	18.00	18.30	18.00
# 女性	千人	6.90	7.80	7.80	8.20
参加工伤保险的企业职工人数	千人	21.20	23.10	21.90	27.69
# 女性	千人	3.80	4.10	5.00	11.20

8－29 续表 2

指　　标	单 位	2011 年	2012 年	2013 年	2014 年
参加生育保险的企业职工人数	千人	12.93	12.93	11.90	15.64
#女性	千人	9.35	9.35	5.00	6.17
城镇企业职工生育保险覆盖率	%	98.60	98.60	98.60	99.00
农村社会养老保险投保人数	千人	13.48	136.00	165.00	169.00
#女性	千人	6.35	64.00	58.60	60.00
最低生活保障已保人数	千人	18.47	18.29	17.70	14.41
#城镇	千人	7.58	7.40	7.10	4.99
农村	千人	10.90	10.90	10.60	9.42
社会救济对象	千人	43.50	43.60	43.80	38.92
#城镇	千人	10.90	11.00	11.10	9.20
农村	千人	32.60	32.80	32.70	29.72
五、妇女参政议政					
人大代表	人	185	185	131	181
#女性	人	45	45	34	34
政协委员	人	194	194	212	213
#女性	人	81	81	80	81
县级党委领导班子中女干部配备率	%	100	200	100	100
县级政府领导班子中女干部配备率	%	0	0	0	0
乡级党委领导班子中女干部配备率	%	100	100	100	100
乡级政府领导班子中女干部配备率	%	100	100	100	100
公务员人数	千人	1.39	1.50	1.53	1.42
#女性	千人	0.23	0.57	0.60	0.36
村民委员会成员中女性比重	%	81.50	81.50	81.50	81.50
居民委员会成员中女性比重	%	82.50	82.50	82.50	82.50
六、保护妇女儿童的人身权利					
破获强奸案件数	件	5	2	7	3
破获拐卖妇女案件数	件	0	0	1	0
破获拐卖儿童案件数	件	0	0	0	0
破获组织、强迫、引诱、容留妇女卖淫案件数	件	0	0	0	0
七、生存环境和社会福利					
农村卫生厕所普及率	%	71.92	77.20	80.32	82.73
农村粪便无害化处理率	%	53.00	58.28	62.90	64.46
农村改水受益率	%	98.18	98.22	98.27	98.29
农村自来水普及率	%	61.73	62.67	63.13	63.52
城镇每万人口拥有社区服务设施数	个	48	0	0	0
城镇每万人口拥有便民利民网点数	个	62	0	0	0
农村社会保障服务网络覆盖率	%	100	100	100	100

8－30　乐安县妇女儿童基本情况

指　　标	单位	2011 年	2012 年	2013 年	2014 年
一、经济与人口					
人均地区生产总值	元	9611	11512	12628	13419
城镇居民人均可支配收入	元			16183	17723
农村居民人均可支配收入	元	3579	4091	5559	6219
国家财政性教育经费	万元	24595.00	38863.00	42011.00	42011.00
卫生经费	万元	13609.00	14514.00	18677.00	20020.00
人口总数	万人	36.88	37.14	37.76	38.51
#女性	万人	17.25	17.25	17.69	18.20
0－4 岁人口	千人	28.47	30.13	29.36	33.01
#女性	千人	11.87	12.56	13.92	15.04
育龄妇女人口(15－49 岁)	千人	78.49	81.65	83.45	104.90
人口自然增长率	‰	7.48	7.33	7.10	7.37
二、卫生保健					
婴儿死亡率	‰	3.05	3.04	3.93	2.38
5 岁以下儿童死亡率	‰	5.15	2.76	5.67	3.68
孕产妇死亡数	例	0	0	0	1
新生儿破伤风发病率	‰	0	0	0	0
5 岁以下儿童中、重度营养不良患病率	%	2.68	2.76	2.74	2.71
国家扩大免疫规划的疫苗接种率	%	99.90	99.95	99.60	99.76
卡介苗接种率	%	99.94	100	100	100
脊灰疫苗接种率	%	99.89	99.96	99.96	99.78
百白破三联制剂接种率	%	99.92	99.96	99.96	99.53
麻疹疫苗接种率	%	99.93	99.97	99.96	99.96
乙肝疫苗接种率	%	99.90	99.98	99.96	99.98
住院分娩率	%	99.67	99.71	99.82	100
农村孕产妇住院分娩率	%	99.14	99.21	100	100
农村高危孕产妇住院分娩率	%	100	100	100	100
非住院分娩中消毒接生率	%	100	100	100	100
孕妇产前医学检查率	%	90.11	91.47	88.40	88.62
孕产妇系统管理率	%	83.54	83.57	81.20	82.16
7 岁以下儿童保健管理率	%	91.08	92.11	84.00	84.88
婚前医学检查率	%	10.32	45.19	79.00	74.88
已婚育龄妇女综合避孕率	%	95.03	95.22	95.39	86.58
三、教育					
在园幼儿数	人	8285	10640	10054	10554
#男童	人	4321	5852	5265	5504
女童	人	3964	4788	4789	5050

8－30 续表 1

指　　标	单 位	2011 年	2012 年	2013 年	2014 年
小学适龄儿童净入学率	%	100	100	100	100
# 男生	%	100	100	100	100
女生	%	100	100	100	100
小学五年巩固率	%	100.00	100.00	99.98	99.98
# 男生	%	100.00	100.00	99.98	99.98
女生	%	100.00	100.00	99.98	99.98
小学学生辍学率	%	0	0	0	0.02
# 男生	%	0	0	0	0.02
女生	%	0	0	0	0.02
初中学生毛入学率	%	100.00	118.00	99.00	105.00
# 男生	%	100.00	112.00	99.50	105.00
女生	%	100.00	121.00	98.50	105.00
初中三年保留率	%	97.80	97.50	97.70	97.80
# 男生	%	98.50	98.70	98.00	98.50
女生	%	95.50	95.80	97.40	97.00
九年义务教育巩固率	%	98.62	98.80	98.50	99.50
# 男生	%	98.70	99.20	99.00	99.80
女生	%	98.54	96.00	98.50	99.30
普通中小学残疾儿童在校学生数	人	210	326	252	285
# 女生	人	95	107	108	112
高中学生毛入学率	%	72.00	72.00	64.45	72.50
# 男生	%	78.00	78.00	69.00	75.20
女生	%	65.00	68.00	60.00	70.20
成人识字率(15 岁及以上)	%	95.00	95.00	96.00	97.00
# 男性	%	97.00	97.00	97.00	98.00
女生	%	93.00	93.00	95.00	96.00
四、就业与社会保障					
全社会就业人员	千人	182.50	174.80	177.86	179.52
# 女性	千人	75.71	74.28	74.50	74.86
高级专业技术人员	人			632	639
# 女性	人			152	155
参加基本养老保险的职工人数	千人	22.92	35.97	22.92	33.33
# 女性	千人	10.32	14.39	11.56	18.33
参加基本医疗保险的职工人数	千人	28.01	28.10	28.04	28.07
# 女性	千人	11.32	11.33	11.22	9.82
参加失业保险的职工人数	千人	16.22	16.50	17.70	17.00
# 女性	千人	7.32	7.45	7.45	7.45
参加工伤保险的企业职工人数	千人	18.00	20.01	20.01	22.02
# 女性	千人	7.60	8.00	8.01	6.60

8－30续表2

指　　标	单位	2011年	2012年	2013年	2014年
参加生育保险的企业职工人数	千人	10.51	11.02	11.02	13.02
#女性	千人	3.12	3.21	3.21	3.33
城镇企业职工生育保险覆盖率	%	94.00	100.00	95.00	97.00
农村社会养老保险投保人数	千人	13.53	143.00	111.36	148.43
#女性	千人	6.70	72.36	50.11	71.25
最低生活保障已保人数	千人	19.92	19.68	19.38	18.46
#城镇	千人	8.11	7.77	7.64	6.97
农村	千人	11.81	11.91	11.74	11.49
社会救济对象	千人	20.05	20.37	20.38	20.40
#城镇	千人	2.85	2.87	2.88	2.90
农村	千人	17.20	17.50	17.50	17.50
五、妇女参政议政					
人大代表	人	192	190	190	190
#女性	人	40	47	47	47
政协委员	人	197	202	200	204
#女性	人	53	52	52	52
县级党委领导班子中女干部配备率	%	100	100	100	100
县级政府领导班子中女干部配备率	%	100	100	100	100
乡级党委领导班子中女干部配备率	%	53.33	46.67	53.33	53.33
乡级政府领导班子中女干部配备率	%	73.33	73.33	73.33	73.33
公务员人数	千人	1.50	1.09	1.48	1.42
#女性	千人	0.23	0.17	0.24	0.26
村民委员会成员中女性比重	%	19.10	19.10	19.10	21.30
居民委员会成员中女性比重	%	66.00	66.00	66.00	50.00
六、保护妇女儿童的人身权利					
破获强奸案件数	件	4	2	4	1
破获拐卖妇女案件数	件	0	0	1	0
破获拐卖儿童案件数	件	0	0	0	0
破获组织、强迫、引诱、容留妇女卖淫案件数	件	0	0	1	0
七、生存环境和社会福利					
农村卫生厕所普及率	%	61.32	62.37	69.33	69.79
农村粪便无害化处理率	%	59.91	60.17	60.85	61.03
农村改水受益率	%	96.02	96.07	96.09	96.21
农村自来水普及率	%	50.00	49.44	50.00	50.80
城镇每万人口拥有社区服务设施数	个	15	15	19	19
城镇每万人口拥有便民利民网点数	个	36	36	48	48
农村社会保障服务网络覆盖率	%	100	100	100	100

8－31　宜黄县妇女儿童基本情况

指　　标	单位	2011年	2012年	2013年	2014年
一、经济与人口					
人均地区生产总值	元	14324	18105	21679	23959
城镇居民人均可支配收入	元			17925	19658
农村居民人均可支配收入	元	6797	7742	8990	9969
国家财政性教育经费	万元	16069.00	23810.00	24144.00	27569.00
卫生经费	万元	7396.00	9176.00	10309.00	13203.00
人口总数	万人	22.98	23.23	23.18	23.88
#女性	万人	11.00	11.11	11.05	11.39
0－4岁人口	千人	16.28	15.27	14.30	15.30
#女性	千人	7.32	6.99	6.56	7.05
育龄妇女人口(15－49岁)	千人	66.48	66.24	65.63	65.07
人口自然增长率	‰	7.52	7.38	7.21	7.03
二、卫生保健					
婴儿死亡率	‰	7.32	7.94	5.23	2.38
5岁以下儿童死亡率	‰	10.98	13.89	9.97	2.65
孕产妇死亡数	例	1	1	1	1
新生儿破伤风发病率	‰	0	0	0	0
5岁以下儿童中、重度营养不良患病率	%	2.37	1.23	2.21	2.00
国家扩大免疫规划的疫苗接种率	%	93.00	94.00	95.00	98.56
卡介苗接种率	%	99.82	99.68	99.78	100
脊灰疫苗接种率	%	99.59	99.22	99.42	99.68
百白破三联制剂接种率	%	99.54	99.27	99.68	99.63
麻疹疫苗接种率	%	99.66	99.30	99.72	99.96
乙肝疫苗接种率	%	99.87	99.35	99.89	99.98
住院分娩率	%	99.67	99.72	99.78	100
农村孕产妇住院分娩率	%	99.67	99.72	99.98	100
农村高危孕产妇住院分娩率	%	100	100	100	100
非住院分娩中消毒接生率	%	100	100	100	100
孕妇产前医学检查率	%	91.95	83.97	91.96	92.62
孕产妇系统管理率	%	75.76	77.58	75.87	82.16
7岁以下儿童保健管理率	%	78.81	81.36	78.91	84.88
婚前医学检查率	%	77.29	79.13	80.00	79.88
已婚育龄妇女综合避孕率	%	99.94	99.95	99.95	99.96
三、教育					
在园幼儿数	人	6577	6579	6790	8780
#男童	人	3617	3620	3730	4689
女童	人	2960	2959	3060	3091

8-31 续表1

指　　标	单位	2011年	2012年	2013年	2014年
小学适龄儿童净入学率	%	100	100	100	100
#男生	%	100	100	100	100
女生	%	100	100	100	100
小学五年巩固率	%	100	100	100	99.98
#男生	%	100	100	100	99.98
女生	%	100	100	100	99.98
小学学生辍学率	%	0	0	0	0
#男生	%	0	0	0	0
女生	%	0	0	0	0
初中学生毛入学率	%	98.30	98.70	98.90	99.00
#男生	%	98.30	99.00	98.90	99.00
女生	%	98.00	98.40	98.90	99.00
初中三年保留率	%	97.50	98.00	98.00	98.23
#男生	%	97.50	98.50	98.00	98.56
女生	%	97.00	97.50	98.00	98.00
九年义务教育巩固率	%	97.50	98.00	98.00	99.53
#男生	%	98.00	98.50	98.00	99.70
女生	%	97.00	97.50	98.00	99.30
普通中小学残疾儿童在校学生数	人	115	90	93	108
#女生	人	42	21	25	34
高中学生毛入学率	%	81.50	82.00	84.00	84.50
#男生	%	84.50	83.00	82.00	82.30
女生	%	76.50	81.00	86.00	86.30
成人识字率(15岁及以上)	%	94.00	95.94	98.00	97.00
#男性	%	94.00	94.70	98.00	98.00
女生	%	93.00	93.43	98.00	96.00
四、就业与社会保障					
全社会就业人员	千人	133.13	133.98	141.21	147.85
#女性	千人	62.42	62.82	66.26	67.36
高级专业技术人员	人			396	385
#女性	人			96	90
参加基本养老保险的职工人数	千人	19.90	26.30	28.52	33.00
#女性	千人	8.98	9.78	10.49	18.33
参加基本医疗保险的职工人数	千人	44.80	42.00	56.02	23.12
#女性	千人	17.02	16.80	20.13	9.82
参加失业保险的职工人数	千人	12.20	12.20	16.20	17.00
#女性	千人	5.06	5.06	6.08	6.45
参加工伤保险的企业职工人数	千人	16.10	18.01	18.01	20.11
#女性	千人	4.78	7.20	7.20	5.80

8－31续表2

指　　标	单位	2011年	2012年	2013年	2014年
参加生育保险的企业职工人数	千人	8.10	8.62	8.62	13.02
#女性	千人	2.00	2.29	2.29	3.13
城镇企业职工生育保险覆盖率	%	100	100	100	100
农村社会养老保险投保人数	千人	8.64	100.38	88.00	118.23
#女性	千人	3.14	48.65	50.00	70.25
最低生活保障已保人数	千人	17.00	12.74	13.36	15.92
#城镇	千人	7.85	5.02	5.37	6.45
农村	千人	9.13	7.72	7.99	9.47
社会救济对象	千人	1.58	1.65	2.04	7.36
#城镇	千人	1.00	1.10	1.10	2.90
农村	千人	0.58	0.55	1.30	4.46
五、妇女参政议政					
人大代表	人	167	167	167	168
#女性	人	41	41	41	42
政协委员	人	156	156	160	156
#女性	人	39	39	39	39
县级党委领导班子中女干部配备率	%	100	100	100	100
县级政府领导班子中女干部配备率	%	100	100	100	100
乡级党委领导班子中女干部配备率	%	58.30	58.33	50.00	58.30
乡级政府领导班子中女干部配备率	%	66.70	58.33	58.33	58.30
公务员人数	千人	1.32	1.87	1.20	0.89
#女性	千人	0.27	0.36	0.40	0.15
村民委员会成员中女性比重	%	30.00	31.00	29.40	31.65
居民委员会成员中女性比重	%	80.00	88.00	77.00	88.10
六、保护妇女儿童的人身权利					
破获强奸案件数	件	3	5	2	3
破获拐卖妇女案件数	件	6	4	3	2
破获拐卖儿童案件数	件	0	0	0	0
破获组织、强迫、引诱、容留妇女卖淫案件数	件	2	0	0	0
七、生存环境和社会福利					
农村卫生厕所普及率	%	70.98	79.02	80.00	79.30
农村粪便无害化处理率	%	44.20	58.93	60.30	58.13
农村改水受益率	%	98.22	98.78	98.78	99.23
农村自来水普及率	%	90.00	97.22	99.22	72.16
城镇每万人口拥有社区服务设施数	个	8	8	10	83
城镇每万人口拥有便民利民网点数	个	30	33	33	48
农村社会保障服务网络覆盖率	%	100	100	100	100

8－32 金溪县妇女儿童基本情况

指　标	单位	2011年	2012年	2013年	2014年
一、经济与人口					
人均地区生产总值	元	14513	18158	20438	22491
城镇居民人均可支配收入	元			20168	22102
农村居民人均可支配收入	元	6991	8130	9399	10425
国家财政性教育经费	万元	20555.00	26739.00	30666.00	36129.00
卫生经费	万元	1970.00	4934.00	15370.00	17632.00
人口总数	万人	30.50	31.05	31.47	31.70
#女性	万人	14.48	14.80	14.88	14.90
0－4岁人口	千人	22.45	27.10	27.30	27.50
#女性	千人	9.16	11.60	11.68	11.80
育龄妇女人口(15－49岁)	千人	6.78	6.43	7.01	6.61
人口自然增长率	‰	7.28	7.16	7.21	7.12
二、卫生保健					
婴儿死亡率	‰	4.56	4.90	3.70	1.10
5岁以下儿童死亡率	‰	5.28	1.10	7.94	1.00
孕产妇死亡数	例	0	0	0	0
新生儿破伤风发病率	‰	0	0	0	0
5岁以下儿童中、重度营养不良患病率	%	0	0	0	0
国家扩大免疫规划的疫苗接种率	%	99.63	99.90	99.82	99.91
卡介苗接种率	%	99.96	99.98	99.96	99.97
脊灰疫苗接种率	%	99.90	99.91	99.89	99.91
百白破三联制剂接种率	%	99.90	99.90	99.86	99.90
麻疹疫苗接种率	%	97.88	99.91	99.44	99.89
乙肝疫苗接种率	%	99.96	99.97	99.94	99.96
住院分娩率	%	99.30	99.00	100	100
农村孕产妇住院分娩率	%	99.30	97.00	100	100
农村高危孕产妇住院分娩率	%	100	100	100	100
非住院分娩中消毒接生率	%	100	100	100	0
孕妇产前医学检查率	%	65.30	72.70	76.60	87.94
孕产妇系统管理率	%	61.70	75.00	68.60	87.23
7岁以下儿童保健管理率	%	64.00	82.00	75.40	70.01
婚前医学检查率	%	80.40	77.00	86.80	86.65
已婚育龄妇女综合避孕率	%	95.48	95.20	95.83	82.08
三、教育					
在园幼儿数	人	9081	9408	13799	13554
#男童	人	4976	5089	7589	7591
女童	人	4105	4319	6210	5963

8－32 续表 1

指　　标	单 位	2011 年	2012 年	2013 年	2014 年
小学适龄儿童净入学率	%	100	100	100	100
# 男生	%	100	100	100	100
女生	%	100	100	100	100
小学五年巩固率	%	100	100	100	100
# 男生	%	100	100	100	100
女生	%	100	100	100	100
小学学生辍学率	%	0	0	0	0
# 男生	%	0	0	0	0
女生	%	0	0	0	0
初中学生毛入学率	%	98.30	98.40	98.50	98.60
# 男生	%	97.80	98.60	98.60	98.70
女生	%	97.30	98.20	98.30	98.20
初中三年保留率	%	97.00	97.10	97.20	97.30
# 男生	%	98.00	98.20	98.20	98.30
女生	%	96.00	96.80	96.90	96.80
九年义务教育巩固率	%	96.40	96.70	96.80	96.80
# 男生	%	96.60	96.80	96.70	96.80
女生	%	96.20	96.50	96.60	96.50
普通中小学残疾儿童在校学生数	人	186	187	181	183
# 女生	人	92	93	95	96
高中学生毛入学率	%	88.00	88.60	88.70	88.70
# 男生	%	91.00	91.20	91.10	91.20
女生	%	87.00	87.30	87.40	87.30
成人识字率(15 岁及以上)	%	100	100	100	100
# 男性	%	100	100	100	100
女生	%	96.00	100	100	100
四、就业与社会保障					
全社会就业人员	千人	155.00	158.00	163.40	166.00
# 女性	千人	60.00	60.60	62.68	63.67
高级专业技术人员	人	374	375	383	394
# 女性	人	66	67	68	67
参加基本养老保险的职工人数	千人	22.90	24.46	25.10	30.59
# 女性	千人	14.01	14.67	15.10	18.09
参加基本医疗保险的职工人数	千人	24.80	25.00	25.90	26.23
# 女性	千人	10.00	11.00	12.00	12.00
参加失业保险的职工人数	千人	12.03	12.03	12.03	13.00
# 女性	千人	5.94	5.07	5.80	5.96
参加工伤保险的企业职工人数	千人	17.20	18.00	19.67	19.67
# 女性	千人	3.00	4.00	6.00	6.00

8－32 续表 2

指　　标	单 位	2011 年	2012 年	2013 年	2014 年
参加生育保险的企业职工人数	千人	10.00	11.00	14.83	14.83
# 女性	千人	4.00	5.00	5.60	5.60
城镇企业职工生育保险覆盖率	%	62.00	63.00	65.00	65.00
农村社会养老保险投保人数	千人	5.30	118.06	124.30	131.07
# 女性	千人	1.70	53.13	58.92	64.25
最低生活保障已保人数	千人	15.40	15.82	15.11	13.70
# 城镇	千人	5.45	5.87	5.15	3.74
农村	千人	9.95	9.95	9.96	9.96
社会救济对象	千人	1.43	1.50	1.55	1.81
# 城镇	千人	0.27	0.30	0.32	0.45
农村	千人	1.16	1.20	1.23	1.36
五、妇女参政议政					
人大代表	人	176	177	176	174
# 女性	人	72	42	42	41
政协委员	人	172	178	178	179
# 女性	人	41	42	43	43
县级党委领导班子中女干部配备率	%	100	100	0	0
县级政府领导班子中女干部配备率	%	100	100	0	0
乡级党委领导班子中女干部配备率	%	46.15	38.46	38.46	23.07
乡级政府领导班子中女干部配备率	%	76.92	76.92	46.15	53.84
公务员人数	千人	1.29	1.26	1.28	1.25
# 女性	千人	0.20	0.20	0.21	0.21
村民委员会成员中女性比重	%	15.60	16.00	16.00	15.40
居民委员会成员中女性比重	%	98.00	98.00	98.00	99.00
六、保护妇女儿童的人身权利					
破获强奸案件数	件	3	9	1	5
破获拐卖妇女案件数	件	0	4	0	0
破获拐卖儿童案件数	件	0	3	0	0
破获组织、强迫、引诱、容留妇女卖淫案件数	件	0	0	2	0
七、生存环境和社会福利					
农村卫生厕所普及率	%	70.22	78.49	83.09	83.46
农村粪便无害化处理率	%	47.43	61.21	62.81	66.18
农村改水受益率	%	98.82	98.62	98.92	99.05
农村自来水普及率	%	71.64	72.50	72.72	72.76
城镇每万人口拥有社区服务设施数	个	1	1	1	1
城镇每万人口拥有便民利民网点数	个	1	1	1	1
农村社会保障服务网络覆盖率	%	100	100	100	100

8－33 资溪县妇女儿童基本情况

指　　标	单位	2011 年	2012 年	2013 年	2014 年
一、经济与人口					
人均地区生产总值	元	17631	20074	23857	25882
城镇居民人均可支配收入	元			17214	18873
农村居民人均可支配收入	元	6839	7728	8879	9831
国家财政性教育经费	万元	13761.00	19000.00	22470.20	23074.00
卫生经费	万元	5540.00	6494.00	9563.00	10883.00
人口总数	万人	11.21	11.45	11.65	11.36
# 女性	万人	5.39	5.51	5.61	5.58
0－4 岁人口	千人	7.93	7.94	4.52	5.12
# 女性	千人	3.67	3.67	2.02	2.30
育龄妇女人口(15－49 岁)	千人	35.40	35.30	28.21	28.23
人口自然增长率	‰	7.38	7.30	7.18	6.84
二、卫生保健					
婴儿死亡率	‰	3.42	3.14	3.10	0
5 岁以下儿童死亡率	‰	5.12	7.08	4.13	2.44
孕产妇死亡数	例	0	0	0	0
新生儿破伤风发病率	‰	0	0	0	0
5 岁以下儿童中、重度营养不良患病率	%	0.25	0.57	0.53	0.65
国家扩大免疫规划的疫苗接种率	%	99.06	99.17	99.27	99.38
卡介苗接种率	%	100	99.80	95.60	96.50
脊灰疫苗接种率	%	99.56	99.70	97.20	97.80
百白破三联制剂接种率	%	99.56	99.70	95.40	95.60
麻疹疫苗接种率	%	100	99.87	95.00	95.50
乙肝疫苗接种率	%	98.67	99.21	97.60	97.80
住院分娩率	%	94.45	98.27	99.50	100
农村孕产妇住院分娩率	%	94.53	98.08	98.10	100
农村高危孕产妇住院分娩率	%	100	100	100	100
非住院分娩中消毒接生率	%	100	100	100	100
孕妇产前医学检查率	%	87.38	86.87	88.24	87.32
孕产妇系统管理率	%	75.83	69.15	78.10	86.02
7 岁以下儿童保健管理率	%	73.64	74.24	76.25	76.02
婚前医学检查率	%	72.98	76.64	84.00	80.00
已婚育龄妇女综合避孕率	%	93.10	93.23	93.31	85.89
三、教育					
在园幼儿数	人	2756	2727	2824	2842
# 男童	人	1432	1362	1548	1538
女童	人	1324	1365	1276	1304

8－33 续表 1

指　　标	单 位	2011 年	2012 年	2013 年	2014 年
小学适龄儿童净入学率	%	100	100	100	100
# 男生	%	100	100	100	100
女生	%	100	100	100	100
小学五年巩固率	%	100	100	100	100
# 男生	%	100	100	100	100
女生	%	100	100	100	100
小学学生辍学率	%	0	0	0	0
# 男生	%	0	0	0	0
女生	%	0	0	0	0
初中学生毛入学率	%	98.70	98.90	98.95	98.93
# 男生	%	98.90	99.10	99.20	99.18
女生	%	98.10	98.50	98.48	98.42
初中三年保留率	%	95.20	95.60	95.63	95.64
# 男生	%	95.30	95.70	95.80	95.81
女生	%	95.10	95.30	95.25	95.30
九年义务教育巩固率	%	95.60	95.80	95.84	95.83
# 男生	%	95.70	95.90	95.96	95.91
女生	%	95.50	95.70	95.68	95.64
普通中小学残疾儿童在校学生数	人	38	38	28	21
# 女生	人	22	22	16	10
高中学生毛入学率	%	81.60	81.60	81.80	81.70
# 男生	%	81.90	82.00	82.30	82.40
女生	%	80.40	80.80	80.60	80.30
成人识字率(15 岁及以上)	%	99.10	99.30	99.40	99.50
# 男性	%	99.20	99.40	99.48	99.46
女生	%	99.10	99.20	99.15	99.20
四、就业与社会保障					
全社会就业人员	千人	59.70	62.80	63.50	63.80
# 女性	千人	27.30	27.40	27.42	27.60
高级专业技术人员	人	143	147	152	206
# 女性	人	19	21	24	45
参加基本养老保险的职工人数	千人	17.60	17.96	20.93	21.53
# 女性	千人	7.86	7.90	12.56	8.66
参加基本医疗保险的职工人数	千人	11.06	11.00	11.00	11.01
# 女性	千人	3.23	3.24	3.36	3.25
参加失业保险的职工人数	千人	7.70	7.70	5.50	6.50
# 女性	千人	2.92	3.00	2.50	2.50
参加工伤保险的企业职工人数	千人	7.01	11.00	11.00	13.01
# 女性	千人	2.92	3.90	3.90	4.90

8－33 续表 2

指　　标	单 位	2011 年	2012 年	2013 年	2014 年
参加生育保险的企业职工人数	千人	2.23	2.23	2.23	6.11
# 女性	千人	0.66	0.66	0.66	2.49
城镇企业职工生育保险覆盖率	%	100	100	100	100
农村社会养老保险投保人数	千人	34.15	37.93	36.04	39.58
# 女性	千人	16.20	16.87	15.13	16.62
最低生活保障已保人数	千人	6.48	5.98	5.91	5.21
# 城镇	千人	2.00	1.67	1.69	1.55
农村	千人	4.48	4.31	4.22	3.66
社会救济对象	千人	7.11	6.76	6.59	5.75
# 城镇	千人	2.10	1.84	1.76	1.77
农村	千人	5.01	4.92	4.83	3.98
五、妇女参政议政					
人大代表	人	145	145	145	144
# 女性	人	44	44	44	43
政协委员	人	139	139	139	139
# 女性	人	30	30	30	30
县级党委领导班子中女干部配备率	%	100	100	100	0
县级政府领导班子中女干部配备率	%	100	100	100	0
乡级党委领导班子中女干部配备率	%	57.14	14.30	14.30	28.57
乡级政府领导班子中女干部配备率	%	100	85.70	57.00	71.43
公务员人数	千人	0.78	0.92	0.92	0.87
# 女性	千人	0.15	0.26	0.20	0.19
村民委员会成员中女性比重	%	32.30	32.30	32.30	34.10
居民委员会成员中女性比重	%	95.00	95.00	95.00	95.30
六、保护妇女儿童的人身权利					
破获强奸案件数	件	0	0	2	4
破获拐卖妇女案件数	件	0	0	0	0
破获拐卖儿童案件数	件	0	0	0	0
破获组织、强迫、引诱、容留妇女卖淫案件数	件	0	0	0	0
七、生存环境和社会福利					
农村卫生厕所普及率	%	81.96	82.00	82.30	82.50
农村粪便无害化处理率	%	54.61	55.00	55.10	65.00
农村改水受益率	%	98.88	99.90	99.90	99.00
农村自来水普及率	%	51.37	83.00	83.90	85.00
城镇每万人口拥有社区服务设施数	个	18	18	18	19
城镇每万人口拥有便民利民网点数	个	46	46	46	56
农村社会保障服务网络覆盖率	%	100	100	100	100

8－34　东乡县妇女儿童基本情况

指　标	单位	2011 年	2012 年	2013 年	2014 年
一、经济与人口					
人均地区生产总值	元	18857	22176	25511	28004
城镇居民人均可支配收入	元	16814	19325	22724	24942
农村居民人均可支配收入	元	8285	9495	11036	12163
国家财政性教育经费	万元	27438.50	29387.00	57216.00	62723.00
卫生经费	万元	12290.00	13056.00	15520.00	16742.00
人口总数	万人	46.31	46.86	47.06	48.20
# 女性	万人	21.76	22.00	22.06	22.66
0－4 岁人口	千人	27.86	27.87	27.86	27.87
# 女性	千人	10.90	10.90	10.90	10.91
育龄妇女人口(15－49 岁)	千人	116.92	116.91	116.90	116.92
人口自然增长率	‰	7.81	7.40	7.02	7.03
二、卫生保健					
婴儿死亡率	‰	4.06	3.03	2.70	1.41
5 岁以下儿童死亡率	‰	3.85	5.58	4.05	2.64
孕产妇死亡数	例	0	0	0	0
新生儿破伤风发病率	‰	0	0	0	0
5 岁以下儿童中、重度营养不良患病率	%	0.60	0.71	0.65	0.25
国家扩大免疫规划的疫苗接种率	%	98.30	98.50	93.40	98.79
卡介苗接种率	%	99.60	99.20	100	100
脊灰疫苗接种率	%	99.20	99.30	98.97	100
百白破三联制剂接种率	%	97.80	99.40	98.81	99.65
麻疹疫苗接种率	%	98.20	98.60	98.13	99.82
乙肝疫苗接种率	%	99.60	99.40	99.32	99.82
住院分娩率	%	98.70	99.86	99.90	100
农村孕产妇住院分娩率	%	95.00	99.78	99.87	100
农村高危孕产妇住院分娩率	%	100	100	100	100
非住院分娩中消毒接生率	%	100	100	100	100
孕妇产前医学检查率	%	97.00	97.85	96.39	92.41
孕产妇系统管理率	%	88.14	85.71	84.76	92.41
7 岁以下儿童保健管理率	%	84.74	86.78	88.12	88.87
婚前医学检查率	%	88.36	90.00	99.68	99.76
已婚育龄妇女综合避孕率	%	95.95	98.00	98.32	98.30
三、教育					
在园幼儿数	人	15274	15237	16947	17546
# 男童	人	8343	8446	9015	8860
女童	人	7485	6791	7932	8686

8－34 续表 1

指　　标	单 位	2011 年	2012 年	2013 年	2014 年
小学适龄儿童净入学率	%	100	100	100	100
# 男生	%	100	100	100	100
女生	%	100	100	100	100
小学五年巩固率	%	100	100	100	100
# 男生	%	100	100	100	100
女生	%	100	100	100	100
小学学生辍学率	%	0	0	0	0
# 男生	%	0	0	0	0
女生	%	0	0	0	0
初中学生毛入学率	%	131.77	131.97	132.10	131.80
# 男生	%	132.93	132.95	133.10	132.90
女生	%	130.51	130.64	131.21	131.40
初中三年保留率	%	99.15	99.25	99.31	99.32
# 男生	%	99.85	99.86	99.92	99.86
女生	%	99.01	99.20	99.40	99.24
九年义务教育巩固率	%	99.90	99.90	99.92	99.85
# 男生	%	99.90	99.90	99.92	99.93
女生	%	99.90	99.90	99.92	99.80
普通中小学残疾儿童在校学生数	人	203	273	308	312
# 女生	人	85	128	138	135
高中学生毛入学率	%	86.80	87.10	88.40	88.51
# 男生	%	89.10	89.40	90.11	90.14
女生	%	84.70	85.20	86.13	86.33
成人识字率(15 岁及以上)	%	100	100	100	100
# 男性	%	100	100	100	100
女生	%	100	100	100	100
四、就业与社会保障					
全社会就业人员	千人	218.60	222.51	224.84	226.12
# 女性	千人	99.87	100.06	103.62	101.54
高级专业技术人员	人	583	634	589	604
# 女性	人	88	88	230	81
参加基本养老保险的职工人数	千人	19.46	21.77	39.80	42.21
# 女性	千人	17.09	18.09	19.50	20.26
参加基本医疗保险的职工人数	千人	9.80	10.00	38.00	38.08
# 女性	千人	15.20	15.20	15.20	18.01
参加失业保险的职工人数	千人	9.50	9.67	9.86	9.93
# 女性	千人	2.76	3.22	3.30	3.42
参加工伤保险的企业职工人数	千人	7.31	8.00	8.20	32.09
# 女性	千人	11.60	11.60	11.60	15.01

8－34 续表 2

指　　标	单 位	2011 年	2012 年	2013 年	2014 年
参加生育保险的企业职工人数	千人	10.90	16.00	16.10	18.11
# 女性	千人	3.60	5.00	5.10	8.45
城镇企业职工生育保险覆盖率	%	80.00	90.00	91.00	92.00
农村社会养老保险投保人数	千人	2.67	162.30	168.40	174.38
# 女性	千人	1.01	74.66	82.45	85.77
最低生活保障已保人数	千人	8.51	8.53	22.37	21.66
# 城镇	千人	4.32	4.36	10.81	10.27
农村	千人	4.19	4.18	11.53	11.39
社会救济对象	千人	15.50	16.21	27.99	30.12
# 城镇	千人	4.23	4.35	13.46	14.03
农村	千人	11.27	12.44	14.61	16.09
五、妇女参政议政					
人大代表	人	198	198	198	198
# 女性	人	55	55	55	57
政协委员	人	208	208	208	242
# 女性	人	61	61	61	72
县级党委领导班子中女干部配备率	%	8.00	9.10	18.18	18
县级政府领导班子中女干部配备率	%	29.00	37.50	28.57	29
乡级党委领导班子中女干部配备率	%	53.85	53.85	41.18	46.15
乡级政府领导班子中女干部配备率	%	53.85	53.85	82.35	61.54
公务员人数	千人	1.75	1.84	1.75	1.71
# 女性	千人	0.27	0.30	0.30	0.29
村民委员会成员中女性比重	%	30.00	33.00	26.76	22.70
居民委员会成员中女性比重	%	54.50	57.40	57.40	70.45
六、保护妇女儿童的人身权利					
破获强奸案件数	件	4	1	0	0
破获拐卖妇女案件数	件	0	0	0	0
破获拐卖儿童案件数	件	0	0	0	0
破获组织、强迫、引诱、容留妇女卖淫案件数	件	0	0	0	0
七、生存环境和社会福利					
农村卫生厕所普及率	%	70.42	70.81	82.33	82.71
农村粪便无害化处理率	%	50.96	53.42	69.27	72.22
农村改水受益率	%	97.21	98.00	98.77	98.99
农村自来水普及率	%	72.40	73.45	82.42	84.37
城镇每万人口拥有社区服务设施数	个	2	2	2	2
城镇每万人口拥有便民利民网点数	个	2	2	2	2
农村社会保障服务网络覆盖率	%	100	100	100	100

8－35　广昌县妇女儿童基本情况

指　　标	单位	2011 年	2012 年	2013 年	2014 年
一、经济与人口					
人均地区生产总值	元	10725	14195	16255	19715
城镇居民人均可支配收入	元			17662	19361
农村居民人均可支配收入	元	3545	4108	5668	6553
国家财政性教育经费	万元	12320.00	26365.00	27722.00	30182.00
卫生经费	万元	7986.00	11049.00	13743.00	22790.00
人口总数	万人	24.20	24.50	24.60	24.94
#女性	万人	11.60	11.76	11.70	11.75
0－4 岁人口	千人	12.78	12.74	10.78	13.26
#女性	千人	5.53	5.60	4.56	5.67
育龄妇女人口(15－49 岁)	千人	5.10	5.24	5.45	5.19
人口自然增长率	‰	7.48	7.50	6.96	7.41
二、卫生保健					
婴儿死亡率	‰	3.33	2.86	2.96	1.61
5 岁以下儿童死亡率	‰	5.56	3.71	4.60	2.26
孕产妇死亡数	例	1	0	0	0
新生儿破伤风发病率	‰	0	0	0	0
5 岁以下儿童中、重度营养不良患病率	%	3.20	1.62	2.65	2.01
国家扩大免疫规划的疫苗接种率	%	99.69	99.56	99.60	99.78
卡介苗接种率	%	99.49	99.74	99.63	99.69
脊灰疫苗接种率	%	99.75	99.68	99.70	99.82
百白破三联制剂接种率	%	99.76	99.86	99.69	99.76
麻疹疫苗接种率	%	99.76	99.94	99.73	99.83
乙肝疫苗接种率	%	99.68	99.80	99.74	99.81
住院分娩率	%	98.06	98.63	99.93	99.94
农村孕产妇住院分娩率	%	98.06	98.63	99.93	99.94
农村高危孕产妇住院分娩率	%	100	100	100	100
非住院分娩中消毒接生率	%	100	100	100	100
孕妇产前医学检查率	%	95.33	94.55	88.25	87.98
孕产妇系统管理率	%	86.81	76.53	60.98	85.14
7 岁以下儿童保健管理率	%	76.96	80.07	66.47	83.18
婚前医学检查率	%	67.03	80.20	81.61	81.68
已婚育龄妇女综合避孕率	%	93.20	94.50	93.75	94.10
三、教育					
在园幼儿数	人	7287	7425	7557	5524
#男童	人	3798	3867	3987	3162
女童	人	3489	3558	3570	2362

8－35 续表1

指　　标	单位	2011年	2012年	2013年	2014年
小学适龄儿童净入学率	%	100	100	100	100
#男生	%	100	100	100	100
女生	%	100	100	100	100
小学五年巩固率	%	99.70	99.80	98.70	98.92
#男生	%	99.90	99.86	98.90	99.10
女生	%	99.40	99.45	98.50	98.73
小学学生辍学率	%	0.08	0.08	0.24	0.25
#男生	%	0.05	0.04	0.18	0.19
女生	%	0.11	0.04	0.57	0.49
初中学生毛入学率	%	101.50	101.60	112.70	112.50
#男生	%	101.80	101.40	112.80	112.60
女生	%	101.20	101.20	112.50	112.35
初中三年保留率	%	98.77	98.66	96.50	96.42
#男生	%	98.90	98.70	96.70	96.60
女生	%	98.20	98.60	96.40	96.34
九年义务教育巩固率	%	97.80	98.20	97.20	96.95
#男生	%	97.76	98.30	97.30	97.30
女生	%	96.35	97.80	97.09	96.60
普通中小学残疾儿童在校学生数	人	166	166	129	124
#女生	人	91	91	87	83
高中学生毛入学率	%	76.80	76.90	78.10	78.60
#男生	%	77.01	77.30	78.20	78.80
女生	%	76.02	76.90	79.70	78.80
成人识字率(15岁及以上)	%	98.65	98.40	98.50	98.50
#男性	%	99.03	98.60	98.70	98.70
女生	%	97.16	97.50	98.30	98.30
四、就业与社会保障					
全社会就业人员	千人	148.50	149.30	149.50	149.80
#女性	千人	60.90	61.20	61.70	61.86
高级专业技术人员	人	360	365	381	400
#女性	人	72	73	99	115
参加基本养老保险的职工人数	千人	21.02	22.00	23.00	28.80
#女性	千人	8.00	9.00	10.00	12.00
参加基本医疗保险的职工人数	千人	24.01	25.76	24.04	24.05
#女性	千人	5.60	5.74	8.28	8.87
参加失业保险的职工人数	千人	9.20	9.40	11.80	6.56
#女性	千人	1.80	2.00	2.14	2.32
参加工伤保险的企业职工人数	千人	14.01	14.32	16.00	19.00
#女性	千人	1.48	1.59	6.38	9.02

8－35 续表 2

指　　标	单 位	2011 年	2012 年	2013 年	2014 年
参加生育保险的企业职工人数	千人	8.51	9.55	9.09	9.10
# 女性	千人	1.40	3.04	3.40	3.45
城镇企业职工生育保险覆盖率	%	74.00	76.00	78.00	80.00
农村社会养老保险投保人数	千人	5.46	62.98	63.80	71.19
# 女性	千人	2.84	35.12	36.53	38.30
最低生活保障已保人数	千人	0.80	0.82	0.85	1.41
# 城镇	千人	0.32	0.33	0.35	0.54
农村	千人	0.48	0.49	0.50	0.87
社会救济对象	千人	10.40	10.50	10.60	9.60
# 城镇	千人	1.10	1.16	1.30	0.60
农村	千人	9.30	9.34	9.30	9.00
五、妇女参政议政					
人大代表	人	165	165	169	168
# 女性	人	39	39	40	37
政协委员	人	145	151	151	156
# 女性	人	37	38	38	34
县级党委领导班子中女干部配备率	%	100	100	100	100
县级政府领导班子中女干部配备率	%	100	100	100	0
乡级党委领导班子中女干部配备率	%	54.80	56.30	54.55	45.45
乡级政府领导班子中女干部配备率	%	82.90	83.10	81.82	100
公务员人数	千人	1.06	1.20	1.10	1.10
# 女性	千人	0.20	0.30	0.24	0.25
村民委员会成员中女性比重	%	23.00	24.00	24.00	24.60
居民委员会成员中女性比重	%	70.00	71.00	71.00	71.50
六、保护妇女儿童的人身权利					
破获强奸案件数	件	2	0	2	2
破获拐卖妇女案件数	件	0	0	0	0
破获拐卖儿童案件数	件	0	0	0	0
破获组织、强迫、引诱、容留妇女卖淫案件数	件	0	0	0	0
七、生存环境和社会福利					
农村卫生厕所普及率	%	76.20	85.37	84.28	84.28
农村粪便无害化处理率	%	42.00	50.90	62.45	62.45
农村改水受益率	%	95.00	99.44	99.69	99.79
农村自来水普及率	%	93.00	55.89	57.02	57.12
城镇每万人口拥有社区服务设施数	个	26	27	27	27
城镇每万人口拥有便民利民网点数	个	26	27	27	27
农村社会保障服务网络覆盖率	%	100	100	100	100

主要统计指标解释

科技活动 是指在所有科学技术领域内，即在自然科学、工程科学和技术、医药科学、农业科学、社会科学及人文科学中，与科学知识的产生、发展、传播和应用密切相关的全部的、有组织的、系统的科技活动。我们在这里统计的科技活动，是指包括科学研究和技术开发机构、科技情报与文献机构、全日制普通高等学校、工业企业（含国家高新技术产业开发区规模以上企业）、一、二级资质等级建筑企业、交通运输及邮电通信企业、农林牧渔企事业单位、地质勘查及水利管理企事业单位、医疗卫生机构、金融保险机构、计算机应用服务机构、广播电影电视企事业单位和工程设计单位在内的有组织的系统开展的科技活动。

自然科学技术人员 指已取得专业技术职称，或大学、中专的理、工、农、医科系毕业，以及国民经济各部门从工作实践中提拔，从事理、工、农、医、自然科学技术的研究、教学、生产（事业）技术方面工作的专业人员和在机关、企业、事业中从事科学技术业务管理工作的专业人员。

社会科学专业人员 系指已取得专业技术职称，或大学、中专的文科、师范、财经、政法、体育、艺术等系毕业，以及国民经济各部门从工作实践中提拔，从事文科、财经、政法、体育、艺术等社会科学技术研究、教学、专业技术方面工作的专业人员和机关、企业、事业中从事专业技术业务管理工作的专业人员。

研究与发展经费支出 指报告期内用于研究与实验发展课题活动（基础研究、应用研究、实验发展）的全部实际支出。包括用于研究与发展课题活动的直接支出，还包括间接用于研究与发展活动的一切支出（院、所管理费、维持院、所正常运转的必需费用和与研究发展有关的基本建设支出）。

工程技术人员 指在国民经济各行业从事工程技术工作的自然科学技术专业人员，包括：高级工程师、工程师、助理工程师、技术员和未评定职称的技术人员。

农业技术人员 指在国民经济各行业从事农业技术工作的自然科学技术专业人员，包括：高级农艺师、农艺师、助理农艺师、技术员和未评定职称的技术人员。

科学研究人员 指在国民经济各行业从事科学技术活动的自然科学技术专业人员，包括：正副研究员、助理研究员、研究实习员、技术员和未评定职称的技术人员。

卫生技术人员 指卫生事业机构支付工资的全部固定职工和合同制职工中现任职务为卫生技术工作人员。包括中医师、西医师、中西医结合高级医师、护师、中药师、西药师、检验师、其他技师、中医士、西医士、护士、助产士、中药剂士、西药剂士、检验士、其他技士、其他中医、护理员、中药剂员、西药剂员、检验员、其他初级卫生技术人员。

专业技术人员 指报告期内在专业技术岗位工作的或在管理岗位上工作具有专业技术职务（资格）的人员总数。

学前三年毛入园率 指学前教育在园人数占国家规定的年龄组人口数的比重。计算公式为：

$$学前三年毛入园率 = \frac{在园儿童数}{学前教育学龄人口数} \times 100\%$$

小学学龄儿童入学率 指调查范围内已入小学学习的学龄儿童占校内外学龄儿童总数（包括弱智儿童在内，但不包括盲聋哑儿童）的比重。计算公式是：

$$小学学龄儿童入学率 = \frac{已入学的小学学龄儿童数}{校内外小学学龄儿童总数} \times 100\%$$

物 价

9

PRICE

● 2014 年，居民消费价格比上年上涨 3.2%，其中服务项目价格指数上涨 1.7%，消费品价格指数上涨 3.7%。

● 2014 年，商品零售价格比上年上涨 2.7%，其中食品类上涨 5.3%，金银珠宝类下降 6.2%。

本篇章

资料整理

吴燕芬

9-1 居民消费价格指数

（2014年，以上年同期为100）

指　标	市区	指　标	市区
居民消费价格总指数	**103.2**	服装	101.9
非食品价格指数	**102.0**	衣着材料	102.5
服务项目价格指数	**101.7**	鞋袜帽	103.4
扣除鲜菜鲜果总指数	**102.7**	衣着加工服务	106.3
消费品价格指数	**103.7**	**四、家庭设备用品及维修服务**	**100.3**
一、食品	**105.3**	耐用消费品	100.8
粮食	104.2	室内装饰品	100.6
淀粉及制品	97.4	床上用品	97.6
干豆类及豆制品	109.4	家庭日用杂品	98.8
油脂	97.6	家庭服务及加工维修服务	103.7
肉禽及其制品	102.4	**五、医疗保健和个人用品**	**105.4**
蛋	99.2	医疗保健	108.1
水产品	103.5	个人用品及服务	100.4
菜	107.3	**六、交通和通讯**	**100.5**
#鲜菜	107.6	交通	100.8
调味品	103.8	通讯	100.2
糖	105.5	**七、娱乐教育文化用品及服务**	**102.7**
茶及饮料	100.2	文娱用耐用消费品及服务	99.4
干鲜瓜果	112.6	教育	103.4
糕点饼干面包	111.2	文化娱乐类	100.6
奶及奶制品	121.9	旅游	105.4
在外用膳食品	106.7	**八、居住**	**101.5**
其它食品及食品加工服务	101.3	建房及装修材料	104.7
二、烟酒	**100.4**	住房租金	101.7
烟草	100.3	自有住房	101.1
酒	100.6	水、电、燃料	100.3
三、衣着	**102.4**		

9-2 历年抚州市区

（以上同期

年 份	一月	二月	三月	四月	五月	六月
商品零售物价指数						
1992 年	105.4	111.6	114.6	116.3	105.0	109.1
1993 年	108.5	110.3	112.3	108.3	114.4	110.1
1994 年	114.7	115.1	115.7	118.3	116.8	121.4
1995 年	120.4	121.8	121.8	120.0	119.4	115.9
1996 年	107.9	111.5	106.6	105.6	105.8	107.9
1997 年	101.6	98.4	101.3	100.9	97.7	97.7
1998 年	97.6	100.9	101.1	98.5	101.1	99.8
1999 年	95.7	94.4	95.3	97.7	96.2	95.2
2000 年	99.9	104.7	102.9	99.2	100.2	101.6
2001 年	100.7	97.1	97.3	100.4	100.2	100.3
2002 年	98.9	101.0	99.2	98.4	98.7	97.4
2003 年	98.2	98.2	98.7	99.0	97.7	97.1
2004 年	100.8	100.7	102.3	103.4	105.1	105.2
2005 年	100.9	102.6	99.8	97.9	97.4	98.3
2006 年	99.9	98.9	99.1	100.2	100.6	101.5
2007 年	102.6	101.8	101.9	101.4	101.2	102.2
2008 年	105.2	108.2	107.3	100.8	10.5	105.6
2009 年	101.7	97.7	98.5	97.6	95.7	95.8
2010 年	98.4	99.7	99.9	102.0	102.7	102.6
2011 年	103.5	104.0	104.0	104.0	104.1	104.3
2012 年	104.9	103.3	103.2	102.7	101.9	100.9
2013 年	100.5	100.8	100.9	101.0	101.0	101.0
2014 年	102.7	102.8	102.9	102.8	102.9	103.0

商品零售物价指数

价格为100）

七月	八月	九月	十月	十一月	十二月
109.4	112.0	110.8	106.5	102.3	106.6
122.5	17.2	116.0	116.5	122.9	121.8
121.5	123.7	125.9	126.6	123.8	118.9
116.2	112.4	112.0	112.0	105.0	105.7
101.9	104.8	102.3	103.6	107.7	107.4
105.7	102.1	103.7	99.0	98.5	99.2
102.0	93.3	95.8	98.6	97.9	95.8
95.2	98.9	100.9	98.8	98.9	100.3
97.8	96.5	103.6	97.6	99.8	101.1
99.4	101.4	99.8	101.2	99.0	98.3
99.9	101.7	100.1	99.5	100.9	100.6
97.7	98.7	99.8	100.6	102.5	102.2
104.2	103.2	103.0	101.9	99.6	100.2
98.4	98.2	97.9	99.6	99.8	99.8
101.6	101.7	103.2	102.6	103.3	103.6
103.5	103.9	103.1	103.0	103.8	104.4
106.3	105.8	104.9	104.4	102.5	101.6
94.2	95.3	95.4	94.5	97.0	98.5
103.0	101.9	102.4	103.9	103.3	101.0
104.6	104.8	104.9	105.0	104.9	104.9
99.6	100.1	100.1	100.4	100.5	100.9
101.1	101.2	101.2	101.2	101.3	101.4
103.1	103.1	103.1	103.0	102.9	102.7

9－3 历年抚州市区

（以上同期

年 份	一月	二月	三月	四月	五月	六月
居民消费价格指数						
1992 年	105.2	110.9	113.7	115.4	105.0	108.8
1993 年	110.6	118.6	120.3	116.4	121.6	116.4
1994 年	122.6	122.7	117.9	120.2	117.8	124.4
1995 年	124.7	125.5	127.1	123.6	121.9	118.5
1996 年	109.0	112.6	105.8	105.4	106.2	108.1
1997 年	103.0	99.4	102.6	102.4	99.1	98.8
1998 年	97.2	101.3	101.4	98.0	100.6	99.6
1999 年	96.4	95.2	95.8	98.7	96.7	95.2
2000 年	100.4	105.0	103.9	100.0	100.0	102.8
2001 年	101.0	98.1	97.7	99.9	100.2	98.8
2002 年	98.6	99.3	99.5	99.5	99.7	99.5
2003 年	101.4	100.4	101.2	100.2	98.7	99.6
2004 年	102.0	103.0	104.4	105.6	107.2	107.2
2005 年	102.4	103.6	100.7	98.8	98.6	99.9
2006 年	101.1	100.3	99.9	100.7	100.3	101.1
2007 年	103.8	102.7	103.4	103.1	103.1	104.7
2008 年	106.2	108.8	108.7	108.3	108.6	107.2
2009 年	102.7	99.5	99.9	98.1	96.1	96.5
2010 年	99.0	100.5	101.1	103.5	104.3	103.5
2011 年	103.5	104.1	103.9	103.8	104.0	104.3
2012 年	105.7	103.7	104.1	103.5	102.7	101.7
2013 年	101.2	101.6	101.6	101.7	101.7	101.7
2014 年	103.0	103.2	103.3	103.2	103.4	103.5

居民消费价格指数

价格为100）

七月	八月	九月	十月	十一月	十二月
109.1	111.5	110.6	106.7	102.9	106.8
129.0	124.4	122.9	123.1	128.6	127.6
126.2	128.1	130.1	129.9	126.5	122.2
116.9	113.1	114.1	113.7	106.5	107.2
102.7	105.7	102.2	105.2	107.9	108.3
106.6	102.6	103.8	98.1	97.8	99.0
102.1	97.5	96.0	99.1	98.4	96.1
95.2	99.0	101.3	99.3	99.2	101.0
97.8	97.1	103.2	97.0	100.0	101.1
99.1	100.3	100.0	100.3	98.0	97.4
99.6	99.8	99.8	99.8	99.8	99.8
100.7	100.7	101.4	102.1	103.4	103.5
105.7	105.0	104.8	103.9	101.8	102.1
100.0	99.8	99.3	100.7	100.7	100.6
102.3	102.6	104.6	104.1	104.3	105.0
105.1	105.1	104.0	103.9	105.1	105.5
106.6	106.1	105.3	104.3	103.2	102.4
95.5	96.5	96.4	96.3	97.6	99.3
104.4	103.8	104.0	105.2	104.9	102.5
104.5	104.8	105.0	105.0	105.0	105.0
100.5	101.1	101.2	101.1	101.3	101.9
101.7	101.7	101.7	101.7	101.8	101.8
103.5	103.5	103.6	103.5	103.3	103.2

9－4　商品零售价格指数

（2014年，以上年同期价格为100）

指　标	市区	指　标	市区
商品零售价格总指数	**102.7**	文娱用耐用消费品	99.2
一、食品类	**105.3**	音像器材类	100.0
粮食	104.3	**六、文化办公用品**	**101.6**
#大米	102.6	**七、日用品**	**101.7**
淀粉及制品	97.4	日用百货	104.4
干豆类及豆制品	109.4	日用杂品	100.0
油脂	97.5	洗涤用品	99.1
肉禽及其制品	103.2	其他日用品	102.0
蛋	99.3	**八、体育娱乐用品**	**99.1**
水产品	103.2	体育用品	98.1
菜	107.4	娱乐用品	100.0
#鲜菜	107.6	**九、交通、通信用品**	**100.5**
调味品	103.8	交通运输机械	101.2
糖	105.4	通讯器材类	99.5
干鲜瓜果	112.8	**十、家具**	**106.0**
#鲜果	117.0	**十一、化妆品类**	**100.2**
糕点饼干面包	111.3	**十二、金银珠宝类**	**93.8**
奶及奶制品	121.9	**十三、中西药品及医疗保健用品类**	**108.5**
在外用膳食品	106.8	医疗器具及用品	100.8
其他食品	101.3	中药材及中成药	108.9
二、饮料、烟酒	**100.4**	西药	105.6
茶及饮料	100.2	保健器具及用品	121.3
烟草	100.3	**十四、书报杂志及电子出版物类**	**101.3**
酒	100.6	教材及参考书	101.1
三、服装、鞋帽类	**102.2**	书报杂志	100.7
服装	101.9	电子音像制品	103.2
鞋袜帽	103.0	**十五、燃料类**	**97.5**
其他	102.1	煤炭及制品类	88.3
四、纺织品类	**100.2**	石油及制品类	100.6
衣着材料	102.5	**十六、建筑材料及五金电料类**	**102.7**
床上用品	97.0	建筑装潢材料	103.0
五、家用电器及音像器材	**98.8**	五金电料类	100.1
家庭设备	98.4		

主要统计指标解释

价格总水平、价格总指数　商品价格是商品价值的货币表现，作为某一商品的价格，既看得见，也可用等量的货币进行交换。价格总水平是将所有商品价格用同度量因素加权计算出来的平均价格，反映一定地区、一定时期所有商品的总量指标，在数学形式上虽然表现为绝对数，可以用货币量进行表示，但比较抽象。

价格总指数则是将不同时期的价格总水平进行比较的结果，用以反映一定地区、一定时期所有商品价格的平均变动趋势和变动程度。

居民消费价格指数　是反映一定时期内城乡居民所购买的生活消费品价格和服务项目价格变动趋势和程度的相对数，是对城市居民消费价格指数和农村居民消费价格指数进行综合汇总计算的结果。该指数可以观察和分析消费品的零售价格和服务项目价格变动对城乡居民实际生活费支出的影响程度。

城市居民消费价格指数　是反映一定时期内城市居民家庭所购买的生活消费品价格和服务项目价格变动趋势和程度的相对数。该指数可以观察和分析消费品的零售价格和服务项目价格变动对城镇职工货币工资的影响，作为研究职工生活和确定工资政策的依据。

农村居民消费价格指数　是反映一定时期内农村居民家庭所购买的生活消费品价格和服务项目价格变动趋势和程度的相对数。该指数可以观察农村消费品的零售价格和服务项目价格变动对农村居民生活消费支出的影响，直接反映农民生活水平的实际变化情况，为分析和研究农村居民生活问题提供依据。

商品零售价格指数　是反映一定时期内城乡商品零售价格变动趋势和程度的相对数。商品零售价格的变动直接影响到城乡居民的生活支出和国家的财政收入，影响居民购买力和市场供需的平衡，影响到消费与积累的比例关系。因此，该指数可以从一个侧面对上述经济活动进行观察和分析。

农业生产资料价格指数　指反映一定时期内农业生产资料价格变动趋势和程度的相对数。其编制目的是了解农业生产中物质资料投入价格的变动状况，服务于国民经济核算。1994 年以前，农业生产资料价格指数仅仅是商品零售价格指数的一个类别，此后，从商品零售价格指数中分离出来，单独编制。

农产品生产价格指数　是反映一定时期内，农产品生产者出售农产品价格水平变动趋势及幅度的相对数。该指数可以客观反映全国农产品生产价格水平和结构变动情况，满足农业与国民经济核算需要。其中某代表品生产价格指数是通过对全部有出售该产品行为的调查单位的个体指数进行几何平均求得的，类价格指数是通过对其所属的类（或代表品）的价格指数进行加权平均求得的。季度累计价格指数的计算方法与分季指数的计算方法相同。

工业品出厂价格指数　是反映一定时期内全部工业产品出厂价格总水平的变动趋势和程度的相对数，包括工业企业售给本企业以外所有单位的各种产品和直接售给居民用于生活消费的产品。该指数可以观察出厂价格变动对工业总产值及增加值的影响。

原材料、燃料和动力购进价格指数　是反映工业企业作为生产投入，而从物资交易市场和能源、原材料生产企业购买原材料、燃料和动力产品时，所支付的价格水平变动趋势和程度的统计指标，是扣除工业企业物质消耗成本中的价格变动影响的重要依据。

目前，我国编制的原材料、燃料和动力购进价格指数所调查的产品包括燃料动力、黑色金属、有色金属、化工、建材等九大类的近1800种产品。

固定资产投资价格指数　是反映一定时期内固定资产投资品及项目的价格变动趋势和程度的相对数。固定资产投资额是由建筑安装工程投资完成额、设备工器具购置投资完成额和其他费用投资完成额三部分组成的。编制固定资产投资价格指数应首先分别编制上述三部分投资的价格指数,然后采用加权算术平均法求出固定资产投资价格总指数。

该指数可以准确地反映固定资产投资中涉及的各类投资品和取费项目价格变动趋势和变动幅度,消除按现价计算的固定资产投资指标中的价格变动因素,真实地反映固定资产投资的规模、速度、结构和效益,为国家科学地制定、检查固定资产投资计划并提高宏观调控水平,为完善国民经济核算体系提供科学的、可靠的依据。

房地产价格指数　是反映一定时期内房地产价格变动趋势和程度的相对数,包括房屋销售价格指数、房屋租赁价格指数、土地交易价格指数和物业管理价格指数。这四套指数的计算方法相似,均采用由下到上逐级汇总的方法。

财政、金融、保险 10

PUBLIC FINANCE,BANKING AND INSURANCE

- 2014 年，财政总收入 150.07 亿元，比上年增长 14.9%。
- 2014 年，财政支出 255.79 亿元，其中一般公共服务支出占 8.0%，社会保障和就业支出占 12.3%。

本篇章

资料整理

李建兵

10－1 财政收入

单位:万元

指 标	2013年	2014年	2014年比2013年增长(%)
财政总收入	**1305866**	**1500709**	**14.9**
公共财政预算收入	**1004770**	**1163784**	**15.8**
增值税	102905	205179	99.4
营业税	291226	254332	－12.7
企业所得税	59590	64890	8.9
个人所得税	12200	13069	7.1
资源税	20399	33995	66.7
城市维护建设税	32191	38948	21.0
房产税	15828	23481	48.4
印花税	6796	7237	6.5
城镇土地使用税	41625	53019	27.4
土地增值税	37461	53910	43.9
车船税	5061	6045	19.4
耕地占用税	70585	87893	24.5
契税	63036	60797	－3.6
烟叶税	7723	8621	11.6
非税收入	238144	252368	6.0
专项收入	22592	26771	18.5
行政性收费收入	155795	141166	－9.4
罚没收入	33087	42580	28.7
国有资源(资产)有偿使用收入	14047	22374	59.3
其他收入	12623	19477	54.3

10－2 财政支出

单位:万元

指　　标	2013 年	2014 年	2014 年比 2013 年增长(%)
公共财政预算支出	**2276705**	**2557888**	**12.4**
一般公共服务	**204352**	**203777**	**-0.3**
国　防	5595	4892	-12.6
公共安全	99668	114377	14.8
教　育	474946	512909	8.0
科学技术	23978	31291	30.5
文化体育与传媒	31826	37263	17.1
社会保障和就业	282692	313895	11.0
医疗卫生与计划生育	223078	268781	20.5
节能环保	69725	74031	6.2
城乡社区事务	109657	138402	26.2
农林水	369865	414368	12.0
交通运输	78239	52903	-32.4
商业服务业等	17388	21341	22.7
其他支出	27172	38659	42.3

10－3 公共财政预算收入明细情况

（2014年） 单位：万元

指标	数值	指标	数值
		十四、契税	**60797**
一、增值税	**205179**	**十五、烟叶税**	**8621**
国有企业增值税	5662	**十六、非税收入**	**252368**
集体企业增值税	52	**十七、专项收入**	**26771**
股份制企业增值税	59997	排污费收入	3143
港澳台和外商投资企业增值税	3313	水资源费收入	31
私营企业增值税	15591	教育费附加收入	22283
其他增值税	2991	探矿权、采矿权价款收入	1196
增值税税款滞纳金、罚款收入	80	公路运输管理费收入	
福利企业增值税退税	－533	水路运输管理费收入	
三线搬迁增值税退税		**十八、行政事业性收费收入**	**141166**
宣传文化单位增值税退税		# 公安行政事业性收费收入	1397
森工综合利用增值税退税	－644	民政行政事业性收费收入	2177
其他增值税退税		其他行政事业性收费收入	45352
免抵调增增值税	2302	**十九、罚没收入**	**42580**
二、营业税	**254332**	交通罚没收入	253
金融保险业营业税（地方）	21787	审计罚没收入	2156
一般营业税	231531	公安罚没收入	9544
营业税税款滞纳金、罚款收入	1014	检察院罚没收入	2014
三、企业所得税	**64890**	法院罚没收入	1182
四、个人所得税	**13069**	食品药品监督罚没收入	133
五、资源税	**33995**	卫生罚没收入	49
七、城市维护建设税	**38948**	税务部门罚没收入	102
八、房产税	**23481**	其他一般罚没收入	26952
九、印花税	**7237**	**二十、国有资本经营收入**	
# 其他印花税	7016	**二十一、产权转让收入**	
印花税税款滞纳金、罚款收入	221	**二十二、国有资源（资产）有偿使用收入**	**22374**
十、城镇土地使用税	**53019**	**二十三、利息收入**	**8479**
十一、土地增值税	**53910**	**二十四、非经营性国有资产收入**	**3159**
十二、车船税	**6045**	**二十五、行政单位国有资产出租、出借收入**	**1221**
十三、耕地占用税	**87893**	**二十六、其他收入**	**19477**

10－4 各县(区)财政收支

单位:万元

县(区)别	财政总收入			公共财政预算支出		
	2013 年	2014 年	2014 年比 2013 年增长(%)	2013 年	2014 年	2014 年比 2013 年增长(%)
抚 州 市	**1305866**	**1500709**	**14.9**	**2276705**	**2557888**	**12.4**
临 川 区	167686	190678	13.7	347880	400908	15.2
南 城 县	114929	130003	13.1	177038	202488	14.4
黎 川 县	86529	100379	16.0	156016	170801	9.5
南 丰 县	93180	105293	13.0	158238	179028	13.1
崇 仁 县	89522	101169	13.0	183559	195202	6.3
乐 安 县	52603	60605	15.2	172341	181151	5.1
宜 黄 县	68719	80007	16.4	118633	143029	20.6
金 溪 县	80616	91188	13.1	143908	168330	17.0
资 溪 县	60001	60001	0.0	100198	101166	1.0
东 乡 县	172312	200618	16.4	250868	280375	11.8
广 昌 县	70185	81300	15.8	141532	156436	10.5
高 新 区	84614	105059	24.2	63011	78904	25.2
市 本 级	164972	194409	17.8	263483	300070	13.9

10－5　各县(区)公共财政预算收入

单位:万元

县(区)别	2013 年	2014 年	2014 年比 2013 年增长(%)
抚 州 市	**1004770**	**1163784**	**15.8**
临 川 区	125819	151583	20.5
南 城 县	90500	99486	9.9
黎 川 县	69835	84206	20.6
南 丰 县	73728	86365	17.1
崇 仁 县	71934	79428	10.4
乐 安 县	42241	48218	14.1
宜 黄 县	53757	64473	19.9
金 溪 县	63088	71378	13.1
资 溪 县	50995	51511	1.0
东 乡 县	129946	147768	13.7
广 昌 县	49985	57931	15.9
高 新 区	57381	73767	28.6
市 本 级	125561	147670	17.6

10－6 乡镇财政基本情况

（2014年）

指　标	单位	数值	指　标	单位	数值
一、本年乡镇数	**个**	**152**	**六、乡镇财政供养人数**	**人**	**46291**
#实行"乡财县管"的乡镇数	个	152	1. 公共预算财政拨款开支人数	人	5282
二、乡镇财政机构数	**个**	**153**	2. 公共预算财政补助开支人数	人	41009
#财税所数	个		#教师	人	27257
三、已建立乡镇国库的乡镇数	**个**		**七、赤字乡镇个数**	**人**	**1**
四、税务所机构数	**个**	**78**	**八、乡镇年末总人口**	**万人**	**370**
国家税务所数	个	33	#城镇人口	万人	118
地方税务所数	个	45	#乡村人口	万人	252
#一乡(镇)一所数	个	10	**九、乡镇公共财政收入分档**		
五、乡镇财政所总人数	**人**	**667**	100万元(不含)以下的乡镇数	个	
1. 行政编制实有人数	人		100万元(含)－500万元的乡镇数	个	2
2. 事业编制实有人数	人	662	500万元(含)－1000万元的乡镇数	个	18
3. 以工代干人数	人	2	1000万元(含)以上的乡镇数	个	132
4. 集体财务人员人数	人	3	十、村民委员会个数	个	1807

10－7　金融机构信贷收支情况

单位:万元

指　　标	2013 年	2014 年	2014 年比 2013 年增长(%)
一、各项存款	**11112433**	**12643677**	**13.8**
单位存款	3619509	4101594	13.3
其中:活期存款	2377286	2548728	7.2
个人存款	7378470	8386101	13.7
储蓄存款	7300573	8326235	14.0
财政性存款	89015	128924	44.8
委托存款	224	379	69.2
其它存款	9438	10707	13.4
二、各项贷款	**5990828**	**7559238**	**26.2**
1、短期贷款	2484651	3131296	26.0
(1)个人贷款及透支	1121282	1489551	32.8
(2)单位普通贷款及透支	1261362	1590114	26.1
(3)银团贷款	67769	39053	-42.4
(4)贸易融资	34238	12578	-63.3
2、中长期贷款	3406316	4303540	26.3
(1)个人贷款	2334526	2982704	27.8
(2)单位普通贷款	824544	1070499	29.8
(3)银团贷款	247246	250337	1.3
3、票据融资	99530	120020	20.6
4、各项垫款	322	4379	1259.9

10－8 各县(区)各项贷款

单位:万元

县(区)别	2013 年	2014 年	2014 年比 2013 年增长(%)
抚州市	**5990828**	**7559238**	**26.2**
临川区	2487461	3326027	33.7
南城县	417872	465181	11.3
黎川县	288731	361127	25.1
南丰县	492664	578008	17.3
崇仁县	341295	406599	19.1
乐安县	270630	311151	15.0
宜黄县	268930	325064	20.9
金溪县	337055	470128	39.5
资溪县	187706	211578	12.7
东乡县	609250	767380	26.0
广昌县	289234	336993	16.5

10－9　各县(区)各项存款

单位:万元

县(区)别	2013 年	2014 年	2014 年比 2013 年增长(%)
抚 州 市	**11112433**	**12643677**	**13.8**
临 川 区	4424579	5078731	14.8
南 城 县	726798	846434	16.5
黎 川 县	574878	653838	13.7
南 丰 县	644929	701915	8.8
崇 仁 县	781773	858625	9.8
乐 安 县	837784	975009	16.4
宜 黄 县	491494	569714	15.9
金 溪 县	655593	741575	13.1
资 溪 县	351322	379489	8.0
东 乡 县	1028290	1177616	14.5
广 昌 县	594994	660731	11.0

10－10　抚州市保险机构(寿险)保险业务情况

(2014 年)　　单位:万元

单　位	寿险保费	意外险保费	健康险保费	保费合计
合　　计	**173466**	**8750**	**5752**	**187968**
中国人寿	51163	6909	1725	59797
新华人寿	23224	236		23460
太平洋寿险	9623	615	40	10279
平安寿险	5290	29	38	5357
太平人寿	9191	113	574	9879
泰康人寿	10352	57	80	10489
人保寿险	20686	653	947	22285
民生人寿	617			617
合众人寿	12734			12734
阳光人寿	2788	41	133	2961
生命人寿	22814			22814
人保健康	4984	97	2216	7297

10－11　抚州市保险机构(产险)保险业务情况

(2014 年)　　单位:万元

单位	企财保险费	机车险保费		意外险保费	责任险保费	其他险保费	保费合计
		交强险	商业险				
合　计	**1783**	**16772**	**51362**	**7284**	**2736**	**7635**	**87572**
人保财险	1204	7895	22629	6334	2186	7277	47525
大地财险	112	1105	4219	195	44	113	5789
天安产险	26	648	1665	154	98		2591
太平洋产险	140	1787	6262	122	239	165	8716
平安产险	18	1273	4285	76	6	37	5695
安邦产险		812	2100	22	16	1	2952
中国人寿产险	217	2435	7744	228	145	17	10786
阳光产险	66	818	2458	152	2	24	3519

主要统计指标解释

财政收入 指国家财政参与社会产品分配所取得的收入，是实现国家职能的财力保证。财政收入所包括的内容几经变化，目前主要包括：

（1）各项税收：包括增值税、营业税、消费税、土地增值税、城市维护建设税、资源税、城市土地使用税、企业所得税、个人所得税、关税、证券交易印花税、车辆购置税、农牧业税和耕地占用税等。

（2）专项收入：包括排污费收入、城市水资源费收入、矿产资源补偿费收入、教育费附加收入等。

（3）其他收入：包括利息收入、基本建设贷款归还收入、基本建设收入、捐赠收入等。

（4）国有企业亏损补贴：此项为负收入，冲减财政收入。主要包括对工业企业、商业企业、粮食企业的补贴。

财政支出 国家财政将筹集起来的资金进行分配使用，以满足经济建设和各项事业的需要，主要包括：

（1）基本建设支出：指按国家有关规定，属于基本建设范围内的基本建设有偿使用、拨款、资本金支出以及经国家批准对专项和政策性基建投资贷款，在部门的基建投资额中统筹支付的贴息支出。

（2）企业挖潜改造资金：指国家预算内拨给的用于企业挖潜、革新和改造方面的资金。

（3）地质勘探费用：指国家预算用于地质勘探单位的勘探工作费用，包括地质勘探管理机构及其事业单位经费、地质勘探经费。

（4）科技三项费用：指国家预算用于科技支出的费用，包括新产品试制费、中间试验费、重要科学研究补助费。

（5）支援农村生产支出：指国家财政支援农村集体（户）各项生产的支出。

（6）农林水利气象等部门的事业费用：指国家财政用于农垦、农场、农业、畜牧、农机、林业、森工、水利、水产、气象、乡镇企业的技术推广、良种推广（示范）、动植物（畜禽、森林）保护、水质监测、勘探设计、资源调查、干部训练等项费用，园艺特产场补助费，中等专业学校经费，飞播牧草试验补助费，营林机构、气象机构经费，渔政费以及农业管理事业费等。

（7）工业交通商业等部门的事业费：指国家预算支付给工交商各部门用于事业发展的人员和公用经费支出，包括勘探设计费、中等专业学校经费、技术学校经费、干部训练费。

（8）文教科学卫生事业费：指国家预算用于文化、出版、文物、教育、卫生、中医、公费医疗、体育、档案、地震、海洋、通讯、电影电视、计划生育、党政群干部训练、自然科学、社会科学、科协等项事业人员和公用经费支出以及高技术研究专项经费。主要包括工资、补助工资、福利费、离退休费、助学金、公务费、设备购置费、修缮费、业务费、差额补助费。

（9）抚恤和社会福利救济费：指国家预算用于抚恤和社会福利救济事业的经费。

（10）行政事业单位离退休支出：指实行归口管理的行政事业单位离退休经费。

（11）社会保障补助支出：指国家预算用于社会保障的补助支出，包括对社会保险基金的补助、促进就业补助、国有企业下岗职工补助、补充全国社会保障基金等。

（12）国防支出：指国家预算用于国防建设和保卫国家安全的支出，包括国防费、国防科研事业费、民兵建设以及专项工程支出等。

(13)行政管理费:包括行政管理支出,党派团体补助支出,外交支出,公安安全支出,司法支出,法院支出,检察院支出和公检法办案费用补助。

(14)政策性补贴支出:指经国家批准,由国家财政拨给用于粮棉油等产品的价格补贴支出。主要包括粮、棉、油差价补贴,平抑物价和储备糖补贴,农业生产资料价差补贴,粮食风险基金,副食品风险基金,地方煤炭风险基金等。

(15)债务利息支出:指国家预算中用于偿还国内外债务利息的支出。

中央财政收入和公共财政预算收入 指按现行分税制财政体制划分的中央本级收入和地方本级收入。1994年实行分税制财政体制以后,属于中央财政的收入包括关税、海关代征消费税和增值税,消费税,中央企业所得税,地方银行和外资银行及非银行金融企业所得税,铁道部门、各银行总行、各保险总公司等集中缴纳的营业税、利润和城市维护建设税,车辆购置税,船舶吨税,增值税的75%部分,证券交易税(印花税)94%部分,个人所得税中的利息所得税,利息所得税之外的个人所得税中央分享的部分,海洋石油资源税。属于地方财政的收入包括营业税,地方企业所得税,利息所得税之外的个人所得税地方分享的部分,城镇土地使用税,固定资产投资方向调节税,城镇维护建设税,房产税,车船使用税,印花税,屠宰税,农牧业税,农业特产税,耕地占用税,契税,土地增值税、国有土地有偿使用收入,增值税25%部分,证券交易税(印花税)6%部分和除海洋石油资源税以外的其他资源税。

中央财政支出和地方财政支出 指根据政府在经济和社会活动中的不同职责,划分中央和地方政府的责权,按照政府的责权划分确定的支出。中央财政支出包括国防支出,武装警察部队支出,中央级行政管理费和各项事业费,重点建设支出以及中央政府调整国民经济结构、协调地区发展、实施宏观调控的支出。地方财政支出主要包括地方行政管理和各项事业费,地方统筹的基本建设、技术改造支出,支援农村生产支出,城市维护和建设经费,价格补贴支出等。

基金预算收入 是按规定收取,转入或通过当年财政安排,由财政管理并具 有指定用途的政府性基金预算收入等。一般预算财政支出 是各级财政部门对集中的一般预算收入有计划地分配和 使用而安排的支出。

基金预算支出 是各级财政部门用基金预算收入安排的支出。

预算外资金收支 预算外资金是有关单位凭借国家权力或由国家授权而取得的没有纳入国家预算管理的财政性资金。其收入包括地方财政部门的各项附加收入,集中事业收入,专项收入等,事业行政单位的专用基金,经营性服务纯收入,行政事业性收费,专项资金,中小学勤工俭学收入,税收分成等。其支出包括固定资产投资支出,城市维护支出,福利奖励支出,行政事业支出等。

信贷资金 国家银行用于发放贷款的资金叫信贷资金。中国人民银行信贷资金的来源有各项存款、对国际金融机构负债、流通中货币、银行自有资金及当年结益等。信贷资金的运用有各种贷款、黄金占款、外汇占款、财政借款及在国际金融机构中的资产等。

存款 企业、机关、团体或居民根据可以收回的原则,把货币资金存入银行或其他信用机构保管并取得一定利息的一种信用活动开式。根据存款对象的不同可划分:企业存款、财政存款、机关团体存款、对外贸易存款、城乡居民储蓄存款、农村存款等科目。

城乡储蓄存款余额 城乡储蓄存款,包括城镇居储蓄存款和农民个人储蓄存款两部分。不包括居民的手存现金和工矿企业、部队、机关团包体等集团存款。储蓄存款余额,是指城乡居民存入银行及农村信用的时点数(存入数扣除取出的余额),如月末、季末或年末数额。

贷款 银行或其他信用机构根据必须归还的原则,按一定利率,为企业、个人等提从资金的一种信用活动形式。我国银行贷款,分流动资金贷款,中短期设备贷款以及农户贷款等科目。

货币供应量 某一时点一个国家流通中的货币量。它是分布在居民人中、信贷系统、企事业单位金库中的货币总计。货币供应量是影响宏观经济的一个重要变量。它同收入、消费、投资、价格、国际收支都有着极为重要的关系,是国家制定宏观经济政策的一个重要依据。社会总需求与总供给的均衡,从需求方面看,主要决定于货币供应量是否适度。

人们一般根据流动性的大小,将货币供应量划分不同的层次加以测量、分析和调控。实践中,各国对 M_0、M_1、M_2 的定义不尽相同,但都是根据流动性的大小来划分的,M_0 的流动性最强,M_1 次之,M_2 的流动性最差。

我国的三层次货币供应量

我国现阶段也是将货币供应量划分为三个层次,其含义分别是:

M_0:流通中现金,即在银行体系以外流通的现金;

M_1:狭义货币供应量,即 M_0 + 企事业单位活期存款;

M_2:广义货币供应量,即 M_1 + 企事业单位定期存款 + 居民储蓄存款。

在这三个层次中,M_0 与消费变动密切相关,是最活跃的货币。

M_1 反映居民和企业资金松紧变化,是经济周期波动的先行指标,流动性仅次于 M_0;

M_2 流动性偏弱,但反映的是社会总需求的变化和未来通货膨胀的压力状况,通常所说的货币供应量,主要指 M_2。

人民生活 11

PEOPLES LIVELIHOOD

● 2014 年，城镇居民人均可支配收入 23101 元，比上年增长 9.64%。

● 2014 年，农村居民人均可支配收入 10410 元，比上年增长 11.0%。

● 2014 年，城镇居民人均现住房总建筑面积 40.07 平方米，农村居民人均年末住房面积 51.6 平方米。

本篇章

资料整理

周　兵　黄开岚

许　谓

11-1 城镇住户基本情况

指　　标	单　位	抚州市	
		2013 年	2014 年
调查户数	户	390	390
家庭人口	人	1313	1317
就业人口	人	739	741
平均每户家庭常住人口数	人	3.1	3.0
平均每户就业人口数	人	1.9	1.9
平均每户就业率	%	61.29	63.33
平均每人每月家庭总收入	元	1892.0	2076.0
平均每人每月可支配收入	元	1756.0	1925.0
平均每人每月消费性支出	元	1029.0	1122.0
人均现住房总建筑面积	平方米/人	44.90	40.70
恩格尔系数	%	31.19	30.44
平均每百户拥有彩电	台	138	136
平均每百户拥有移动电话	部	194	196
平均每百户拥有空调	台	68	71

11－2　城镇住户居住情况

（2014 年）

指　　标	单　位	抚州市
一、现住房情况	—	
（一）人均住房建筑面积	平方米/人	40.7
（二）按居住空间样式分的户数比重	—	
单栋楼房	%	32.1
单栋平房	%	8.1
单元房	%	50.6
筒子楼或连片平房	%	9.1
其他	%	0.1
（三）按房屋来源分的户数比重	—	
租赁住房	%	10.6
自建住房	%	34.6
购买商品房	%	30.0
购买房改住房	%	16.8
购买保障性住房	%	0.4
拆迁安置房	%	0.5
继承或获赠住房	%	2.4
其他	%	4.6
（四）住房外道路为硬化路面的户比重	%	98.9
二、生活设施状况	—	
（一）饮用水状况	—	
主要饮用水来源	—	
经过净化处理的自来水	%	88.3
受保护的井水和泉水	%	5.6
不受保护的井水和泉水	%	5.7
江河湖泊水	%	
其他饮用水来源	%	0.4
（二）住宅内厕所状况	—	
水冲式卫生厕所	%	83.8
水冲式非卫生厕所	%	4.4
卫生旱厕	%	2.3
普通旱厕	%	4.4
无厕所	%	5.0
（三）主要炊用能源	—	
天然气、煤气、液化石油气	%	86.0
煤炭	%	0.4
电	%	6.4
沼气	%	
其他	%	7.2

11－3　城镇居民人均收支情况

（2014 年）　　单位:元

指　　标	抚州市	指　　标	抚州市
一、可支配收入	**23101.0**	**五、总支出**	**19411.4**
二、总收入（未扣除生产费用）	**24913.1**	（一）消费支出	13459.3
（一）工资性收入	15285.8	（二）生产经营费用支出	921.6
# 工资	13979.0	第一产业	212.9
其他	1290.5	第二产业	31.7
（二）经营性收入	3283.4	第三产业	677.0
（三）财产性收入	1343.7	（三）财产性支出	35.2
（四）转移性收入	5000.2	（四）转移性支出	758.5
# 养老金或离退休金	3611.9	个人所得税	1.6
社会救济和补助	186.5	社会保障支出	517.0
政策性生活补贴	24.6	# 个人交纳的养老保险	323.9
报销医药费	86.7	个人交纳的医疗保险	174.0
家庭外出从业人员寄回带回收入	210.3	个人交纳的失业保险	6.7
瞻养收入	467.9	其他社会保障支出	12.4
其他转移性收入	395.3	外来从业人员寄给家人支出	
三、非收入所得	**439.4**	赡养支出	92.6
出售资产所得	16.7	其他转移性支出	147.4
非经常性转移所得	413.3	（五）部分商业保险支出	36.9
其他非收入所得	9.4	（六）购置资产及非经常性转移支出	3438.8
四、借贷性所得	**168.7**	（七）借贷支出	761.3
# 提取存款	122.0	# 存入储蓄款	549.2

11－4 城镇居民人均可支配收入

（抚州市）

指　标	绝对数(元)		构成(%)	
	2013 年	2014 年	2013 年	2014 年
全年人均可支配收入	**21070**	**23101**	**100**	**100**
一、工资性收入	**13681**	**15286**	**64.93**	**66.17**
二、经营净收入	**2165**	**2193**	**10.28**	**9.49**
（一）第一产业	384	390	1.82	1.69
农业收入	356	361	1.69	1.56
林业收入	8	8	0.04	0.03
牧业收入	12	13	0.06	0.06
渔业收入	8	8	0.04	0.03
（二）第二产业	97	106	0.46	0.46
工业收入	17	19	0.08	0.08
建筑业收入	80	87	0.38	0.38
（二）第二产业	1684	1697	7.99	7.35
# 交通、运输、仓储和邮电业收入	521	561	2.47	2.43
批发和零售业收入	382	411	1.81	1.78
三、财产净收入	**1198**	**1312**	**5.69**	**5.68**
# 利息	65	78	0.31	0.34
四、转移净收入	**4026**	**4310**	**19.11**	**18.66**

11－5 抚州市城镇居民按五等份分组情况

（2014年）

指　标	单位	城镇低收入户	城镇中低收入户	城镇中等收入户	城镇中高收入户	城镇高收入户
一、调查户数	户	78	78	78	77	77
二、调查户常住人口	人	319	268	241	221	187
三、就业人口	人	207	179	145	140	125
四、平均每户人口	人	4.2	3.8	3.3	3.0	2.7
五、平均每户就业人口	人	2.7	2.3	1.9	1.8	1.6
六、平均每户就业率	%	64.8	66.7	60.3	63.1	67.1
七、6周岁及以上住户成员受教育程度	人	215	200	174	169	161
未上过学	人	4.0	3.0		1.0	5.0
小学	人	48	50	29	22	20
初中	人	118	99	87	57	33
高中	人	34	36	38	45	37
大学专科	人	7	9	15	27	46
大学本科	人	4	3	5	17	21
八、全部住户成员参加养老保险情况	人	249	231	195	191	183
新型农村社会养老保险	人	159	132	65	41	27
城镇职工基本养老保险	人	13	20	47	84	88
（城镇）居民社会养老保险	人	12	22	23	30	24
商业养老保险	人		1	2		2
其他养老保险	人	5	7	4	7	7
没有参加任何养老保险	人	60	50	55	29	35
九、平均每人可支配收入	元	7198	13981	19679	28569	43401
十、平均每人消费性支出	元	6382	7943	12432	14906	21240

11－6 抚州市城镇居民按五等份分组人均收支情况

（2014 年）

指 标	单位	城镇低收入户	城镇中低收入户	城镇中等收入户	城镇中高收入户	城镇高收入户
一、可支配收入	**元**	**7198**	**13981**	**19679**	**28569**	**43401**
（一）工资性收入	元	4135	7382	12756	18036	24584
# 工资	元	2533	5868	11315	16490	23629
（二）经营净收入	元	1602	3923	3112	3401	6119
第一产业	元	1308	1706	1515	59	911
第二产业	元	58	555	60	586	54
第三产业	元	237	1662	1537	2756	5155
（三）财产净收入	元	284	801	1124	1631	3604
（四）转移净收入	元	1177	1876	2687	5502	9095
二、消费支出	**元**	**6382**	**7943**	**12432**	**14906**	**21240**
（一）食品烟酒	元	2888	3593	4682	5525	7100
食品	元	2417	2928	3764	4505	5172
烟酒	元	299	439	345	432	803
饮料	元	37	38	49	43	77
饮食服务	元	135	188	523	545	1048
（二）衣着	元	328	579	808	1198	1922
（三）居住	元	1406	1917	2825	3646	5346
（四）生活用品及服务	元	425	400	515	1128	1446
（五）交通通信	元	406	469	1559	1043	2523
（六）教育文化娱乐	元	628	611	1017	1167	1322
教育	元	456	361	698	436	510
文化娱乐	元	172	249	319	731	813
（七）医疗保健	元	255	313	911	817	1051
（八）其他用品和服务	元	47	61	114	383	530

11－7 城镇居民平均每人每月生活消费支出情况

（2014 年） 单位:元

指 标	抚州市	指 标	抚州市
生活消费支出	**1121.6**	4、饮食服务	49.8
一、食品烟酒	**432.0**	# 在外饮食	47.7
1、食品	341.5	**二、衣着类**	**88.0**
谷物	48.6	衣类	71.1
食用油	18.2	鞋类	16.9
蔬菜和食用菌	60.5	**三、居住**	**256.1**
肉类	79.6	住房维修及管理	20.8
禽类	21.4	水电燃料及其他	69.7
水产品	26.7	**四、生活用品及服务**	**69.0**
蛋类	10.1	**五、交通通信**	**119.1**
奶类	16.4	交通	66.9
干鲜瓜果类	26.0	通信	52.3
糖果糕点类	9.9	**六、教育文化娱乐**	**89.1**
其他食品	14.3	教育	48.8
2、烟酒	36.9	文化娱乐	40.3
烟草	24.8	**七、医疗保健**	**46.8**
酒类	12.1	# 滋补保健品	3.2
3、饮料	3.8	**八、其他用品和服务**	**21.5**

11－8 城镇居民人均年生活消费支出及构成

（抚州市）

指　　标	绝对数(元)		构成(%)	
	2013 年	2014 年	2013 年	2014 年
生活消费支出	**12348**	**13459**	**100**	**100**
一、食品烟酒	**4816**	**5184**	**39.00**	**38.51**
粮食	703	702	5.69	5.22
食用油	213	218	1.72	1.62
蔬菜和食用菌	678	726	5.49	5.39
肉类	924	955	7.49	7.09
禽类	208	257	1.68	1.91
水产品	288	321	2.33	2.38
蛋类	104	121	0.84	0.90
奶类	189	197	1.53	1.46
干鲜瓜果类	263	312	2.13	2.32
烟酒	387	443	3.13	3.29
二、衣着类	**940**	**1056**	**7.61**	**7.84**
衣类	762	853	6.17	6.34
鞋类	178	203	1.44	1.51
三、居住	**2853**	**3073**	**23.11**	**22.83**
四、生活用品及服务	**735**	**828**	**5.95**	**6.15**
五、交通通信	**1246**	**1429**	**10.09**	**10.62**
交通	761	802	6.16	5.96
通信	485	627	3.93	4.66
六、教育文化娱乐	**1109**	**1069**	**8.98**	**7.95**
教育	672	586	5.44	4.35
文化娱乐	437	484	3.54	3.59
七、医疗保健	**431**	**562**	**3.49**	**4.17**
八、其他用品和服务	**218**	**258**	**1.76**	**1.92**

11-9 城镇居民平均每人购买主要消费品数量

（抚州市）

指　　标	单位	2013 年	2014 年
粮食	千克	79.69	75.87
食用植物油	千克	10.50	10.99
鲜菜	千克	72.73	83.39
猪肉	千克	20.66	21.19
牛羊肉	千克	1.35	1.57
家禽	千克	7.06	8.50
鲜蛋	千克	6.08	7.05
鱼	千克	9.95	10.59
白酒	千克	1.32	1.62
啤酒	千克	8.76	7.31
鲜瓜果	千克	32.21	32.00
糕点	千克	1.71	2.32
鲜奶	千克	5.95	6.85
电	度	451.50	491.00
水	吨	32.24	47.31
鞋	双	1.56	1.65
液化石油气	千克	34.51	30.82

11－10　抚州市城镇住户每百户年末主要消费品拥有量

（2014 年）

指　　标	单位	抚州市
摩托车	辆	23
阻力车	辆	50.5
家用汽车	辆	8.3
洗衣机	台	80.4
电冰箱(柜)	台	87
彩色电视机	台	135.8
家用电脑	台	50
组合音响	套	7.3
摄像机	架	0.7
照相机	架	16.2
中高档乐器	件	1.8
微波炉	台	36.2
空调器	台	71
热水器	台	85.7
# 太阳能热水器	台	19.8
消毒碗柜	台	3.9
洗碗机	台	1.1
健身器材	套	1
固定电话	部	31.8
移动电话	部	196.3
接入互联网的移动电话	部	69.6
接入有线电视网络的电视机	台	110
接入互联网的计算机	台	42.4

11－11　各县(区)城镇居民人均可支配收入

单位:元

县(区)别	2013 年	2014 年	2014 年比 2013 年	
			增加数	增长%
抚州市	21070	23101	2031	9.64
临川区	25504	28009	2505	9.82
南城县	22029	24183	2154	9.78
黎川县	18523	20293	1771	9.56
南丰县	21309	23321	2012	9.44
崇仁县	18861	20695	1833	9.72
乐安县	16183	17723	1539	9.51
宜黄县	17925	19658	1733	9.67
金溪县	20168	22102	1934	9.59
资溪县	17214	18873	1659	9.64
东乡县	22724	24942	2218	9.76
广昌县	17662	19361	1699	9.62

11－12　农村住户基本情况

（抚州市）

指　　标	单位	2013 年	2014 年
调查户数	**户**	**740**	**740**
平均每户家庭常住人口数	人	3.1	3.0
调查户整半劳动力	**人**	**1778**	**1781**
1、整劳动力	人	922	924
2、半劳动力	人	853	857
平均每户整半劳动力	人	2.4	2.4
整半劳动力占常住人口比重	%	69.5	70.9
平均每人每月家庭总收入	元	975.3	1122.9
平均每人每月可支配收入	元	781.3	867.5
平均每人每月消费性支出	元	503.2	556.5
人均现住房总建筑面积	平方米/人	50.1	51.6
恩格尔系数	%	35.2	33.6
平均每百户拥有彩电	台	126.3	130.5
平均每百户拥有移动电话	部	199.0	208.9
平均每百户拥有空调	台	17.1	21.2
平均每百户拥有电冰箱	台	73.7	76.9

11－13　农村住户居住情况

（2014年）

指　　标	单位	抚州市
一、现住房情况	—	
（一）人均住房建筑面积	平方米/人	51.6
（二）按居住空间样式分的户数比重	—	
单栋楼房	%	74.1
单栋平房	%	23.8
单元房	%	1.5
筒子楼或连片平房	%	0.4
其他	%	0.1
（三）按房屋来源分的户数比重	—	
租赁住房	%	0.8
自建住房	%	96.9
购买商品房	%	0.2
购买房改住房	%	0.3
购买保障性住房	%	0.4
拆迁安置房	%	
继承或获赠住房	%	1.4
其他	%	
（四）住房外道路为硬化路面的户比重	%	82.4
二、生活设施状况	—	
（一）饮用水状况	—	
主要饮用水来源	—	
经过净化处理的自来水	%	19.2
受保护的井水和泉水	%	39.2
不受保护的井水和泉水	%	38.0
江河湖泊水	%	0.3
其他饮用水来源	%	3.4
（二）住宅内厕所状况	—	
水冲式卫生厕所	%	33.2
水冲式非卫生厕所	%	12.7
卫生旱厕	%	3.4
普通旱厕	%	31.1
无厕所	%	19.7
（三）主要炊用能源	—	
天然气、煤气、液化石油气	%	30.5
煤炭	%	0.4
电	%	4.8
沼气	%	0.3
其他	%	64.0

11－14　农村居民人均收支情况

（2014年）　　单位:元

指　　标	抚州市	指　　标	抚州市
一、可支配收入	**10410.0**	**五、总支出**	**11013.1**
二、总收入(未扣除生产费用)	**13475.4**	(一)消费支出	6677.6
(一)工资性收入	2781.8	(二)生产经营费用支出	2701.5
# 工资	2084.3	第一产业	2324.1
其他	696.5	第二产业	125.9
(二)经营性收入	8474.3	第三产业	251.5
(三)财产性收入	98.3	(三)财产性支出	5.9
(四)转移性收入	2121.1	(四)转移性支出	186.4
# 养老金或离退休金	176.9	个人所得税	
社会救济和补助	25.2	社会保障支出	127.3
政策性生活补贴	2.8	# 个人交纳的养老保险	74.0
报销医药费	83.0	个人交纳的医疗保险	48.4
家庭外出从业人员寄回带回收入	1503.2	个人交纳的失业保险	
赡养收入	103.7	其他社会保障支出	4.9
其他转移性收入	81.5	外来从业人员寄给家人支出	7.1
三、非收入所得	**370.6**	赡养支出	9.0
出售资产所得	93.6	其他转移性支出	42.9
非经常性转移所得	275.2	(五)部分商业保险支出	24.1
其他非收入所得	1.9	(六)购置资产及非经常性转移支出	1022.6
四、借贷性所得	**279.3**	(七)借贷支出	395.0
# 提取存款	180.9	# 存入储蓄款	316.8

11－15　农村居民人均可支配收入

（抚州市）

指　标	绝对数(元)		构成(%)	
	2013年	2014年	2013年	2014年
全年人均可支配收入	**9376**	**10410**	**100**	**100**
一、工资性收入	**2382**	**2782**	**25.40**	**26.72**
二、经营净收入	**5113**	**5599**	**54.53**	**53.79**
(一)第一产业经营净收入	4120	4470	43.95	42.94
农业收入	3642	3744	38.85	35.96
林业收入	206	237	2.20	2.28
牧业收入	162	260	1.73	2.50
渔业收入	109	229	1.16	2.20
(二)第二产业经营净收入	272	413	2.90	3.97
工业收入	17	22	0.18	0.21
建筑业收入	255	391	2.72	3.76
(三)第三产业经营净收入	671	716	7.16	6.87
#交通、运输、仓储和邮电业收入	205	225	2.18	2.17
批发和零售业收入	230	259	2.45	2.49
三、财产净收入	**74**	**92**	**0.79**	**0.89**
#利息	19	22	0.20	0.21
四、转移性收入	**1807**	**1937**	**19.27**	**18.61**

11－16　农村居民平均每人每月生活消费支出情况

（2014 年）　　单位:元

指　　标	抚州市	指　　标	抚州市
生活消费支出	**556.5**	4、饮食服务	6.6
一、食品烟酒	**225.1**	# 在外饮食	6.1
1、食品	187.0	**二、衣着类**	**29.0**
谷物	36.9	衣类	22.3
食用油	11.9	鞋类	6.7
蔬菜和食用菌	31.4	**三、居住**	**137.6**
肉类	41.4	住房维修及管理	15.9
禽类	11.4	水电燃料及其他	36.7
水产品	9.9	**四、生活用品及服务**	**28.2**
蛋类	6.9	**五、交通通信**	**46.1**
奶类	10.6	交通	26.4
干鲜瓜果类	8.8	通信	19.6
糖果糕点类	3.1	**六、教育文化娱乐**	**47.5**
其他食品	6.6	教育	36.1
2、烟酒	28.0	文化娱乐	11.4
烟草	17.2	**七、医疗保健**	**33.9**
酒类	10.7	# 滋补保健品	0.8
3、饮料	3.6	**八、其他用品和服务**	**9.1**

11－17　农村居民人均年生活消费支出及构成

（抚州市）

指　　标	绝对数(元)		构成(%)	
	2013年	2014年	2013年	2014年
生活消费支出	**6038**	**6678**	**100**	**100**
一、食品烟酒	**2510**	**2701**	**41.57**	**40.45**
粮食	553	540	9.16	8.09
食用油	128	143	2.11	2.14
蔬菜和食用菌	415	377	6.87	5.65
肉类	441	497	7.31	7.44
禽类	101	137	1.67	2.05
水产品	107	118	1.77	1.77
蛋类	56	83	0.93	1.24
奶类	104	127	1.72	1.90
干鲜瓜果类	93	105	1.54	1.58
烟酒	289	336	4.78	5.02
二、衣着类	**284**	**348**	**4.70**	**5.22**
衣类	222	268	3.68	4.01
鞋类	62	81	1.02	1.21
三、居住	**1528**	**1651**	**25.31**	**24.72**
四、生活用品及服务	**331**	**339**	**5.48**	**5.07**
五、交通通信	**511**	**553**	**8.47**	**8.28**
交通	306	317	5.06	4.75
通信	205	236	3.40	3.53
六、教育文化娱乐	**448**	**570**	**7.43**	**8.53**
教育	345	433	5.71	6.48
文化娱乐	104	137	1.71	2.05
七、医疗保健	**297**	**407**	**4.91**	**6.09**
八、其他用品和服务	**129**	**109**	**2.13**	**1.63**

11－18　各县(区)农村居民人均可支配收入

单位:元

县(区)别	2013 年	2014 年	2014 年比 2013 年	
			增加数	增长%
抚州市	9376	10410	1034	11.03
临川区	11306	12531	1225	10.84
南城县	10575	11749	1174	11.10
黎川县	8945	9924	979	10.94
南丰县	14259	15688	1429	10.03
崇仁县	11307	12530	1223	10.82
乐安县	5559	6219	660	11.87
宜黄县	8990	9969	979	10.89
金溪县	9399	10425	1026	10.91
资溪县	8879	9831	952	10.72
东乡县	11036	12163	1127	10.21
广昌县	5668	6553	886	15.62

11－19 抚州市农村居民按五等份分组情况

（2014 年）

指标名称	单位	农村低收入户	农村中低收入户	农村中等收入户	农村中高收入户	农村高收入户
一、调查户数	**户**	**147**	**148**	**148**	**148**	**148**
二、调查户常住人口	**人**	**596**	**550**	**504**	**480**	**382**
三、就业人口	**人**	**392**	**370**	**345**	**329**	**298**
四、平均每户人口	**人**	**4.4**	**4.2**	**4.0**	**3.7**	**3.4**
五、平均每户就业人口	**人**	**2.7**	**2.5**	**2.3**	**2.2**	**2.0**
六、平均每户就业率	**%**	**65.8**	**67.3**	**68.4**	**68.5**	**78.1**
七、6 周岁及以上住户成员受教育程度	**人**	**564**	**518**	**469**	**453**	**359**
未上过学	人	23.0	32.0	27.0	23.0	9.0
小学	人	251	229	195	218	168
初中	人	224	192	188	149	134
高中	人	46	49	47	39	31
大学专科	人	12	9	9	13	9
大学本科	人	8	7	3	10	6
研究生	人				1	2
八、全部住户成员参加养老保险情况	**人**	**476**	**469**	**466**	**426**	**427**
新型农村社会养老保险	人	403	399	398	369	367
城镇职工基本养老保险	人	3	1	9	10	9
（城镇）居民社会养老保险	人	6	5	3	11	8
商业养老保险	人	1	1	2	5	2
其他养老保险	人	1	2		9	2
没有参加任何养老保险	人	63	62	54	26	41
九、平均每人可支配收入	**元**	**3514**	**6778**	**9781**	**13469**	**22617**
十、平均每人消费性支出	**元**	**4603**	**5670**	**6380**	**7735**	**10214**

11－22　农村居民平均每人主要实物消费量

（抚州市）

指　　标	单位	2013 年	2014 年
粮食	千克	231.56	193.35
蔬菜	千克	136.09	116.68
植物油	千克	9.82	10.06
动物油	千克	1.26	1.66
猪肉	千克	17.12	17.85
家禽	千克	5.25	6.27
蛋类	千克	5.57	6.51
水产品	千克	7.00	7.71
食糖	千克	0.42	0.47
酒	千克	17.00	18.50
奶和奶制品	千克	4.65	4.99
水果	千克	18.56	21.40

主要统计指标解释

可支配收入 指调查户在调查期内获得的、可用于最终消费支出和储蓄的总和,即调查户可以用来自由支配的收入。可支配收入既包括现金,也包括实物收入。按照收入的来源,可支配收入包含四项,分别为:工资性收入、经营净收入、财产净收入和转移净收入。计算公式为:

可支配收入=工资性收入+经营净收入+财产净收入+转移净收入

其中:经营净收入=经营收入-经营费用-生产性固定资产折旧-生产税

财产净收入=财产性收入-财产性支出

转移净收入=转移性收入-转移性支出

工资性收入 指就业人员通过各种途径得到的全部劳动报酬和各种福利,包括受雇于单位或个人、从事各种自由职业、兼职和零星劳动得到的全部劳动报酬和福利。

经营净收入 指住户或住户成员从事生产经营活动所获得的净收入,是全部经营收入中扣除经营费用、生产性固定资产折旧和生产税之后得到的净收入。计算公式具体为:

经营净收入=经营收入-经营费用-生产性固定资产折旧-生产税

财产净收入 指住户或住户成员将其所拥有的金融资产、住房等非金融资产和自然资源交由其他机构单位、住户或个人支配而获得的回报并扣除相关的费用之后得到的净收入。财产净收入包括利息净收入、红利收入、储蓄性保险净收益、转让承包土地经营权租金净收入、出租房屋净收入、出租其他资产净收入和自有住房折算净租金等。

转移净收入 计算公式为:转移净收入=转移性收入-转移性支出

转移性收入 指国家、单位、社会团体对住户的各种经常性转移支付和住户之间的经常性收入转移。包括政府、非行政事业单位、社会团体对居民转移的养老金或退休金、社会救济和补助、惠农补贴、政策性生活补贴、救灾款、经常性捐赠和赔偿以及报销医疗费等;住户之间的赡养收入、经常性捐赠和赔偿以及农村地区(村委会)在外(含国外)工作的本住户非常住成员寄回带回的收入等。

转移性支出 指调查户对国家、单位、住户或个人的经常性或义务性转移支付。包括缴纳的税款、各项社会保障支出、赡养支出、经常性捐赠和赔偿支出以及其他经常转移支出等。

消费支出 指住户用于满足家庭日常生活消费需要的全部支出,包括用于消费品的支出和用于服务性消费的支出。根据用途不同,消费支出可划分为食品烟酒、衣着、居住、生活用品及服务、交通通信、教育文化娱乐、医疗保健、其他用品及服务八大类。根据来源不同,消费支出可划分为现金消费支出、实物消费支出(含自产自用、来自单位、来自政府和其他社会组织)。

常住成员 指住户成员中,经常在家居住、或者调查期内居住时间超过一半的人员,以及本住户供养的学生。

恩格尔系数 指食物支出金额在消费性总支出金额中所占的比例。计算公式为:

$$恩格尔系数=\frac{食物支出金额}{消费性总支出金额}\times 100\%$$

五等份分组方法 是将城镇或农村调查户按户人均可支配收入由低到高排队,按20%,20%,20%,20%,20%的比例依次分成低收入户、中低收入户、中等收入户、中高收入户、高收入户。

城市建设及环境保护 12

CITY CONSTRUCTION AND ENVIRONMENTAL PROTECTION

●2014年,城市年末道路长度1466公里。
●2014年,城市绿化覆盖面积9031公顷。

本篇章

资料整理

梅 岩

12－1　城市设施水平

（2014 年）

县(区)别	人口密度（人/平方公里）	人均日生活用水量（升）	用水普及率（%）	燃气普及率（%）
抚州市	**5786**	**141.53**	**97.38**	**89.15**
临川区	4872	66.93	98.27	99.74
南城县	9593	125.20	95.99	69.99
黎川县	5576	132.58	93.78	98.73
南丰县	5400	140.06	99.07	88.33
崇仁县	7482	89.40	97.99	94.04
乐安县	7573	117.57	97.36	69.98
宜黄县	6641	60.00	96.53	90.06
金溪县	4664	125.81	95.11	80.02
资溪县	1060	159.45	97.80	97.48
东乡县	5186	182.45	96.21	84.96
广昌县	5920	159.20	95.05	87.95

县(区)别	人均道路面积（平方米）	排水管道密度（公里/平方公里）	人均公园绿地面积（平方米）	建成区绿地率（%）	建成区绿化覆盖率（%）
抚州市	**19.49**	**10.63**	**14.05**	**37.45**	**41.34**
临川区	5.98	6.17	9.40	41.39	45.18
南城县	18.12	9.61	17.58	40.17	45.08
黎川县	14.03	14.18	14.03	39.87	39.45
南丰县	19.03	9.47	9.26	35.84	38.16
崇仁县	26.78	8.46	10.25	33.64	34.02
乐安县	15.29	10.49	11.62	37.50	44.93
宜黄县	18.63	11.63	14.48	24.55	35.99
金溪县	18.68	7.71	12.18	39.43	45.00
资溪县	13.31	9.70	14.70	35.27	39.33
东乡县	20.85	6.93	14.28	30.14	33.25
广昌县	14.37	13.04	10.70	39.62	41.52

12－2 城市人口和建设用地

（2014年）

县(区)别	城区人口（万人）	城区面积（平方公里）	建成区面积	本年征用土地面积（平方公里）	耕地
抚州市	**162.99**	**303.29**	**191.96**	**16.67**	**3.96**
临川区	51.73	85.30	58.40	7.48	2.51
南城县	15.60	18.20	17.90	0.50	0.16
黎川县	9.10	17.00	9.38	0.67	
南丰县	9.40	20.00	14.10	2.62	0.62
崇仁县	16.20	23.99	16.11	2.38	0.39
乐安县	11.06	15.00	9.97		
宜黄县	8.86	15.60	11.01	0.04	0.02
金溪县	10.43	25.00	14.00	2.42	0.26
资溪县	3.00	30.00	4.70	0.05	
东乡县	18.96	38.20	28.49	0.51	
广昌县	8.65	15.00	7.90		

注：本表中城区人口系采用公安年报数。

县(区)别	城市建设用地面积（平方公里）								
	合计	居住用地	公共管理与公共服务用地	工业用地	仓储用地	商业服务业设施用地	交通设施用地	公用设施用地	绿地
抚州市	**189.59**	**55.38**	**17.36**	**40.46**	**7.41**	**14.74**	**20.12**	**8.98**	**25.14**
临川区	58.40	18.48	5.53	11.39	1.22	3.53	9.37	1.06	7.82
南城县	17.86	4.10	2.01	5.10	1.10	1.12	1.93	1.30	1.20
黎川县	9.38	2.81	0.55	2.43	0.27	0.59	0.98	0.26	1.49
南丰县	14.10	4.70	0.70	2.17	0.58	2.30	1.28	0.75	1.62
崇仁县	16.11	3.56	2.14	4.96	0.90	0.91	1.54	0.98	1.12
乐安县	9.97	3.10	1.25	1.99	0.25	0.51	0.22	1.61	1.04
宜黄县	10.34	2.41	0.75	2.28	0.81	0.63	0.18	0.32	2.96
金溪县	13.06	4.62	1.21	2.86	0.16	1.23	0.43	0.29	2.26
资溪县	4.15	1.45	0.33	0.09		0.36	0.11	0.31	1.50
东乡县	28.49	7.35	2.18	7.02	1.76	2.36	2.98	1.93	2.91
广昌县	7.73	2.80	0.71	0.17	0.36	1.20	1.10	0.17	1.22

12－3　城市(县城)市政公用设施建设固定资产投资综合表

(2014 年)　　单位:万元

县(区)别	本年完成投资	供水	燃气	道路桥梁	防洪
抚州市	**1239999**	**45658**	**27417**	**670103**	
临川区	511613	16830	3200	368529	
南城县	165700	8000	7800	90300	
黎川县	126869			27400	
南丰县	17815	1500		12921	
崇仁县	128840	8800		33440	
乐安县	78400	4800		44500	
宜黄县	17448	3278		8630	
金溪县	15791	2450	1000	6783	
资溪县	12466			4170	
东乡县	149110		9600	66000	
广昌县	15947		5817	7430	

县(区)别	排水	园林绿化	市容环境卫生		其他
				垃圾处理	
抚州市	**66145**	**269055**	**10895**	**8433**	**150726**
临川区	28691	69577	2273	2273	22513
南城县	12900	26700			20000
黎川县					99469
南丰县	1500				1894
崇仁县		78300	1800		6500
乐安县	1500	27600			
宜黄县	467	1883	3190	2860	
金溪县	3261	1615	332		350
资溪县	3526	4770			
东乡县	14300	55910	3300	3300	
广昌县		2700			

12－4　城市固定资产投资完成额(按资金来源分)

(2014 年)

县(区)别	合计	上年末结余资金	本年资金来源		
			小计	国家预算资金	国内贷款
抚州市	**1249939**	**5840**	**1244099**	**514258**	
临川区	512953	1340	511613	475783	
南城县	165700		165700	305	
黎川县	126869		126869		
南丰县	31620		31620	14410	
崇仁县	128840		128840		
乐安县	78400		78400	4800	
宜黄县	11150		11150	11150	
金溪县	16884	4500	12384	7810	
资溪县	12466		12466		
东乡县	149110		149110		
广昌县	15947		15947		

县(区)别	本年资金来源				各项应付款
	债券	利用外资	自筹资金	其他资金	
抚州市	**14410**	**37800**	**439576**	**238055**	**137193**
临川区		3000	2630	30200	
南城县		31000		134395	
黎川县			126869		126869
南丰县	14410	2800			
崇仁县			128840		
乐安县			21600	52000	
宜黄县					10324
金溪县		1000	1441	2133	
资溪县			9086	3380	
东乡县			149110		
广昌县				15947	

12－5　城市维护建设资金(财政性资金)收入

(2014 年)　　　　单位:万元

县(区)别	总计	城市维护建设税	公用事业附加费	中央预算资金	省级预算资金
抚州市	**669350**	**33442**	**5534**	**24375**	**35145**
临川区	210022	9790	572	6110	320
南城县	48652	1924	62	4665	675
黎川县	44020	1500	250	600	900
南丰县	17050	740	170		12450
崇仁县	79428	2567			
乐安县	57424	2188			
宜黄县	31260	625	210		
金溪县	32903	1813	40		
资溪县	9566	92	165		
东乡县	117622	9350	3840	1000	2800
广昌县	21403	2853	225	12000	18000

县(区)别	市政公用设施配套费	市政公用设施有偿使用费	垃圾处理费	土地出让转让收入	其他收入
抚州市	**20935**	**8847**	**1583**	**478681**	**2975**
临川区	3161	2347	678	149961	
南城县	430	370	148	42123	
黎川县	550	860	80	40000	
南丰县	460	790	173	12605	
崇仁县				33137	
乐安县				55236	
宜黄县	178	730	65	18960	
金溪县	420	240		30390	
资溪县	125	61	4	9119	2900
东乡县	15275	2579	386	70031	75
广昌县	336	870	49	17119	

12－6 城市维护建设资金（财政性资金）支出

（2014 年）　　单位：万元

县（区）别	总计	按用途分				
		城乡社区规划与管理	市政公用行业市场监管	市政公用设施建设维护与管理	风景名胜区规划与保护	其他支出
抚州市	**404036**	**35358**	**16513**	**158342**	**8231**	**185592**
临川区	48867	666	5779	16062		26360
南城县	129854	2341	2794	2678	790	121251
黎川县	29400	2900	2500	20000	4000	
南丰县						
崇仁县	8204			8204		
乐安县	57424			57424		
宜黄县	33296	13796	4630	5057	2583	7230
金溪县	16390	15200	380	520	290	
资溪县	12449	51	13	12080	140	165
东乡县	16857	184	352	15867	428	26
广昌县	51295	220	65	20450		30560

12－7　城市市容环境卫生

（2014 年）

县(区)别	道路清扫保洁面积（万平方米）	生活垃圾				粪便清运量（万吨）	公厕数（座）		市容环卫专用车辆总数（台）
		清运量（万吨）		简易处理				三类以上	
			密闭车（箱）清运量	处理能力（吨/日）	处理量（万/吨）				
抚 州 市	**2547**	**62.22**	**54.32**	**890**	**28.25**	**0.21**	**491**	**379**	**186**
临 川 区	1090	19.31	19.31	650	19.31		194	175	64
南 城 县	285	5.10	5.10	140	5.10		39	6	15
黎 川 县	135	3.85		100	3.85		26	26	6
南 丰 县	221	4.24	4.24				33	33	9
崇 仁 县	116	5.48	5.48				28	11	11
乐 安 县	101	4.07					13		15
宜 黄 县	115	4.24	4.24				26	26	17
金 溪 县	129	4.38	4.38				33	15	13
资 溪 县	72	1.04	1.04				7	1	12
东 乡 县	174	7.46	7.46				68	62	9
广 昌 县	109	3.07	3.07			0.21	24	24	15

12－8　城市园林绿化

（2014 年）

县(区)别	绿化覆盖面积（公顷）	建成区	园林绿地面积（公顷）	建成区	公园绿地面积（公顷）	公园个数（个）	公园面积（公顷）
抚 州 市	**9031**	**7937**	**7701**	**7188**	**2466**	**102**	**2335**
临 川 区	3102	2739	2519	2515	893	26	853
南 城 县	807	807	719	719	307	5	258
黎 川 县	425	370	481	374	133	14	123
南 丰 县	548	538	525	505	100	11	105
崇 仁 县	558	548	549	542	184	6	164
乐 安 县	464	448	406	374	132	5	132
宜 黄 县	401	396	324	270	150	6	151
金 溪 县	1080	630	637	552	142	5	179
资 溪 县	185	185	168	166	47	5	54
东 乡 县	992	947	947	859	283	14	227
广 昌 县	469	328	426	313	95	5	89

12－9 城市市政设施

(2014 年)

县(区)别	道路长度(公里)	道路面积(万平方米)	人行道面积	桥梁数(座)	立交桥	路灯盏数(盏)	安装路灯的道路长度(公里)	城市照明总用电量(万千瓦时)	城市照明装灯总功率(千瓦)
抚州市	**1466**	**3420**	**941**	**159**	**3**	**141048**	**1179.2**	**4032**	**12600**
临川区	451	1117	278	27	3	61355	433	1248	4207
南城县	163	316	99	15		19200	87	420	980
黎川县	95	133	70	5		7860	74.1	460	1555
南丰县	76	206	56	5		4500	44	215	555
崇仁县	134	481	124	4		6010	90	256	720
乐安县	75	174	31	14		3717	52	180	455
宜黄县	57	193	47	8		4857	49	208	577
金溪县	101	218	78	18		13472	78	306	1041
资溪县	34	42	10	12		5751	33.5	139	527
东乡县	224	413	117	33		9520	184.6	415	1479
广昌县	55	128	32	18		4806	54	185	504

12－10 城市燃气(液化石油气)

(2014 年)

县(区)别	储气能力(吨)	供气总量合计(吨)	家庭用量	用气户数(户)	家庭用户	用气人口(万人)
抚州市	**2490**	**50073**	**46704**	**242951**	**212353**	**126.34**
临川区	637	23356	23356	65500	65500	31.20
南城县	100	2142	2140	26400	26400	12.22
黎川县	315	908	868	26921	4812	7.36
南丰县	142	1150	1150	9000	9000	9.54
崇仁县	136	1985	1497	16510	12572	16.88
乐安县	100	539	539	5900	5900	7.95
宜黄县	140	1805	1260	16850	12830	9.33
金溪县	400	13600	11500	33600	33300	9.33
资溪县	45	1703	1517	9982	9751	3.10
东乡县	175	2416	2407	26738	26738	11.62
广昌县	300	470	470	5550	5550	7.81

12－11 城市供水(全社会供水)

(2014 年)

县(区)别	综合生产能力(万立方米/日)	供水管道长度(公里)	供水总量(万立方米)				
			合计	生产运营水	公共服务用水	居民家庭用水	其它用水
抚州市	**50.80**	**2008.46**	**13615.28**	**1728.07**	**2004.49**	**6814.05**	**939.78**
临川区	21.00	551.78	5375.00	456.00	522.00	2843.00	543.00
南城县	4.00	167.00	1060.00	97.00	140.00	620.00	64.00
黎川县	2.50	181.50	540.70	28.00	138.00	292.20	28.00
南丰县	2.50	120.00	825.00	95.00	225.00	322.00	83.00
崇仁县	3.00	183.00	705.40	29.00	204.00	370.00	22.00
乐安县	2.50	78.70	679.35	110.25	49.35	425.25	22.05
宜黄县	2.30	103.00	571.00	292.00	49.00	170.00	10.00
金溪县	3.00	122.80	834.75	131.25	68.25	441.00	42.00
资溪县	1.50	47.50	316.00	10.80	32.40	148.40	16.20
东乡县	6.00	242.81	1859.08	386.27	370.00	899.27	22.30
广昌县	2.50	210.37	849.00	92.50	206.49	282.93	87.23

县(区)别	售水量(万立方米)	免费供水量(万立方米)	用水户数(户)		用水人口(万人)
				家庭用(户)	
抚州市	**11386**	**89.55**	**427084**	**401753**	**169.87**
临川区	4364	5.00	129318	119164	54.17
南城县	921	26.00	22624	20570	16.76
黎川县	486		28629	27470	8.89
南丰县	725	10.00	33740	32040	10.70
崇仁县	625	2.40	41308	40090	17.59
乐安县	607	3.15	19844	18875	11.06
宜黄县	421		21113	20521	9.00
金溪县	683	15.75	28017	27340	11.09
资溪县	208	0.20	14887	13259	3.11
东乡县	1678		59673	56871	19.06
广昌县	669	27.05	27931	25553	8.44

12－12　工业污染排放及处理利用情况

（2014年）

指　标	单位	实际	指　标	单位	实际
一、企业基本情况			(3)六价铬	千克	8759.03
1.汇总工业企业数	个	634	(4)铅	千克	387.42
2.工业总产值(现价)	亿元	368.14	(5)砷	千克	417.58
3.城镇人口	万人	182.67	(6)挥发酚	千克	1388.20
4.工业锅炉数	台	300	(7)氰化物	千克	2020.36
5.工业炉窑数	座	426	(8)化学需氧量	吨	23309.82
二、工业废水			(9)石油类	吨	66.73
1.工业用水总量	万吨	7341.84	(10)氨氮	吨	524.04
#新鲜水量	万吨	3973.70	7.工业废水中污染物排放量		
重复用水量	万吨		(1)汞	千克	0.10
2.废水治理设施数	套	3368	(2)镉	千克	9.93
3.废水治理设施处理能力	万吨/日	19.61	(3)六价铬	千克	92.32
4.废水治理设施设备运行费用	万元	8660.80	(4)铅	千克	127.40
5.工业废水排放量	万吨	2924.48	(5)砷	千克	120.24
#直接排入环境的	万吨	2673.50	(6)挥发酚	千克	625.20
排入污水处理厂的	万吨	250.44	(7)氰化物	千克	43.08
6.工业废水中污染物产生量			(8)化学需氧量	吨	6205.14
(1)汞	千克	0.41	(9)石油类	吨	14.96
(2)镉	千克	21.10	(10)氨氮	吨	253.23

12－12 续表

指　标	单位	实际	指　标	单位	实际
三、工业废气			(4)铅	千克	2667.36
1. 煤炭消费总量	万吨	113.74	(5)砷	千克	11.60
# 燃料煤消费量	万吨	99.65	(6)总铬	千克	
焦炭消费量	万吨	0.34	(7)烟(粉)尘	吨	34414.95
2. 燃料油消费量(不含车船用)	万吨	1222.59	(8)氮氧化物	吨	3583.83
3. 工业废气排放总量	亿立方米	611.91	(9)二氧化硫	吨	19708.17
4. 废气治理设施数	套	441	四、工业固体废物		
# 脱硫设施数	套	34	1. 工业固体废物生产量	万吨	112.94
脱硝设施数	套	1	2. 工业固体废物综合利用量	万吨	100.77
除尘设施数	套	367	# 综合利用往年贮存量	万吨	
5. 废气治理设施处理能力	万立方米/时	1733.95	3. 工业固体废物处置量	万吨	2.47
# 脱硫设施处理能力	千克/时	24131.34	# 处置往年贮存量	万吨	0.00
脱硝设施处理能力	千克/时	450.00	4. 工业固体废物贮存量	万吨	9.69
除尘设施处理能力	千克/时	333800.35	5. 工业固体废物倾倒丢弃量	万吨	0.01
6. 废气治理设施设备运行费用	万元	7931.60	6. 危险废物产生量	万吨	0.66
7. 工业废气中污染物产生量			7. 危险废物综合利用量	万吨	0.20
(1)汞	千克		# 综合利用往年贮存量	万吨	0.00
(2)镉	千克	3.60	送外单位综合利用量	万吨	0.19
(3)六价铬	千克		# 送持证单位综合利用量	万吨	0.19
(4)铅	千克	2667.36	8. 危险废物处置量	万吨	0.30
(5)砷	千克	11.60	# 处置往年贮存量	万吨	0.00
(6)总铬	千克		送外单位处置量	万吨	0.29
(7)烟(粉)尘	吨	140680.04	# 送持证单位处置量	万吨	0.29
(8)氮氧化物	吨	3583.83	9. 危险废物贮存量	万吨	0.17
(9)二氧化硫	吨	23791.14	10. 危险废物倾倒丢弃量	万吨	0.00
8. 工业废气中污染物排放量			11. 危险废物内部年综合利用/处置能力	万吨	0.32
(1)汞	千克				
(2)镉	千克	3.60	五、补充资料:污水排放口数	个	
(3)六价铬	千克		直排海的污水排放口数	个	

主要统计指标解释

供水综合生产能力 指按供水设施取水、净化、送水、出厂输水干管等环节设计能力计算的综合生产能力。包括在原设计能力的基础上，经挖、革、改增加的生产能力。计算时，以四个环节中最薄弱的环节为主确定能力。

年末供水管道长度 指从送水泵至用户水表之间所有管道的长度。不包括新安装尚未使用、水厂内以及用户建筑物内的管道。

全年供水总量 指报告期供水企业（单位）供出的全部水量。包括有效供水量和漏损水量。

生活用水量 包括公共服务用水和居民家庭用水。公共服务用水指为城市社会公共生活服务的用水。包括行政事业单位、部队营区和公共设施服务、社会服务业、批发零售贸易业、旅馆饮食业以及其他公共服务业等单位的用水。居民家庭用水指城市范围内所有居民家庭的日常生活用水。包括城市居民、农民家庭、公共供水站用水。

用水普及率 指城市用水人口数与城市人口总数的比率。计算公式：

$$\text{用水普及率}=\frac{\text{城市用水人口数}}{\text{城市人口总数}}\times 100\ \%$$

供气管道长度 指报告期末从气源厂压缩机的出口或门站出口至各类用户引入管之间的全部已经通气投入使用的管道长度。不包括煤气生产厂、输配站、液化气储存站、灌瓶站、储配站、气化站、混气站、供应站等厂（站）内的管道。

全年供气总量 指全年燃气企业（单位）向用户供应的燃气数量。包括销售量和损失量。

燃气普及率 指报告期末使用燃气的城市人口数与城市人口总数的比率。计算公式为：

$$\text{燃气普及率}=\frac{\text{城市用气人口数}}{\text{城市人口总数}}\times 100\ \%$$

年末道路长度 指年末道路长度和与道路相通的桥梁、隧道的长度，按车行道中心线计算。在统计时只统计路面宽度在3.5米（含3.5米）以上的各种铺装道路，包括开放型工业区和住宅区道路在内。

城市排水管道长度 指所有排水总管、干管、支管、检查井及连接井进出口等长度之和。

城市污水日处理能力 指污水处理厂（或污水处理装置）每昼夜处理污水量的设计能力。

年末运营车数 指年末城市用于公共交通运营业务的全部车辆数。新购、新制和调入的运营车辆，自投入之日起开始计算；调出、报废和调作他用的运营车辆，自上级主管机关批准之日起不再计入。

城市绿地面积 指报告期末用作园林和绿化的各种绿地面积。包括公园绿地、生产绿地、防护绿地、附属绿地和其他绿地的面积。

公园绿地 城市中向公众开放的以游憩为主要功能，有一定的游憩设施和服务设施，同时兼有健全生态、美化景观，防灾减灾等综合作用的绿化用地。包括综合公园，社区公园、专类公园、带状公园和街旁绿地。其中综合公园、专类公园和带状公园面积之和为公园面积。

清扫保洁面积 指报告期末对城市道路和公共场所（主要包括城市行车道、人行道、车行隧道、人行过街地下通道、道路附属绿地、地铁站、高架路、人行过街天桥、立交桥、广场、停车场及其他设施等）进行清扫保洁的面积。一天清扫多次的，按清扫保洁面积最大的一次计算。

每万人拥有公共交通车辆 指报告期末城区内每万人平均拥有的公共交通车辆标台数。计算公式：

$$\text{每万人拥有公共交通车辆}=\frac{\text{公共交通运营车标台数}}{\text{城市人口总数}}\times 100\ \%$$

工业粉尘排放量 指企业在生产工艺过程中排放的能在空气中悬浮一定时间的固体颗粒物排放量。如钢铁企业的耐火材料粉尘、焦化企业的筛焦系统粉尘、烧结机的粉尘、石灰窑的粉尘、建材企业的水泥粉尘等。不包括电厂排入大气的烟尘。

工业固体废物产生量 指报告期内企业在生产过程中产生的固体状、半固体状和高浓度液体状废弃物的总量，包括危险废物、冶炼废渣、粉煤灰、炉渣、煤矸石、尾矿、放射性废物和其他废物等；不包括矿山开采的剥离废石和掘进废石（煤矸石和呈酸性或碱性的废石除外）。酸性或碱性废石指采掘的废石其流经水、雨淋水的 pH 值小于 4 或 pH 值大于 10.5 者。

危险废物 指列入国家危险废物名录或根据国家规定的危险废物鉴别标准和鉴别方法认定的，具有爆炸性、易燃性、易氧化性、毒性、腐蚀性、易传染疾病等危险特性之一的废物。

工业固体废物综合利用量 指报告期内企业通过回收、加工、循环、交换等方式，从固体废物中提取或者使其转化为可以利用的资源、能源和其他原材料的固体废物量（包括当年利用往年的工业固体废物贮存量），如用作农业肥料、生产建筑材料、筑路等。综合利用量由原产生固体废物的单位统计。

工业固体废物综合利用率 指工业固体废物综合利用量占工业固体废物产生量（包括综合利用往年贮存量）的百分率。计算公式为：

$$\text{工业固体废物综合利用率}=\frac{\text{工业固体废物综合利用量}}{\text{工业固体废物生产量}+\text{综合利用往年贮存量}}\times 100\%$$

工业固体废物贮存量 指报告期内企业以综合利用或处置为目的，将固体废物暂时贮存或堆存在专设的贮存设施或专设的集中堆存场所内的数量。专设的固体废物贮存场所或贮存设施必须有防扩散、防流失、防渗漏、防止污染大气、水体的措施。

工业固体废物处置量 指报告期内企业将固体废物焚烧或者最终置于符合环境保护规定要求的场所，并不再回取的工业固体废物量（包括当年处置往年的工业固体废物贮存量）。处置方式有填埋（其中危险废物应安全填埋）、焚烧、专业贮存场（库）封场处理、深层灌注、回填矿井及海洋处置（经海洋管理部门同意投海处置）等。

工业固体废物排放量 指报告期内企业将所产生的固体废物排到固体废物污染防治设施、场所以外的数量，不包括矿山开采的剥离废石和掘进废石（煤矸石和呈酸性或碱性的废石除外）。

生活垃圾清运量 指报告期内收集和运送到垃圾处理厂（场）的生活垃圾数量。生活垃圾指城市日常生活或为城市日常生活提供服务的活动中产生的固体废物以及法律行政规定的视为城市生活垃圾的固体废物。包括：居民生活垃圾、商业垃圾、集市贸易市场垃圾、街道清扫垃圾、公共场所垃圾和机关、学校、厂矿等单位的生活垃圾。

生活垃圾无害化处理率 指报告期生活垃圾无害化处理量与生活垃圾产生量比率。在统计上，由于生活垃圾产生量不易取得，可用清运量代替。计算公式为：

$$\text{生活垃圾无害化处理率}=\frac{\text{生活垃圾无害化处理量}}{\text{生活垃圾产生量}}\times 100\%$$

省、市、县基本情况 13

BASIC STATISTICS OF PROVINCE AND COUNTIES

- 2014 年，全省共设 11 市，11 个县级市，70 个县，19 个区。
- 2014 年，全省生产总值 15709 亿元，增长 9.7%，抚州市生产总值在 11 设区市中位居第 7 位。
- 2014 年，全省土地面积 166933 平方公里，人口密度 272 人/平方公里，抚州市土地面积 18799 平方公里，人口密度 212 人/平方公里。

本篇章

资料整理

张家佳　付海龙

13－1　江西省国民经济主要指标

指　　标	单位	2007 年	2008 年	2009 年	2010 年	2011 年	2013 年	2014 年	2014 年比 2013 年增长（%）
年末总人口	万人	4400	4432	4462	4488	4504	4522	4542	0.4
年平均人口	万人	4384	4416	4447	4475	4496	4513	4532	0.4
年末就业人数	万人	2405	2445	2499	2533	2556	2589	2603	0.6
生产总值	亿元	6480	7589	9451	11584	12948	14339	15709	9.7
第一产业	亿元	1060	1098	1207	1391	1520	1636	1684	4.7
第二产业	亿元	3415	3890	5123	6592	6967	7671	8388	11.1
第三产业	亿元	2005	2601	3121	3600	4461	5031	5637	8.8
农业总产值	亿元	1681	1734	1901	2207	2399	2578	2727	4.8
规模以上工业增加值	亿元	2324	2611	3102	3911	4885	5756	6834	11.8
轻工业	亿元	790	877	1073	1242	1640	1995	2472	12.7
重工业	亿元	1533	1734	2029	2669	3245	3761	4362	11.3
全社会固定资产投资总额	亿元	4739	6642	8772	11020	11389	12866	15110	17.6
财政收入（含上交中央两税）	亿元	817	929	1227	1645	2046	2357	2680	13.7
财政支出	亿元	1208	1549	1923	2535	3019	3470	3882	11.9
社会消费品零售总额	亿元	2142	2484	2956	3485	4027	4551	5129	12.7
商品零售价格总指数（以上年为 100）	%	106	99	103	105	102	102	101	-0.3
居民消费价格总指数（以上年为 100）	%	106	99	103	105	103	103	102	2.3
职工年平均工资	元	21000	24696	29092	34055	39651	43582	47299	8.5
城镇居民人均可支配收入	元	12866	14022	15481	17495	19860	21873	24309	9.9
农村居民人均可支配收入	元	4697	5075	5789	6892	7828	8781	10117	11.3
城乡居民储蓄存款年末余额	亿元	4166	5093	6113	7153	8503	9759	10826	10.9

13－2　抚州市与江西省人均主要指标对比

（2014 年）

指　　标	单　位	抚州市	江西省
人均生产总值	元	26119	34661
人均财政总收入	元	3781	5914
人均公共财政预算收入	元	2932	4151
人均地方税收收入	元	2296	3047
人均农业总产值	元	7889	6016
人均规模以上工业增加值	元	7941	15078
人均固定资产投资额	元	24115	32384
人均社会消费品零售总额	元	9560	11317
人均出口总额	美元	388	707
人均外商直接投资额	美元	63	187
人均利用省外实际进资	元	8382	10018
人均居民储蓄本外币存款	元	20981	23834
城镇居民人均可支配收入	元	23101	24309
农村居民人均可支配收入	元	10410	10117

13－3 抚州市主要经济指标在江西省的份额

(2014 年)

指　　标	单　位	抚州市	江西省	抚州占江西(%)
生产总值(GDP)	亿元	1037	15709	6.6
第一产业	亿元	173.74	1684.00	10.3
第二产业	亿元	534.89	8388.00	6.4
# 工业	亿元	443.35	6995.00	6.3
第三产业	亿元	328.14	5637.00	5.8
规模以上工业增加值	亿元	315.21	6833.72	4.6
全社会固定资产投资	亿元	1001.48	15110.00	6.6
固定资产投资	亿元	957.25	14677.00	6.5
社会消费品零售总额	亿元	379.50	5129.00	7.4
实际利用外商直接投资	亿美元	2.51	84.51	3.0
出口总额	亿美元	15.40	320.38	4.8
财政总收入	亿元	150.07	2680.00	5.6
税收收入	亿元	124.83	2180.00	5.7
公共财政预算收入	亿元	116.38	1882.00	6.2
金融机构年末贷款余额	亿元	755.92	15466.00	4.9
金融机构年末存款余额	亿元	1264.37	21538.00	5.9

13－4 各设区市行政区划面积、人口状况

(2014 年)

地区别	行政区划面积(平方公里)	2014 年末总人口(万人)	#城镇人口
江西省	16.69 万	4542	2281
南昌市	7194	524	371
景德镇市	5261	163	102
萍乡市	3830	189	122
九江市	19078	481	236
新余市	3161	116	78
鹰潭市	3560	115	62
赣州市	39363	851	374
吉安市	25283	488	218
宜春市	18668	549	238
抚州市	18799	398	173
上饶市	22736	669	307

13－5 各设区市生产总值

(2014 年)

地区别	生产总值(亿元)		比上年增长(%)		人均生产总值(元)	
	指标值	位次	指标值	位次	指标值	位次
江西省	15709		9.7		34661	
南昌市	3668.0	1	9.8	6	70373	2
景德镇市	738.2	10	8.8	9	45439	5
萍乡市	865.0	9	8.6	11	45867	4
九江市	1780.0	3	10.3	1	37097	6
新余市	900.3	8	8.8	9	77730	1
鹰潭市	607.0	11	9.7	8	53010	3
赣州市	1843.6	2	10.0	3	21708	11
吉安市	1242.1	6	10.2	2	25486	9
宜春市	1523.0	5	10.0	3	27764	7
抚州市	1036.8	7	9.8	6	26199	8
上饶市	1550.2	4	9.9	5	23221	10

13－6 各设区市财政总收入

(2014 年)

地区别	财政总收入(亿元)		比上年增长(%)		人均财政总收入(元)	
	指标值	位次	指标值	位次	指标值	位次
江西省	2680		13.7		5914	
南昌市	550.7	1	16.2	4	10566	2
景德镇市	101.5	11	9.6	9	6249	5
萍乡市	117.1	9	6.6	10	6207	6
九江市	328.5	2	17.2	1	6847	4
新余市	126.4	8	5.4	11	10914	1
鹰潭市	101.7	10	9.7	8	8879	3
赣州市	328.5	2	17.2	1	3868	10
吉安市	195.2	6	15.0	5	4005	8
宜春市	272.0	4	16.5	3	4959	7
抚州市	150.1	7	14.9	6	3781	11
上饶市	262.6	5	13.2	7	3934	9

13－7 各设区市公共预算财政收入

(2014 年)

地区别	公共预算财政收入(亿元)		比上年增长(%)		人均公共预算财政收入(元)	
	指标值	位次	指标值	位次	指标值	位次
江西省	1882		16.1		4151	
南昌市	342.2	1	17.2	6	6565	2
景德镇市	82.2	10	11.4	8	5057	4
萍乡市	94.2	8	10.1	10	4995	5
九江市	213.7	3	21.3	2	4453	6
新余市	89.9	9	6.4	11	7764	1
鹰潭市	73.4	11	11.0	9	6410	3
赣州市	225.3	2	22.2	1	2653	11
吉安市	142.6	6	17.4	5	2925	9
宜春市	190.3	5	19.4	3	3470	7
抚州市	116.4	7	15.8	7	2932	8
上饶市	194.2	4	18.1	4	2909	10

13－8　各设区市地方税收收入

（2014年）

地区别	地方税收收入（亿元）		比上年增长（%）		人均地方税收收入（元）	
	指标值	位次	指标值	位次	指标值	位次
江西省	1381		17.1		3047	
南昌市	287.5	1	17.2	7	5516	1
景德镇市	62.1	10	17.8	6	3820	5
萍乡市	75.1	8	12.0	9	3980	4
九江市	161.2	3	22.7	2	3359	6
新余市	62.7	9	8.9	11	5410	2
鹰潭市	52.5	11	9.8	10	4588	3
赣州市	164.1	2	14.5	8	1932	11
吉安市	99.6	6	18.3	5	2043	9
宜春市	151.6	4	26.2	1	2763	7
抚州市	91.1	7	18.9	4	2296	8
上饶市	131.2	5	19.5	3	1965	10

13－9　各设区市农业总产值

（2014年）

地区别	农业总产值（亿元）		比上年增长（%）		人均农业总产值（元）	
	指标值	位次	指标值	位次	指标值	位次
江西省	2727		4.8		6016	
南昌市	283.6	6	4.7	5	5442	6
景德镇市	82.7	10	4.5	7	5088	9
萍乡市	91.0	8	4.5	7	4828	11
九江市	233.8	7	4.4	10	4873	10
新余市	89.5	9	4.6	6	7731	2
鹰潭市	75.3	11	4.8	3	6575	5
赣州市	460.8	1	4.9	2	5426	7
吉安市	350.4	3	5.4	1	7190	4
宜春市	398.3	2	4.4	10	7261	3
抚州市	313.1	5	4.8	3	7889	1
上饶市	347.9	4	4.5	7	5212	8

13-10　各设区市规模以上工业增加值

(2014年)

地区别	工业增加值(亿元)		比上年增长(%)		人均工业增加值(元)	
	指标值	位次	指标值	位次	指标值	位次
江西省	6834		11.8		15078	
南昌市	1380.6	1	11.9	6	26488	3
景德镇市	243.9	11	11.3	8	15012	6
萍乡市	420.5	7	9.8	11	22300	4
九江市	945.5	2	12.5	1	19706	5
新余市	331.5	9	11.3	8	28618	2
鹰潭市	340.3	8	11.2	10	29720	1
赣州市	751.9	4	12.4	3	8854	10
吉安市	688.6	5	12.5	1	14128	7
宜春市	762.7	3	12.4	3	13904	8
抚州市	315.2	10	11.7	7	7941	11
上饶市	653.0	6	12.1	5	9781	9

13-11　各设区市利用省外资金5000万元以上项目实际投资

(2014年)

地区别	实际进资金额(亿元)		比上年增长(%)		人均实际进资(元)	
	指标值	位次	指标值	位次	指标值	位次
江西省	4540		17.6		10018	
南昌市	580.2	2	14.8	11	11132	6
景德镇市	286.0	10	15.0	10	17601	4
萍乡市	335.5	7	16.2	7	17792	3
九江市	584.9	1	22.8	1	12191	5
新余市	330.6	9	15.2	9	28545	1
鹰潭市	244.7	11	17.5	5	21368	2
赣州市	524.2	3	15.4	8	6172	11
吉安市	447.8	4	19.5	3	9189	7
宜春市	435.6	6	16.9	6	7940	9
抚州市	332.7	8	21.7	2	8382	8
上饶市	438.3	5	18.4	4	6565	10

13－12　各设区市固定资产投资

（2014年）

地区别	固定资产投资（亿元）		比上年增长（%）		人均固定资产投资（元）	
	指标值	位次	指标值	位次	指标值	位次
江西省	14677		18.0		32384	
南昌市	3434.3	1	18.6	6	65889	1
景德镇市	622.5	10	15.6	8	38319	5
萍乡市	908.3	8	9.8	10	48166	3
九江市	1812.5	2	20.2	4	37775	6
新余市	748.2	9	6.3	11	64599	2
鹰潭市	464.2	11	17.8	7	40543	4
赣州市	1608.8	3	20.9	1	18943	11
吉安市	1270.6	6	19.4	5	26071	7
宜春市	1356.2	4	20.6	2	24723	8
抚州市	957.3	7	20.5	3	24115	9
上饶市	1344.0	5	15.4	9	20132	10

13－13　各设区市社会消费品零售总额

（2014年）

地区别	社会消费品零售总额（亿元）		比上年增长（%）		人均消费品零售额（元）	
	指标值	位次	指标值	位次	指标值	位次
江西省	5129		12.7		11317	
南昌市	1429.2	1	12.5	6	27420	1
景德镇市	239.9	9	12.5	6	14765	3
萍乡市	266.6	8	12.1	9	14135	4
九江市	496.4	4	13.9	1	10346	6
新余市	191.1	10	11.9	10	16501	2
鹰潭市	150.7	11	12.6	5	13157	5
赣州市	629.6	2	12.4	8	7413	10
吉安市	340.8	7	13.5	2	6992	11
宜春市	457.3	5	13.0	3	8337	8
抚州市	379.5	6	11.7	11	9560	7
上饶市	548.2	3	13.0	3	8211	9

13－14 各设区市出口总额

（2014 年）

地区别	出口总额（亿元）		比上年增长（%）		人均出口额（元）	
	指标值	位次	指标值	位次	指标值	位次
江西省	320.4		13.7		707	
南昌市	84.2	1	15.2	6	1615	1
景德镇市	7.6	11	－30.8	11	467	8
萍乡市	14.7	8	8.7	9	777	5
九江市	46.5	2	15.2	6	969	3
新余市	12.6	9	17.9	5	1092	2
鹰潭市	8.9	10	－5.9	10	775	6
赣州市	32.0	5	9.8	8	377	11
吉安市	40.2	3	21.0	3	825	4
宜春市	22.3	6	21.6	2	406	9
抚州市	15.4	7	23.5	1	388	10
上饶市	36.1	4	18.3	4	540	7

13－15 各设区市实际使用外商直接投资

（2014 年）

地区别	外商直接投资额（亿元）		比上年增长（%）		人均外商直接投资额（元）	
	指标值	位次	指标值	位次	指标值	位次
江西省	84.5		11.9		186.5	
南昌市	23.2	1	9.7	11	445.3	1
景德镇市	1.6	11	10.4	6	95.5	10
萍乡市	2.8	8	9.9	10	148.5	6
九江市	14.5	2	17.8	1	302.2	2
新余市	3.5	7	10.0	8	298.4	3
鹰潭市	2.2	10	12.2	4	188.3	4
赣州市	12.2	3	10.4	6	143.9	7
吉安市	7.9	5	14.8	2	161.2	5
宜春市	5.9	6	10.0	8	106.7	9
抚州市	2.5	9	13.7	3	63.2	11
上饶市	8.4	4	10.8	5	125.7	8

13-16 各设区市居民储蓄本外币存款余额

(2014年末)

地区别	居民储蓄存款（亿元）		比上年增长（%）		人均储蓄存款（元）	
	指标值	位次	指标值	位次	指标值	位次
江西省	10826		10.9		23834	
南昌市	2166.4	1	4.8	11	41341	1
景德镇市	443.6	8	12.1	6	27219	3
萍乡市	409.0	9	11.2	8	21641	7
九江市	1048.7	6	8.6	9	21817	6
新余市	363.6	10	6.8	10	34319	2
鹰潭市	291.8	11	12.3	5	25429	4
赣州市	1731.4	2	13.1	4	20351	10
吉安市	1120.7	5	14.5	2	22960	5
宜春市	1171.9	4	11.9	7	21333	8
抚州市	834.3	7	14.0	3	20981	9
上饶市	1243.2	3	16.0	1	18588	11

13-17 各设区市城镇居民人均可支配收入、农村居民人均可支配收入

(2014年)

地区别	城镇居民人均可支配收入（元）		比上年增长（%）		农村居民人均可支配收入（元）		比上年增长（%）	
	指标值	位次	指标值	位次	指标值	位次	指标值	位次
江西省	24309		9.9		10117		11.3	
南昌市	29091	1	10.0	6	12414	3	11.0	9
景德镇市	26625	3	9.7	9	11547	4	11.4	4
萍乡市	26019	4	9.5	11	12769	2	11.2	7
九江市	25077	5	10.2	3	10139	8	11.3	6
新余市	27626	2	10.4	1	12831	1	11.0	9
鹰潭市	24591	8	10.1	4	11350	5	11.5	3
赣州市	22935	11	10.3	2	6946	11	11.6	1
吉安市	24797	6	10.1	4	9262	9	11.4	4
宜春市	23221	9	10.0	6	10526	6	11.6	1
抚州市	23101	10	9.6	10	10410	7	11.0	9
上饶市	24656	7	9.9	8	9102	10	11.1	8

13-18 全省各县(市、区)行政区划面积、年末总人口(常住)

(2014年)

县(区)别	行政区划面积(平方公里)	位次	年末总人口(常住)(人)	位次
东湖区	25	99	51.93	31
西湖区	35	98	52.35	29
青云谱区	37	97	32.94	59
湾里区	247	92	6.58	100
青山湖区	273	91	58.96	22
南昌县	1811	43	86.07	7
新建县	2160	31	64.36	20
安义县	660	84	18.67	90
进贤县	1946	38	71.19	17
昌江区	405	89	16.03	93
珠山区	17	100	32.92	60
浮梁县	2859	11	30.97	64
乐平市	1980	37	83.05	9
安源区	213	93	46.52	36
湘东区	857	80	36.49	47
莲花县	1072	74	24.01	81
上栗县	727	81	44.70	38
芦溪县	961	75	26.27	78
庐山区	550	86	26.55	77
浔阳区	49	96	31.53	62
九江县	917	77	29.84	69
武宁县	3504	4	36.61	46
修水县	4502	1	75.12	13
永修县	2047	35	36.68	45
德安县	868	79	15.68	94
星子县	723	82	24.96	80
都昌县	2227	27	72.72	15
湖口县	674	83	28.05	75
彭泽县	1534	56	35.87	51
瑞昌市	1419	59	42.54	42
共青城市	64	95	8.42	99
渝水区	1781	44	85.12	8
分宜县	1380	60	30.96	65

13－18 续表 1

县(区)别	行政区划面积（平方公里）	位次	年末总人口（常住）(人)	位次
月 湖 区	136	94	21.83	85
余 江 县	931	76	35.95	49
贵 溪 市	2493	19	56.98	24
章 贡 区	486	87	53.05	28
赣　　县	2990	7	55.47	26
信 丰 县	2866	10	67.38	19
大 余 县	1343	65	29.30	71
上 犹 县	1542	55	26.17	79
崇 义 县	2208	28	19.06	87
安 远 县	2350	25	34.57	54
龙 南 县	1646	50	30.49	67
定 南 县	1321	66	17.52	92
全 南 县	1534	56	18.31	91
宁 都 县	4049	3	80.54	11
于 都 县	2892	9	86.62	6
兴 国 县	3215	5	73.10	14
会 昌 县	2712	14	45.19	37
寻 乌 县	2352	23	29.23	73
石 城 县	1567	53	28.27	74
瑞 金 市	2441	20	62.85	21
南 康 市	1849	42	72.62	16
吉 州 区	424	88	34.35	55
青 原 区	916	78	20.33	86
吉 安 县	2122	33	47.13	35
吉 水 县	2506	18	50.87	32
峡 江 县	1298	67	18.70	89
新 干 县	1245	72	33.44	57
永 丰 县	2710	15	43.46	40
泰 和 县	2660	16	51.98	30
遂 川 县	3102	6	54.41	27
万 安 县	2038	36	30.61	66
安 福 县	2793	13	39.12	44
永 新 县	2181	29	48.26	34
井冈山市	1288	69	15.46	95

13－18 续表2

县(区)别	行政区划面积（平方公里）	位次	年末总人口（常住）（人）	位次
袁州区	2539	17	106.23	4
奉新县	1648	49	31.80	61
万载县	1716	46	48.53	33
上高县	1348	64	33.20	58
宜丰县	1934	40	27.84	76
靖安县	1377	61	14.72	96
铜鼓县	1552	54	13.73	97
丰城市	2836	12	134.90	1
樟树市	1289	68	55.90	25
高安市	2429	21	82.47	10
临川区	2125	32	110.83	3
南城县	1713	47	31.09	63
黎川县	1709	48	23.39	83
南丰县	1913	41	29.25	72
崇仁县	1520	58	35.40	52
乐安县	2410	22	35.16	53
宜黄县	1937	39	22.74	84
金溪县	1353	63	30.00	68
资溪县	1248	71	11.36	98
东乡县	1268	70	44.53	39
广昌县	1603	51	23.89	82
信州区	316	90	42.38	43
上饶县	2232	26	71.16	18
广丰县	1377	61	76.51	12
玉山县	1732	45	58.41	23
铅山县	2178	30	43.40	41
横峰县	654	85	18.79	88
弋阳县	1573	52	35.91	50
余干县	2352	23	90.17	5
鄱阳县	4126	2	131.86	2
万年县	1148	73	36.49	48
婺源县	2968	8	33.90	56
德兴市	2080	34	29.82	70

13－19　全省各县(市、区)生产总值

(2014年)

县(区)别	生产总值(亿元)	位次	增长(%)	位次
东 湖 区	351.29	6	8.1	96
西 湖 区	392.50	4	9.1	75
青云谱区	266.93	13	9.0	80
湾 里 区	45.49	96	8.1	96
青山湖区	458.27	3	9.9	46
南 昌 县	559.36	2	10.1	37
新 建 县	324.81	9	10.2	31
安 义 县	83.03	70	9.3	65
进 贤 县	252.70	16	8.5	91
昌 江 区	198.44	20	8.6	87
珠 山 区	185.37	22	8.8	84
浮 梁 县	97.22	59	8.6	87
乐 平 市	257.19	15	9.0	80
安 源 区	234.44	18	8.6	87
湘 东 区	169.97	26	8.2	94
莲 花 县	51.91	90	8.0	99
上 栗 县	160.95	29	10.5	18
芦 溪 县	117.49	43	8.2	94
庐 山 区	240.84	17	9.3	65
浔 阳 区	349.76	7	9.0	79
九 江 县	91.04	63	10.4	24
武 宁 县	88.09	67	9.2	69
修 水 县	122.13	41	9.4	62
永 修 县	115.46	47	9.2	69
德 安 县	78.50	74	10.6	15
星 子 县	62.22	82	10.4	27
都 昌 县	85.09	69	9.4	62
湖 口 县	102.94	56	11.0	5
彭 泽 县	69.31	79	10.0	45
瑞 昌 市	140.11	33	10.5	18
共青城市	74.77	77	10.5	17
渝 水 区	708.65	1	8.9	83
分 宜 县	191.61	21	8.1	96

13－19 续表 1

县(区)别	生产总值（亿元）	位次	增长（%）	位次
月湖区	177.06	24	11.5	2
余江县	92.93	62	11.8	1
贵溪市	336.99	8	8.3	93
章贡区	262.99	14	11.4	4
赣　县	125.55	35	10.0	40
信丰县	143.83	32	11.0	5
大余县	86.12	68	8.8	84
上犹县	46.94	95	9.6	57
崇义县	62.99	81	9.1	75
安远县	48.81	92	9.3	65
龙南县	115.89	46	11.5	3
定南县	58.02	83	9.4	62
全南县	50.04	91	9.5	59
宁都县	122.46	40	9.7	54
于都县	153.43	30	10.4	24
兴国县	121.82	42	10.9	7
会昌县	73.31	78	9.1	75
寻乌县	52.42	89	9.2	69
石城县	38.91	97	10.0	40
瑞金市	113.16	48	10.9	7
南康市	148.48	31	10.1	38
吉州区	116.50	45	10.5	18
青原区	76.85	76	10.1	38
吉安县	133.26	34	10.8	10
吉水县	111.54	51	10.6	15
峡江县	55.77	86	9.7	54
新干县	96.79	60	9.9	46
永丰县	117.01	44	10.7	13
泰和县	125.17	37	10.4	24
遂川县	96.07	61	10.5	18
万安县	57.56	84	10.2	31
安福县	111.89	50	10.3	28
永新县	79.00	73	10.0	40
井冈山市	54.65	87	9.8	49

13－19 续表 2

县(区)别	生产总值（亿元）	位次	增长（%）	位次
袁州区	209.84	19	9.8	49
奉新县	105.68	53	10.5	18
万载县	103.90	55	10.2	31
上高县	124.21	39	10.3	28
宜丰县	90.81	64	9.1	75
靖安县	33.94	98	10.0	40
铜鼓县	33.80	99	9.2	69
丰城市	370.49	5	9.5	59
樟树市	292.27	11	10.2	31
高安市	179.68	23	9.0	80
临川区	323.38	10	9.5	59
南城县	98.41	57	9.7	54
黎川县	56.96	85	10.3	28
南丰县	97.94	58	9.9	46
崇仁县	90.74	65	9.6	57
乐安县	47.10	93	7.0	100
宜黄县	54.39	88	10.0	40
金溪县	67.35	80	10.2	31
资溪县	29.35	100	8.5	91
东乡县	124.47	38	10.8	10
广昌县	47.02	94	9.8	49
信州区	176.10	25	8.8	84
上饶县	165.29	28	10.2	31
广丰县	269.82	12	10.5	18
玉山县	125.49	36	10.8	10
铅山县	90.49	66	9.8	49
横峰县	77.11	75	9.3	65
弋阳县	80.50	71	9.8	49
余干县	112.71	49	9.2	69
鄱阳县	168.97	27	8.6	87
万年县	104.70	54	10.9	7
婺源县	80.00	72	9.2	69
德兴市	109.03	52	10.7	13

13-20 全省各县(市、区)农业生产总值

(2014年)

县(区)别	农业生产总值(亿元)	位次	增长(%)	位次
东湖区	1.20	96	-0.4	98
西湖区	0.02	100	-31.1	99
青云谱区	0.25	99	-51.3	100
湾里区	4.32	92	3.5	89
青山湖区	1.33	95	-12.5	99
南昌县	83.56	3	4.9	40
新建县	78.29	5	5.3	72
安义县	17.68	65	4.9	40
进贤县	81.10	4	5.2	28
昌江区	10.53	83	4.7	51
珠山区	0.90	98	4.3	76
浮梁县	22.01	57	4.8	44
乐平市	49.22	12	4.4	58
安源区	6.36	90	4.2	76
湘东区	23.71	49	3.8	87
莲花县	12.57	78	4.5	64
上栗县	24.35	46	5.0	29
芦溪县	22.18	55	4.8	76
庐山区	7.58	88	4.8	44
浔阳区	0.94	97	3.6	76
九江县	22.14	56	5.0	35
武宁县	22.85	51	4.6	29
修水县	24.17	47	4.7	24
永修县	25.53	43	4.5	41
德安县	9.81	86	4.6	56
星子县	11.83	81	4.5	64
都昌县	31.71	29	4.5	64
湖口县	17.83	63	4.9	35
彭泽县	29.90	34	4.7	51
瑞昌市	21.54	58	4.7	38
共青城市	3.55	93	4.0	55
渝水区	61.51	8	4.3	88
分宜县	28.03	39	5.3	21

13－20 续表 1

县(区)别	农业生产总值(亿元)	位次	增长(%)	位次
月湖区	2.69	94	3.0	91
余江县	42.62	17	9.2	1
贵溪市	29.97	33	6.5	3
章贡区	7.01	89	4.5	29
赣县	30.86	31	5.0	18
信丰县	40.87	20	5.9	6
大余县	17.72	64	4.6	56
上犹县	14.79	73	5.8	17
崇义县	13.58	76	4.5	64
安远县	23.50	50	4.3	76
龙南县	17.89	62	5.0	29
定南县	15.38	71	5.3	21
全南县	11.95	80	4.6	56
宁都县	45.47	15	6.0	5
于都县	35.11	26	5.4	17
兴国县	42.14	18	5.8	8
会昌县	23.90	48	5.0	40
寻乌县	32.47	28	2.4	25
石城县	18.95	61	5.1	32
瑞金市	29.63	35	5.9	18
南康市	35.67	23	4.0	84
吉州区	14.18	74	5.4	17
青原区	12.86	77	5.1	32
吉安县	37.02	22	5.8	11
吉水县	41.66	19	5.7	5
峡江县	16.98	68	4.6	56
新干县	28.13	38	5.1	32
永丰县	38.76	21	5.8	8
泰和县	48.25	13	5.3	22
遂川县	25.79	42	5.7	13
万安县	19.08	60	5.2	28
安福县	30.36	32	5.2	28
永新县	27.68	40	5.2	61
井冈山市	9.67	87	4.8	44

13－20 续表 2

县(区)别	农业生产总值（亿元）	位次	增长（%）	位次
袁州区	46.83	14	4.3	76
奉新县	25.34	44	4.5	71
万载县	26.90	41	4.6	69
上高县	44.33	16	4.6	70
宜丰县	35.30	25	4.4	73
靖安县	11.27	82	4.4	85
铜鼓县	9.90	85	4.1	79
丰城市	83.92	2	4.2	81
樟树市	50.78	11	4.6	67
高安市	63.71	7	4.5	64
临川区	70.87	6	4.0	84
南城县	28.18	37	4.9	40
黎川县	17.25	67	4.3	29
南丰县	53.06	10	5.7	13
崇仁县	33.90	27	4.7	51
乐安县	15.69	70	4.8	44
宜黄县	13.82	75	5.3	21
金溪县	20.55	59	5.4	41
资溪县	6.07	91	2.6	41
东乡县	35.56	24	5.3	21
广昌县	15.05	72	4.8	41
信州区	10.08	84	3.5	89
上饶县	22.65	52	3.2	60
广丰县	31.13	30	5.3	66
玉山县	22.49	54	5.6	74
铅山县	25.24	45	6.6	2
横峰县	12.11	79	5.4	17
弋阳县	22.64	53	5.8	8
余干县	53.88	9	2.5	64
鄱阳县	85.86	1	4.4	72
万年县	29.39	36	6.1	50
婺源县	15.76	69	4.8	36
德兴市	17.33	66	3.3	80

13－21　全省各县(市、区)规模以上工业利税

(2014年)

县(区)别	规模以上工业利税(亿元)	位次	增长(%)	位次
东湖区	0.50	100	－21.4	98
西湖区	2.78	93	29.2	14
青云谱区	76.06	10	27.0	20
湾里区	0.72	98	11.6	59
青山湖区	330.59	1	22.1	28
南昌县	70.54	11	21.5	30
新建县	58.45	17	27.4	19
安义县	10.48	75	10.7	63
进贤县	16.12	67	1.5	86
昌江区	34.22	36	8.4	68
珠山区	0.57	99	－78.8	100
浮梁县	19.62	63	25.3	22
乐平市	37.11	28	7.0	76
安源区	56.98	19	6.8	77
湘东区	76.52	9	1.4	87
莲花县	4.80	88	5.4	79
上栗县	98.87	3	13.2	50
芦溪县	41.16	25	7.2	75
庐山区	48.23	22	11.5	60
浔阳区	68.27	14	－11.7	94
九江县	26.51	50	48.2	2
武宁县	35.25	34	14.0	48
修水县	51.53	20	7.3	73
永修县	41.39	24	37.6	6
德安县	30.99	40	24.7	25
星子县	29.79	43	32.5	11
都昌县	18.14	64	25.4	21
湖口县	29.47	44	42.2	4
彭泽县	20.19	62	43.6	3
瑞昌市	49.25	21	1.6	85
共青城市	36.48	29	27.7	17
渝水区	81.20	7	10.7	63
分宜县	25.29	51	－0.8	90

13－21 续表 1

县(区)别	规模以上工业利税（亿元）	位次	增长（%）	位次
月湖区	35.92	32	12.9	53
余江县	29.04	45	5.2	80
贵溪市	107.74	2	－0.5	89
章贡区	77.85	8	10.2	65
赣县	22.10	57	20.8	33
信丰县	21.23	60	16.0	43
大余县	5.82	83	－0.4	88
上犹县	7.06	80	21.4	31
崇义县	11.39	74	4.1	82
安远县	2.89	92	8.1	70
龙南县	21.09	61	－20.7	97
定南县	14.95	69	11.3	61
全南县	9.63	77	－26.0	99
宁都县	8.98	78	28.0	16
于都县	31.78	37	16.9	38
兴国县	24.47	53	15.9	45
会昌县	14.69	70	16.3	41
寻乌县	6.34	81	8.2	69
石城县	2.14	94	27.7	17
瑞金市	12.64	71	21.1	32
南康市	34.96	35	21.9	29
吉州区	27.43	47	18.9	35
青原区	24.52	52	25.3	22
吉安县	85.95	6	24.3	26
吉水县	17.19	65	19.2	34
峡江县	15.49	68	40.0	5
新干县	27.25	48	16.1	42
永丰县	35.68	33	16.4	40
泰和县	31.37	39	16.5	39
遂川县	27.80	46	11.7	58
万安县	11.91	73	9.4	67
安福县	37.46	27	3.9	83
永新县	23.27	55	13.7	49
井冈山市	1.92	95	11.9	57

13－21 续表 2

县(区)别	规模以上工业利税（亿元）	位次	增长（%）	位次
袁州区	36.22	30	3.1	84
奉新县	57.78	18	29.2	14
万载县	30.10	42	23.3	27
上高县	67.63	15	7.7	72
宜丰县	24.34	54	7.8	71
靖安县	4.08	90	12.6	54
铜鼓县	3.71	91	11.1	62
丰城市	87.88	5	15.4	46
樟树市	70.48	12	14.8	47
高安市	42.59	23	12.2	55
临川区	61.12	16	13.2	50
南城县	12.31	72	17.8	36
黎川县	10.02	76	－10.3	93
南丰县	6.34	81	10.2	65
崇仁县	21.66	58	36.3	8
乐安县	0.78	97	－13.3	95
宜黄县	5.53	85	－4.6	91
金溪县	8.81	79	12.1	56
资溪县	0.86	96	－16.6	96
东乡县	26.70	49	61.4	1
广昌县	5.75	84	31.0	12
信州区	5.11	87	37.5	7
上饶县	68.49	13	25.3	24
广丰县	96.18	4	7.2	74
玉山县	36.10	31	33.2	9
铅山县	22.44	56	4.2	81
横峰县	37.99	26	13.1	52
弋阳县	16.22	66	30.3	13
余干县	21.56	59	32.7	10
鄱阳县	30.88	41	15.9	44
万年县	31.43	38	16.9	37
婺源县	4.45	89	－9.0	92
德兴市	5.14	86	6.2	78

13－22　全省各县(市、区)财政总收入

(2014年)

县(区)别	财政总收入(亿元)	位次	增长(%)	位次
东湖区	41.26	7	5.7	93
西湖区	53.14	3	43.0	1
青云谱区	37.09	9	18.8	20
湾里区	10.00	77	28.9	4
青山湖区	46.18	4	15.0	59
南昌县	87.30	1	20.2	14
新建县	30.68	13	21.7	10
安义县	9.66	79	19.4	19
进贤县	18.23	35	17.3	34
昌江区	9.49	81	13.3	68
珠山区	12.30	64	13.2	69
浮梁县	11.12	71	10.2	83
乐平市	33.80	11	11.2	79
安源区	33.96	10	3.8	97
湘东区	15.81	42	5.9	92
莲花县	7.09	94	8.1	86
上栗县	17.87	37	8.0	89
芦溪县	12.15	65	8.0	88
庐山区	23.39	20	15.8	52
浔阳区	22.28	24	8.0	87
九江县	14.85	49	18.7	23
武宁县	14.46	50	14.7	61
修水县	21.04	25	13.8	62
永修县	18.53	33	22.7	8
德安县	13.30	55	20.1	17
星子县	11.50	70	10.3	82
都昌县	12.46	62	22.0	9
湖口县	22.72	22	13.4	66
彭泽县	15.23	44	30.0	2
瑞昌市	23.77	19	14.8	60
共青城市	13.18	56	20.1	16
渝水区	27.63	16	5.0	95
分宜县	27.36	17	3.2	98

13－22 续表 1

县(区)别	财政总收入(亿元)	位次	增长(%)	位次
月湖区	13.83	53	15.5	53
余江县	15.92	41	8.5	84
贵溪市	43.22	5	5.1	94
章贡区	30.54	14	17.4	33
赣县	18.62	31	18.3	25
信丰县	14.18	51	16.2	43
大余县	9.81	78	17.0	35
上犹县	7.50	90	20.2	15
崇义县	9.60	80	26.3	6
安远县	6.31	96	17.5	30
龙南县	15.35	43	29.6	3
定南县	10.45	74	16.1	45
全南县	8.40	86	17.5	31
宁都县	9.20	82	16.5	38
于都县	15.05	45	18.5	24
兴国县	13.01	58	20.7	13
会昌县	10.75	72	18.1	26
寻乌县	6.25	97	17.8	28
石城县	6.00	99	20.0	18
瑞金市	15.00	48	18.7	22
南康市	22.85	21	24.2	7
吉州区	12.10	67	16.4	42
青原区	7.32	91	6.2	91
吉安县	22.50	23	10.5	81
吉水县	12.41	63	16.1	46
峡江县	8.35	87	4.3	96
新干县	13.02	57	8.5	85
永丰县	13.52	54	16.9	36
泰和县	17.02	38	11.5	78
遂川县	11.60	69	15.9	48
万安县	8.81	84	16.1	44
安福县	16.26	39	11.5	77
永新县	8.81	85	18.8	21
井冈山市	6.95	95	6.6	90

13－22 续表2

县(区)别	财政总收入（亿元）	位次	增长（%）	位次
袁州区	25.08	18	21.2	12
奉新县	18.19	36	17.6	29
万载县	20.00	28	17.5	32
上高县	20.90	26	16.6	37
宜丰县	15.00	47	26.4	5
靖安县	7.19	92	15.9	49
铜鼓县	7.19	93	15.9	49
丰城市	56.57	2	13.1	72
樟树市	42.05	6	15.2	57
高安市	30.36	15	21.3	11
临川区	19.07	30	13.7	64
南城县	13.00	59	13.1	70
黎川县	10.04	76	16.0	47
南丰县	10.53	73	13.0	76
崇仁县	10.12	75	13.0	74
乐安县	6.06	98	15.2	56
宜黄县	8.00	89	16.4	41
金溪县	9.12	83	13.1	71
资溪县	6.00	100	0.0	100
东乡县	20.06	27	16.4	40
广昌县	8.13	88	15.8	51
信州区	18.59	32	15.4	54
上饶县	20.00	29	13.7	63
广丰县	37.33	8	13.0	75
玉山县	18.50	34	18.0	27
铅山县	16.00	40	13.4	67
横峰县	12.70	60	1.1	99
弋阳县	12.13	66	15.0	58
余干县	12.56	61	13.5	65
鄱阳县	14.01	52	16.4	39
万年县	15.04	46	15.2	55
婺源县	11.71	68	13.0	73
德兴市	31.00	12	10.6	80

13－23 全省各县(市、区)公共财政预算收入

(2014年)

县(区)别	公共财政预算收入(亿元)	位次	增长(%)	位次
东湖区	11.01	47	9.0	93
西湖区	13.54	29	20.5	38
青云谱区	9.33	65	14.5	69
湾里区	6.16	88	24.3	20
青山湖区	15.01	21	20.7	34
南昌县	52.40	1	15.0	64
新建县	21.71	11	9.5	91
安义县	7.67	76	20.8	33
进贤县	13.12	33	15.2	62
昌江区	7.94	74	8.0	96
珠山区	10.66	51	17.7	50
浮梁县	8.93	68	11.3	82
乐平市	26.39	6	14.6	67
安源区	28.22	5	4.4	97
湘东区	13.38	31	14.3	71
莲花县	5.67	93	12.2	77
上栗县	13.85	27	8.9	94
芦溪县	9.38	63	11.4	81
庐山区	16.40	17	22.2	27
浔阳区	12.62	36	19.5	43
九江县	12.06	39	22.6	26
武宁县	10.86	48	16.1	53
修水县	15.91	18	24.1	21
永修县	14.38	24	28.1	12
德安县	10.61	52	26.8	17
星子县	8.79	70	15.5	61
都昌县	9.99	58	24.9	19
湖口县	14.97	22	14.0	73
彭泽县	11.26	44	34.2	8
瑞昌市	18.21	13	20.6	36
共青城市	10.09	56	15.0	65
渝水区	21.24	12	11.8	79
分宜县	22.00	10	10.5	84

13－23 续表 1

县(区)别	公共财政预算收入（亿元）	位次	增长（%）	位次
月湖区	11.10	46	10.1	88
余江县	11.73	42	4.4	98
贵溪市	29.18	3	11.5	80
章贡区	18.11	14	18.0	48
赣县	14.12	25	42.2	2
信丰县	10.18	54	18.5	45
大余县	7.01	80	27.4	15
上犹县	5.61	94	36.6	6
崇义县	6.79	83	38.9	3
安远县	4.58	99	21.9	30
龙南县	11.11	45	38.2	4
定南县	7.45	77	33.8	10
全南县	6.42	85	83.8	1
宁都县	6.84	81	14.6	68
于都县	10.78	49	23.9	22
兴国县	8.07	73	27.9	13
会昌县	7.44	78	18.0	47
寻乌县	4.74	98	28.2	11
石城县	4.52	100	19.7	42
瑞金市	10.70	50	15.6	58
南康市	17.19	16	27.2	16
吉州区	8.98	67	16.4	52
青原区	5.38	95	9.1	92
吉安县	17.43	15	15.0	66
吉水县	9.78	60	21.0	32
峡江县	6.29	87	0.1	100
新干县	10.10	55	8.6	95
永丰县	9.49	62	9.6	90
泰和县	12.75	35	27.5	14
遂川县	9.35	64	22.8	24
万安县	6.82	82	15.8	55
安福县	11.89	40	11.9	78
永新县	6.41	86	15.5	60
井冈山市	5.80	91	10.4	85

13－23 续表 2

县(区)别	公共财政预算收入（亿元）	位次	增长（%）	位次
袁州区	15.70	19	34.0	9
奉新县	13.25	32	15.7	57
万载县	12.19	38	18.2	46
上高县	13.03	34	10.2	87
宜丰县	10.03	57	36.7	5
靖安县	5.87	90	20.7	35
铜鼓县	5.88	89	22.7	25
丰城市	42.21	2	15.6	59
樟树市	28.29	4	19.7	41
高安市	22.79	9	26.6	18
临川区	15.16	20	20.5	39
南城县	9.95	59	9.9	89
黎川县	8.42	72	20.6	37
南丰县	8.64	71	17.1	51
崇仁县	7.94	75	10.4	86
乐安县	4.82	97	14.1	72
宜黄县	6.45	84	19.9	40
金溪县	7.14	79	13.1	76
资溪县	5.15	96	1.0	99
东乡县	14.78	23	13.7	74
广昌县	5.79	92	15.9	54
信州区	14.07	26	14.4	70
上饶县	13.49	30	22.0	29
广丰县	24.27	8	15.8	56
玉山县	13.83	28	22.2	28
铅山县	11.78	41	34.9	7
横峰县	10.47	53	11.0	83
弋阳县	9.24	66	17.8	49
余干县	9.65	61	15.1	63
鄱阳县	11.42	43	19.0	44
万年县	12.49	37	23.5	23
婺源县	8.79	69	13.4	75
德兴市	24.52	7	21.2	31

13－24 全省各县(市、区)固定资产投资

(2014 年)

县(区)别	固定资产投资(亿元)	位次	增长(%)	位次
东湖区	188.45	15	3.80	95
西湖区	262.71	9	14.00	82
青云谱区	169.18	24	12.70	85
湾里区	37.95	91	26.20	6
青山湖区	583.10	2	8.20	92
南昌县	598.56	1	19.40	58
新建县	308.77	3	25.80	7
安义县	77.43	67	16.60	76
进贤县	108.26	49	21.50	24
昌江区	178.74	18	-0.80	99
珠山区	85.53	60	77.80	1
浮梁县	57.04	81	17.70	71
乐平市	301.23	4	15.00	79
安源区	265.55	8	10.30	88
湘东区	182.04	17	8.50	91
莲花县	48.51	87	10.20	90
上栗县	174.95	20	11.20	87
芦溪县	125.83	33	10.30	88
庐山区	237.77	11	21.80	20
浔阳区	84.27	62	13.80	84
九江县	101.33	54	24.40	8
武宁县	108.28	48	20.80	41
修水县	131.42	31	21.30	30
永修县	174.94	21	21.10	34
德安县	82.13	64	21.80	20
星子县	60.75	78	21.30	30
都昌县	73.84	69	21.10	34
湖口县	165.14	26	22.20	15
彭泽县	108.41	47	21.30	30
瑞昌市	187.89	16	21.60	23
共青城市	121.60	38	22.00	16
渝水区	239.58	10	13.90	83
分宜县	152.21	27	4.40	94

13－24 续表 1

县(区)别	固定资产投资（亿元）	位次	增长（%）	位次
月湖区	78.82	65	5.00	93
余江县	77.32	68	39.50	3
贵溪市	291.94	6	16.60	76
章贡区	287.65	7	19.90	54
赣县	117.47	39	18.90	66
信丰县	109.96	43	32.20	4
大余县	73.65	71	2.20	96
上犹县	39.27	89	21.10	34
崇义县	33.41	94	61.10	2
安远县	11.49	100	21.00	38
龙南县	108.91	45	20.10	49
定南县	50.53	86	21.40	27
全南县	29.74	95	21.00	38
宁都县	57.52	80	21.50	24
于都县	123.05	36	21.30	30
兴国县	84.31	61	23.10	12
会昌县	38.06	90	20.60	44
寻乌县	17.37	99	-3.50	100
石城县	21.96	97	20.90	40
瑞金市	58.15	79	22.00	16
南康市	121.89	37	21.70	22
吉州区	108.89	46	21.40	27
青原区	53.39	85	18.20	69
吉安县	191.57	14	20.00	51
吉水县	110.56	41	20.50	45
峡江县	65.17	75	17.10	74
新干县	98.01	58	12.20	86
永丰县	140.04	30	23.50	9
泰和县	104.34	50	20.00	51
遂川县	102.94	52	19.70	55
万安县	55.70	82	19.50	57
安福县	101.49	53	19.10	62
永新县	84.15	63	18.90	66
井冈山市	54.41	84	17.30	72

13－24 续表 2

县(区)别	固定资产投资（亿元）	位次	增长（%）	位次
袁州区	202.79	13	19.40	58
奉新县	109.52	44	22.00	16
万载县	100.26	56	28.80	5
上高县	141.27	29	21.10	34
宜丰县	67.07	72	20.70	43
靖安县	36.28	92	22.50	13
铜鼓县	20.23	98	20.80	41
丰城市	299.83	5	19.30	60
樟树市	211.73	12	19.70	55
高安市	167.23	25	19.20	61
临川区	173.38	22	20.40	46
南城县	112.58	40	22.40	14
黎川县	61.83	77	19.10	62
南丰县	65.99	74	22.00	16
崇仁县	100.47	55	20.10	49
乐安县	34.65	93	18.30	68
宜黄县	54.45	83	21.40	27
金溪县	66.94	73	23.20	11
资溪县	28.62	96	2.20	96
东乡县	150.08	28	23.50	9
广昌县	42.45	88	20.40	46
信州区	123.43	35	18.20	69
上饶县	170.51	23	14.30	81
广丰县	175.67	19	15.60	78
玉山县	125.14	34	17.20	73
铅山县	99.92	57	21.50	24
横峰县	63.42	76	17.10	74
弋阳县	73.71	70	20.20	48
余干县	103.63	51	19.10	62
鄱阳县	129.19	32	0.40	98
万年县	91.40	59	19.00	65
婺源县	78.02	66	20.00	51
德兴市	110.00	42	14.40	80

13－25 全省各县(市、区)外商直接投资实际使用金额

(2014年)

县(区)别	实际利用外资(万美元)	位次	增长(%)	位次
东湖区	9512	13	24.2	17
西湖区	13142	6	6.9	59
青云谱区	16206	4	37.7	9
湾里区	50	99	455.6	1
青山湖区	31712	2	25.9	16
南昌县	32739	1	14.5	33
新建县	13951	5	15.0	32
安义县	4014	72	12.6	36
进贤县	8910	19	－15.4	86
昌江区	1202	90	－34.7	96
珠山区	1200	91	6.8	62
浮梁县	5573	46	41.3	7
乐平市	5287	53	7.4	58
安源区	4827	59	40.0	8
湘东区	3981	74	7.6	57
莲花县	4745	61	6.8	61
上栗县	4564	65	－1.1	80
芦溪县	4433	68	2.1	76
庐山区	10316	10	21.0	19
浔阳区	5331	52	－19.7	88
九江县	9061	17	6.8	60
武宁县	7590	32	20.5	21
修水县	8418	22	3.6	71
永修县	11064	8	47.7	5
德安县	9122	15	8.7	56
星子县	7396	33	19.0	23
都昌县	8031	29	14.0	35
湖口县	8926	18	1.0	78
彭泽县	9825	11	16.0	30
瑞昌市	20177	3	50.9	4
共青城市	10677	9	26.7	15
渝水区	9242	14	－9.1	82
分宜县	8098	26	－4.0	81

13－25 续表 1

县(区)别	实际利用外资(万美元)	位次	增长(%)	位次
月湖区	1988	84	27.4	12
余江县	4950	58	4.3	68
贵溪市	9100	16	9.5	52
章贡区	9718	12	18.5	24
赣县	8037	28	16.0	28
信丰县	8103	25	11.7	40
大余县	8043	27	10.3	46
上犹县	5493	47	2.6	73
崇义县	1399	89	5.3	65
安远县	2321	82	5.2	67
龙南县	8417	23	16.3	27
定南县	5992	42	8.8	55
全南县	5473	48	15.7	31
宁都县	5258	54	6.5	63
于都县	7717	30	3.8	70
兴国县	7101	35	6.5	64
会昌县	4797	60	2.3	74
寻乌县	1165	92	－34.3	95
石城县	1960	85	14.1	34
瑞金市	4541	67	16.0	28
南康市	12667	7	17.5	26
吉州区	5367	51	12.5	37
青原区	4742	62	28.9	11
吉安县	8224	24	11.8	39
吉水县	6584	39	26.9	14
峡江县	2005	83	－26.7	91
新干县	6100	41	2.0	77
永丰县	5187	55	20.7	20
泰和县	7004	36	22.7	18
遂川县	4317	69	10.6	43
万安县	4570	64	2.3	75
安福县	5369	50	3.1	72
永新县	3004	78	－9.9	84
井冈山市	10	100	－75.0	100

13－25 续表 2

县(区)别	实际利用外资（万美元）	位次	增长（%）	位次
袁 州 区	4171	70	－9.5	83
奉 新 县	6770	37	19.4	22
万 载 县	3744	76	0.0	79
上 高 县	7116	34	5.2	66
宜 丰 县	5178	56	3.9	69
靖 安 县	2680	79	89.5	3
铜 鼓 县	1744	86	－52.2	99
丰 城 市	6695	38	9.7	50
樟 树 市	5868	43	42.4	6
高 安 市	7713	31	27.1	13
临 川 区	8654	21	358.6	2
南 城 县	1154	93	－26.7	92
黎 川 县	1087	95	－24.7	90
南 丰 县	2416	81	－16.9	87
崇 仁 县	590	98	－33.6	94
乐 安 县	689	97	－48.9	98
宜 黄 县	1135	94	－41.1	97
金 溪 县	2545	80	9.9	48
资 溪 县	1021	96	－28.1	93
东 乡 县	1654	87	31.3	10
广 昌 县	1563	88	－14.5	85
信 州 区	6545	40	9.4	53
上 饶 县	5795	44	－24.1	89
广 丰 县	8656	20	10.9	42
玉 山 县	5653	45	9.7	51
铅 山 县	4116	71	9.8	49
横 峰 县	4010	73	11.4	41
弋 阳 县	4561	66	10.4	44
余 干 县	4674	63	11.8	38
鄱 阳 县	5172	57	10.3	47
万 年 县	5439	49	9.4	54
婺 源 县	3875	75	10.4	45
德 兴 市	3558	77	18.3	25

13－26　全省各县(市、区)社会消费品零售总额、全社会从业人员

(2014 年)

县(区)别	社会消费品零售总额(亿元)		比上年增长(%)	
	指标值	位次	指标值	位次
东湖区	241.94	2	5.90	97
西湖区	268.06	1	7.38	100
青云谱区	166.74	4	15.95	1
湾里区	5.57	100	14.14	13
青山湖区	159.93	6	15.60	3
南昌县	106.10	12	15.95	7
新建县	53.89	19	16.54	8
安义县	14.54	85	14.35	16
进贤县	53.28	20	14.77	10
昌江区	48.83	24	10.00	94
珠山区	107.00	11	12.00	86
浮梁县	17.06	79	13.00	86
乐平市	67.01	15	15.20	2
安源区	112.51	10	12.00	35
湘东区	41.29	29	12.10	81
莲花县	12.38	90	12.80	56
上栗县	54.19	18	12.30	76
芦溪县	23.76	66	12.60	69
庐山区	20.59	74	13.60	15
浔阳区	163.14	5	14.00	66
九江县	21.62	70	13.40	90
武宁县	31.81	50	13.30	50
修水县	37.79	34	13.50	69
永修县	28.94	55	14.80	12
德安县	16.32	81	14.60	5
星子县	16.37	80	15.00	11
都昌县	37.77	35	14.20	41
湖口县	18.63	76	15.20	38
彭泽县	22.28	69	13.90	99
瑞昌市	36.33	38	13.10	6
共青城市	9.03	97	15.10	86
渝水区	150.94	7	11.90	98
分宜县	40.17	31	11.80	69

13－26 续表1

县(区)别	社会消费品零售总额(亿元)		比上年增长(%)	
	指标值	位次	指标值	位次
月湖区	50.15	22	12.80	45
余江县	21.43	72	12.50	83
贵溪市	36.75	37	12.60	61
章贡区	226.61	3	11.69	27
赣县	25.51	60	13.69	29
信丰县	35.44	41	12.42	69
大余县	21.38	73	12.88	79
上犹县	12.37	91	13.19	41
崇义县	11.76	93	12.30	74
安远县	13.88	86	12.33	91
龙南县	24.32	63	12.97	46
定南县	11.76	92	12.47	50
全南县	12.63	89	12.18	66
宁都县	32.13	48	12.86	66
于都县	38.43	32	13.27	38
兴国县	29.26	54	13.44	56
会昌县	22.31	68	12.59	52
寻乌县	15.17	84	11.60	91
石城县	9.11	96	13.02	63
瑞金市	29.61	53	13.56	35
南康市	31.90	49	13.07	30
吉州区	46.19	25	15.03	56
青原区	18.10	77	10.23	9
吉安县	33.21	44	15.72	22
吉水县	32.54	46	13.12	52
峡江县	13.07	88	10.77	48
新干县	26.18	58	12.13	18
永丰县	26.62	57	16.59	22
泰和县	32.18	47	13.51	14
遂川县	26.02	59	15.31	30
万安县	13.10	87	10.37	41
安福县	31.75	51	14.30	30
永新县	23.76	65	11.68	52
井冈山市	18.07	78	9.93	76

13－26 续表 2

县(区)别	社会消费品零售总额(亿元)		比上年增长(%)	
	指标值	位次	指标值	位次
袁 州 区	149.48	8	12.61	17
奉 新 县	29.85	52	13.20	37
万 载 县	28.75	56	13.30	40
上 高 县	24.83	62	13.90	19
宜 丰 县	15.47	83	12.50	26
靖 安 县	5.84	99	13.00	28
铜 鼓 县	8.52	98	13.50	21
丰 城 市	80.07	14	12.70	34
樟 树 市	57.34	16	13.70	20
高 安 市	57.19	17	12.90	84
临 川 区	136.41	9	11.50	56
南 城 县	33.06	45	12.60	41
黎 川 县	19.38	75	12.20	81
南 丰 县	35.66	40	11.60	79
崇 仁 县	22.64	67	12.10	95
乐 安 县	24.31	64	10.60	96
宜 黄 县	16.11	82	11.30	52
金 溪 县	21.49	71	12.70	22
资 溪 县	9.96	95	11.40	86
东 乡 县	49.13	23	11.70	73
广 昌 县	11.35	94	12.60	46
信 州 区	104.31	13	12.04	33
上 饶 县	34.90	42	12.94	4
广 丰 县	41.03	30	14.05	64
玉 山 县	44.44	26	14.24	25
铅 山 县	36.28	39	13.90	78
横 峰 县	25.36	61	13.57	85
弋 阳 县	33.75	43	13.48	75
余 干 县	41.57	28	13.77	49
鄱 阳 县	52.22	21	12.84	60
万 年 县	38.26	33	14.00	62
婺 源 县	37.48	36	13.07	64
德 兴 市	42.44	27	13.04	93

13－27　全省各县(市、区)农村居民人均可支配收入

(2014 年)

县(区)别	农村居民人均可支配收入(元)	位次	增长(%)	位次
东湖区				
西湖区				
青云谱区				
湾里区	9395	57	12.0	28
青山湖区	14169	4	10.5	84
南昌县	13237	6	13.0	14
新建县	11923	23	13.0	13
安义县	11172	36	10.4	88
进贤县	12858	11	10.5	87
昌江区	11953	21	11.7	38
珠山区				
浮梁县	11598	27	11.4	48
乐平市	11517	30	11.3	53
安源区	14845	3	10.9	66
湘东区	13116	8	10.9	69
莲花县	6848	75	12.4	18
上栗县	12486	15	10.8	77
芦溪县	12994	9	11.1	61
庐山区	14058	5	10.3	90
浔阳区	14852	2	10.2	92
九江县	10956	39	11.1	57
武宁县	10707	43	10.9	71
修水县	6689	89	15.0	7
永修县	11521	29	11.2	56
德安县	11526	28	11.3	52
星子县	9738	56	10.7	80
都昌县	5461	95	10.5	86
湖口县	11166	37	11.6	42
彭泽县	10745	42	10.9	68
瑞昌市	11050	38	11.3	51
共青城市	13193		10.7	
渝水区	12970	10	10.9	70
分宜县	12575	12	11.2	55

13－27 续表1

县(区)别	农村居民人均可支配收入（元）	位次	增长（%）	位次
月湖区	12173	17	10.1	93
余江县	11345	32	12.4	17
贵溪市	11392	31	12.0	25
章贡区	10158	49	12.8	16
赣　县	6888	71	12.1	21
信丰县	8607	63	12.1	20
大余县	7762	66	10.7	82
上犹县	6835	78	11.6	41
崇义县	6845	76	11.8	35
安远县	6740	87	13.2	12
龙南县	7640	67	12.0	26
定南县	6069	93	11.9	32
全南县	5330	96	10.6	83
宁都县	6780	84	12.8	15
于都县	6878	72	11.4	49
兴国县	6842	77	11.9	30
会昌县	6792	82	17.5	1
寻乌县	6702	88	10.0	95
石城县	5818	94	12.2	19
瑞金市	7156	70	16.1	2
南康市	7278	68	14.9	8
吉州区	11293	33	11.9	31
青原区	9322	59	11.1	59
吉安县	7234	69	15.7	5
吉水县	11292	34	12.0	27
峡江县	8506	64	11.0	62
新干县	10569	45	10.8	76
永丰县	10873	41	12.1	23
泰和县	10144	50	11.6	44
遂川县	6752	85	11.2	54
万安县	6751	86	13.9	11
安福县	9985	51	11.7	37
永新县	6667	90	14.8	9
井冈山市	6799	81	16.1	3

13－27 续表 2

县(区)别	农村居民人均可支配收入(元)	位次	增长(%)	位次
袁州区	10253	48	11.4	47
奉新县	11782	24	11.6	45
万载县	8395	65	11.9	34
上高县	12421	16	11.6	39
宜丰县	10895	40	11.8	36
靖安县	9898	54	11.6	43
铜鼓县	6824	80	11.5	46
丰城市	12025	20	12.0	29
樟树市	11924	22	12.1	22
高安市	11690	26	11.6	40
临川区	12531	13	10.8	74
南城县	11749	25	11.1	59
黎川县	9924	53	10.9	64
南丰县	15688	1	10.0	94
崇仁县	12530	14	10.8	75
乐安县	6219	92	11.9	33
宜黄县	9969	52	10.9	72
金溪县	10425	46	10.9	67
资溪县	9831	55	10.7	79
东乡县	12163	18	10.2	91
广昌县	6553	91	15.6	6
信州区	12075	19	10.5	85
上饶县	6857	74	12.1	24
广丰县	11268	35	10.9	73
玉山县	10305	47	11.3	50
铅山县	8860	61	11.1	58
横峰县	6791	83	14.6	10
弋阳县	9371	58	10.8	78
余干县	6827	79	15.7	4
鄱阳县	6866	73	8.0	96
万年县	9213	60	11.0	63
婺源县	8833	62	10.9	64
德兴市	10590	44	10.4	89

江　西　省

2014 年国民经济和社会发展统计公报

（2015 年 3 月 23 日）

2014 年，面对复杂严峻的国内外发展环境，在省委、省政府的坚强领导下，全省上下认真贯彻落实党的十八大、十八届三中、四中全会和习近平总书记系列重要讲话精神，按照"发展升级、小康提速、绿色崛起、实干兴赣"十六字方针，坚持稳中求进、改革创新，统筹做好稳增长、促改革、调结构、惠民生各项工作，全省经济在新常态下平稳运行，各项社会事业全面进步，较好地完成了年初确定的主要目标任务。

一、综合

经济运行稳中有进。初步核算，全年实现地区生产总值15708.6 亿元，比上年增长 9.7%。其中，第一产业增加值1683.7 亿元，增长 4.7%；第二产业增加值 8388.3 亿元，增长 11.1%；第三产业增加值 5636.6 亿元，增长 8.8%。三次产业对经济增长的贡献率分别为 5.0%、65.8%和 29.2%。人均生产总值 34661 元，增长 9.2%。经济结构进一步优化。三次产业结构调整为 10.7∶53.4∶35.9，第三产业占比较上年提高 0.8 个百分点。非公有制经济实现增加值9129.3 亿元，增长 10.3%，占 GDP 的比重为 58.1%，比上年提高 0.7 个百分点。区域发展战略扎实推进。南昌临空经济区、共青先导区建设进展顺利，昌九一体化实力显著增强；国务院批复赣闽粤原中央苏区振兴发展规划，赣州综合保税区等重大平台获批设立，中央国家机关及有关单位对口支援工作扎实推进，苏区振兴发展步伐加快；扎实推进赣东北开放合作、赣西经济转型发展，支持抚州深化区域合作。

图 1　2010 －2014 年地区生产总值及其增长速度

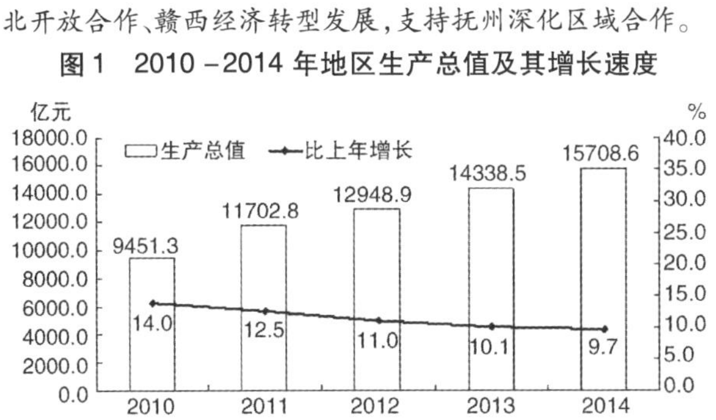

就业形势总体稳定。年末从业人员 2603.3 万人，比上年末增加 14.6 万人。全年城镇新增就业 55.1 万人。新增转移农村劳动力 58.7 万人。年末城镇登记失业率为3.3%。年末农民外出从业人员 822.4 万人。其中，省外务工 553.5 万人。

劳动生产率稳步提高。全年全员劳动生产率为 60341元/人，比上年提高 4952 元/人。

财政收入稳定增长。全年财政总收入 2680.5 亿元，比上年增长 13.7%。其中，公共财政预算收入 1881.5 亿元，增长 16.1%。财政总收入占生产总值的比重 17.1%，比上年提高 0.7 个百分点；税收收入 2179.8 亿元，增长 13.8%，占财政总收入的比重 81.3%，比上年提高 0.1 个百分点。县域财力显著增强，所有县（市、区）财政总收入都超过 6 亿元，财政总收入超 10 亿元的县（市、区）77 个，超 30 亿元的 15 个，超 50 亿元的 3 个。其中，南昌县突破 80 亿元，达87.3 亿元。

财政支出结构不断优化。全年公共财政预算支出3882.2 亿元，比上年增长 11.9%。其中，科学技术支出 57.6亿元，增长 24.3%；社会保障和就业支出 419.1 亿元，增长10.6%；医疗卫生与计划生育支出 334.7 亿元，增长 9.1%。

居民消费价格涨幅放缓。全年居民消费价格上涨2.3%，比上年回落 0.2 个百分点。其中，食品类价格上涨3.7%，对居民消费价格上涨的贡献率 56.6%，衣着类价格上涨 2.4%，居住类价格上涨 2.5%。商品零售价格上涨1.2%。工业生产者出厂价格下降 2.2%，其中冶金工业、煤炭及炼焦工业下降幅度最大，分别下降 6.1%和 5.8%。工业生产者购进价格下降 1.6%，其中有色金属材料和电线类、燃料动力类价格下降幅度最大，分别下降 5.2%、5.0%和 2.2%。固定资产投资价格上涨 0.1%。农产品生产价格上涨 0.3%。

图 2　2010 －2014 年居民消费价格涨跌幅度

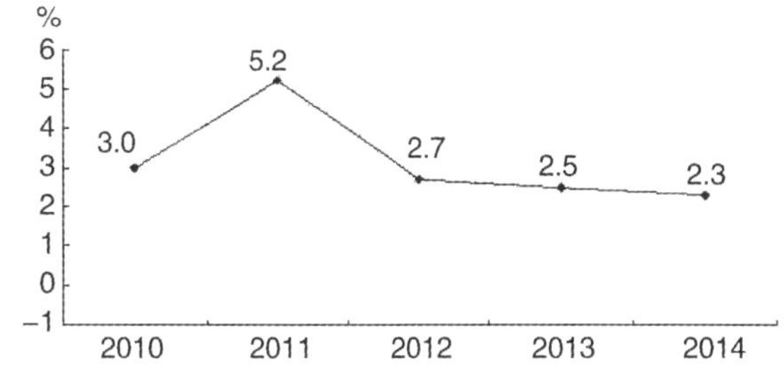

表1　2014年居民消费价格比上年涨跌幅度

单位:(%)

指　　标	全省	城市	农村
居民消费价格	2.3	2.4	2.2
食品	3.7	4.2	2.7
其中:粮食	3.0	2.7	3.9
烟酒	0.1	0	0.3
衣着	2.4	1.9	3.9
家庭设备用品及服务	-0.1	-0.4	0.7
医疗保健及个人用品	1.0	1.3	0.5
交通和通信	-0.3	-0.6	0.3
娱乐教育文化用品及服务	2.8	2.6	3.2
居住	2.5	2.3	2.8

二、农业

农业生产稳步发展。全年粮食总产量2143.5万吨,比上年增长1.3%,总产再创历史新高,实现“十一连丰”。其中,早稻820.1万吨,下降1.0%;中稻及一季晚稻272.5万吨,增长3.1%;二季晚稻932.6万吨,增长2.3%。全年粮食种植面积3697.3千公顷,增长0.2%;油料种植面积741.5千公顷,减少0.2%;棉花种植面积84.9千公顷,增长0.3%;蔬菜种植面积572.3千公顷,增长1.5%。

牧渔业较快发展。全年肉类总产量355.2万吨,比上年增长3.1%。年末生猪存栏1943.0万头,下降1.3%;生猪出栏3325.7万头,增长3.0%。全年牛奶产量12.8万吨,增长1.1%。禽蛋产量57.8万吨,增长1.6%。全年水产品产量253.8万吨,增长4.6%。

表2　2014年主要农产品产量及其增长速度

产品名称	产量(万吨)	比上年增长(%)
粮食	2143.5	1.3
其中:稻谷	2041.5	1.1
油料	121.7	2.1
其中:油菜籽	72.3	2.8
棉花	13.4	2.2
烟叶	5.9	16.5
茶叶	4.7	9.6
园林水果	420.8	-4.7
蔬菜	1312.4	4.4
肉类	355.2	3.1
水产品	253.8	4.6

农业现代化发展加快。全年854家省级以上龙头企业实现销售收入2798.5亿元,实现利润116.7亿元。全省规模以上农产品加工企业3298家,比上年增长3.9%;实现销售收入3116.7亿元,增长7.2%。农民专业合作组织3.5万个,成员达64.4万人。

农业生产条件持续改善。全年新增有效灌溉面积29.4千公顷,有效灌溉总面积2001.6千公顷;新增节水灌溉面积40.1千公顷。农用化肥施用量(折纯)142.9万吨,增长0.9%。

三、工业和建筑业

工业生产稳定增长。全年全部工业完成增加值6994.7亿元,比上年增长11.2%,占生产总值比重为44.5%。其中,规模以上工业增加值6833.7亿元,增长11.8%。分轻重工业看,规模以上轻工业增加值2471.5亿元,增长12.7%;重工业增加值4362.2亿元,增长11.3%。分企业类型看,规模以上国有企业增加值294.3亿元,增长5.1%;集体企业增加值22.2亿元,增长1.7%;股份合作企业增加值25.9亿元,增长6.8%;股份制企业增加值2638.4亿元,增长12.7%;私营企业增加值2781.9亿元,增长13.5%;外商及港澳台投资企业增加值1065.1亿元,增长10.2%。六大高耗能行业实现工业增加值2702.4亿元,增长10.3%,低于全省平均增速1.5个百分点。

图3　2010－2014年工业增加值及其增长速度

装备制造业增势较好。在规模以上工业中,全年装备制造业完成增加值1477.3亿元,占全省工业比重21.6%,比上年增长14.5%,高于全省平均水平2.7个百分点,拉动全省工业增长3.0个百分点,贡献率达25.6%。其中,汽车制造业实现增加值234.8亿元,增长14.1%;计算机、通信和其他电子设备制造业实现增加值330.8亿元,增长24.5%,对全省工业增长的贡献率分别达3.9%和8.5%。

表3　2014年规模以上工业主要产品产量及其增长速度

产品名称	单　位	产　　量	比上年增长(%)
纱	万吨	157.4	-2.6
布	亿米	9.7	21.4
机制纸及纸板	万吨	154.5	-15.3
化学纤维	万吨	45.9	9.4
卷烟	亿支	676.5	5.9
彩色电视机	万台	19.6	-58.1
家用电冰箱	万台	109.5	7.9
房间空气调节器	万台	328.4	2.7
原煤	万吨	2261.4	-5.5
原油加工量	万吨	471.3	-9.2
发电量	亿千瓦小时	781.3	-1.3
火电	亿千瓦小时	729.2	-1.6
水电	亿千瓦小时	45.3	-0.6
粗钢	万吨	2235.3	3.6
钢材	万吨	2611.1	5.5
十种有色金属	万吨	165.1	6.5
其中:精炼铜	万吨	130.6	6.5
多晶硅	吨	1882.7	17.5
单晶硅	吨	342.3	6.6
水泥	万吨	9803.6	6.3
瓷质砖	亿平方米	11.3	24.0
硫酸	万吨	333.7	3.2

产品名称	单　位	产　　量	比上年增长(%)
烧碱	万吨	7.6	-20.7
化肥(折100%)	万吨	134.7	23.0
化学农药	万吨	4.6	10.1
发电设备	万千瓦	37.6	7.6
汽车	万辆	46.2	25.4
其中:轿车	万辆	9.7	16.9
工业锅炉	蒸发量吨	1216	-19.7
金属切削机床	台	5775	5.9
移动通信手持机(手机)	万部	5570.5	-3.1

企业效益稳步提升。全年规模以上工业实现利税3358.7亿元,比上年增长14.4%,其中利润2043.9亿元,增长14.1%。38个行业全部实现盈利,其中增长20%以上的行业有15个。全年规模以上工业实现主营业务收入30537.1亿元,增长13.0%。主营业务收入过千亿元的行业11个,较上年增加2个。主营业务收入超过百亿元的企业14户,比上年增加1户。其中,江铜集团主营业务收入突破2千亿元,达到2078.5亿元,居全省首位。全年工业经济效益综合指数339.3%,同比提高13.4个百分点。

工业园区平稳发展。年末全省工业园区投产企业8966家;安置从业人数208.2万人。全年园区完成工业增加值5454.5亿元,增长12.0%;主营业务收入、利润、利税分别完成23226.7亿元、1663.4亿元和2747.6亿元,分别增长12.3%、16.7%和16.8%。年主营业务收入超百亿元的园区新增35家,总数71家,其中南昌高新技术产业开发区达1103.7亿元,居全省首位。

建筑业较快增长。全年共完成建筑业总产值4122.6亿元,比上年增长18.8%;全社会建筑业增加值1393.6亿元,比上年增长10.5%。

四、固定资产投资

固定资产投资较快增长。全年全社会固定资产投资15110.0亿元,比上年增长17.6%。其中,固定资产投资(不含农户)14677.0亿元,增长18.0%。分产业看,在固定资产投资中,第一产业投资315.8亿元,增长16.3%;第二产业投资7999.7亿元,增长11.1%,其中工业投资7935.5亿元,增长11.2%;第三产业投资6361.5亿元,增长28.1%。分投资主体看,在固定资产投资中,国有投资3326.0亿元,增长31.9%;非国有投资11351.0亿元,增长14.5%,其中民间投资10738.2亿元,增长15.2%。

表4　2014年分行业固定资产投资(不含农户)及其增长速度

行　　业	投资额(亿元)	比上年增长(%)
总　　计	14677.0	18.0
第一产业	315.8	16.3
第二产业	7999.7	11.1
工业	7935.5	11.2
采矿业	285.1	13.0
制造业	7255.6	10.6
#化学原料及化学制品制造业	589.0	-1.5
非金属矿制品业	818.3	15.1
黑色金属冶炼和压延加工业	97.6	-8.7
有色金属冶炼和压延加工业	423.4	3.7
电气机械及器材制造业	590.8	16.4
计算机、通信和其他电子设备制造业	477.7	16.5
电力、热力、燃气及水生产和供应业	394.8	21.2
建筑业	80.6	5.9
第三产业	6361.5	28.1
批发和零售业	683.3	36.5
交通运输、仓储和邮政业	692.6	43.1
住宿和餐饮业	257.0	-5.4
信息传输、软件和信息技术服务业	73.7	52.4
金融业	33.7	7.1
房地产业	1937.6	12.4
租赁和商务服务业	270.7	69.0
科学研究和技术服务业	54.0	5.4
水利、环境和公共设施管理业	1488.5	44.7
居民服务、修理和其他服务业	68.8	0.3
教育	182.5	3.5
卫生和社会工作	104.6	20.3
文化、体育和娱乐业	250.7	75.0
公共管理、社会保障和社会组织	212.1	42.5

重大基础设施建设加快推进。全年新增高速公路通车里程180公里,通车总里程达4515公里,实现"县县通高速"。新增铁路营运里程588公里,达到3734公里。沪昆客专杭南长段建成通车,昌吉赣客专开工建设,江西进入高铁时代。

房地产投资稳定增长。全年房地产开发投资1322.5亿元,比上年增长12.6%。其中,住宅投资增长22.1%,商业营业用房投资增长29.3%,办公楼投资下降46.5%。商品房竣工面积1871.8万平方米,增长4.9%;商品房销售面积3067.2万平方米,下降3.2%;商品房销售额1621.8亿元,下降1.6%。

五、国内贸易

消费品市场总体平稳。全年社会消费品零售总额5129.2亿元,比上年增长12.7%。分城乡看,城镇消费品零售额4258.8亿元,增长12.5%;乡村消费品零售额870.4亿元,增长13.7%。限额以上批发零售业零售额1893.9亿元,增长13.9%。其中,汽车类零售额520.2亿元,增长16.2%;家具类零售额47.7亿元,增长23.2%;通讯器材类零售额17.1亿元,增长18.2%;家用电器和音像器材类零售额122.2亿元,增长18.4%;化妆品类零售额14.9亿元,增长36.0%;建筑及装潢材料类零售额28.2亿元,增长33.4%;电子出版物及音像制品类零售额8.5亿元,增长20.6%。

图4　2010－2014年社会消费品零售总额及其增长速度

六、对外经济

对外贸易形势向好。全年进出口总额427.83亿美元，比上年增长16.4%，同比加快6.5个百分点。其中，出口320.38亿美元，增长13.7%；进口107.45亿美元，增长25.2%。在出口中，外商投资企业出口额68.51亿美元，增长8.0%；私营企业出口额227.68亿美元，增长11.0%；国有企业出口额23.72亿美元，增长88.5%。

图5　2010－2014年进出口总额

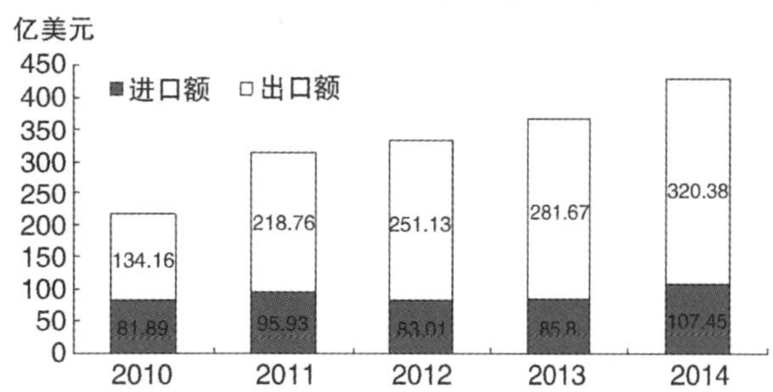

出口结构不断优化。全年机电产品出口129.09亿美元，比上年增长22.2%；高新技术产品出口52.54亿美元，增长53.2%。对韩国、香港、日本、俄罗斯联邦等国家或地区出口快速增长，分别为82.1%、49.1%、28.5%和26.7%。

表5　2014年进出口总额及其增长速度

指　　标	绝对数（亿美元）	比上年增长（%）
进出口总额	427.83	16.4
出口额	320.38	13.7
其中：一般贸易	256.57	9.7
加工贸易	48.43	18.8
其中：机电产品	129.09	22.2
其中：高新技术产品	52.54	53.2
进口额	107.45	25.2
其中：一般贸易	43.63	12.3
加工贸易	50.78	15.1
其中：机电产品	47.18	104.8
其中：高新技术产品	34.49	120.8

利用外资增速加快。全年新批外商投资企业822个，实际使用外商直接投资84.51亿美元，比上年增长11.9%，同比加快1.3个百分点。利用省外5000万元以上项目实际进资4540.5亿元，增长17.6%。截止2014年底，全省具有世界500强投资背景的外商投资企业62家。

对外合作力度加大。全年对外承包工程合同项目209个，合同金额26.48亿美元，比上年增长30.2%，同比加快9.3个百分点；完成营业额28.51亿美元，增长25.5%，同比加快2.0个百分点。

七、交通、邮电和旅游

交通运输业基本平稳。全年铁路、公路、水运完成旅客运输量67798万人，比上年增长4.1%；完成货物运输量151767万吨，增长12.0%。机场旅客吞吐量930万人，增长9.6%。其中，昌北机场旅客吞吐量724万人，增长6.3%。

表6　2014年铁路、公路、水运完成客货运输量及其增长速度

指　　标	单　　位	绝对数	比上年增长（%）
旅客运输量	万　　人	67798	4.1
铁路	万　　人	7840	12.9
公路	万　　人	59676	3.0
水运	万　　人	282	36.5
旅客周转量	亿人公里	971.3	4.4
铁路	亿人公里	654.5	5.1
公路	亿人公里	316.5	2.9
水运	亿人公里	0.4	1.6
货物运输量	万　　吨	151767	12.0
铁路	万　　吨	4821	－5.0
公路	万　　吨	137784	13.6
水运	万　　吨	9162	5.6
货物周转量	亿吨公里	3830.0	4.6
铁路	亿吨公里	541.3	－12.5
公路	亿吨公里	3073.3	8.6
水运	亿吨公里	251.4	8.6

汽车保有量较快增长。年末民用汽车保有量296.5万辆，增长15.6%。年末民用轿车保有量154.3万辆，增长21.2%，其中私人轿车保有量139.3万辆，增长25.4%。

邮政电信业快速发展。全年完成邮电业务总量445.7亿元，比上年增长32.4%。其中，邮政业务量51.4亿元，电信业务量394.3亿元。年末固定电话用户577.4万户。全年新增移动电话用户131.6万户，年末移动电话用户总数为2938.5万户。3G移动电话用户1150.7万户，增长22.6%。固定互联网宽带接入用户434.2万户，比上年增加24.1万户；移动宽带用户1914.6万户，增加247.2万户。

旅游业发展进一步加快。全年接待国内旅游人数31134.5万人次，比上年增长25.3%，同比加快3.2个百分点；国内旅游收入2615.2亿元，增长40.3%，同比加快4.5个百分点。入境旅游者人数171.7万人次，增长4.9%；旅游外汇收入5.57亿美元，增长6.1%。

八、金融、证券和保险业

金融市场运行总体平稳。年末金融机构人民币各项存款余额21537.7亿元，比上年末增长10.8%。其中，单位存款余额9520.7亿元，增长10.3%；个人存款余额11048.3亿元，增长11.1%。年末金融机构人民币各项贷款余额15466.1亿元，增长19.4%。其中，短期贷款余额6436.1亿元，增长13.8%；中长期贷款余额8586.3亿元，增长20.9%。年末金融机构人民币消费贷款余额3255.5亿元，增长28.5%。为加大实体经济帮扶力度，对融资模式进行了创新，全年“财园信贷通”发放贷款229亿元，“财政惠农信贷通”发放贷款21.1亿元。

证券交易市场稳定发展。全年新增证券分公司5家、证券营业部107家、期货营业部3家。年末证券公司2家、期货公司1家、证券分公司11家、证券营业部239家、期货营业部30家。年末全省境内证券市场共有A股上市公司32家，全年6家上市公司资本市场融资65.4亿元。新三板企业实现融资突破，1家企业通过定向增发募集资金1.3亿元，3家挂牌企业提交了融资方案；4家企业发行中小企业私募债融资5.5亿元，比上年增长1.8倍；4家企业引入私募股权投资基金5.6亿元。全年证券经营机构累计成交2.9万亿元，增长55.0%；期货经营机构共代理成交5.2万亿元，增长50.1%。

保险业发展加快发展。全年保险公司保费收入400.4亿元，比上年增长25.9%，同比加快8.9个百分点。其中，财产险保费收入138.8亿元，增长19.4%；寿险保费收入153.4亿元，增长6.4%；健康险保费收入29.5亿元，增长78.7%；意外伤害险收入9.5亿元，增长23.1%。支付各类赔款及给付142.1亿元，增长11.9%。其中，财产险赔款73.0亿元，增长9.5%；寿险给付57.4亿元，增长8.5%；健康险赔款和给付9.7亿元，增长71.0%；意外险赔款2.0亿元，增长12.8%。

九、教育和科学技术

教育事业较快发展。全年研究生教育在校研究生2.8万人。普通高校在校生91.6万人。普通高中、初中、小学在校生分别为90.5万人、175.0万人和413.0万人。特殊教育在校生2.0万人。幼儿园11448所，在园幼儿159.4万人。高等教育毛入学率34.5%，比上年提高2.5个百分点；高中阶段毛入学率84.5%，提高2.5个百分点；初中适龄人口入学率98.95%；小学适龄儿童入学率99.83%。

表7　2014年各类学校招生、在校生和毕业生人数

单位：万人

指　　标	招生数	在校生数	毕业生数
研究生	1.0	2.8	0.8
普通高校	30.3	91.6	24.0
成人高校	6.7	19.9	4.5
中等职业学校	19.7	57.9	19.3
普通高中	31.6	90.5	27.7
普通初中	59.5	175.0	55.1
普通小学	69.5	413.0	59.7

科技创新能力进一步增强。全年研究与试验发展(R&D)经费支出157亿元，占GDP比重为1.0%，比上年提高0.05个百分点。新增国家重点实验室1家，省重点实验室18家；年末拥有国家重点实验室2家，省重点实验室90家。国家工程技术研究中心8家，省工程技术研究中心172家。全年通过省级科技主管部门鉴定的科技成果101项，获得国家级科学技术奖的科技成果7项，特别是时隔15年，1项科技成果获国家科技进步一等奖。全年受理专利申请25594件，比上年增长51.1%；授权专利13831件，增长38.7%，增幅居全国第一，南昌欧菲光获中国专利金奖。全年技术市场合同成交金额50.8亿元。高新技术产业增加值1700.4亿元，增长11.9%；占GDP的比重为10.8%，比上年提高1.0个百分点。

质量检验能力稳步提升。年末共有10个国家级产品质量检测中心，59个通过国家实验室认可的实验室。年末产品质量检验机构79个，法定计量技术机构243个，全年强制检定计量器具83.5万台件，开展省级产品质量监督抽查6547批次。全年共有581家企业获得3C证书。截止2014年底，发放工业产品生产许可证133张。年末拥有新一代天气雷达8部。全年测绘部门为经济社会发展提供各种基本比例尺地形图2892张，大地成果2598点，航摄成果6121片。

十、文化、卫生和体育

公共文化服务水平进一步提高。年末共有艺术表演团体82个，文化馆104个，公共图书馆113个，博物馆109个。广播电台10座，电视台10座，广播电视台82座。有线广播电视用户610.0万户，数字电视用户498.3万户。广播综合人口覆盖率97.5%；电视综合人口覆盖率98.6%。全年出版各类报纸12.2亿份，各类期刊7352万册，图书18950万册。

卫生事业平稳发展。年末共有各类医疗卫生机构38874个(含村卫生室)。其中，医院、卫生院2164个，妇幼保健院(所、站)112个，专科疾病防治院(所、站)110个，疾病预防控制中心110个，卫生监督所(中心)110个。卫生技术人员20万人。其中，执业医师和执业助理医师7万人，注册护士8万人。医院和卫生院床位18万张。

体育事业较快发展。年末共有青少年俱乐部138个，晨晚练健身活动点15153个。全民活动每天相对稳定人数39.8万人次。农民体育健身工程2232个，老区和贫困地区“雪炭工程”设施建设项目3个。全省体育健儿在国际和国内的重大比赛中共获得41枚金牌、36枚银牌和39枚铜牌。

十一、人口、人民生活和社会保障

人口增长处于较低水平。根据人口变动情况抽样调查统计，年末常住人口4542.2万人，比上年末增长0.4%。65岁及以上老年人口414.2万人，占总人口的比重为9.1%，比上年末提高0.3个百分点。全年出生人口60.0万人，出生率13.24‰；死亡人口28.4万人，死亡率6.26‰；自然增长率6.98‰。

表8　2014年人口数及其构成

单位：万人

指　标	年末数	比重%
常住人口	4542.2	100
其中：城镇	2281.1	50.2
乡村	2261.1	49.8
其中：男性	2334.7	51.4
女性	2207.5	48.6
其中：0－14岁	929.3	20.5
15－64岁	3198.6	70.4
65岁及以上	414.2	9.1

居民生活水平持续改善。根据城乡一体化住户抽样调查，全年居民人均可支配收入16734元，比上年增长10.8%。按常住地分，农村居民人均可支配收入10117元，比上年增长11.3%；城镇居民人均可支配收入24309元，增长9.9%。年末农村居民人均住房建筑面积50.2平方米，比上年末增加1.1平方米。城镇居民人均住房建筑面积41.0平方米，比上年末增加0.9平方米。

社会保障体系进一步完善。全年就业困难人员实现就业6.8万人。共发放小额担保贷款114.5亿元，扶持个人创业9.2万人次，带动就业44.7万人次。年末参加城镇基本养老保险人数783.9万人，比上年末增长3.9%。其中，参保职工562.8万人，参保离退休人员221.1万人。参加城镇职工医疗保险人数579.2万人，其中，职工381.5万人，退休人员197.7万人。开展新型农村合作医疗试点工作的县（市、区）96个，实现农村人口全覆盖，基金支出额125.1亿元。参加失业保险人数271.8万人，参加生育保险人数241.1万人。参加工伤保险人数461.2万人，其中参加工伤保险的农民工136.5万人。重大疾病免费救治工作顺利推进，全年免费救治大病患者12万例。向城市低保户发放低保金月人均补差270元；向农村低保户发放低保金月人均补差145元。为全省城乡561.1万名义务教育阶段公办学校学生全部免除学杂费和免费提供教课书。全年新开工保障性住房10.7万套，基本建成12.3万套。新开工棚户区改造22.4万套，基本建成13.8万套。发放廉租住房租赁补贴17万户，完成农村危旧房改造15.8万户。加大扶贫开发力度，全年完成扶贫移民搬迁8.0万人，减贫70万人。大力推进法治江西、平安江西建设，安全生产形势持续好转，社会保持和谐稳定。

社会福利事业健康发展。年末有各类收养性社会福利提供床位17.9万张，收养人数15.8万人，临时救济困难户5.6万人次。全年销售社会福利彩票61.5亿元，筹集福利彩票公益金18.6亿元。

十二、资源、环境与安全生产

生态建设成效显著。全年深入实施大气污染防治行动计划，南昌、九江空气质量优良率分别为80.5%、84.4%，其他设区市空气环境质量稳定在国家Ⅱ级。全省地表水监测断面水质达标率80.9%，设区市城区集中式饮用水源地达标率100%。完成植树造林210.2万亩，森林覆盖率63.1%。吉安、抚州成功创建国家森林城市。新增国家级自然保护区3处、国家级森林公园2处、国家级湿地公园13处。深入开展农村环境连片整治行动，农村面源污染防治取得新成效。启动排污权有偿使用和交易、环境污染强制责任保险试点。国家六部委批复江西省生态文明先行示范区建设实施方案，我省成为全国首批全境纳入生态文明先行示范区建设的省份。

水资源和气候基本稳定。全年平均降水量1667.8毫米，折合降水总量2784.3亿立方米，比上年增长13.9%；自产地表水资源量1597.4亿立方米，折合年径流深956.8毫米，增长13.7%。全年平均气温18.8℃，较常年偏高0.74℃；平均降水量为1697.6毫米，比常年略偏多；日照时数为1631.7小时，接近常年。

节能减排顺利推进。淘汰落后产能和技改工作取得积极进展，完成国家下达的老机动车及黄标车、燃煤锅炉淘汰任务，淘汰落后和过剩产能涉及7个行业80家企业，实现综合节能约150万吨标煤；安排节能技改资金8500万元，支持了方大特钢、万年青水泥等70多个企业节能技改项目和节能产品推广，帮助企业实现节能约50万吨标准煤。初步核算，万元生产总值综合能耗0.573吨标准煤，下降3.16%。全年化学需氧量排放量72.0万吨，下降1.96%；二氧化硫排放量53.4万吨，下降4.18%。单位生产总值能耗下降和主要污染物减排完成年度目标任务。

安全生产形势持续向好。全年生产安全事故3199起，比上年下降38.5%。其中，道路交通事故879起，工矿商贸事故155起，铁路交通事故74起，水上交通事故2起，火灾事故2079起，农业机械事故10起。全年生产安全事故死亡845人，比上年下降50.2%。其中，道路交通事故死亡591人，下降56.3%；工矿商贸事故死亡195人，下降16.7%；铁路交通事故死亡48人，与上年持平；水上交通事故死亡3人，下降25.0%；火灾事故死亡6人，下降90.1%；农业机械事故死亡2人。亿元生产总值生产安全事故死亡人数0.104人，下降9.6%。

注：

1. 本公报所列各项数据均为初步统计数。
2. 部分数据因四舍五入的原因，存在着与分项合计不等的情况。
3. 生产总值、各产业增加值绝对数按现价计算，增长速度按不变价格计算。
4. 全员劳动生产率为地区生产总值（现价）与全部就业人员的比率。
5. 六大高耗能行业分别为：化学原料和化学制品制造业、非金属矿物制品业、黑色金属冶炼和压延加工业、有色金属冶炼和压延加工业、石油加工炼焦和核燃料加工业、电力热力生产和供应业。
6. 固定资产投资（不含农户）统计范围为计划投资500万元及以上项目。
7. 邮电业务总量按2010年不变价格计算。
8. 万元生产总值能耗按2010年不变价格计算。

中华人民共和国
2014年国民经济和社会发展统计公报

（2015年2月26日）

2014年，面对复杂多变的国际环境和艰巨繁重的国内发展改革稳定任务，党中央、国务院团结带领全国各族人民，牢牢把握国内外发展大势，坚持稳中求进工作总基调，全力推进改革开放，着力创新宏观调控，奋力激发市场活力，努力培育创新动力，国民经济在新常态下平稳运行，结构调整出现积极变化，发展质量不断提高，民生事业持续改善，实现了经济社会持续稳定发展。

一、综合

年末全国大陆总人口为136782万人，比上年末增加710万人，其中城镇常住人口为74916万人，占总人口比重为54.77%。全年出生人口1687万人，出生率为12.37‰；死亡人口977万人，死亡率为7.16‰；自然增长率为5.21‰。全国人户分离的人口[2]为2.98亿人，其中流动人口[3]为2.53亿人。

表1 2014年年末人口数及其构成

指标	年末数（万人）	比重（%）
全国总人口	136782	100.0
其中：城镇	74916	54.77
乡村	61866	45.23
其中：男性	70079	51.2
女性	66703	48.8
其中：0－15岁（含不满16周岁）[4]	23957	17.5
16－59岁（含不满60周岁）	91583	67.0
60周岁及以上	21242	15.5
其中：65周岁及以上	13755	10.1

国民经济稳定增长。初步核算，全年国内生产总值[5]636463亿元，比上年增长7.4%。其中，第一产业增加值58332亿元，增长4.1%；第二产业增加值271392亿元，增长7.3%；第三产业增加值306739亿元，增长8.1%。第一产业增加值占国内生产总值的比重为9.2%，第二产业增加值比重为42.6%，第三产业增加值比重为48.2%。

图1 2010－2014年国内生产总值及其增长速度

就业继续增加。年末全国就业人员77253万人，其中城镇就业人员39310万人。全年城镇新增就业1322万人。年末城镇登记失业率为4.09%。全国农民工[6]总量为27395万人，比上年增长1.9%。其中，外出农民工16821万人，增长1.3%；本地农民工10574万人，增长2.8%。

图2 2010－2014年城镇新增就业人数

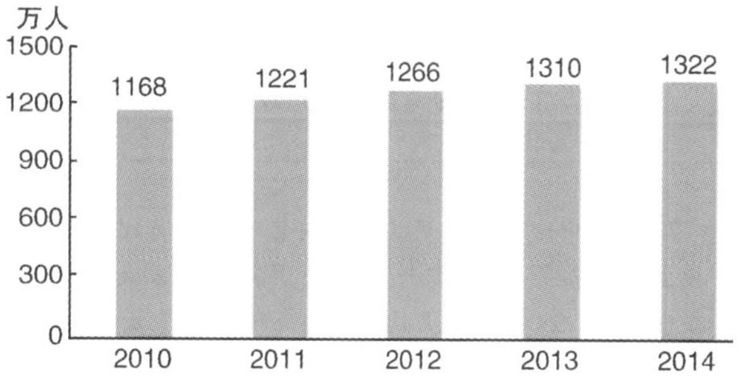

劳动生产率稳步提高。全年国家全员劳动生产率[7]为72313元/人，比上年提高7.0%。

图3　2010－2014年国家全员劳动生产率

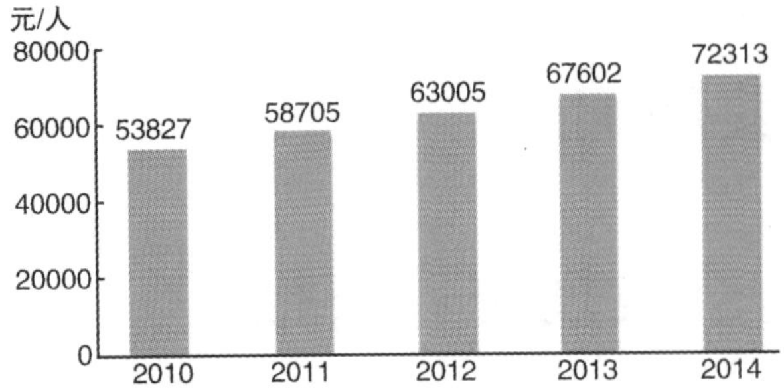

价格水平涨幅较低。全年居民消费价格比上年上涨2.0%，其中食品价格上涨3.1%。固定资产投资价格上涨0.5%。工业生产者出厂价格下降1.9%。工业生产者购进价格下降2.2%。农产品生产者价格[8]下降0.2%。

图4　2014年居民消费价格月度涨跌幅度

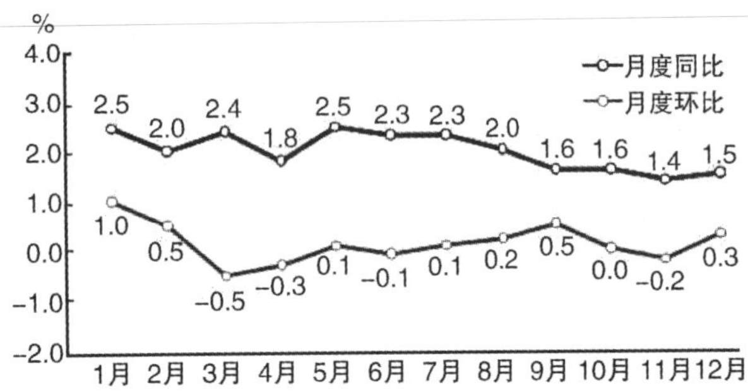

表2　2014年居民消费价格比上年涨跌幅度

单位:%

指　标	全国	城市	农村
居民消费价格	2.0	2.1	1.8
其中:食　　品	3.1	3.3	2.6
烟酒及用品	-0.6	-0.7	-0.5
衣　着	2.4	2.4	2.4
家庭设备用品及维修服务	1.2	1.2	1.2
医疗保健和个人用品	1.3	1.2	1.5
交通和通信	-0.1	-0.2	0.0
娱乐教育文化用品及服务	1.9	1.9	1.7
居　住[9]	2.0	2.1	1.9

70个大中城市新建商品住宅销售价格月同比上涨城市个数上半年各月均为69个，下半年月同比上涨城市个数逐月减少，12月份为2个，月同比价格下降城市个数增加至68个。

图5　2014年新建商品住宅月环比价格下降、持平、上涨城市个数变化情况

	1月	2月	3月	4月	5月	6月	7月	8月	9月	10月	11月	12月
■上涨	69	69	69	69	69	69	65	48	10	3	2	2
■持平	0	0	0	0	0	0	2	3	2	0	0	0
■下降	1	1	1	1	1	1	3	19	58	67	68	68

财政收入稳定增长。全年全国一般公共财政收入140350亿元，比上年增加11140亿元，增长8.6%，其中税收收入119158亿元，增加8627亿元，增长7.8%。

图6　2010－2014年全国一般公共财政收入

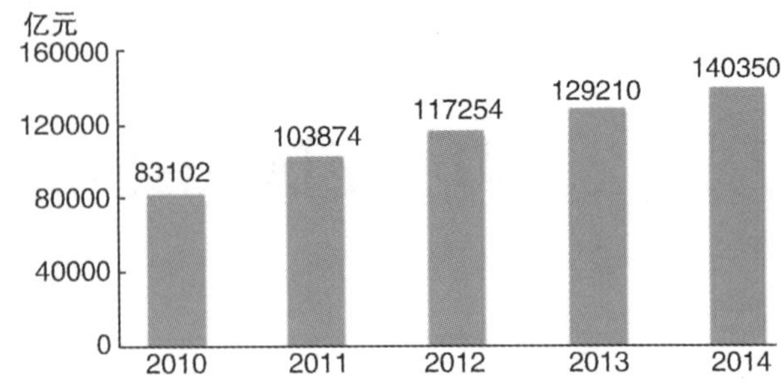

注:图中2010年至2013年数据为全国一般公共财政收入决算数，2014年为执行数。

外汇储备略有增加。年末国家外汇储备38430亿美元，比上年末增加217亿美元。全年人民币平均汇率为1美元兑6.1428元人民币，比上年升值0.8%。

图7　2010－2014年年末国家外汇储备

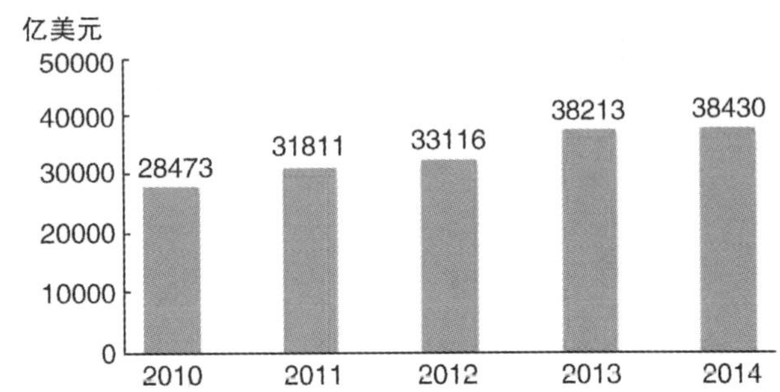

二、农业

全年粮食种植面积11274万公顷，比上年增加78万公顷。棉花种植面积422万公顷，减少13万公顷。油料种植面积1408万公顷，增加6万公顷。糖料种植面积191万公顷，减少9万公顷。

粮食再获丰收。全年粮食产量60710万吨，比上年增加516万吨，增产0.9%。其中，夏粮产量13660万吨，增产3.6%；早稻产量3401万吨，减产0.4%；秋粮产量43649万吨，增产0.1%。全年谷物产量55727万吨，比上年增产0.8%。其中，稻谷产量20643万吨，增产1.4%；小麦产量12617万吨，增产3.5%；玉米产量21567万吨，减产1.3%。

图8　2010－2014年粮食产量

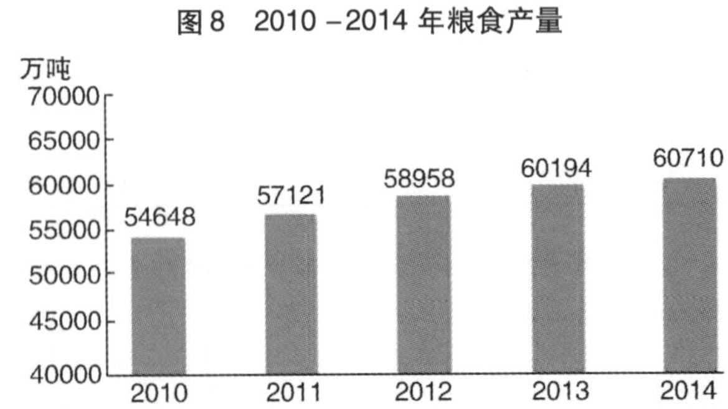

全年棉花产量616万吨，比上年减产2.2%。油料产量3517万吨，与上年持平。糖料产量13403万吨，减产2.5%。

茶叶产量209万吨，增产8.7%。

全年肉类总产量8707万吨，比上年增长2.0%。其中，猪肉产量5671万吨，增长3.2%；牛肉产量689万吨，增长2.4%；羊肉产量428万吨，增长4.9%；禽肉产量1751万吨，下降2.7%。禽蛋产量2894万吨，增长0.6%。牛奶产量3725万吨，增长5.5%。年末生猪存栏46583万头，下降1.7%；生猪出栏73510万头，增长2.7%。

全年水产品产量6450万吨，比上年增长4.5%。其中，养殖水产品产量4762万吨，增长4.9%；捕捞水产品产量1688万吨，增长3.5%。

全年木材产量8178万立方米，比上年下降3.1%。

全年新增耕地灌溉面积132万公顷，新增节水灌溉面积223万公顷。

三、工业和建筑业

工业生产平稳增长。全年全部工业增加值227991亿元，比上年增长7.0%。规模以上工业增加值增长8.3%。在规模以上工业中，分经济类型看，国有及国有控股企业增长4.9%；集体企业增长1.7%，股份制企业增长9.7%，外商及港澳台商投资企业增长6.3%；私营企业增长10.2%。分门类看，采矿业增长4.5%，制造业增长9.4%，电力、热力、燃气及水生产和供应业增长3.2%。

图9　2010－2014年全部工业增加值及其增长增速

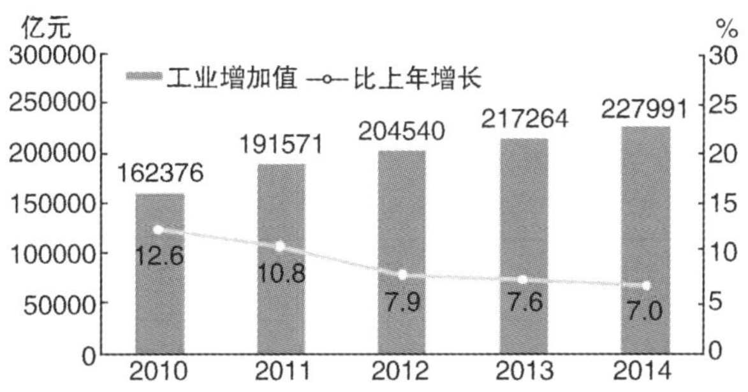

全年规模以上工业中，农副食品加工业增加值比上年增长7.7%，纺织业增长6.7%，通用设备制造业增长9.1%，专用设备制造业增长6.9%，汽车制造业增长11.8%，计算机、通信和其他电子设备制造业增长12.2%，电气机械和器材制造业增长9.4%。六大高耗能行业增加值比上年增长7.5%。其中，非金属矿物制品业增长9.3%，化学原料和化学制品制造业增长10.3%，有色金属冶炼和压延加工业增长12.4%，黑色金属冶炼和压延加工业增长6.2%，电力、热力生产和供应业增长2.2%，石油加工、炼焦和核燃料加工业增长5.4%。高技术制造业[10]增加值比上年增长12.3%，占规模以上工业增加值的比重为10.6%。装备制造业[11]增加值增长10.5%，占规模以上工业增加值的比重为30.4%。

表3　2014年主要工业产品产量及其增长速度[12]

产品名称	单　位	产　量	比上年增长(%)
纱	万吨	3379.2	5.6
布	亿米	893.7	-0.4
化学纤维	万吨	4389.8	5.5
成品糖	万吨	1642.7	3.1
卷　烟	亿支	26098.5	1.9
彩色电视机	万台	14128.9	10.9
其中：液晶电视机	万台	13865.9	13.3
家用电冰箱	万台	8796.1	-5.0
房间空气调节器	万台	14463.3	10.7
一次能源生产总量	亿吨标准煤	36.0	0.5
原　煤	亿吨	38.7	-2.5
原　油	万吨	21142.9	0.7
天然气[13]	亿立方米	1301.6	7.7
发电量	亿千瓦小时	56495.8	4.0
其中：火电	亿千瓦小时	42337.3	-0.3
水电	亿千瓦小时	10643.4	15.7
核电	亿千瓦小时	1325.4	18.8
粗　钢	万吨	82269.8	1.2
钢　材[14]	万吨	112557.2	4.0
十种有色金属	万吨	4380.1	7.4
其中：精炼铜(电解铜)	万吨	764.4	15.0
原铝(电解铝)	万吨	2435.8	10.3
氧化铝	万吨	4777.3	7.3
水　泥	亿吨	24.8	2.3
硫　酸(折100%)	万吨	8846.3	8.5
纯　碱	万吨	2514.2	3.4
烧　碱(折100%)	万吨	3059.0	4.5
乙　烯	万吨	1696.7	6.1
化　肥(折100%)	万吨	6887.2	-2.0
发电机组(发电设备)	万千瓦	15053.0	6.0
汽　车	万辆	2372.5	7.3
其中：基本型乘用车(轿车)	万辆	1248.3	3.1
大中型拖拉机	万台	64.4	-3.3
集成电路	亿块	1015.5	12.4
程控交换机	万线	3123.1	15.7
移动通信手持机	万台	162719.8	6.8
微型计算机设备	万台	35079.6	-0.8

年末全国发电装机容量136019万千瓦，比上年末增长8.7%。其中[15]，火电装机容量91569万千瓦，增长5.9%；水电装机容量30183万千瓦，增长7.9%；核电装机容量1988万千瓦，增长36.1%；并网风电装机容量9581万千瓦，增长25.6%；并网太阳能发电装机容量2652万千瓦，增长67.0%。

全年规模以上工业企业实现利润64715亿元，比上年增长3.3%，其中国有及国有控股企业14007亿元，下降5.7%；集体企业538亿元，增长0.4%，股份制企业42963亿元，增长1.6%，外商及港澳台商投资企业15972亿元，增长9.5%；私营企业22323亿元，增长4.9%。

全年全社会建筑业增加值44725亿元，比上年增长8.9%。全国具有资质等级的总承包和专业承包建筑业企业实现利润6913亿元，增长13.7%，其中国有及国有控股企业1639亿元，增长11.7%。

图10　2010－2014年建筑业增加值及其增长速度

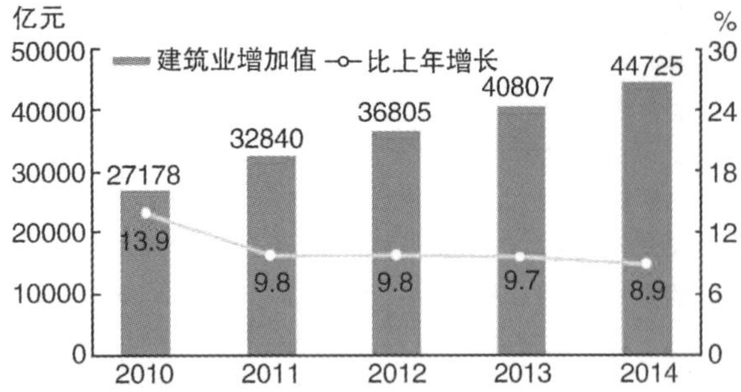

四、固定资产投资

固定资产投资增速放缓。全年全社会固定资产投资512761亿元，比上年增长15.3%[16]，扣除价格因素，实际增长14.7%。其中，固定资产投资（不含农户）502005亿元，增长15.7%，农户投资10756亿元，增长2.0%。东部地区投资[17]206454亿元，比上年增长15.4%；中部地区投资124112亿元，增长17.6%；西部地区投资129171亿元，增长17.2%；东北地区投资46096亿元，增长2.7%。

图11　2010－2014年全社会固定资产投资

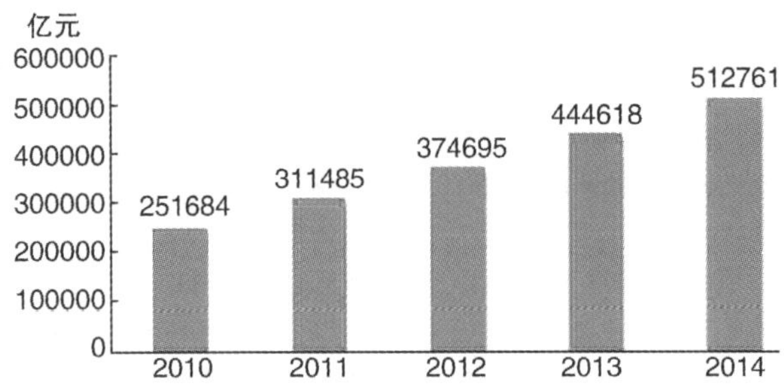

在固定资产投资（不含农户）中，第一产业投资11983亿元，比上年增长33.9%；第二产业投资208107亿元，增长13.2%；第三产业投资281915亿元，增长16.8%。民间固定资产投资[18]321576亿元，增长18.1%，占固定资产投资（不含农户）的比重为64.1%。

表4　2014年分行业固定资产投资（不含农户）及其增长速度

行　　业	投资额（亿元）	比上年增长（%）
总　　计	502005	15.7
农、林、牧、渔业	14697	31.3
采矿业	14681	0.7
制造业	166918	13.5
电力、热力、燃气及水生产和供应业	22916	17.1
建筑业	4450	27.2
批发和零售业	15669	25.7
交通运输、仓储和邮政业	42984	18.6
住宿和餐饮业	6237	4.2
信息传输、软件和信息技术服务业	4187	38.6
金融业	1360	10.5
房地产业[19]	123690	11.1
租赁和商务服务业	7970	36.2
科学研究和技术服务业	4205	34.7
水利、环境和公共设施管理业	46274	23.6
居民服务、修理和其他服务业	2262	14.2
教育	6678	24.0
卫生和社会工作	3983	27.6
文化、体育和娱乐业	6192	18.9
公共管理、社会保障和社会组织	6652	13.6

表5　2014年固定资产投资新增主要生产与运营能力

指　　标	单　位	绝对数
新增220千伏及以上变电设备	万千伏安	22394
新建铁路投产里程	公里	8427
其中：高速铁路[20]	公里	5491
增、新建铁路复线投产里程	公里	7892
电气化铁路投产里程	公里	8653
新建公路里程	公里	65260
其中：高速公路	公里	7394
港口万吨级码头泊位新增吞吐能力	万吨	43553
新增民用运输机场	个	9
新增光缆线路长度	万公里	301

全年房地产开发投资95036亿元，比上年增长10.5%。其中，住宅投资64352亿元，增长9.2%；办公楼投资5641亿元，增长21.3%；商业营业用房投资14346亿元，增长20.1%。

全年全国城镇保障性安居工程基本建成住房511万套，新开工740万套。

表6　2014年房地产开发和销售主要指标完成情况及其增长速度

指　标	单　位	绝对数	比上年增长（%）
投资额	亿元	95036	10.5
其中：住宅	亿元	64352	9.2
其中：90平方米及以下	亿元	20335	4.6
房屋施工面积	万平方米	726482	9.2
其中：住宅	万平方米	515096	5.9
房屋新开工面积	万平方米	179592	-10.7
其中：住宅	万平方米	124877	-14.4
房屋竣工面积	万平方米	107459	5.9
其中：住宅	万平方米	80868	2.7
商品房销售面积	万平方米	120649	-7.6
其中：住宅	万平方米	105182	-9.1
本年到位资金	亿元	121991	-0.1
其中：国内贷款	亿元	21243	8.0
其中：个人按揭贷款	亿元	13665	-2.6

五、国内贸易

市场销售稳定增长。全年社会消费品零售总额[21]262394亿元，比上年增长12.0%，扣除价格因素，实际增长10.9%。按经营地统计，城镇消费品零售额226368亿元，增长11.8%；乡村消费品零售额36027亿元，增长12.9%。按消费类型统计，商品零售额234534亿元，增长12.2%；餐饮收入额27860亿元，增长9.7%。

图12 2010－2014年社会消费品零售总额

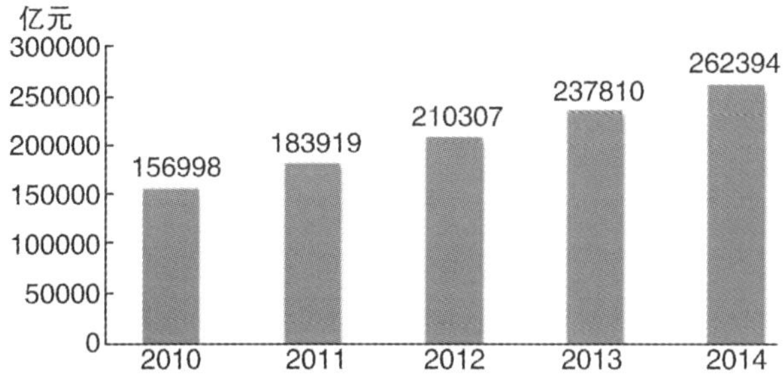

在限额以上企业商品零售额中，粮油、食品、饮料、烟酒类零售额比上年增长11.1%，服装、鞋帽、针纺织品类增长10.9%，化妆品类增长10.0%，金银珠宝类与上年持平，日用品类增长11.6%，家用电器和音像器材类增长9.1%，中西药品类增长15.0%，文化办公用品类增长11.6%，家具类增长13.9%，通讯器材类增长32.7%，石油及制品类增长6.6%，建筑及装潢材料类增长13.9%，汽车类增长7.7%。

全年网上零售额[22]27898亿元，比上年增长49.7%，其中限额以上单位网上零售额4400亿元，增长56.2%。

六、对外经济[23]

全年货物进出口总额264334亿元，比上年增长2.3%。其中，出口143912亿元，增长4.9%；进口120423亿元，下降0.6%。进出口差额(出口减进口)23489亿元，比上年增加7395亿元。

图13 2010－2014年货物进出口总额

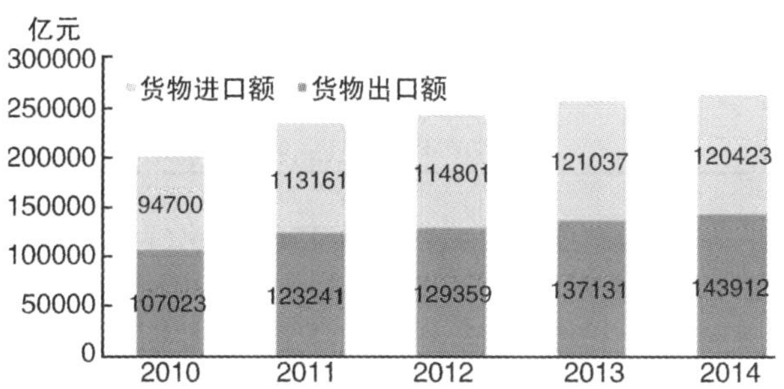

表7 2014年货物进出口总额及其增长速度

指　　标	金额(亿元)	比上年增长(%)
货物进出口总额	264334	2.3
货物出口额	143912	4.9
其中:一般贸易	73944	9.6
加工贸易	54320	1.8
其中:机电产品	80527	2.6
高新技术产品	40570	-1.0
货物进口额	120423	-0.6
其中:一般贸易	68162	-1.0
加工贸易	32211	4.5
其中:机电产品	52509	0.7
高新技术产品	33876	-2.2
进出口差额(出口减进口)	23489	—

表8 2014年主要商品出口数量、金额及其增长速度

商品名称	单位	数量	比上年增长(%)	金额(亿元)	比上年增长(%)
煤(包括褐煤)	万吨	574	-23.5	43	-35.5
钢材	万吨	9378	50.5	4350	31.6
纺织纱线、织物及制品	—	—	—	6888	3.8
服装及衣着附件	—	—	—	11445	4.2
鞋类	—	—	—	3455	9.7
家具及其零件	—	—	—	3195	-0.7
自动数据处理设备及其部件	万台	191836	2.6	11159	-1.3
手持或车载无线电话	万台	131199	10.6	7085	20.2
集装箱	万个	302	12.1	553	13.0
液晶显示板	万个	245080	-25.0	1952	-12.4
汽车	万辆	90	-2.8	770	3.5

表9 2014年主要商品进口数量、金额及其增长速度

商品名称	数量(万吨)	比上年增长(%)	金额(亿元)	比上年增长(%)
谷物及谷物粉	1951	33.8	382	20.7
大豆	7140	12.7	2474	5.0
食用植物油	650	-19.7	364	-27.3
铁矿砂及其精矿	93251	13.8	5748	-12.8
氧化铝	528	37.7	118	35.5
煤(包括褐煤)	29122	-10.9	1366	-24.4
原油	30838	9.5	14017	2.8
成品油	3000	-24.2	1439	-27.7
初级形状的塑料	2535	3.0	3167	4.0
纸浆	1796	6.6	741	4.9
钢材	1443	2.5	1101	4.0
未锻轧铜及铜材	483	7.4	2188	0.8

表10 2014年对主要国家和地区货物进出口额及其增长速度

国家和地区	出口额(亿元)	比上年增长(%)	进口额(亿元)	比上年增长(%)
欧盟	22787	8.3	15031	9.7
美国	24328	6.4	9764	3.1
东盟	16712	10.3	12794	3.3
中国香港	22307	-6.6	792	-21.5
日本	9187	-1.4	10027	-0.5
韩国	6162	8.9	11677	2.8
中国台湾	2843	12.7	9337	-3.9
俄罗斯	3297	7.2	2555	3.7
印度	3331	10.7	1005	-4.6

全年服务进出口[24]总额6043亿美元，比上年增长12.6%。其中，服务出口2222亿美元，增长7.6%；服务进口3821亿美元，增长15.8%。服务进出口逆差1599亿美元。

全年非金融领域新设立外商直接投资企业23778家，比上年增长4.4%。实际使用外商直接投资金额7364亿元，按美元计价为1196亿美元，增长1.7%。

表 11　2014 年非金融领域外商直接投资及其增长速度

行　　业	企业数（家）	比上年增长（%）	实际使用金额（亿美元）	比上年增长（%）
总　　计	23778	4.4	1195.6	1.7
其中：农、林、牧、渔业	719	-5.0	15.2	-15.4
制造业	5178	-20.4	399.4	-12.3
电力、燃气及水生产和供应业	208	4.0	22.0	-9.3
交通运输、仓储和邮政业	376	-6.2	44.6	5.7
信息传输、计算机服务和软件业	981	23.2	27.6	-4.4
批发和零售业	7978	8.6	94.6	-17.8
房地产业	446	-15.9	346.3	20.2
租赁和商务服务业	3963	18.0	124.9	20.5
居民服务和其他服务业	181	9.0	7.2	9.3

全年非金融领域对外直接投资额 6321 亿元，按美元计价为 1029 亿美元，比上年增长 14.1%。

表 12　2014 年非金融领域对外直接投资额及其增长速度

行　　业	对外直接投资金额（亿美元）	比上年增长（%）
总　　计	1028.9	14.1
其中：农、林、牧、渔业	17.4	19.2
采矿业	193.3	-4.1
制造业	69.6	-19.8
电力、热力、燃气及水生产和供应业	18.4	36.3
建筑业	70.2	7.5
批发和零售业	172.7	26.3
交通运输、仓储和邮政业	29.3	17.2
信息传输、软件和信息技术服务业	17.0	100.0
房地产业	30.9	45.8
租赁和商务服务业	372.5	26.5

全年对外承包工程业务完成营业额 8748 亿元，按美元计价为 1424 亿美元，比上年增长 3.8%。对外劳务合作派出各类劳务人员 56.2 万人，增长 6.6%。

七、交通、邮电和旅游

交通运输平稳增长。全年货物运输总量 439 亿吨，比上年增长 7.1%。货物运输周转量 184619 亿吨公里，增长 9.9%。全年规模以上港口完成货物吞吐量 111.6 亿吨，比上年增长 4.8%，其中外贸货物吞吐量 35.2 亿吨，增长 5.9%。规模以上港口集装箱吞吐量 20093 万标准箱，增长 6.1%。

表 13　2014 年各种运输方式完成货物运输量及其增长速度

指　　标	单　　位	绝对数	比上年增长（%）
货物运输总量	亿　　吨	439.1	7.1
铁路	亿　　吨	38.1	-3.9
公路	亿　　吨	334.3	8.7
水运	亿　　吨	59.6	6.4
民航	万　　吨	593.3	5.7
管道	亿　　吨	6.9	5.2
货物运输周转量	亿吨公里	184619.2	9.9
铁路	亿吨公里	27530.2	-5.6
公路	亿吨公里	61139.1	9.7
水运	亿吨公里	91881.1	15.7
民航	亿吨公里	186.1	9.3
管道	亿吨公里	3882.7	10.9

全年旅客运输总量 221 亿人次，比上年增长 3.9%。旅客运输周转量 29994 亿人公里，增长 8.8%。

表 14　2014 年各种运输方式完成旅客运输量及其增长速度

指　　标	单　　位	绝对数	比上年增长（%）
旅客运输总量	亿人次	220.7	3.9
铁路	亿人次	23.6	11.9
公路	亿人次	190.5	2.8
水运	亿人次	2.6	12.3
民航	亿人次	3.9	10.6
旅客运输周转量	亿人公里	29994.2	8.8
铁路	亿人公里	11604.8	9.5
公路	亿人公里	11981.7	6.5
水运	亿人公里	74.4	8.9
民航	亿人公里	6333.3	12.0

年末全国民用汽车保有量达到 15447 万辆（包括三轮汽车和低速货车 972 万辆），比上年末增长 12.4%，其中私人汽车保有量 12584 万辆，增长 15.5%。民用轿车保有量 8307 万辆，增长 16.6%，其中私人轿车 7590 万辆，增长 18.4%。

邮电业务快速增长。全年完成邮电业务总量[25] 21846 亿元，比上年增长 19.0%。其中，邮政业务总量 3696 亿元，增长 35.6%；电信业务总量 18150 亿元，增长 16.1%。邮政业全年完成邮政函件业务 56.1 亿件，包裹业务 0.6 亿件，快递业务量 139.6 亿件；快递业务收入 2045 亿元。电信业全年新增移动电话交换机容量[26] 7980 万户，达到 204537 万户。年末全国电话用户总数达到 153552 万户，其中固定电话用户 24943 万户，移动电话用户 128609 万户。固定电话普及率下降至 18.3 部/百人，移动电话普及率上升至 94.5 部/百人。固定互联网宽带接入用户[27] 20048 万户，比上年增加 1157 万户；移动宽带用户[28] 58254 万户，增加 18093 万户。互联网上网人数 6.49 亿人，增加 3117 万人，其中手机上网人数[29] 5.57 亿人，增加 5672 万人。互联网普及率达到 47.9%。

图14　2010－2014年年末固定互联网宽带接入用户和移动宽带用户数

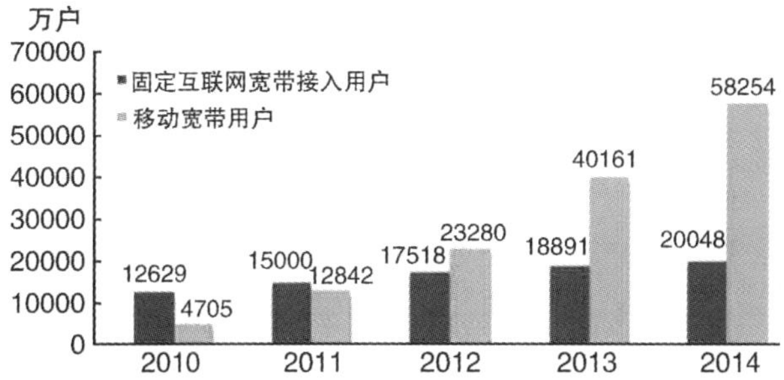

全年国内游客36.1亿人次，比上年增长10.7%，国内旅游收入30312亿元，增长15.4%。入境游客12849万人次，下降0.5%。其中，外国人2636万人次，增长0.3%；香港、澳门和台湾同胞10213万人次，下降0.6%。在入境游客中，过夜游客5562万人次，与上年基本持平。国际旅游外汇收入569亿美元，增长10.2%。国内居民出境11659万人次，增长18.7%，其中因私出境11003万人次，增长19.6%。

八、金融

金融市场运行总体平稳。年末广义货币供应量(M2)余额为122.8万亿元，比上年末增长12.2%；狭义货币供应量(M1)余额为34.8万亿元，增长3.2%；流通中货币(M0)余额为6.0万亿元，增长2.9%。

全年社会融资规模[30]为16.5万亿元，按可比口径计算，比上年少8598亿元。年末全部金融机构本外币各项存款余额117.4万亿元，比年初增加10.2万亿元，其中人民币各项存款余额113.9万亿元，增加9.5万亿元。全部金融机构本外币各项贷款余额86.8万亿元，增加10.2万亿元，其中人民币各项贷款余额81.7万亿元，增加9.8万亿元。

表15　2014年年末全部金融机构本外币存贷款余额及其增长速度

指　　标	年末数(亿元)	比上年末增长(%)
各项存款余额	1173735	9.6
其中:住户存款	506890	8.9
其中:人民币	502504	8.9
非金融企业存款	400420	5.4
各项贷款余额	867868	13.3
其中:境内短期贷款	336371	7.9
境内中长期贷款	471818	15.0

年末主要农村金融机构(农村信用社、农村合作银行、农村商业银行)人民币贷款余额105742亿元，比年初增加14105亿元。全部金融机构人民币消费贷款余额153660亿元，增加23938亿元。其中，个人短期消费贷款余额32491亿元，增加5902亿元；个人中长期消费贷款余额121169亿元，增加18037亿元。

全年上市公司通过境内市场累计筹资8397亿元，比上年增加1512亿元。其中，首次公开发行A股125只，筹资669亿元；A股再筹资(包括配股、公开增发、非公开增发[31]、认股权证)4165亿元，增加1362亿元；上市公司通过发行可转债、可分离债、公司债、中小企业私募债筹资3563亿元，减少519亿元。全年公开发行创业板股票51只，筹资159亿元。

全年发行公司信用类债券[32]5.15万亿元，比上年增加1.48万亿元。

全年保险公司原保险保费收入[33]20235亿元，比上年增长17.5%。其中，寿险业务原保险保费收入10902亿元，健康险和意外伤害险业务原保险保费收入2130亿元，财产险业务原保险保费收入7203亿元。支付各类赔款及给付7216亿元。其中，寿险业务给付2728亿元，健康险和意外伤害险赔款及给付700亿元，财产险业务赔款3788亿元。

九、人民生活和社会保障

城乡居民收入继续增加。全年全国居民人均可支配收入20167元，比上年增长10.1%，扣除价格因素，实际增长8.0%。按常住地分，城镇居民人均可支配收入[34]28844元，比上年增长9.0%，扣除价格因素，实际增长6.8%；城镇居民人均可支配收入中位数[35]为26635元，增长10.3%。农村居民人均可支配收入10489元，比上年增长11.2%，扣除价格因素，实际增长9.2%；农村居民人均可支配收入中位数为9497元，增长12.7%。全年农村居民人均纯收入为9892元。全国居民人均消费支出14491元，比上年增长9.6%，扣除价格因素，实际增长7.5%。按常住地分，城镇居民人均消费支出19968元，增长8.0%，扣除价格因素，实际增长5.8%；农村居民人均消费支出8383元，增长12.0%，扣除价格因素，实际增长10.0%。

图15　2014年按收入来源分的全国居民人均可支配收入及占比

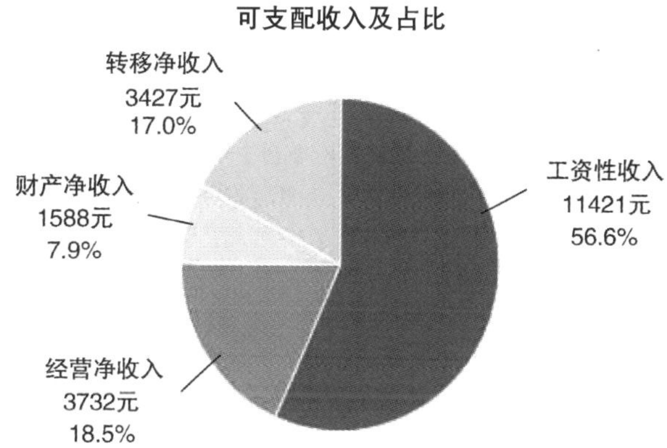

社会保障建设取得新进展。年末全国参加城镇职工基本养老保险人数34115万人，比上年末增加1897万人。参加城乡居民基本养老保险人数50107万人，增加357万人。参加基本医疗保险人数59774万人，增加2702万人。其中，参加职工基本医疗保险人数28325万人，增加882万人；参加居民基本医疗保险人数31449万人，增加1820万人。参加失业保险人数17043万人，增加626万人。年末全国领取失业保险金人数207万人。参加工伤保险人数20621万人，增加703万人，其中参加工伤保险的农民工7362万人，增加98万人。参加生育保险人数17035万人，增加643万人。按照年人均收入2300元(2010年不变价)的农村扶贫标准计算，2014年农村贫困人口为7017万人，比上年减少1232万人。

十、教育、科学技术和文化体育

教育科技和文化体育事业较快发展。全年研究生招生62.1万人，在学研究生184.8万人，毕业生53.6万人。普通本专科招生721.4万人，在校生2547.7万人，毕业生659.4万人。中等职业教育[36]招生628.9万人，在校生1802.9万人，毕业生633.0万人。普通高中招生796.6万人，在校生2400.5万人，毕业生799.6万人。初中招生1447.8万人，在校生4384.6万人，毕业生1413.5万人。普通小学招生1658.4万人，在校生9451.1万人，毕业生1476.6万人。特殊教育招生7.1万人，在校生39.5万人，毕业生4.9万人。幼儿园在园幼儿4050.7万人。

图16　2010－2014年普通本科、中等职业教育及普通高中招生人数

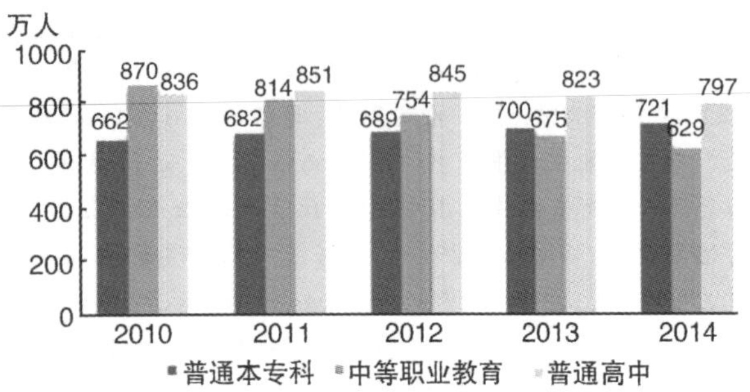

全年研究与试验发展（R&D）经费支出13312亿元，比上年增长12.4%，与国内生产总值之比为2.09%，其中基础研究经费626亿元。全年国家安排了3997项科技支撑计划课题，2129项“863”计划课题。截至年底，累计建设国家工程研究中心132个，国家工程实验室154个，国家认定企业技术中心1098家。全年国家新兴产业创投计划[37]累计支持设立213家创业投资企业，资金总规模574亿元，投资创业企业739家。全年受理境内外专利申请236.1万件，授予专利权130.3万件。截至年底，有效专利464.3万件。全年共签订技术合同29.7万项，技术合同成交金额8577亿元，比上年增长14.8%。

图17　2010－2014年研究与试验发展（R&D）经费支出

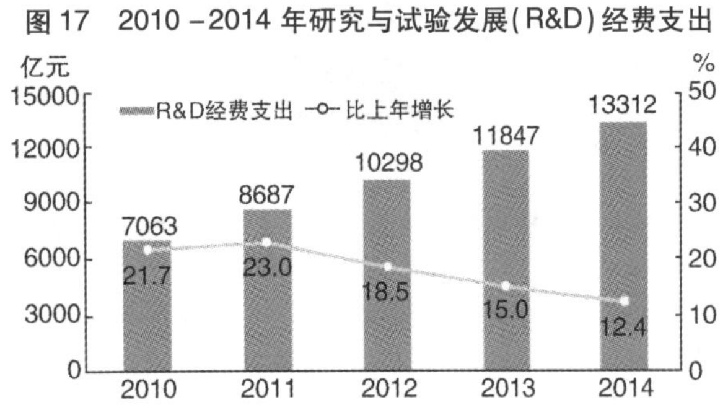

表16　专利申请受理、授权和有效专利情况

指　标	专利数（万件）	比上年增长（%）
专利申请受理数	236.1	-0.7
其中：境内专利申请受理数	218.6	-1.0
其中：发明专利申请受理数	92.8	12.5
其中：境内发明专利	79.0	13.9
专利申请授权数	130.3	-0.8
其中：境内专利授权	119.2	-1.5
其中：发明专利授权	23.3	12.3
其中：境内发明专利	15.8	14.1
年末有效专利数	464.3	10.7
其中：境内有效专利	391.8	11.1
其中：有效发明专利	119.6	15.7
其中：境内有效发明专利	66.3	21.7

全年成功发射卫星16次。探月工程三期再入返回试验圆满完成。高分二号卫星成功发射。

年末全国共有产品检测实验室27051个，其中国家检测中心597个。全国现有产品质量、体系认证机构183个，已累计完成对118354个企业的产品认证。全国共有法定计量技术机构4056个，全年强制检定计量器具6162万台（件）。全年制定、修订国家标准1530项，其中新制定1067项。全国共有地震台站1687个，区域地震台网32个。全国共有海洋观测站79个。测绘地理信息部门公开出版地图1678种。

年末全国文化系统共有艺术表演团体2008个，博物馆2760个。全国共有公共图书馆3110个，总流通[38]52252万人次；文化馆3311个。有线电视用户2.31亿户，有线数字电视用户1.87亿户。年末广播节目综合人口覆盖率为98.0%，电视节目综合人口覆盖率为98.6%。全年生产电视剧429部15983集，电视动画片138496分钟。全年生产故事影片618部，科教、纪录、动画和特种影片[39]140部。出版各类报纸465亿份，各类期刊32亿册，图书84亿册（张），人均图书拥有量[40]6.12册（张）。年末全国共有档案馆4246个，已开放各类档案12835万卷（件）。

根据第六次全国体育场地普查结果[41]，全国共有体育场地169.5万个，场地面积[42]19.9亿平方米。全年我国运动员在22个运动大项中获得98个世界冠军，共创10项世界纪录。全年我国残疾人运动员在19项国际赛事中获得122个世界冠军。

十一、卫生和社会服务

卫生和社会服务事业不断改善。年末全国共有医疗卫生机构982443个，其中医院25865个，乡镇卫生院36899个，社区卫生服务中心（站）34264个，诊所（卫生所、医务室）188415个，村卫生室646044个，疾病预防控制中心3491个，卫生监督所（中心）2975个。卫生技术人员739万人，其中执业医师和执业助理医师282万人，注册护士292万人。医疗卫生机构床位652万张，其中医院484万张，乡镇卫生院117万张。

图18　2010－2014年卫生技术人员人数

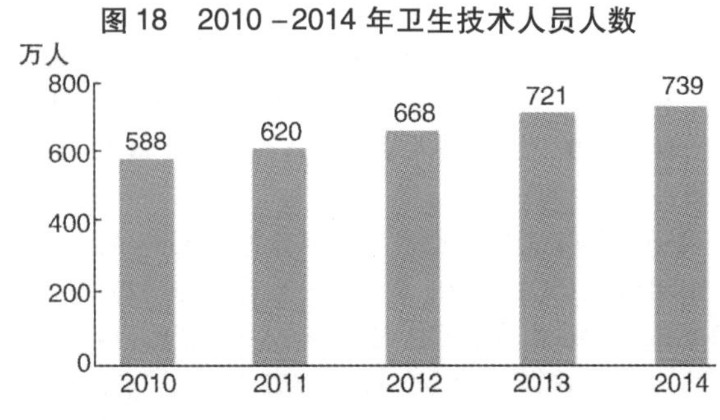

年末全国各类提供住宿的社会服务机构[43]3.8万个，其中养老服务机构3.4万个。社会服务床位[44]586.5万张，其中养老床位551.4万张。收留抚养和救助各类人员304.6万人，其中养老人员288.7万人。年末共有社区服务中心2.2万个，社区服务站11.4万个。年末全国共有1880.2万人享受城市居民最低生活保障，5209.0万人享受农村居民最低生活保障，农村五保供养[45]529.5万人。全年资助1310.9万城市困难群众参加医疗保险，资助4118.9万农村困难群众参加新型农村合作医疗。

十二、资源、环境和安全生产

全年全国国有建设用地供应总量[46]61万公顷，比上年下降16.5%。其中，工矿仓储用地15万公顷，下降29.9%；房地产用地[47]15万公顷，下降25.5%；基础设施等其他用地31万公顷，下降1.9%。

全年水资源总量28370亿立方米。全年平均降水量648毫米。年末全国监测的609座大型水库蓄水总量3663亿立方米，比上年末蓄水量增加7.0%。全年总用水量6220亿立方米，比上年增长0.6%。其中，生活用水增长2.7%，工业用水增长1.0%，农业用水增长0.1%，生态补水增长0.6%。万元国内生产总值用水量[48]112立方米，比上年下降6.3%。万元工业增加值用水量64立方米，下降5.6%。人均用水量456立方米，比上年增长0.1%。

全年完成造林面积603万公顷，其中人工造林427万公顷。林业重点工程完成造林面积200万公顷，占全部造林面积的33.2%。截至年底，自然保护区达到2729个，其中国家级自然保护区428个。新增水土流失治理面积5.4万平方公里，新增实施水土流失地区封育保护面积2.0万平方公里。

全年平均气温为10.1℃，共有5个台风登陆。

初步核算，全年能源消费总量42.6亿吨标准煤，比上年增长2.2%。煤炭消费量下降2.9%，原油消费量增长5.9%，天然气消费量增长8.6%，电力消费量增长3.8%。煤炭消费量占能源消费总量的66.0%，水电、风电、核电、天然气等清洁能源消费量占能源消费总量的16.9%。全国万元国内生产总值能耗下降4.8%。工业企业吨粗铜综合能耗同比下降3.76%，吨钢综合能耗下降1.65%，单位烧碱综合能耗下降2.33%，吨水泥综合能耗下降1.12%，每千瓦时火力发电标准煤耗下降0.67%。

十大流域[49]的702个水质监测断面中，Ⅰ～Ⅲ类水质断面比例占71.2%，劣Ⅴ类水质断面比例占9.0%。十大流域水质总体为轻度污染，水质保持稳定。

近岸海域301个海水水质监测点中，达到国家一、二类海水水质标准的监测点占66.8%，三类海水占7.0%，四类、劣四类海水占26.2%。

在按照《环境空气质量标准》（GB3095－2012）监测的161个城市中，城市空气质量达标的城市占9.9%，未达标的城市占90.1%。

在监测的319个城市中，城市区域声环境质量好的城市占1.3%，较好的占70.8%，一般的占27.3%，较差的占0.6%。

年末城市污水处理厂日处理能力达到12896万立方米，比上年末增长3.5%，城市污水处理率达到90.2%，提高0.8个百分点。城市集中供热面积59.1亿平方米，增长3.3%。城市建成区绿地率达到35.9%，提高0.2个百分点。

全年农作物受灾面积2489万公顷，其中绝收309万公顷。全年因洪涝和地质灾害造成直接经济损失1030亿元，因旱灾造成直接经济损失836亿元，因低温冷冻和雪灾造成直接经济损失129亿元，因海洋灾害造成直接经济损失136亿元。全年大陆地区共发生5级以上地震30次，成灾10次，造成直接经济损失356亿元。全年共发生森林火灾3703起，森林火灾受害森林面积1.9万公顷。

全年各类生产安全事故共死亡68061人。亿元国内生产总值生产安全事故死亡人数为0.107人，比上年下降13.7%；工矿商贸企业就业人员10万人生产安全事故死亡人数为1.328人，下降12.9%；道路交通事故万车死亡人数为2.22人，下降5.1%；煤矿百万吨死亡人数为0.255人，下降11.5%。

注释：

[1]本公报中数据均为初步统计数。各项统计数据均未包括香港特别行政区、澳门特别行政区和台湾省。部分数据因四舍五入的原因，存在着与分项合计不等的情况。

[2]人户分离的人口是指居住地与户口登记地所在的乡镇街道不一致且离开户口登记地半年以上的人口。

[3]流动人口是指人户分离人口中扣除市辖区内人户分离的人口。市辖区内人户分离的人口是指一个直辖市或地级市所辖区内和区与区之间，居住地和户口登记地不在同一乡镇街道的人口。

[4]2014年年末，0－14岁（含不满15周岁）人口为22558万人，15－59岁（含不满60周岁）人口为92982万人。

[5]国内生产总值、各产业增加值绝对数按现价计算，增长速度按不变价格计算；根据第三次全国经济普查结果和国家统计局2012年制定的《三次产业划分规定》对相关数据进行了修订。

[6]年度农民工数量包括年内在本乡镇以外从业6个月以上的外出农民工和在本乡镇内从事非农产业6个月以上的本地农民工两部分。

[7]国家全员劳动生产率为国内生产总值（以2010年不变价格计算）与全部就业人员的比率。

[8]农产品生产者价格是指农产品生产者直接出售其产品时的价格。

[9]居住类价格包括建房及装修材料、住房租金、自有住房和水电燃料等价格。

[10]高技术制造业包括医药制造业，航空、航天器及设备制造业，电子及通信设备制造业，计算机及办公设备制造业，医疗仪器设备及仪器仪表制造业，信息化学品制造业。

[11]装备制造业包括金属制品业，通用设备制造业，专用设备制造业，汽车制造业，铁路、船舶、航空航天和其他运输设备制造业，电气机械和器材制造业，计算机、通信和其他电子设备制造业，仪器仪表制造业，金属制品、机械和设备修理业。

[12]根据第三次全国经济普查结果对相关数据进行了修订。

[13]天然气包括气田天然气、油田天然气（分为油田气层气、油田伴生溶解气）和煤田天然气（也称煤层气）。

[14]钢材产量数据中含企业之间重复加工钢材约33400万吨。

[15]少量发电装机容量（如地热等）文中未列出。

[16]根据第三次全国经济普查结果，对2013年全社会固定资产投资数据进行了修订。

[17 固定资产投资按东部、中部、西部和东北地区计算的合计数据小于全国数据，是因为有部分跨地区的投资未计算在地区数据

中。其中，东部地区是指北京、天津、河北、上海、江苏、浙江、福建、山东、广东和海南10省（市）；中部地区是指山西、安徽、江西、河南、湖北和湖南6省；西部地区是指内蒙古、广西、重庆、四川、贵州、云南、西藏、陕西、甘肃、青海、宁夏和新疆12省（区、市）；东北地区是指辽宁、吉林和黑龙江3省。

[18]民间固定资产投资是指具有集体、私营、个人性质的内资企事业单位以及由其控股（包括绝对控股和相对控股）的企业单位建造或购置固定资产的投资。

[19]房地产业投资除房地产开发投资外，还包括建设单位自建房屋以及物业管理、中介服务和其他房地产投资。

[20]高速铁路是指最高营运速度达到200公里/小时及以上的铁路。

[21]2014年社会消费品零售总额及相关数据均为快报数。

[22]网上零售额是指通过公共网络交易平台（包括自建网站和第三方平台）实现的商品和服务零售额。其中，网上零售额包括的服务类商品，以及少部分用于生产经营或被转卖的商品不统计在社会消费品零售总额中。

[23]根据有关规定，货物贸易改用人民币计价。服务贸易、利用外资、对外投资和对外承包工程由于技术原因仍主要沿用美元计价。

[24]服务进出口按照《国际收支手册（第六版）》标准统计，不含政府服务，增速按可比口径计算。

[25]邮电业务总量按2010年不变价格计算。

[26]移动电话交换机容量是指移动电话交换机根据一定话务模型和交换机处理能力计算出来的最大同时服务用户的数量。

[27]固定互联网宽带接入用户是指报告期末在电信企业登记注册，通过xDSL、FTTx + LAN、FTTH/0以及其他宽带接入方式和普通专线接入公众互联网的用户。

[28]移动宽带用户是指报告期末在计费系统拥有使用信息，占用3G或4G网络资源的在网用户。

[29]手机上网人数是指过去半年通过手机接入并使用互联网的6周岁及以上中国居民数量。

[30]社会融资规模是指一定时期内实体经济从金融体系获得的资金总额，是增量概念。

[31]非公开增发又叫定向增发，不含资产认购部分。

[32]公司信用类债券包括非金融企业债务融资工具、企业债券以及公司债、可转债等。

[33]原保险保费收入是指保险企业确认的原保险合同保费收入。

[34]按一体化住户调查改革前的城镇住户调查老口径推算，全年全国城镇居民人均可支配收入为29381元。

[35]人均收入中位数是指将所有调查户按人均收入水平从低到高（或从高到低）顺序排列，处于最中间位置调查户的人均收入。

[36]中等职业教育包括普通中专、成人中专、职业高中和技工学校，其中技工学校数据为2013年数据。

[37]国家新兴产业创投计划是指中央财政专项资金通过与地方政府资金、社会资本共同发起设立创业投资企业，或以股权投资模式直接投资创业企业等方式，培育和促进新兴产业发展的活动。

[38]总流通人次是指本年度内到图书馆场馆接受图书馆服务的总人次，包括借阅书刊、咨询问题以及参加各类读者活动等。

[39]特种影片是指那些采用与常规影院放映在技术、设备、节目方面不同的电影展示方式，如巨幕电影、立体电影、立体特效（4D）电影、动感电影、球幕电影等。

[40]人均图书拥有量是指在一年内全国平均每人能拥有的当年出版图书册数。

[41]数据为截至2013年底。

[42]场地面积是指可供训练、比赛、健身活动的场地有效面积，场地除包括比赛规定的尺寸外，还包括必要的安全区、缓冲区和无障碍地带。

[43 根据第三次全国经济普查，对提供住宿的社会服务机构、社区服务中心进行归类清理，2014年相应数据有所调整。

[44]社会服务床位数除收养性机构外，还包括救助类机构、社区类机构以及军休所、军供站等机构的床位。

[45]农村五保供养是指老年、残疾和未满16周岁的村民，无劳动能力、无生活来源又无法定赡养、抚养、扶养义务人，或者其法定赡养、抚养、扶养义务人无赡养、抚养、扶养能力的村民，在吃、穿、住、医、葬方面得到的生活照顾和物质帮助。

[46]国有建设用地供应总量是指报告期内市、县人民政府根据年度土地供应计划依法以出让、划拨、租赁等方式将土地使用权提供给单位或个人使用的国有建设用地总量。

[47]房地产用地是指商服用地和住宅用地的总和。

[48]万元国内生产总值用水量、万元工业增加值用水量和万元国内生产总值能耗按2010年不变价格计算。

[49]十大流域包括长江、黄河、珠江、松花江、淮河、海河、辽河、浙闽片河流、西北诸河和西南诸河。

资料来源：

本公报中城镇新增就业、登记失业率、社会保障数据来自人力资源社会保障部；财政数据来自财政部；外汇储备、汇率、货币金融、公司信用类债券数据来自人民银行；水产品产量数据来自农业部；木材产量、林业、森林火灾数据来自林业局；灌溉面积、水资源数据来自水利部；发电装机容量、新增220千伏及以上变电设备数据来自中电联；新建铁路投产里程、增新建铁路复线投产里程、电气化铁路投产里程、铁路运输数据来自铁路总公司；新建公路里程、港口万吨级码头泊位新增吞吐能力、公路运输、水运、港口货物吞吐量数据来自交通运输部；新增民用运输机场、民航数据来自民航局；新增光缆线路长度、电话交换机容量、电话用户、宽带用户、上网人数等通信数据来自工业和信息化部；保障性住房、城市污水处理、城市集中供热面积、建成区绿地率数据来自住房城乡建设部；货物进出口数据来自海关总署；服务进出口、外商直接投资、对外直接投资、对外承包工程、对外劳务合作等数据来自商务部；管道数据来自中石油、中石化、中海油；民用汽车、交通事故数据来自公安部；邮政业务数据来自邮政局；旅游数据来自旅游局、公安部；上市公司数据来自证监会；保险业数据来自保监会；教育数据来自教育部；安排科技计划课题、技术合同等数据来自科技部；国家工程研究中心、企业技术中心、新兴产业创投等数据来自发展改革委；专利数据来自知识产权局；发射卫星数据来自国防科工局；质量检验、国家标准制定修订等数据来自质检总局；地震数据来自地震局；海洋观测站、海洋灾害造成直接经济损失数据来自海洋局；测绘数据来自测绘地信局；艺术表演团体、博物馆、公共图书馆、文化馆数据来自文化部；广播电视、电影、报纸、期刊、图书数据来自新闻出版广电总局；档案数据来自档案局；体育数据来自体育总局；残疾人运动员数据来自中国残联；卫生数据来自卫生计生委；社会服务、低保和五保供养数据、农作物受灾面积、洪涝地质灾害造成直接经济损失、旱灾造成直接经济损失、低温冷冻和雪灾造成直接经济损失来自民政部；国有建设用地供应数据来自国土资源部；自然保护区、环境监测数据来自环境保护部；平均气温、登陆台风数据来自气象局；安全生产数据来自安全监管总局；其他数据均来自国家统计局。